国指定史跡

カリンバ遺跡と柏木B遺跡

縄文時代の後期 石棒集団から赤い漆塗り帯集団へ

上屋眞一 Shinichi Uwaya
木村英明 Hideaki Kimura

目　次

序章
「死への祈り」と「おしゃれ」の起源 …………………………………………………………… 005
 1　人類は何故、死者を埋葬するのか? ……………………………………………………… 007
 2　「かざり」の奇想と執着—おしゃれ ……………………………………………………… 009

第1章
赤い漆塗り帯集団のカリンバ遺跡と石棒集団の柏木B遺跡 …………………………………… 013

 Ⅰ　カリンバ遺跡と柏木B遺跡の位置 ………………………………………………………… 015
 Ⅱ　カリンバ遺跡の発見とカリンバ・柏木B両遺跡の発掘調査 …………………………… 021
 Ⅲ　遺跡にみられる地層 ………………………………………………………………………… 027

 COLUMN　カリンバ遺跡の「濠」状遺構について ………………………………………… 030

第2章
赤い漆塗り帯集団の埋葬とおしゃれ —カリンバ遺跡の発掘調査— ………………………… 033

 Ⅰ　発見された土坑墓—他界への旅立ちの手順と土坑墓の規格 …………………………… 035
  1　土坑墓の掘削から埋葬までの様式 …………………………………………………… 035
  2　土坑墓の規格 …………………………………………………………………………… 039
  3　墓に記された地上標識 ………………………………………………………………… 040
  4　遺体埋葬後に添えられた供献品 ……………………………………………………… 045
  5　ベンガラと副葬品に彩られた土坑墓 ………………………………………………… 048

 Ⅱ　カリンバ遺跡の副葬品—装身具と祭具 …………………………………………………… 054
  1　ひとり旅立つ人々の装身具と祭具 …………………………………………………… 055
  2　石棒を副葬した土坑墓 ………………………………………………………………… 059

 Ⅲ　多数の被葬者がねむる合葬墓と身を包む色鮮やかな装身具 …………………………… 060
  1　30号合葬墓 ……………………………………………………………………………… 062
  2　118号合葬墓 …………………………………………………………………………… 066
  3　119号合葬墓 …………………………………………………………………………… 073
  4　123号合葬墓 …………………………………………………………………………… 081

 Ⅳ　身体を彩る装身具のいろいろ …………………………………………………………… 092

1　漆塗り装身具 …………………………………………………………………… 093
　　　　1）櫛 …………………………………………………………………………… 093
　　　　2）頭飾り ……………………………………………………………………… 096
　　　　3）耳飾り ……………………………………………………………………… 097
　　　　4）胸飾り ……………………………………………………………………… 097
　　　　5）腕輪 ………………………………………………………………………… 097
　　　　6）腰飾り帯 …………………………………………………………………… 100
　　2　玉類 …………………………………………………………………………… 102
　　　　1）連珠の首飾り ……………………………………………………………… 102
　　　　2）玉の種類と素材 …………………………………………………………… 102

Ⅴ　カリンバ遺跡の漆工と階層社会 …………………………………………………… 107
　　1　祭具としての土器と編年 ……………………………………………………… 107
　　2　「カリンバ」型の漆塗り櫛—製作法と広がり ………………………………… 114
　　　　1）漆塗り櫛の製作法（復原） ………………………………………………… 114
　　　　2）日本列島における漆塗り櫛の広がりと「カリンバ」型漆塗り櫛 ……… 117
　　3　土坑墓の分布に示される様相 ………………………………………………… 122
　　4　カリンバ遺跡の被葬者たちとその構成 ……………………………………… 123
　　5　被葬者たちの往時のおしゃれ（推定復原） …………………………………… 125
　　6　艶やかな装身具に包まれた被葬者たち —合葬墓は何を物語るのか？ …… 125
　　7　135号土坑墓の被葬者の装身具 ……………………………………………… 128
　　8　同時期埋葬は何を物語る？ …………………………………………………… 129

　COLUMN　晩秋の発掘
　　　　　　　大型合葬墓の切り取りと室内での調査 ………………………………… 131
　　　　〔資料〕恵庭市カリンバ3遺跡の遺跡と遺物の取り扱いに関する考え方 ………… 133

　COLUMN　日高ヒスイを対象にした木製ドリルによる穿孔 ………………………… 136

　COLUMN　北限のうるし樹林 ……………………………………………………… 141

第3章
石棒集団の埋葬と祭儀 —柏木B遺跡の発掘調査— ……………………………………… 143
　Ⅰ　竪穴式集団墓と土坑墓群（環状土籠・周堤墓） ………………………………… 146
　　1　第1号竪穴式集団墓 …………………………………………………………… 146
　　2　第2号竪穴式集団墓 …………………………………………………………… 187
　　3　第3号竪穴式集団墓 …………………………………………………………… 209
　　4　第4号・第5号竪穴式集団墓 ………………………………………………… 217

II　第II地点の群集墓とその他の遺構 …………………………………………………… 218
　　1　土坑墓群と配石 ……………………………………………………………………… 218
　　2　南の土坑墓群（列状群集墓） ……………………………………………………… 224
　　3　「列状群集墓」の北への広がり …………………………………………………… 240
　　4　第II地点の構造 ―「環状群集墓」と「盛土遺構」 ……………………………… 242

　COLUMN　柏木B遺跡の地上標識 ―いつ抜き取られたか? ………………………… 248

　　〔資料〕　中山留蔵氏書簡 ………………………………………………………………… 250
　　　　　　付・寒地稲作に挑んだ中山久蔵 ………………………………………………… 251

III　出土土器から探る埋葬墓の変遷 …………………………………………………………… 252
　　1　竪穴式集団墓に残された供献土器 ……………………………………………… 252
　　2　「環状群集墓」・「盛土遺構」に残された土器群 ………………………………… 256
　　3　竪穴式集団墓の編年的位置とその後の葬制の変遷 …………………………… 262

IV　柏木B遺跡における集団墓の構造 ………………………………………………………… 269
　　1　竪穴式集団墓の構造 ……………………………………………………………… 269
　　　1）土坑墓の規格と葬送への所作 …………………………………………………… 272
　　　　＜土坑墓の長さ＞ ………………………………………………………………… 272
　　　　＜土坑墓の幅＞ …………………………………………………………………… 272
　　　　＜土坑墓の深さ＞ ………………………………………………………………… 274
　　　　＜土坑墓の長軸方位＞ …………………………………………………………… 274
　　　　＜ベンガラ撒布＞ ………………………………………………………………… 275
　　　　＜被葬者に添えられた副葬品＞ ………………………………………………… 276
　　　　＜地上標識＞ ……………………………………………………………………… 279
　　2　竪穴式集団墓に葬られた人びと ………………………………………………… 283
　　　1）屈葬された被葬者たち …………………………………………………………… 283
　　　2）単葬墓・合葬墓に埋納された被葬者たちの社会的つながり ………………… 284
　　　3）土坑墓の構築過程 ………………………………………………………………… 286
　　　4）埋葬区 ……………………………………………………………………………… 288
　　　5）地上標識と竪穴に示される差異 ………………………………………………… 293
　　　6）石棒と中央墓壙の被葬者たち …………………………………………………… 296

　COLUMN　柏木B遺跡出土の石棒の使用痕分析 ……………………………………… 303

第4章
竪穴式集団墓の成立と崩壊 —石棒集団から赤い漆塗り帯集団へ— ……………… 307

Ⅰ 「環状石籬」と「環状土籬」……………………………………………………………… 309
　　1　研究史 ………………………………………………………………………………… 309
　　　　1）「環状石籬」の発見 ……………………………………………………………… 309
　　　　2）「環状土籬」の発見 ……………………………………………………………… 318
　　　　3）キウスの「チャシ」……………………………………………………………… 321

Ⅱ 竪穴式集団墓の成立と崩壊 ……………………………………………………………… 326
　　1　竪穴式集団墓の広がり ……………………………………………………………… 326
　　　　1）道央部 …………………………………………………………………………… 326
　　　　2）道東部 …………………………………………………………………………… 332
　　2　竪穴式集団墓の成立 ………………………………………………………………… 334
　　3　地形図と排土の堆積状況から読み解く竪穴式集団墓の大型化 ………………… 343
　　4　埋葬区と埋葬様式 …………………………………………………………………… 347
　　5　竪穴式集団墓の構築と中央土坑墓の被葬者たち ………………………………… 349
　　6　伸展葬から屈葬への変遷 …………………………………………………………… 352
　　7　地上標識と竪穴式集団墓の終焉 …………………………………………………… 354

終章
変動しつつある社会をまとめる石棒の持ち主と女性シャーマンの登場 …………… 359

謝辞 ………………………………………………………………………………………………… 373

付表・竪穴式集団墓（含む周溝墓）と土坑墓一覧 …………………………………………… 379

引用・参考文献 …………………………………………………………………………………… 389

英文目次 …………………………………………………………………………………………… 397

序章
「死への祈り」と「おしゃれ」の起源

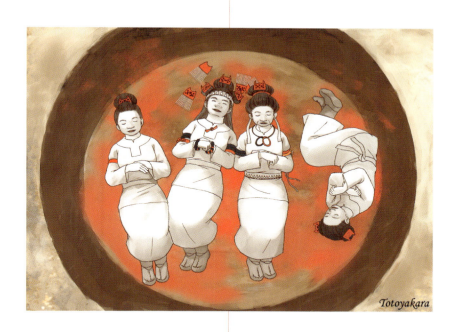

1 人類は何故、死者を埋葬するのか？

　儀式を執り行いつつ死者を葬るという習俗が、いつ、どのような理由で始まったのか、未だ確かな解答が得られているとは言い難い。明らかなことは、死者を埋葬する行為が、他の生物とは比較できない人類だけがもつ特性ではあるが、人類誕生の当初から有していた習慣でもないことである。

　長い間、その起源は、ネアンデルタール人(旧人)の段階とみなされてきた。近年、ネアンデルタール人は、中近東からヨーロッパを中心に繁栄した人々で、最近の研究によると、ネアンデルタール人はおよそ20万年前に登場し、2万数千年前にこの地球上から消え失せ、およそ10数万年前にアフリカの地で誕生したわれわれ現代人の直接の祖先であるホモ・サピエンス(新人)にすっかりとって代わられたとみられている。

　日本人にとって、火葬がごく普通の風景になっている埋葬ではあるが、その昔を辿っても、あるいは世界の民族事例を調べてもその様式はあまりにも多様で、一言でくくることはおよそできない。ここではその議論を横に置くとして、かつてのネアンデルタール人をめぐる埋葬の存否論争が、セミョーノフ著の『人類社会の形成』(中島・中村・井上訳)に詳しく記されているので、その要点を紹介してみたい。埋葬の本質的意味を探るのにとても参考となろう。

　論争は、ネアンデルタール人の埋葬を否定する人類学者プリセッキーの主張から始まる。埋葬は、宗教の出現と一体のもので、「形成されつつある人類」の彼らのもとに宗教が存在するはずもなく、よって埋葬行為があろうはずもない、というのが主張の骨子である。仮に、ネアンデルタール人に埋葬の存在を認めることは、宗教が人類史の最初からあったことを意味し、「できあがった人類のもとにのみ出現する」というそれまでの定理が根底から覆され、認めがたい、と考えたのである。

　しかし、考古学調査により、ネアンデルタールの人類化石を残す埋葬例が相次いで報告される中で、プリセッキーの主張は事実をもって否定される。

　セミョーノフは、オクラドニコフの「原始文化史上のネアンデルタール人の埋葬の意義について」にならい、フランス、パレスティナ、クリミヤ、ウズベキスタンなどから出土した人骨の中にほぼ完全な姿をしたものがあり、しかも掘られた穴に遺体を納めた後に、土が埋め戻された例もあるとし、埋葬を示す実例があることを指摘する。

　次に問われるのが、ネアンデルタール人に至って埋葬が始まる理由である。埋葬の出現は二つの本能に由来する、と説くトカレフの考えが紹介される。ひとつは、清潔さを求める本能、もうひとつは社会的愛着の本能で、その両者の共同作用による結果とみなすものである。すなわち、同一種の個体の遺体が腐敗分解するのを防止する一部動物に認められ

る本能で、猿の間にも働いている本能であるという。しかしながら、後者はともかく、人それぞれに異なる清潔さを求める性格を本能として説明するには無理があろうし、仮に本能の支配によるとすると、人類誕生の当初から存在していたはずで、事実とは符合しない。

　セミョーノフは、ネアンデルタール人の埋葬の起こりについて、「形成されつつある人類の社会生活における変化」、「意識における躍進の結果であるとみなすような構想だけが、真理たり得る」と整理し、ニコリスキーの研究に注目する。

　ニコリスキーは、最初の行動規範、タブー（道徳禁忌）の出現、とりわけ「同じ共同体成員の身体を食してはならない」というタブーが現れたことと関連する、とみなす主張である。すなわち「食人風習の禁止」である。しかし、セミョーノフは、「埋葬の本質は、死者に対してある行動を差し控えることより、むしろ死者に対して何か特定の行動を行うことにある」と考え、ネアンデルタール人の埋葬を「食人の禁忌の出現」のみをもって説明できないとした。

　事実、ネアンデルタール人の遺体とともに、骨や牙、角、そして石器などの道具がしばしば副葬されている。イラク・クルディスタン丘陵のシャニダール4号人骨には、ハンギエル（アザミの一種）、キンポウゲ、タチアオイ、ノボリギク、ムスカリ類、アヤメ、ケシ、ヘイの花が供えられたらしく、土壌中からまとまった花粉が検出されている。彼らネアンデルタール人を、発掘者のソレツキーは「花を愛でる最初の人類（The first flower people）」と呼んだ。

　セミョーノフはさらに、ニコリスキーの「ネアンデルタール人が死者を生ける者」とみなす見解を支持する一方、墓壙や足を強く折り曲げた特異な姿勢のクリミヤ・キーク・コーバの例などを「埋葬」とみなし、「ネアンデルタール人は疑いもなく死者を生者から区別していた」と説くオクラドニコフの見解もあわせ考慮する。

　すなわち、「死者を生ける者」とみなす行為は死者への敬愛、思慕の情のあらわれ、また「死者を生ける者」から区別する行為は、死者への畏怖、恐怖の情が支配してのこと、と埋葬行為の本質的特性を読み取ることができよう。そして、これらの埋葬をいかに評価、説明しようとも、「あらゆる場合に、ネアンデルタール人が社会的な相互連繋を自覚したこと、原始共同体の成員が相互に扶助しあい、世話しあったことを示している」との社会的意識の進化を強調するオクラドニコフの言葉をもって起源論争が締めくくられる。同時に、埋葬に示される屈葬をはじめとした様々な特殊性こそが、「死者への恐怖、死者が生者に及ぼす危害を回避しようとする志向によって説明できる」とし、死や遺体への恐怖が様々な信仰や呪術的儀礼をもたらす関係性に注目しながらのセミョーノフの考察は、なお続く。

ところで、ミトコンドリアDNA解析など遺伝子研究が急速に進み、ネアンデルタール人とホモ・サピエンスの交替劇が強調される中で、一度は決着をみたはずのネアンデルタール人の「埋葬」存否論争も、再び評価が揺れ動いている。発見された遺体（人類化石）が、単なる自然死であるのか、あるいは埋葬されたものであるのか、また花などを供える心などが果たして芽生えていたのか、仮に埋葬としてその後に登場する現代人の埋葬とどのように区別されるのか、などの議論が行われている。早くもこの時代に食人風習があったかどうか、花を愛でたかどうかは、今後なお続く議論であろうが、整然と並ぶネアンデルタール人の遺体、そして墓壙とも言える人為的な窪み、副葬品など、彼らの埋葬を否定する理由はない。死者への敬愛の心、畏怖する心の萌芽を読み解くこともさほど難しくなかろう。

　ここで扱う恵庭市柏木B遺跡とカリンバ遺跡（縄文時代後期後葉）の埋葬例は、ネアンデルタール人のそれらより少なくとも2万年以上後代のものではあるが、オクラドニコフが言う「社会的な相互連繫」（仲間意識）と「共同体成員の相互扶助」（助け合い）の心のいっそうの深化を物語る、貴重で典型的な人工的構築物である。北海道のこの時代を代表する集団墓地と言えよう。

2　「かざり」の奇想と執着—おしゃれ

　「大空に照る日の色をいさめても天の下には誰か住むべき」
　『新古今集』（雑歌下）の一句であるが、『奇想の図譜』（1989年、平凡社刊）の著者、辻惟雄が「かざり」の奇想を論ずる中で紹介している。醍醐帝の寵愛を受けていた女蔵人内匠が、正月の宮中行事、青馬節会（あおうまのせちえ）に車で赴く折に、禁じられていた深紅の色（日の色、火の色）の袖を車の簾から外に覗かせる出衣（いだしきぬ）を検非違使にたしなめられての歌とされるが、辻は、歌の持つ呪術的な力を超えて、この女性の飾ることへのひたむきな情熱を読み解く。あわせて辻は、『万葉集』にある以下のような歌を紹介しながら、「飾り心」の原点を探る。

「嬢子（をとめ）らの　挿頭（かざし）のために　遊士（みやびを）の　蘰（かづら）のためと　敷（し）き坐（ま）せる　国のはたてに　咲きにける　桜の花の　にほひはもあなに」
　　　　　　　　　　　　　　　　　　　　　　（『万葉集』巻8・1429）
「梅の花今盛りなり思ふどち挿頭（かざし）にしてな今盛りなり」
　　　　　　　　　　　　　　　　　　　　　　（『万葉集』巻5・820）

男女が梅や桜や藤の花を髪にかざして、生きる喜びを謳歌したものという。「かざる」という語がこの「かざす」から生じたとされるが、この飾ることへのこだわりは、その語源とのかかわりとともに、本書で紹介する恵庭市カリンバ遺跡に示された漆塗り櫛など装飾品に溢れた独特な世界を読み解く上で興味深い。

　「純粋美術（絵画・彫刻）」と「応用美術（工芸）」という西洋思考からもたらされた装飾美術軽視の二項対立にとらわれない、あるいは秩序と左右対称を重視する西洋や中国などの装飾伝統とは異質な、普遍的魅力を備えた日本の「かざり」の意匠を通して新たな「かざり」学を提唱する辻は、日本人の「かざり」への情熱の原点は、縄文時代の土器に求めることができる、と説く。そして、その意匠へのこだわりは、その後の時代を通して途絶えることなく展開した、とみなす。一方、著名な『ホモ・ルーデンス』の著者、ホイジンガの言葉を援用しつつ、飾る行為が、人間の本性に根ざしたものであり、文化を形づくるうえでの根源的な要素であるともいう。

　先述した埋葬の問題と同様、その起源を人類の誕生にまで辿ることは難しい。また、辻の言う日本的装飾美術の世界も、およそ卑弥呼の時代まではともかく、西暦603年の冠位十二階の制定、646年大化の薄葬令、647年七色の冠位制定など相次ぐ国策によって変更を余儀なくされたであろう歴史も見過ごせまい。日本列島に展開された類い稀な装飾美術の世界が、果たして縄文時代以来、脈々と受け継がれてきた伝統的所産と言えるのか、日本列島の多様な自然に培われた時々の個性の反映であるのか、なお議論を要しようが、飾る行為が人間の本性に根差したもとのみなす見解もあながち的外れとまでは言えまい。

　複雑な高次神経活動の発達を象徴する人間の「飾る行為」が、仲間の死と深く結びつきつつ発現し、高揚し、多様化したであろうことを想起させる考古学的実例が、ユーラシア大陸の北西部、ロシアのモスクワ近郊のスンギール遺跡で知られている（Bader1978・1998、木村1985・2013）。後期旧石器時代、今からおよそ29～26,000年前の埋葬例である。

　とりわけ興味あるのは、二人の少年・少女がいっしょに眠る長さ3.05m、幅0.7mの2号墓壙である。細長い墓壙に、互いの頭をぴったりとつけ、足を反対側に向け、仰向けの状態で埋葬されていた。手足、身体をまっすぐに伸ばして埋葬される伸展葬である。遺体は、顔料（オーカー）で真っ赤に彩られ、大量で多彩な副葬品や装身具に包まれていた。

　推定13～14才の少年は南側（2号人骨）に、推定9～11歳の少女は北側（3号人骨）に位置するが、二人が同時に埋葬された合葬墓であることは、長さ242cmと166cmのマンモス牙製の長い槍が、一方からもう一方へと入り込む様子で確かめられる。

　少年、少女の遺体を覆うように大量のマンモス牙製のビーズ列が皮革製か毛皮製の帽子やルバーシュカ、ズボンなどの衣服に飾りとして縫い付けられていたとみられるが、そのビーズ玉は少年で2,728点、少女で3,504点、そして一緒に発見されている成人男性でおよそ3,500点が数えられている（Bader 1998、p85）。あわせると、9,732点である。「1

つのビーズを作るのに45分以上はかかる」というホワイトの研究（White 1993a）に基づくと、仮にひとりですべてを作ったとすると、少年の場合で2,046時間、少女の場合で2,628時間、成人男性の場合で2,625時間、あわせると7,299時間を要することになる。途方もない労力による成果品であることが理解される。

　死への旅立ちに際し、少年、少女たちが豪華な衣服をまとい、葬送される社会は、これまでの旧石器時代社会のイメージを大きく塗り替え、世界的な注目を集めているが、死者を他界へと導くために用意された「飾り」、「おしゃれ」の世界は、2万年の時間を越えて、また7,000kmの空間的隔たりを越えて本書で扱うカリンバ遺跡の土坑墓群でもみることができる。むしろ、縄文時代の合葬墓などで明らかにされた漆製品や玉類などから成る色彩豊かな「飾り」、「おしゃれ」の様相は、スンギール遺跡の埋葬墓に優るとも劣らぬ縄文時代の飾りの世界を映し出している。

　今から3,000年ほど前の恵庭の地にあって、一方は吹きわたる風を直接肌で感じる丘陵上に築かれた柏木B遺跡、また他方は瀬音が響く低地に築かれたカリンバ遺跡に集う人々が、どのような技術を駆使し、どのような意識をもって葬儀を執行し、どのような社会を築いていたのか、発掘調査での成果をあらためて紹介しながら日本の縄文時代後期後葉の冥界の世界に足を踏み入れ、いくらかなりとも答えを探し求めてみたい。

豊かな装身具や副葬品に包まれた旧石器時代の少年と少女（ロシア・スンギール遺跡,Libor Balak氏提供）

第1章
赤い漆塗り帯集団の
カリンバ遺跡と
石棒集団の柏木B遺跡

I
カリンバ遺跡と
柏木B遺跡の位置

　北海道の脊梁山脈のひとつ、大雪山系の石狩岳（標高1,967m）に水源を発した石狩川は、北海道第一の川で、途中、大小数々の支流を集めながら空知、石狩へとゆっくり西方に流れ下り、やがて日本海へと注ぐ。カリンバ遺跡と柏木B遺跡が所在する恵庭市は、石狩川が作り出した広大な石狩平野の南の片隅に位置する（図1）。また、太平洋から伸びる低地帯と石狩平野とが連接し、北海道の地形を大きく東西に二分するが、この「石狩低地帯」のおよそ中央部に市域をもつ。正確には、恵庭市は、東経141°14'10"～141°39'15"、北緯42°47'40"～43°00'5"の範囲に広がり、北が広島町・札幌市、東および南を長沼町・千歳市に隣接する。道都・札幌市の中心部からは、東南方およそ25kmの距離にある。

　地形上、「石狩低地帯」の中央部を流れ、やがて石狩川と合流する支流・千歳川の流域に展開する沼沢およびその面影を残す標高10mほどの低地帯、そしてそれとの比高10～30m前後の恵庭市街がのる平坦地、標高50m以上の西部の丘陵地とに大区分できる（図2）。また、恵庭市内を流れる大小多くの河川が細かな地形を作り出している。すなわち、千歳川に合流する島松川・ルルマップ川・長都川、ルルマップ川に合流する柏木川、漁川に合流する茂漁川・イチャンコッペ川・ラルマナイ川、そして長都川に合流するユカンボシ川が、いずれも西部の山岳・丘陵地帯に水源を発し東流する特徴をもっており、それぞれ丘陵地を深く開析し、その先端部に良好な舌状台地が作り出されている。恵庭市に所在する多くの遺跡はこの台地と各河川流域のそれより低い段丘上に認められる。

　カリンバ遺跡は、かつての旧地形をあまり残さない恵庭市街地（標高30m前後）のおよそ中心部のJR恵庭駅から北北東方に1km、近年になって住宅地として整備された黄金地区の東端にある（図2・3）。

　カリンバとは、アイヌ語の「桜の木」という意味であるが、遺跡名は、かつて遺跡の横を流れていた川幅3mほどのカリンバ川の名に因みつけられた。開墾による農地造成や整備、宅地造成などによって当時の川の流れを今にみることはできないが、カリンバ遺跡の低地面の林に沼地としてその痕跡が残されている。ちなみに、明治時代の古地図からは、北海道開拓期のカリンバ川が、遺跡の北に広がる湿原地帯を通過して直接千歳川に注ぐ小河川であったことが知られる。

　カリンバ遺跡の広がりは、標高24～26mの低位段丘面を主体としながらも、それに接する比高2～3mの崖によって隔てられた低地面へと続く。段丘面は、旧状が充分に残されているとは言い難いが、もっとも高

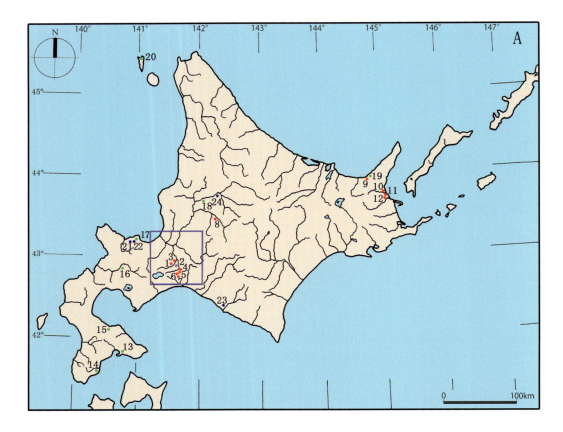

1. 柏木B遺跡
2. カリンバ遺跡

竪穴式集団墓関連の遺跡
（環状土籬・周堤墓）
3. 西島松5遺跡
4. キウス周堤墓群遺跡
　　キウス4遺跡
5. 丸子山遺跡
　　末広遺跡
6. 美々4遺跡
7. 美沢川1遺跡
8. 野花南遺跡
9. 朱円栗沢遺跡
10. 伊茶仁チシネ3遺跡
11. 伊茶仁孵化場1遺跡
12. 伊茶仁カリカリウス遺跡

環状列石・積石墓関連
13. 石倉貝塚
14. 湯の里1遺跡
15. 鷲ノ木遺跡
16. 蘇我北栄遺跡
17. 忍路環状列石
18. 音江環状列石
19. オクシベツ川遺跡
20. 船泊遺跡
21. 地鎮山遺跡
22. 西崎山遺跡
23. 御殿山遺跡
24. 神威古潭5遺跡

図1　カリンバ遺跡・柏木B遺跡の位置（付・本書関係遺跡）と航空写真（ЯНДЭКС）

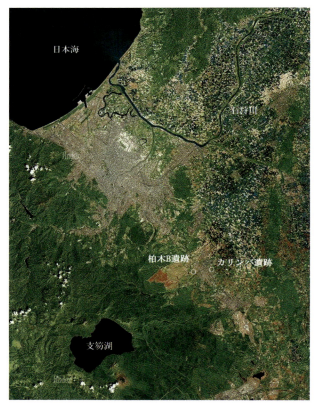

い南の崖付近を起点に緩やかに下るおよそ起伏の少ない平坦な微地形に特徴づけられるが、詳しくは、緩やかなスロープの東西2ヶ所に舌状の張り出し部が認められる。現在、東西に草地が広がり、その周辺にミズナラ・トドマツなどの二次林がみられる。

また低地面は、主にヤチダモやハンノキなどの落葉樹林が生育する森の景観を呈している。遺跡なかほどの段丘崖下に湧水があり、かすかな川の流れも認められ、蛇行するかつてのカリンバ川が形成した低湿地帯とみなせよう。隣接するカリンバ自然公園とともに、付近一帯の林床に春から初夏にかけてミズバショウやオオバナノエンレイソウなどが咲き誇り、鳥のさえずりも聞こえ、都会の中心部に豊かな森が残されている。

遺跡は、縄文時代からアイヌ文化期にかけて継続して利用された文化層が複合する大規模遺跡であり、しかも広範囲に及ぶ。特に、縄文時代の遺構については、2か所の舌状張り出し部の東側地域に密集する。大量の漆製品に彩られた大型の合葬墓を含

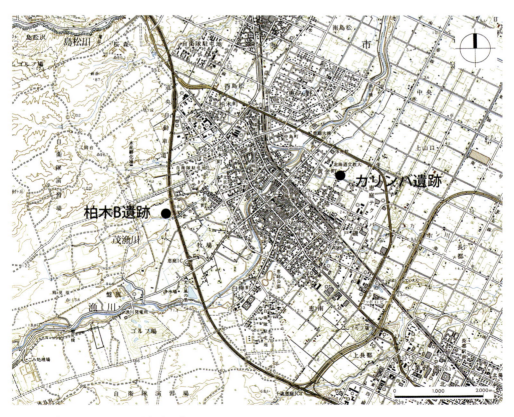

図2　柏木B遺跡,カリンバ遺跡の位置

1. カリンバ遺跡の位置

2. カリンバ遺跡発掘調査区（1999年7月撮影）

図3　カリンバ遺跡の空中写真

む多数の縄文時代後期から晩期の土坑墓群が発見された発掘区も、この中に位置するが、残念ながら駅へと連なる幹線道路の建設予定地であったために、切り取り、室内調査に移行された合葬墓3基を除き、旧状はすでに失われている。

その後、遺跡の範囲確認のため行われた大がかりな周辺域での試掘調査によって、道路を挟む東西100m、南北60mの範囲にこの時期の遺構（推定200基の土坑墓など）がなお多数存在していること、しかも低地面の地下1.5〜2mの層位に縄文時代後期から晩期の遺物包含層が存在することなどが突きとめられた。特に低地面の褐色〜黒色土層中からは、段丘面に墓地を残した人々の生活の様子を物語る遺構と遺物が検出され、ごく限られた範囲の調査ながら、カリンバ遺跡のいっそうの重要性が確認された。低地面は、低湿地遺跡の様相を示しており、そこで暮らす人々が、一段高い段丘面を墓地として選んでいたことがあらためて理解される。これら地域は、国の史跡として指定され、保存措置が講ぜられるとともに、現在、活用のための検討が進められている。

ちなみに、カリンバ遺跡の発見、そして柏木B遺跡の発掘の契機ともなった、木村が発掘担当者として行った最初の発掘調査区は、遺跡の北西部に位置している（図5）。

一方の柏木B遺跡は、カリンバ遺跡の西方、直線距離でわずか4kmほどの位置にある（図2・4）。東北方へ並行に発達する舌状台地のひとつ、茂漁川左岸の丘陵先端付近に立地する。遺跡付近の標高は、およそ60m前後、東（標高60m）から西（標高62.5m）へとゆるやかに高度を増す。また南の崖線より茂漁川へ向って急崖を形成する。なお、遺跡中央を西から東へ低く緩やかに走る稜線に対し南に流れる2本の浅い沢（凹地、一本は取付け道路に相当）がみられる。茂漁川との比高は、およそ20mを数える。晴れた日の台地からは、広大な沖積地および対岸の馬追丘陵、西南の恵庭岳、不風死岳、樽前山など四周をはるかに見わたすことができ、眺望に優れた場所である。

遺跡は、発掘調査時、すでに周囲が大きく削平され、ごく狭い範囲が孤島のように残されていたに過ぎないが、そもそもかなりの広がりをもっていたことは間違いない。図4-1は、旧地形の関係がわかるように削平が行われる以前の、1974年に作製された地形図に、調査時の地形の崖線と発掘調査区を加筆したものである。

なお茂漁川は、現在の自衛隊演習地内にある熊見原台地（標高115.6m）付近の小沢を集水地区として漁川に下流する。川名の由来は、鮭が産卵する川を意味するアイヌ語"イチヤリ"の支流を表す"ムイチヤリ"から転訛したものと言われる。また遺跡の東方約300mの丘陵突端には、一部壕をめぐらした茂漁チャシが知られている。

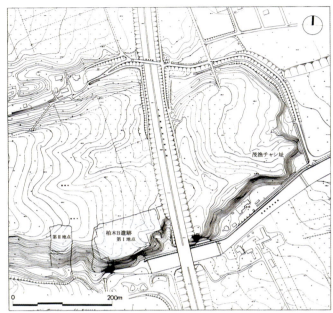

1 地形図

2 航空写真（南より）

3 航空写真（東より）

4 近景写真（南より）

図4　柏木B遺跡

II
カリンバ遺跡の発見と
カリンバ・柏木B両遺跡の発掘調査

　1975年秋、カリンバ遺跡に隣接して居住する大藤清氏から、子息たちが土器片を採集したという情報が、筆者のひとり木村に寄せられ、まもなくして採集品の寄贈を受けた。恵庭市黄金町での考古学的記録はなく、それらの中に続縄文時代の後北C_2・D式土器と擦文式土器が含まれており、しかも円形の大きな地表のくぼみが付近に見られるとの話も伝えられ、続縄文文化の様相について強い関心を持ち始めていた木村（1975・1976）は、解明に迫る格好の遺跡と考え、ただちに現地調査を行った。表面観察ながら、縄文時代から近世アイヌ期におよぶ大規模な遺跡が存在することを予想する一方、遺跡の立地、保存状況を総合的に判断し、長期的に取り組む意義を確信した。また、土地所有者の城紀重氏より発掘の快諾をいただく一方、恵庭市教育委員会との協議、宿舎の手配などもスムーズに進み、学術調査への段取りを整えた。

　最初の学術調査は、翌年の1976年に、本書のもうひとり著者、上屋も加わって進められた。発掘区は遺跡北西部の片隅に設けられたが、擦文時代初期（当初、北大式末期と評価）の竪穴住居址の存在とその独特な構造が突き止められ、短期間ながら確かな成果を得ることができた（木村1985他）。特に、4本の主柱を竪穴四隅の外側地表面に斜めに挿し込むという、それまでに例のない構造の住居は、やがて「カリンバ型住居」の名が付されている（図5-2、宮1990）。

　そして、次年度の具体的な計画を検討し始めた矢先、当時の恵庭市教育委員会の社会教育課長から農地基盤整備事業（土砂採取）にともなう破壊が差し迫っている柏木B遺跡の実情を聞かされる。あわせて、発掘調査を引き受けるよう要請があり、協議を繰り返した結果、ひとまずカリンバ遺跡の調査を中断してでも緊急に対応する必要があると判断し、調査に応諾した。

　4年に及ぶ柏木B遺跡の調査を経て、1982年にカリンバ遺跡の調査を再開し、さらに1983年、1984年と、都合4次にわたって続けられた。縄文時代晩期の土坑墓や、杭列が内側に並ぶ特殊な「濠状遺構」など、新たな様相を明らかにすることができた（木村1985）が、上屋が恵庭市教育委員会勤務となったのを機に、遺跡の学術的解明は市に託すこととし、調査をひとまず終えた。

　残念ながら、恵庭市域での緊急調査が相次ぎ、カリンバ遺跡の解明は再び休止することになるが、思いがけず恵庭市による恵庭駅の北部地域、すなわち黄金地区の開発計画が明らかになる中で、恵庭市教育委員

1　地形と調査区域

2　出土した「カリンバ型」竪穴住居址（札幌大学1976発掘）

図5　カリンバ遺跡の地形と調査

会と合同による遺跡周辺の試掘調査を急遽実施し、段丘の東南側へと延びる区域で、縄文時代後期〜晩期をはじめとした各時代の土坑・土坑墓、竪穴住居址などが密集する遺跡の広がりを突き止めた。ただちに、関係機関による調整、協議が進められ、遺跡の重要性を認識した恵庭市は、開発計画を見直し、大半の区域を小学校のグランド用地として保存することとした。しかし、恵庭駅に直接連なる幹線道路としての「団地中央通り」建設予定地については変更が難しいと判断され、上屋を発掘担当者とする緊急発掘調査へと踏み出した。

1999（平成11）年、発掘調査は、黄金中央通りと黄金東通りとに挟まれたおよそ南北160m、東西20mの範囲に細長く延びるおよそ3,000㎡の発掘区で行われた。検出された遺構の分布を、図7に示したが、縄文時代早期から近世アイヌ期の遺構が重なり合うよう発掘区一面に広がる。

当然ながら、新しい上層の近世アイヌ期の土坑墓・杭穴群、擦文時代の竪穴住居址（5基）の発掘から着手されるが、調査の進行とともに、竪穴住居址によって上部を損壊された土坑墓など縄文時代後期末葉から晩期に属する遺構が次第にあらわになる。検出された縄文時代の土坑墓・土坑はあわせて309基を数えるが、櫛や腕輪など多数の漆製品や玉類に満たされた特大の土坑墓が、人々を驚かせ、大きな話題を提供することとなった。30号土坑墓の確認を皮切りに、3基の大型の土坑墓（118・119・123号）が新たに加えられた。

雪が降り始める追い込まれた状況の中で、皮膜だけの漆製品を壙底面に大量に残す類い稀な土坑墓をいかに発掘するか、現状のままにいかにして後世に伝えることができるか、悩みながらも筆者らは様々な取

図6　段丘面の遺構と調査風景

り組みと運動を展開した。果たして、極めて異例な事態ではある、土坑墓ごとの切り取りと室内での詳細な調査を行うという道を決断し、ひとまずカリンバ遺跡での調査を終了させることができた。

遺構の内外から出土した遺物も多く、土器、石器・剥片類、漆製品、玉類などあわせて、20万点を超す。

遺跡保存への取り組みはいっそう加速し、翌年、詳細な範囲確認のための試掘調査を行い、遺跡の広がり、重要性をあらためて評価し直すこととなった。試掘調査の結果、段丘面の東西160m、南北120mの範囲に遺構群が広がる様子、土坑・土坑墓だけでも900基以上が存在する事実を把握し、遺跡内に推定3,000基ほどが残されているものと推定した。本書で取り上げる縄文時代後期から晩期に関係するであろう土坑墓だけも、その7割を占める。

一方、これら試掘調査でも、縄文時代後期末に属する住居址は検出されておらず、大きな疑問とされていたが、試掘調査が低地面にも及び、さらに貴重な情報がもたらされた。

低地面の地表面下約1.5～2mに、貯蔵穴や多数の柱・杭穴、焼土、灰層などが確認されていることはすでに紹介したが、後期後葉から晩期前葉の土器とともに、石器、漆塗り櫛や腕輪、サメ歯、滑石製の玉、赤色顔料などが検出された。中には、顔料をすり潰して粉にする際の道具とみられる石皿様の板状礫なども発見されている。

明らかに、段丘上の土坑墓に納められていた漆塗の櫛や腕輪、サメ歯、滑石製の玉類などが含まれている。この区域が、墓域

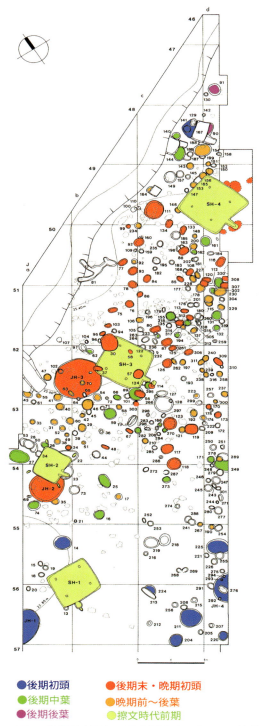

● 後期初頭　　● 後期末・晩期初頭
● 後期中葉　　● 晩期前～後葉
● 後期後葉　　● 擦文時代前期

図7　発掘調査区内の段丘縁近くに残された遺構

に隣接する生活空間として同時に機能していたことを示す有力な証拠と判断された。特に、赤色顔料と台石は、漆製品の製作工程を示す資料といえることから、漆液などの直接的な資料は今のところ得られていないものの、低地面が漆塗り装身具類の製作地であったことも推定可能となった。漆製品の製作工程に必要な湿潤環境が低地面に備わっていたからとも推察される。

なお推測の域を出ないが、旧カリンバ川のほとりに集落を設け、集団の一員が亡くなった折、遺体を段丘上に設けられた墓地に運び、生前着装していた多数の装身具とともに埋納した姿を想像することができる。

また、低地面の狭い試掘区内に多くの焼土と灰の層が見つかっており、灰の中から、サケ、シカ、イノシシなどの動物遺存体、オニグルミ、カシワ、ブドウ、キハダなど食用可能な植物遺存体も検出されている。これらは、後期から晩期の食生活・環境を復元する有力な資料として貴重であろう。

発掘当初、遺跡の名前は、地主の名に因み、「城遺跡」と呼んでいたが、その後の恵庭市教育委員会による遺跡分布調査を経て、「カリンバ3遺跡」として周知され、さらには国史跡の指定を機に「カリンバ遺跡」と改称された。概要報告書や正式報告書などで、時々の名が用いられているが、同一遺跡のものである。

一方、柏木B遺跡の発掘調査は、予定を超えて1977～81年までの4年間に及ぶこととなった。事前の試掘調査によって当初示されていた遺跡の広がり（6,000㎡）に対し、調査が進むにつれ、孤島のように残されていた台地一面（11,000㎡）に多くの時代の遺構群が濃密に重なり合う様相が明らかになってきたからである。しかも、20年間にわたって忘れ去られつつあった竪穴式集団墓（環状土籬、周堤墓）の相次ぐ検出、また列状に並ぶ土坑墓群、密集する竪穴住居址群など予期せぬ発見が相次いだことによる。これらの経緯は調査後に纏められた報告書に詳しいが、恵まれない調査環境の中で、大量の、しかも濃密な遺構群を隅々まで完掘できたのも、昼夜を厭わず献身的に取り組んだ学生、作業員の力によるもので、特記せねばならない。

結果として発掘された遺構は、縄文時代前期末～中期後半の竪穴住居址あわせて24軒、本書で扱う縄文時代後期の竪穴式集団墓3基（他に可能性のある2基）、縄文時代早期・前期・中期・後期・続縄文時代の土坑墓あわせて433基、その他焼土234カ所など多数にのぼる。発掘された遺物も土器・土器片18万点以上、石器・剥片類1万点以上など大量の出土を見ている。これらの中で、第Ⅰ地点の竪穴式集団墓（環状土籬、周堤墓）、そして第Ⅱ地点の「列状群集墓」を取り込むように分布する環状の土坑墓群（環状群集墓）は、縄文時代後期後葉～末葉に相当する。図8は、この時代の関係分のみ抜粋した遺構配置図である。

ちなみに、拳大以上の円礫・角礫が総計5,000点以上を数えたが、ここでの墓標としての巨大な立石（角柱礫）が、大正時代の人々の注目を集めていたらしく貴重な記録が河野常吉によって残されている（木村1981、宇田川1981）。その後、人々の記憶

第1章　赤い漆塗り帯集団のカリンバ遺跡と石棒集団の柏木B遺跡 | 025

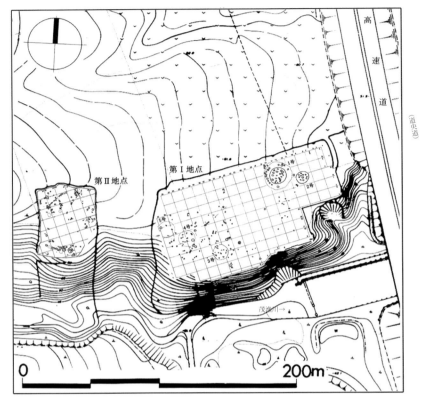

図8　柏木B遺跡の発掘区と周辺の地形

から忘れ去られていたのであるが、貴重な遺跡として再び甦った柏木B遺跡も、結局は、大規模な土取り工事と今回の発掘をもってすっかり姿を消すこととなった。

規模においては、カリンバ遺跡に優るとも劣らぬ遺跡であると言えようが、多くの点で似たような文化層の様相を示している。もっとも大きく異なる点は、柏木B遺跡においては、擦文時代と近世アイヌ期の文化層が残されておらず、この時代、人々の生活の舞台が、カリンバ遺跡などがのる低位段丘へと遷移したことが推察される。

重要なのは、異なる段丘面に、4kmの距離を隔てて位置するカリンバ、柏木B両遺跡での発掘調査により、縄文時代後期後葉〜晩期初頭の埋葬研究にまったく新たな世界を提供した事実であるが、そこに眠る被葬者たちがどのような人々であったのか、そこに副えられた各種の装身具、石棒がどのような社会的役割を担っていたのか、また被葬者たちがどのような社会組織を築き上げていたのか、究明せねばならぬ課題は尽きない。

Ⅲ 遺跡にみられる地層

　図9に示したのは、柏木B遺跡のE−28・29グリッド北壁の地層断面である。

　恵庭地方では、第三紀層を、いわゆる支笏・洞爺系火山群を起源とする第四紀火山砕屑物（テフラ）が被う。図中、地表下260cmほどの深さにある不連続のV-22層以下、厚く堆積するⅥ層が支笏第1テフラ（Spf.1、4.2万年前）で、地表下45cm、層厚およそ70cmのV-1～3層が恵庭aテフラ（En-a、1.5～1.7万年前）である。これらは、いずれも更新世の堆積物である。

　本来、完新世になって堆積する黒色土中に樽前起源の火山砕屑物も挟在するが、ここでは、2.5～3千年前の樽前cテフラ（Ta-c）が第Ⅲ層（黒色土）中にごく痕跡的に認められる。また、樽前aテフラ（Ta-a、西暦1739年降灰）が第Ⅱ層として層をなし、丘陵の南斜面裾部などで確認されているが、図中はもちろん、台地の平坦面では自然作用や人為的作用によって失われている。

　柏木B遺跡での基本的層序は、以下のとおりである。

　第Ⅰ層は、耕作土で、層厚10～20cm、黒褐色を呈している。下層からの樽前降下軽石（Ta-aテフラ）を混える。地形の緩やかな傾斜に関連し、南に走る沢（凹地）や南部の丘陵裾部に厚く、場所によっては40～50cmを越す。

　第Ⅱ層は、Ta-aテフラ（西暦1739年降灰）で、耕作が及んでいない第Ⅰ地点の南の崖線付近（第Ⅰ地点）と柳・白樺林のあった第Ⅱ地点の丘陵裾部にのみ認められた。耕作が及ぶ図9の地層図では欠けている。層厚は平均7cm前後、厚いところで15cmを測る。場所によって、上層の緻密なやや茶褐色を帯びた火山灰と下層の粒子の粗い灰白色の火山灰とに二分できる。後に詳しく紹介するが、沈み込むTa-a層の存在が、竪穴式集団墓の構造解明へと導いたことは特記すべきことである。

　第Ⅲ層は、腐植の進んだ黒色土層である。層厚は、不均一で、薄いところで7～10cm、厚いところで30cmを越す。沢（凹地）付近では1m近くに達し、当時の地形が現在以上に起伏に富んでいたことを示すとともに、竪穴式集団墓の立地・配列が、そのような旧地形に関係していたことが推察される。

　第Ⅳ層は、暗褐色土層である。上層との層界は不明瞭で、漸移的である。わずかながら下位のEn-a降下軽石を混える。層厚は、平均10～15cm、やや厚いところで30cm前後である。

　黄褐色ロームのEn-a層（第Ⅴ層）以下については省略するが、遺物包含層は第Ⅰ層から第Ⅳ層に、また本書で扱う縄文時代後期後葉の文化層は第Ⅲ層に相当する。

第Ⅰ地点

第Ⅱ地点

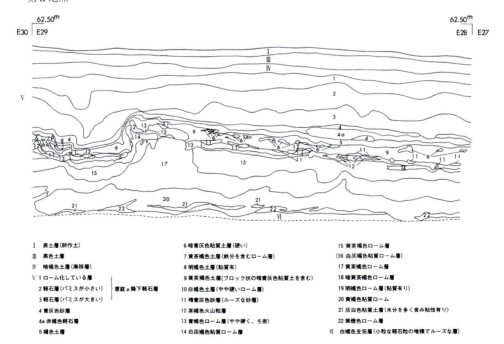

Ⅰ 表土層(耕作土)	6 暗青灰色粘質土層(硬い)	15 黄茶褐色ローム層
Ⅲ 黒色土層	7 黄茶褐色土層(鉄分を含むローム層)	(16 白灰褐色粘質土層)
Ⅳ 暗褐色土層(漸移層)	8 明褐色土層(粘質有)	17 黄茶褐色ローム層
Ⅴ 1 ローム化している層	9 黄茶褐色土層(ブロック状の暗青灰色粘質土を含む)	18 暗茶褐色ローム層
2 軽石層(パミスが小さい) 恵庭a降下軽石層	10 白褐色土層(やや硬いローム層)	19 明褐色ローム層(粘質有り)
3 軽石層(パミスが大きい)	11 暗青灰色砂層(ルーズな砂層)	20 黄褐色粘土層
4 青灰色砂層	12 茶褐色火山粒層	21 灰白色粘質土層(水分を多く含み粘性有り)
4a 赤褐色軽石層	13 青褐色ローム層(やや硬く、ち密)	22 黄橙色ローム層
5 褐色土層	14 白灰褐色粘質ローム層	Ⅵ 白褐色支笏層(小粒な軽石粒の堆積でルーズな層)

図9　柏木B遺跡にみられる地層(上・断面写真,下・断面図)

一方、より低い段丘面に位置するカリンバ遺跡での層序についても、地層形成や土壌化の影響による層の厚さや性状・色調などの相違も認められるが、Ⅵ層の対比を除き、同様である。
　カリンバ遺跡での基本的層状は、以下のとおりである。調査区内には、遺物包含層の黒色土層が比較的良好に残され、市域内で認められる標準的な地層を示している。
　第Ⅰ層は、耕作土で、層厚20～25cm、層中に樽前a層の灰白色火山灰粒を多量に含む。
　第Ⅱ層は、Ta-aテフラで、遺跡の北端付近の崖近くに認められるが、ほとんどの区域で耕作による攪乱を受けている。残存状態の良いところで、層厚15cmほどである。
　第Ⅲ層は、黒色土層で、主たる遺物包含層でもある。標高の高い崖寄りで30～40cmを測る。崖から南側に30～40m離れた斜面上ではほとんど残されていないが、標高の低い場所では50～60cmほどの堆積もみられる。
　発掘調査区では、土質の違いで3層に分層された。
　Ⅲa層は、乾燥すると灰色を帯び、肉眼でも細かい火山灰様の粒子が観察できる。層厚は5～10cm。続縄文時代から近世の遺物包含層にあたる。
　Ⅲb層は、橙褐色の径3～5mmの軽石粒（Ta-c$_2$）をまばらに含む褐色気味の黒色土層である。層厚10cmほどで、主に縄文時代晩期の遺物包含層に相当する。
　Ⅲc層は、しまりの良い黒色を呈する腐植土層である。層厚10～20cmであるが、下位のⅣ層との層界は漸移的。縄文時代早期から縄文時代晩期にかけての遺物包含層である。
　第Ⅳ層は、暗褐色土層で、層厚10～15cmである。Ⅲc層とⅤ層間に位置する漸移層で、木の根などの撹乱により上面は凹凸をなす。
　第Ⅴ層は、恵庭aテフラ（En-a）とされる層厚80cmほどの黄褐色を呈するローム層である。以上については、柏木B遺跡での説明とおよそ共通するが、その下位は、氾濫原堆積物と考えられる砂・礫の二次堆積層の第Ⅵ層へ移行する。
　カリンバ遺跡の土坑墓群の多くは、第Ⅴ層のEn-aテフラ中に底面が作られているが、大型の土坑墓などでさらに下位の第Ⅵ層に及んで作られる例がある。柏木B遺跡も同様で、一般には底面がEn-a層中深くに作られるが、しばしばEn-aを突きぬけて作られた例もある。

COLUMN
カリンバ遺跡の「濠」状遺構について

　1983年の学術調査で、遺跡の中央よりやや北に設けられた発掘区で、「濠」状遺構が検出された。「濠」は、発掘区の南から北に向かって、あたかもカリンバ川に突きだすように弧状に展開している。残念ながら、出口部分の調査をなしえていないが、カリンバ川に向かって開くことはボーリング調査で確かめられている。

　「濠」の幅は、北の出口付近で2.6mを数えるが、南に向かって次第にせばまり、先端付近での幅は80cmである。それに関連し、南の先端部から北の出口に向かって深さも次第に深くなる。浅い所で50cm、深い所で1.5mにもなる。

　「濠」の断面は、浅い所では大きく開いたU字形を呈するが、次第に底部の鋭さを増し、北の出口付近では底部がV字形を呈するようになる。北壁が鋭く切立つのに対し、南壁は面取りが入念に行なわれ、緩やかな斜面をなすが、「濠」状遺構の性格を考えるうえで重要な形状と言えよう。底には、小砂利と青砂が認められることから、いくらかの水が流れていたと思われる。

　「濠」の内側に沿って、17個の小さなピットが検出されている。配列や検出状況、ピット内の覆土の様子などから、これらのピットが「濠」に関連するものであることは疑いない。おそらく地上に柵がめぐらされていたものであろう。いずれのピットにも掘り方と作り方が認められることから、木杭の打込みによるピットではない。いずれのピットも、大きさの割には深く、50cmを越すものがほとんどである。

　この「濠」状遺構について、その後の調査で確かな年代、他の遺構との関連などいっそうの解明を期待していたが、結局はかなわなかった。しかし、これまでに得られた知見だけでも、特筆すべき意義をもっている。

　溝、およびそれに関連する柵という遺構の構造上の特徴は、チャシの構造とよく似ている。特に「濠」の内側に並ぶ柵列用の柱穴群は、弟子屈町矢沢遺跡、平取町アツベツチャシ、同ポロモイチャシ、静内町シベチャリチャシ、室蘭市絵鞆などでも知られているが、本遺跡の場合、開けた低平地に作られており、立地の点でたいへん特異である。

　一般的には、チャシは自然の地形をたくみに利用し、丘陵の先端部を切断するかのように「濠」が作られるが、ここでは地形の彎入部に、しかも丘陵先端から遠ざかるように作られており、性格の相違が理解される。少なくとも、チャシの防御的性格を読みとることは難しい。仮に、チャシの防御的性格が強まるのはより後の時代のことであるという理解に立つとすると、ここでの「濠」状遺構は、チャシの初現的様相を

示している可能性も考慮される。なお、先述の発見例の中では、構造や立地の点で、弟子屈町矢沢遺跡の例にもっとも近く、今後の課題としては、千歳市釜加・蘭越遺跡の環状の溝や千歳市末広遺跡の擦文時代の集落に関連するらしい溝との比較も重要であろう。

なお、「濠」状遺構の年代に関って、「濠」の底部からはまったく遺物が出土しておらず、これまでところ正確な年代を特定することはできない。しかし樽前a降下火山灰（A.D.1739降灰）が「濠」を覆い、しかも「濠」中に埋土の堆積が見られることから、1739年よりある程度古い時期の築造であることが理解される。この点は、火山灰直下に近世の鉄鍋と大刀の破片らしい遺物が出土している点からも確かめられる。一方で、これまでに発見されている擦文時代の住居址群と「濠」状遺構の位置関係から考えると、その時代の集落に関連するとみなすには無理があるかもしれない。

いずれにせよ、構造上の特徴、推定年代から、本遺跡発見の「濠」状遺構が、丘陵部に築かれた近世アイヌ期の本格的な「チャシ」の原型である可能性が高い。

（1983年『いわゆる「北大式土器」とその文化に関する基礎的研究（予報）』（文部省科学研究費成果報告）より抜粋。一部加除修正）

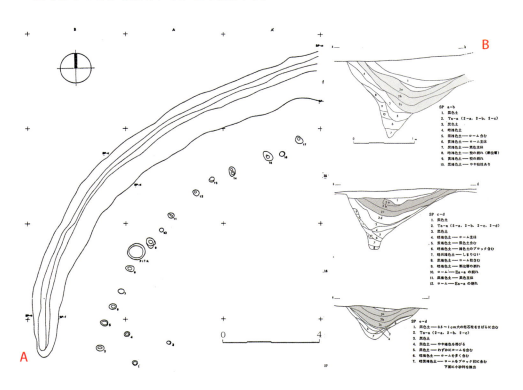

別図1　「濠」状遺構（A・平面図、B・断面図）

第2章
赤い漆塗り帯集団の埋葬とおしゃれ
―カリンバ遺跡の発掘調査―

I
発見された土坑墓
－他界への旅立ちの手順と土坑墓の規格

　カリンバ遺跡は、石狩低地帯南部の平野に接する微高地、標高24～26mの緩やかに傾斜する平坦面にある。ここで紹介する縄文時代後期末～晩期初頭の土坑墓群は、小さなカリンバ川が削り出した段丘崖付近に広がり、地形的にもっとも高い平坦面を墓域としていた(図5)。

　1999年の発掘調査で明らかにされた縄文時代後期後葉から晩期初頭にかけての土坑墓は、あわせて36基を数える。図10に、その平面的配置と、特徴的な土坑墓の出土状況を示した。その後に実施された詳細調査によると、その分布はさらに広がり、東西60m、南北30mの範囲に推定200基ほどの土坑墓が集中分布するとみられている。今回発掘された36基の土坑墓は、それら墓域の西方部に位置する。なかでも注目を集めている大型の合葬墓4基は、さらにその西端付近にまとまって構築されていた。

1　土坑墓の掘削から埋葬までの様式

　死者の埋葬は、過去の記憶や思い出を断ち、未来への再生を祈りながら行われる厳粛な儀式と言えようが、死の原因が医学的、解剖学的に解説される今日、また火葬が一般的な風景として融け込む社会で、いくらか厳粛さを欠く風潮は否めない。希薄な生命観の裏返しと見る向きもあろう。古今東西、他界がいずこにあるのか、その確かな答えを探し求めつつ歩んできた人類の多様な歴史の故に、様々な埋葬様式が世界に知られている。日本列島の縄文時代においても、遺体が廃屋に置かれたり、胎児や子供の遺体が土器に納められたり、一度仮の地に安置されたものが、再び遺骨のみ集骨、回収され、本埋葬される例などいくらか多様な様相も知られている。しかし、地表に穿たれた墓穴に遺体を埋葬する土坑墓の様式例が圧倒的多数を占める。

　カリンバ遺跡も同様である。発見された土坑墓の様子から、埋葬が実際にどのような手順で進められたのか、その概略を紹介することから始めよう。

　まずもって行われるのが、遺体を納める墓地での土坑墓の掘削である。

　カリンバ遺跡でもっとも注目を浴びているのは、多数の遺体が同時に合葬された土坑墓であるが、円形をなすこのような例を除くと、土坑墓の平面形状は、通常、楕円形を呈する。遺体を一人だけ、しかも手足を折り曲げた姿勢での屈葬に見合う大きさと形状が用意されたからである。その際、楕円形の墓壙は、基本的には長軸が東西を向くよう配慮されている。しかも、いわゆる「西頭位」が多数を占める(表1)。人骨の残りはよくないが、深い土坑墓には人の歯が残されている。また、墓壙の底面が変色し、遺体層として確認できる例があり、頭部の位置を推定することが可

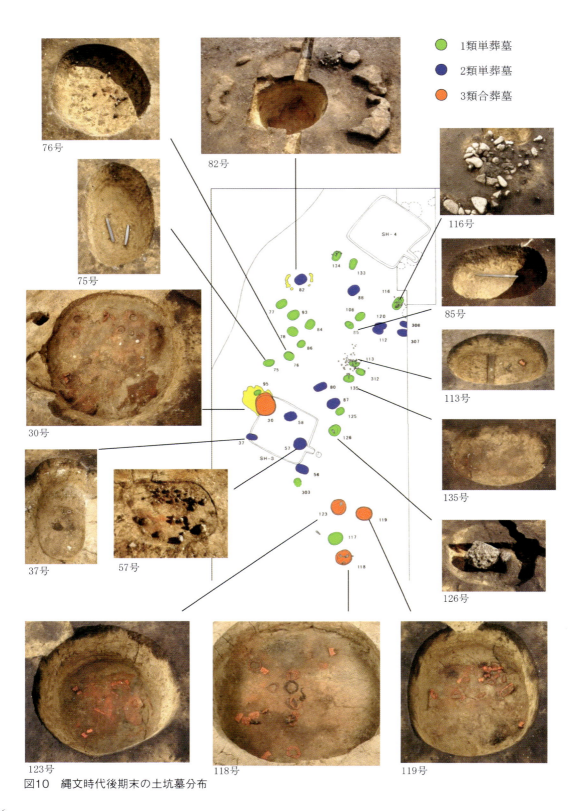

図10　縄文時代後期末の土坑墓分布

表1 土坑墓・出土遺物一覧

分類	通No.	土坑墓	属性								標識		ベンガラ		覆土上部						副葬品														
			平面形	上面(cm)		下底(cm)		面積(㎡)	長幅比	深さ(cm)	長軸方位	円礫	砂利(盛土)	覆土上下部	底面部	漆器片	櫛	石棒	土器			計	漆製品							玉						サメ歯	石棒付き たたき石 つまみ付きナイフ	マンガン塊	計
				長径	短径	長径	短径												坩口 注口 浅鉢			櫛透し無し	櫛透し文様	頭飾り	耳飾り	腰飾り	紐状製品	ブレス	漆器片	勾玉 小玉 大玉 棗玉 垂飾玉 玉(碧製以外) その他					碧製 丸玉 碧製 勾玉				
1類	1	75	楕円形	113	64	87	46	0.60	1.77	45	W-19°-N																												2
	2	76	楕円形	105	93	94	74	0.77	1.13	28	W-53°-S																			1	5		1						7
	3	77	楕円形	115	75	87	58	0.72	1.53	38	W-5°-S																			3	24		1						28
	4	78	楕円形	112	96	87	77	0.86	1.17	50	W-27°-N	1																		4	27	1	1	1		1			36
	5	84	楕円形	110	84	91	56	0.75	1.31	37	W-28°-S																												0
	6	85	楕円形	95	63	76	44	0.49	1.51	40	W-76°-N																						1						1
	7	86	楕円形	86	74	70	59	0.48	1.16	42	W-11°-S																			1		4							5
	8	93	楕円形	118	96	106	74	0.91	1.23	24	W-4°-S																1										1		1
	9	95	楕円形	82	55	83	43	0.35	1.49	36	W-4°-N																												0
	10	108	楕円形	109	70	110	68	0.64	1.56	55	W-6°-S																												0
	11	113	楕円形	97	53	91	37	0.44	1.83	43	W-35°-N	52																		2	23		2						27
	12	116	楕円形	141	87	111	65	1.1	1.62	50	W-27°-S	30																1		1	19		2	1					24
	13	117	楕円形	153	122	138	104	1.53	1.25	46	W-4°-N																				56									58
	14	125	不明	96	68	71	45	0.55	1.41	29	W-5°-S			1																									0
	15	126	円形	110	103	89	70	1.07	1.07	52	W-27°-N	2																			17				1				19
	16	133	楕円形	123	68	113	50	0.71	1.81	49	W-34°-S				1					1			2				1												2
	17	134	楕円形	117	84	94	68	0.79	1.39	28	W-42°-S											1	1				3				56		2			18			80
	18	135	楕円形	103	77	94	56	0.65	1.34	38	W-38°-N	40												1	3		1				15								20
	19	303	不明	(141)	(64)	(103)	(23)	(0.13)				22																											0
	20	312	楕円形	94	68	76	56	0.51	1.38	19	W-69°-N		1	13						1	2	3		9	3		1	2		11	243	4	4	3		1	19	3		310
	小計											107	1	13						1	2	3		9	3		1	2		11	243	4	4	3		1	19	3		310
2類	1	37	楕円形	117	61	95	58	0.68	1.92	62	W-49°-N																				13	21								34
	2	56	楕円形	142	94	119	70	1.10	1.51	71	W-61°-N													2									1						3
	3	57	楕円形	(130)	(110)	(126)	(106)	1.19		70	W-20°-S													2						6	1			1		9	1		22
	4	58	不明	(63)	(40)	(63)	(40)	0.19		66																													0
	5	80	楕円形	135	80	117	53	0.92	1.69	72	W-18°-N									1		1	2								52			1		4			57
	6	82	楕円形	135	105	93	73	1.11	1.27	100	W-20°-N	24								1	3	4		2															3
	7	87	楕円形	132	104	110	67	1.13	1.36	62	W-4°-N																							1		1			2
	8	88	楕円形	131	96	111	76	1.05	1.29	80	W-57°-N																						2		1				3
	9	112	楕円形	103	80	86	62	0.74	1.29	60	W-29°-N																												0
	10	120	楕円形	118	57	95	46	0.78	2.07	83	W-30°-N				1				1			2		2															0
	11	307	楕円形	(104)	(86)	(103)	(63)	0.91		88	W-29°-N			1			1							3															0
	12	308	楕円形	(86)	63	(125)	64	0.61		115	W-48°-N				37									4	6	7	1	2	1							1			124
	小計											25	1	9	37		1		1	2	3	6	2	42	8	7	1	2	1	7	65	21	4	2		6		1	124
3類	1	30	楕円形	246	165	200	128	4.13	1.19	100	W-55°-S				1					1	1	1		7	15	7	2	3	1	2	208	4	1						232
	2	118	円形	165	150	134	128	2.01	1.10	92	W-2°-S	5							1	1	2		3	6	4	2	3		2	49		2		28		1		111
	3	119	楕円形	165	140	155	130	1.94	1.18	65	W-34°-N			1						2	2		11	6	1	2			1	103	2	2		1		1		142
	4	123	円形	165	158	142	124	2.07	1.04	91	W-22°-N				3					1		4		5	5	2	1		1	7	141								172
	小計											8	1	1	4	2	1		4	2	49	22	16	8	7		2	16	501	8	3		31	1	1	2	657

第2章 赤い漆塗り帯集団の埋葬とおしゃれ ―カリンバ遺跡の発掘調査― | 037

能である。それらの観察による限り、墓壙の長軸をおよそ東西にあわせるのはもちろんであるが、頭位を長軸の西側に置くよう留意された。

　西頭位は、少なくとも、後に紹介する柏木B遺跡の竪穴式集団墓など縄文時代後期にも認められる傾向であり、土坑墓形状や埋葬法などに共通する点も少なくなく、カリンバ遺跡の土坑墓群が前代の葬制を色濃く引き継いだもの、と言えよう。

　ところで、先に紹介したとおり、土坑墓は、遺跡内にまとまりをもって発見されており、埋葬区があらかじめ遺跡の高い場所に定められていたとみなすことができよう。先に紹介したとおり、ここでの地層は、上からⅠ層：耕作土層（約20cm）、Ⅱ層：Ta-a火山灰層（約15cm）、Ⅲ層：黒色土層（約30cm）、Ⅳ層：暗褐色土層（約10cm）、Ⅴ層：黄褐色ローム～En-a火山灰層（約60cm）、Ⅵ層：砂礫層へと連続するが、およそ墓壙は当時の地表面の黒色土の中ほどから開けられ、壙底面はこれらの地層を貫き、黄褐色ローム中に設けられる。しばしば、下位の砂礫層中にまで及ぶ例もあるが、この場合、土坑墓の深さは1m以上にもなる。

　こうして、墓穴を設け、遺体を安置するのであるが、その直前に、死者の再生を祈ってか、土坑墓の底面に赤いベンガラを撒布する。ただし、身分の違いを示すものか、ベンガラを撒布する例と撒布しない例とがある。

　室内での詳細な発掘作業の末、複数・多数の遺体を納めた土坑墓（118・119号土坑墓）で、広い範囲に布目痕が検出されており、ベンガラ層の上に布を敷いた、と推定できる。遺体安置に際し、あらかじめ準備された儀礼のひとつと言えよう。これらベンガラや敷布の上に遺体が納められるのであるが、遺体は衣服をまとい、装身具類を身につけていたことも、出土状況から推してほぼ間違いない。衣服の存在を証拠づける布目痕が重層するように確認されているし、遺体の部位に見合う櫛や腕輪、首飾りなど多数の装身具類が検出されている。稀に、副葬品として装身具類の他に、生前に使用していたものとみられる石器類なども、遺体の周りに添えられている。その後ふたたび、安置した遺体に布をかけ、ベンガラをふりかけて埋葬行為の前半を終える。続いて、墓穴の周囲に置かれていた掘上げ土を墓穴に戻していくのであるが、ここで重要なのは、単葬墓か合葬墓かにかかわりなく、深い土坑墓はほぼ黄褐色のロームで満たされている事実である。このことは、意識的に選り分けられていた黒色土と黄褐色土のうち、最初に黄色い土が優先的に埋め戻されたことを意味している。カリンバ遺跡の人々が黄色いロームを汚れのない土として強く意識していた可能性を示唆する。いずれにせよ、儀礼行為の一つとみなすことが許されよう。埋葬の終盤、その締めくくりとして、再び充填した土の上にベンガラを撒布し、土器を置く。あわせて、地上標識が据えられる。

　黄褐色土を主体とした充填土の上部にベンガラ層が挟在する例やこの時代を特色づける壺形土器や注口形土器などが墓壙口、あるいは周囲に供え置かれた例がある。この他、壙口に円礫が置かれた例も多数検出されている。中には、砂利とロームからなる土をさらに被せ、盛土を意図した例などもみられる。これらは、土坑墓の位置を示す地上標識としての役割を果たし、当時の葬送儀礼の執行の様子を物語っている。

　こうした一連の埋葬行為を経て、死者は、仲間たちに見送られながら他界へと旅立つ。

2　土坑墓の規格

表1に、発掘された36基の土坑墓について、その規格と方位、地上標識の有無、土坑墓上部および壙底面での出土遺物やベンガラの有無、遺物の組成などの属性を一覧にまとめた。ここでは、土坑墓の規格、すなわち土坑墓の大きさ、深さ、形状などに注目し、土坑墓群を大きく1〜3類に分類した。以下、その概要を紹介したい。

図11は、1〜3類のそれぞれについて、深さ（青色）、長さ（赤色）、幅（緑色）の平均値を示したグラフである。なお、図10に示した配置図は、その分類に従い色分けされている。

1類：大きさに多少のばらつきも認められるが、小型の浅い土坑墓である。壙口で長径82〜141cm（平均110cm）、短径53〜122cm（平均80cm）、成人の伸展葬には無理な規格とみなせよう。また、壙口からの深さが19〜55cm（平均39cm）で、深さ50cm以下の例が大半を占める。この小型で浅い一群には、20基が含まれ、もっとも例数が多い。

壙口での平面形は楕円を基本としつつも、長幅比はさほど大きくない。126号土坑墓のようにおよそ円形と言える例も含まれる。壙口面積では、0.35〜1.1㎡、平均0.73㎡である。最少の95号土坑墓の場合、被葬者が子供の可能性も考慮される。

2類：1類同様に小型ながら、より深い土坑墓である。壙口での長径は103〜142cm（平均127cm）、短径が57〜110cm（平均83cm）、壙口面積も0.6〜1.2㎡（平均0.87㎡）と、1類より多少長目で、形状も明瞭な楕円形をなす。深さは62〜115cm（平均77cm）と深く、1類からは区別される。12基を数える。

3類：大型で、深い土坑墓である。4基（30・118・119・123号）あり、30号土坑墓が最大で、長径246cm、深さ100cmを測る。他の3基は、30号に比し小型ながら、長径165cm、深さ65〜92cmと大きい。壙口面積では、特大の30号が4.1㎡、他の3基も2㎡ほどと、1・2類のほぼ倍以上の大きさである。平面形は、1・2類の大勢が楕円形であるのに対し、およそ円形を呈する。

いずれのグループも、人骨の保存状態が良好とは言えないが、かすかな人骨の痕跡と副葬品の出土位置、墓壙の規模などを手掛かりに遺体の位置、遺体数、埋葬法を理解できる例も少なくない。それによると、ここでの規格にみられる分類も、おおよそ1・2類がひとりを埋葬した「単葬墓」、3類が二人以上を埋葬した「合葬墓」とみなすことができる。埋葬法は、いずれも遺体の手足を折り曲げて行う「屈葬」であろう。

ちなみに、限られた範囲での分布傾向に過ぎないが、おおよそ小型の1類土坑墓が中央に広く、また数多く、2類土坑墓がそれらを取り囲むように、大型の3類土坑墓がその外側、ほぼ西端に限って分布する。

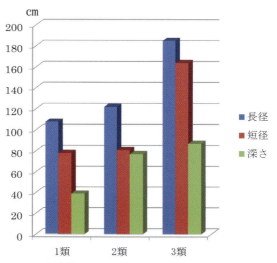

図11　土坑墓の平均的な大きさ

3　墓に記された地上標識

　後の章で紹介する柏木B遺跡の典型的な墓標とは趣を異にするが、このカリンバ遺跡でも、墓壙上面に礫などが置かれていた。死者の住まいを後世にまで伝える役割を担っていたことは想像に難くない。

　円礫を用いた地上標識は、4割近い土坑墓に認められ、その配石の様相や礫の大きさなどから次の4パターンに整理できる。

　A：土坑墓上に大小の円礫少数を置いた5基（30号、82号、118号、123号、126号）、B：周囲に大型の円礫50個ほどを配した1基（113号）、C：中型の円礫をまとめて積み上げた1基（116号）、D：小型の円礫を多数置いた1基（134号）などである。3類の大型土坑墓は、4基のうち3基がAタイプに属すが、とりわけ顕著な地上標識を有するとは言い難い。

　また、円礫を標識として用いた土坑墓のなかには、2類の82号土坑墓のように覆土の上をさらにローム・砂利で覆い、盛土の構築を意図したと思われる例もある（図14）。

　3類の30号土坑墓でも、ローム・砂利からなる同様な盛土の存在が確認されている（図31）。その層中からは、数カ所のベンガラ層の広がりも検出され、石棒や小玉、漆塗り櫛が含まれていた。埋葬終了後に、何らかの儀式が執り行われたものと理解される。

　検出時、いずれも低く、薄い盛土として確認されたが、遺体がなお腐朽していない埋葬直後では視覚的にわかるほどの円墳状をなしていたとみて間違いない。

　なお、標識がとくに認められなかった墓についても、埋葬当時は、埋め土を小高く盛って墓の存在を示していた可能性は高い。

113号土坑墓（図12）　長径97cm、短径53cm、深さ43cm。長軸方位W-35°-N。

　浅い1類土坑墓で、厚さ4～6cmのベンガラ層が壙底面を覆う。長軸に沿って西から遺体の頭部、頸部、腰部の位置に漆塗り櫛1点、玉25点からなる一連の首飾り、そして勾玉2点が検出された。覆土上部に配石が広がるパターンBで、約2mの範囲に10～20cmほどの円礫57点が集中する。その中に、石皿2点とたたき石2点が含まれる。

116号土坑墓（図13）　長径141cm、短径87cm、深さ50cm。長軸方位W-27°-N。

　浅い1類土坑墓で、壙底面を赤褐色、さらに茶褐色のベンガラ層が重層する。一部は壁面にまで及ぶ。歯が壙底中央やや西寄りに検出され、頭部と推定される位置から漆塗り櫛1点、頭部から足元にかけてやや散乱する状態で勾玉1点を含む23点の玉が出土している。琥珀1点、貝化石1点を除き、いずれも滑石製である。

　覆土上部に、10～20cm大の礫50点がまとまって置かれる配石パターンCの例である。ここでも、石皿やたたき石、すり石、砥石片などの礫石器20点が含まれていた。

117号土坑墓（図13）　長径153cm、短径122cm、深さ46cm。長軸方位W-4°-N。

　浅い1類土坑墓で、壙底面を覆うベンガラ層中の西側で一連の滑石製玉52点、北壁近くから漆製品（腕輪）1点、東壁近くから漆塗り櫛1点と滑石製小玉2点が出土。土坑墓近くから長さ53cmの細長い溶結凝灰岩礫が出土したが、関係は定かでない。

126号土坑墓（図15）　長径121cm、短径131cm、深さ52cm。長軸方位は、W-13°-N。

　地割れにより覆土が引き裂かれ、壙底面も

113号土坑墓

土坑墓周辺の円礫

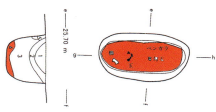
覆土とベンガラ層

円礫分布図

漆塗り櫛

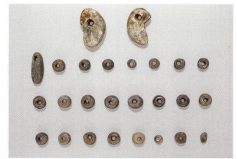
勾玉・玉

副葬品出土状態

図12　113号土坑墓と副葬品

116号土坑墓

116号土坑墓の礫群

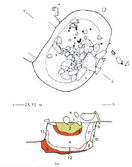
ベンガラと礫群分布図

116号土坑墓の漆塗り櫛

玉・勾玉

117号土坑墓

櫛

腕輪

玉

漆塗り櫛

玉

図13　116号・117号土坑墓と副葬品

82号土坑墓

土坑墓周辺の砂利マウンド

玉A

玉B

玉C

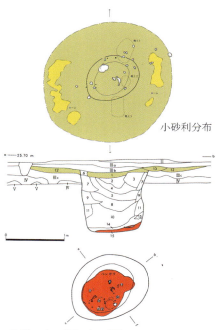
小砂利分布

砂利マウンドとベンガラ

副葬品出土状態

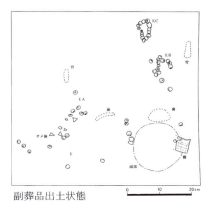
壺形土器

図14　82号土坑墓と副葬品・土器

第2章　赤い漆塗り帯集団の埋葬とおしゃれ―カリンバ遺跡の発掘調査―　043

126号土坑墓

副葬品出土状態

小型鉢形土器

図15　126号土坑墓と副葬品

滑石とコハクの玉

大きく上下にずれている。1類土坑墓。

　壙底面上に2枚のベンガラ層が覆う。漆塗り櫛小片3点、琥珀製15点・滑石製7点の玉が副葬。15点の連珠は墓壙西寄りから出土。

　覆土上部に大型の溶結凝灰岩礫が出土し、配石パターンAとした。その下から少量の土器片が出土し、図16に示した2個の土器のうち、大型の注口土器は包含層出土の土器1片と接合した。強く張り出す球状の胴部、口縁部に向かい大きくすぼまる頸部に連結帯状文と三叉文、貼瘤文などが組み合わされる注口形土器である。小型のものは、小さな揚げ底で刻線や刺突で刻まれた円形・舌状の突起、貼瘤を口縁部にもつ浅鉢形土器が復原されている。

82号土坑墓（図14）　長径135cm、短径105cm、深さ100cm。長軸方位W-35°-N。

　掘り込みの深い2類土坑墓で、壙底面に鮮やかな赤いベンガラ層が広がり、歯2カ所を含む人骨の痕跡が確認されている。頭部に相当する遺体層が南西側の壙壁近くにあり、漆塗りの櫛1点と付近から連珠の腕輪とみられる滑石製の玉が2カ所、また足首の飾りとみられる玉52点とサメの歯4点が検出されている。覆土中から、黒曜石製の石鏃や楔形石器、安山岩質の石皿とともに、胴上部と口縁部に沈線文で雲形、弧状などの文様が施文された頸部の付け根に突帯がめぐる細口の壺形土器（赤彩）、連弧状の沈線文間に三叉文が施された浅鉢形土器などが出土し、周辺の包含層出土の土器片と接合した例もある。

覆土上部に拳大の円礫18点を含む配石パターンAであるが、ロームと小砂利からなる盛土が墓壙の口を塞ぐ。盛土は、およそ径3mの範囲に、厚さ10cmほどで広がり、焼土も3カ所に認められた。

4　遺体埋葬後に添えられた供献品

　いくつかの墓壙の壙口付近から配石とともに、土器や装身具類が出土することを紹介してきたが、埋葬を終える頃に添えられた土器に注目してみよう。

　図16は、土器がどの土坑墓と関係しているかを示した配置図である。土器を伴った墓は、1類土坑墓で1基、2類土坑墓で2基、3類土坑墓で3基、あわせて6基があげられる。土器が置かれていた例は必ずしも多いと言えない。掘り込みの深い2類土坑墓と3類土坑墓にやや多く、例数のもっとも多い1類土坑墓にあっては先に紹介した126号土坑墓（図15）がただ一つの例である。稀少な土器の供献行為が、埋葬行為の中で重要な役割を担っていたものと想定できよう。

　また、壙口から出土した土器は、壺形、注口形、鉢形土器などの比較的小型のもので、実用的な大型の深鉢形土器はごく稀である（図16）。これらは、儀式など、限られた機会に使用される特別な土器であったように理解されるが、この点でも供献される土器の意義が注目される。

　80号土坑墓からは、この時代の特徴をよく示す壺形土器が上下を逆にして出土している（図17）。細長い頸部と丸い胴部をもち、頸部に密に施された沈線文様と貼り瘤文がついている。この土器の胴部には小さな孔が一カ所にあり、単孔土器の一種と考えられる。孔のもつ意味、あるいは注ぎ口に竹材を用いたかどうか不明な点も多いが、液体を入れ、孔から注ぐための土器と想定できよう。まさに葬送の儀式、あるいは酒宴にふさわしい土器と言え、当時の社会を読み解くための貴重な資料である。

　大型合葬墓の118号・123号土坑墓からは、注口形土器が出土している。張りのある丸い胴部の下に小さな底部を付けた土器で、貼瘤文や隆起線文、区画文、磨り消し文などの文様が施されている。無文部分は入念に磨かれている。胴部から底部にかけての形状は、女性の乳房を表現したものといわれ、注口部分とあわせて男女の性を一つに表現した土器であると考えられている。

　また、123号土坑墓の注口形土器の底部には、意図的に打ち欠いたと思われる穴が残されている（図16）。被葬者が生前に所有していた土器であろうか。埋葬に際し、土器の一部に穴をあけ、墓の上に副え置くという葬制の一環としての底部穿孔が風習として存在した可能性を示唆している。

　土坑墓の周辺から出土した注口形土器や浅鉢形土器、高台付き土器などの小型土器には、曲線的な入組み文、透かし文、磨り消し文などが施文され、なかには非常に細かな縄文を付けた土器がある。「縄文時代の糸」を連想させるほどの細かな縄文を施した土器で、カリンバ遺跡の土坑墓に伴う土器群の特徴と言える。細やかなモチーフと土器の柔らかな形状から、製作者自身も女性の可能性を考えてよさそうである（図75）。

　埋葬後の儀礼にかかわるものとして、30号土坑墓では、土器とともに、盛土中から漆塗り櫛、玉、石棒（図31）が発見されている。遺体埋葬後に墓上に残された同様の供献品であろうが、他に類例がなく、珍しい。

　なお、土器が墓壙口に置かれる例では、ベ

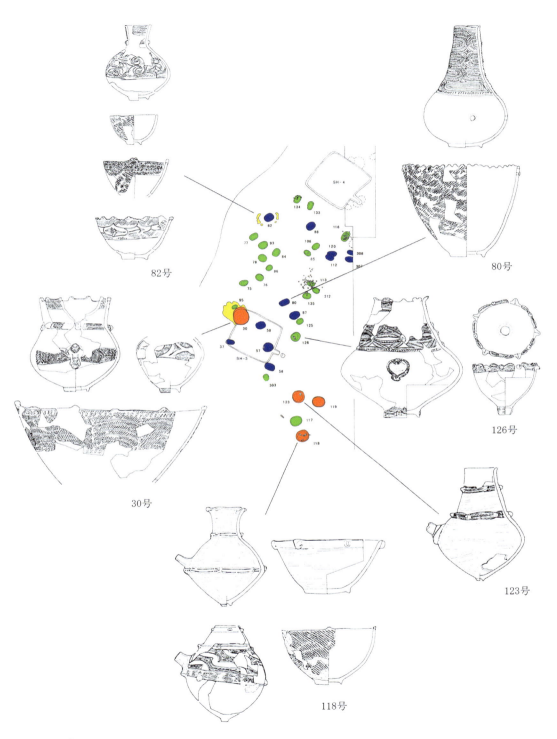

図16　墓に供えられた土器

80号土坑墓

口縁を下に向けて出土した壺形土器

鉢形土器

孔のある壺形土器

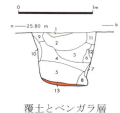
覆土とベンガラ層

図17　80号土坑墓と覆土上部から出土した土器

ンガラがいずれの壙底面にも撒布されており、対をなす儀礼的行為と理解される。

　いずれにせよ、土器底部の穿孔、土器の破壊行為などは、多くの民族誌で、命の再生を願う風習とみなされており、果たして、倒立した単孔土器の口を伝って魂は抜け出したのであろうか。

80号土坑墓（図17）　長方形気味の楕円形を呈し、壙口での長径135cm、短径80cm、深さ72cmをはかる。長軸方位はW-18°-S。

　壁の立ち上がりが急で、深い2類土坑墓に属するが、覆土上部と壙底面からベンガラ層が検出されている。またすでに紹介したが、壙口付近から倒立状態の丸く膨らんだ胴部に連結帯状文と貼瘤文を特徴とする完形の壺形土器が出土している。土坑墓の北側のやや西寄りの肩口に置かれていた。また、それよりやや東側、壙口中央から肩口にかけて土器片多数が散在し、取り上げ後1個体に復原された。LR原体による斜行縄文と突瘤が口縁部をめぐる鉢形土器で、意図的に破砕された可能性が考慮される。

5 ベンガラと副葬品に彩られた土坑墓

　死者を埋葬する際に、欠かすことのできない行為のひとつとして、ベンガラ撒布をあげることができる。もちろん、すべてに共通してみられるわけではないが、土坑墓の底面にベンガラが撒布された例は、土坑墓36基中の26基に認められた。1類土坑墓で65％、2類土坑墓で75％を占め、大型合葬墓の3類土坑墓ではすべての壙底面の全面に厚いベンガラ層が覆う。深く、大型の例ほど出現率が高く、総じてその層厚も1類土坑墓において薄く、2・3類土坑墓で厚く撒布されるという傾向を示す。

　また、類例が多いとは言えないが、1類の116号土坑墓、3類の30号土坑墓において、壙底だけでなく覆土上部にもベンガラ層が検出されており、遺体を土で覆った後に再びベンガラを撒布したものである。このような例は、後の章で紹介する柏木B遺跡の竪穴式集団墓（環状土籬、周堤墓）に設けられた土坑墓の一部でも認められており、ここでのベンガラを撒布する様式や方法も前時代から引き継がれたものであることが理解される。ベンガラ撒布そのものは、旧石器時代以来、連綿と受け継がれてきた再生を願う風習のひとつと言えよう。

　ベンガラ層にまぎれて多数の副葬品が出土する。もちろん、ベンガラ撒布のない土坑墓にも、副葬品が置かれた例もあるが、10基の中のわずか3基に過ぎない。ベンガラ層と副葬品の結び付きは極めて強いと言えよう。

　副葬品の内容をみると、石棒やごく一部の石器類を除き、ほぼすべてが身体を飾る装身具である。櫛や腕輪などの漆製品、玉や勾玉、サメ歯など総数1,090点以上にのぼり（表1）、多数の副葬品が検出された3類土坑墓の他、1類土坑墓20基中14基、2類土坑墓12基中7基に副葬品の存在が確かめられている。小型の浅い1類土坑墓といえども、7割の土坑墓に副葬品が納められている点、先の記載とは裏腹の関係になるが、ベンガラ層が撒布されていながら副葬品の無い土坑墓は1類・2類それぞれ3基、あわせて6基とごく低比率である点は注目されよう。

　それぞれの墓に納められた副葬品を見ると、漆塗りの装身具と玉の組み合せがもっとも多く、基本的な装身具と言えよう。とりわけ、漆塗り櫛と首飾りの玉がセットで出土する傾向が高い。一方、首飾りの玉だけが副葬される土坑墓も多いことから、装身具の装着においてこの2つのパターンが一般的な姿であったとみなすことができよう。

　何よりも注目すべきは、カリンバ遺跡から出土した装身具のうちおよそ6割、すなわち650点ほどが3類の大型合葬墓4基から出土したという事実である。しかも、単葬墓と合葬墓では副葬品の種類と数量において明らかな違いがあり、櫛や額飾りをはじめとする頭飾り、耳飾り、多様な腕輪、装身具のなかでも特殊な地位を示すと考えられる腰飾り帯など、単葬墓では認められない多種多様な装身具が合葬墓に納められていた。これらの詳細は、後に紹介する。

56号土坑墓（図18）　　長径114cm、短径94cm、壙口からの深さ71cm。長軸方位はW-61°-N。

　縄文時代後期中葉の土坑墓を切って作られた、やや深めの2類土坑墓。壙底面を厚さ8cmほどのベンガラ層が覆い、墓壙長軸上の北西壁寄りに漆塗り櫛2点、サメ歯1点が検出されている。

56号土坑墓

副葬品出土状態

漆塗り櫛

漆塗り櫛

57号土坑墓（擦文時代の竪穴住居構築で底面だけが残されていた）

土製の蜜柑玉、玉類

漆塗り櫛

漆塗り櫛

図18　56号・57号土坑墓と副葬品

78号土坑墓

副葬品出土状態

漆塗り櫛

玉・勾玉

76号土坑墓

玉・勾玉

図19　76号・78号土坑墓と副葬品

57号土坑墓（図18）　長径130cm、短径110cm、推定される深さ70cm。長軸方位はW-20°-N。

　擦文時代の竪穴住居址（SH-3）により上部の多くが削られた2類土坑墓で、壙底面上のベンガラ層から、漆塗り櫛2点、滑石製の玉4点、土製の玉9点、ヤスリツノ貝の化石1点が出土した。

76号土坑墓（図19）　長径105cm、短径93cm、壙口からの深さ28cm。長軸方位はW-53°-N。

　段丘の縁辺で検出された浅い1類土坑墓の中央やや西寄り、壙底面を覆うベンガラ層から滑石の小玉・勾玉計7点が出土。

88号土坑墓

副葬品出土状態

ヒスイ製勾玉と小玉

勾玉　　漆塗り櫛

87号土坑墓

86号土坑墓

玉

図20　86号・87号・88号土坑墓と副葬品

135号土坑墓

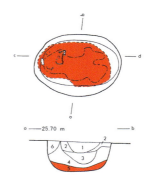
覆土とベンガラ層

副葬品出土状態

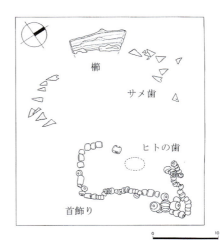

図21　135号土坑墓と副葬品

78号土坑墓（図19）　長径112cm、短径97cm、壙口からの深さ51cm。長軸方位はW-27°-N。

　やはり、段丘縁近くに位置する比較的浅い掘り込みの1類土坑墓である。壙底面にベンガラ層が残され、北西部から漆塗り櫛1点、その下位に管玉、その近くから勾玉とサメ歯1点、また南寄りの位置から腕輪とみられる一連の小玉14点、やや大型の棗玉、勾玉、玉斧などが出土した。玉類は、いずれも滑石製である。

86号土坑墓（図20）　長径86cm、短径74cm、壙口からの深さ42cm。長軸方位はW-11°-N。

　壙底面直上のベンガラを少量含む茶褐色土層から、棗玉4点が出土した。平玉に近い小玉1点が、覆土上部からも検出。

87号土坑墓（図20）　長径132cm、短径104cm、壙口からの深さ62cm。長軸方位はW-4°-N。

　比較的深い2類土坑墓で、覆土中位と壙底面にベンガラ層が検出されている。壙底面上のベンガラ層は、厚さ7cmほどで、場所によっ

漆塗り櫛

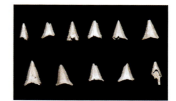
サメ歯

土製の蜜柑玉と滑石製の玉

首飾り

図22　135号土坑墓の副葬品

ては壁にまで広がる。ベンガラ層中に、長さ7～8cmの精製されたベンガラの塊り2点も含まれていた。

　西側に人の歯が検出され、その近くから漆塗り櫛1点と、漆製品の破片、滑石製の勾玉1点が出土している。

88号土坑墓（図20）　長径131cm、短径96cm、壙口からの深さ80cm。長軸方位はW-9°-N。

　深い2類土坑墓で、やや凹凸のある壙底面上に細長く広がるベンガラ層が検出され、この南東寄りから翡翠製の勾玉2点、丸玉1点が出土している。

135号土坑墓（図21・22）　長径103cm、短径77cm、深さ38cm。長軸方位はW-38°-N。

　浅い1類土坑墓の例で、壙底面上を厚さ4～8cmのローム混じりのベンガラ層が覆う。

　人骨は残されていなかったが、遺体層が確認されている。北西端付近から漆塗り櫛1点、その櫛の左右に広がるサメ歯18点、さらにその東側から連珠の首飾りが出土している。首飾りは、赤彩された土製の蜜柑玉を起点として左右に大きな丸玉や管玉、小玉が順次並び、首に下げた時、赤い玉を中心に左右対称形となるよう配慮されている。往時の装身具の姿を具体的に物語る貴重な例であるとともに、遺体層とそれら装身具の出土位置から、埋葬様式が、西頭位の仰臥屈葬で行われた土坑墓と特定できよう。

II
カリンバ遺跡の副葬品
—装身具と祭具

　カリンバ遺跡の土坑墓から出土した副葬品は、総数1,091点である（表1）。小片や破砕されたものも含めるとさらにその数は増える。1点1点が、鮮やかで、重厚で、それらが共鳴してのざわめきであろうか、心を不思議な世界へと誘う。このような錯覚も、往時の飾りへの執着を彷彿とさせる様々な副葬品の故であろう。その出土した副葬品のほとんどが、装身具である。遺体に装着されたと見られる多数の漆塗り装身具と飾り玉は、これまでの考古学の常識を覆すほどの種類と量であり、とりわけ大型の合葬墓に著しい。

　さらに、小型の1類・2類土坑墓（単葬墓）、大型の3類土坑墓（合葬墓）にかかわらず、身体の装着位置を特定できる例が多いことも、カリンバ遺跡の優れた遺産の証しであろう。痕跡的ながら被葬者の歯がしばしば発見されており、頭部など遺体層の存在もあって被葬者の姿勢をほぼ特定できる。発見された装身具の位置と、それら被葬者の痕跡とを照合させながら身体への装着場所を特定していくのであるが、豊かな装身具と装身具自体の良好な保存状況が特定作業をより確かなものにしてくれる。カリンバ遺跡では、こうした関係性を今に伝える有力な土坑墓が数多く発見されている。

　しかも、3基の大型合葬墓の切り取り、室内での詳細な調査・観察が幸いし、細部に及ぶ大量の情報がいっそうの理解を助けている。漆製品と言えば、これまで櫛や彩色土器・藍体漆器などがよく知られている。しかしカリンバ遺跡では、大量の櫛の他、種々の頭飾り、首飾り（玉類）、胸飾り、腕飾り、腰飾り帯など多種多様な存在が明らかにされている。

　それぞれについては、後にあらためて触れるが、図23のグラフは、カリンバ遺跡にみられる装身具を大きく種類別に示したも

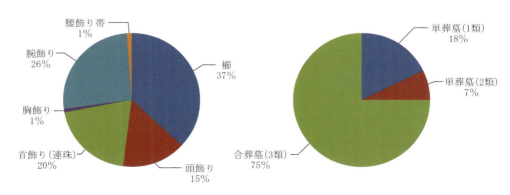

図23　カリンバ遺跡の装身具種類　　　（単葬墓と合葬墓の装身具出土比率）

のである。その出現率をみると、もっとも多いのが櫛の56個で、全体の37％を占める、次いで、腕輪が35個である。すなわち、櫛と腕輪で全体の60％以上を占めている。また、ヘアーピン、髪飾り輪・紐、額飾り輪、耳飾り輪など、想像以上に多様な頭飾り（15％）がみられる。

とりわけ注目されるのは、ごく少数ではあるが、これまで知られていなかった極めて珍しい漆塗りの腰飾り帯が、2基の大型土坑墓から出土している点である。

一方、漆器類ではないが、それと対をなすかのように首飾りの玉類が、20％と数多くの土坑墓から出土している。しかも、カンラン岩や滑石、コハク製の小玉、棗玉、勾玉などその素材や形状、組成も多様で、カリンバ遺跡の特徴とみなせよう。

図23右のグラフは、装身具の出土率を土坑墓のタイプ別に示したものである。1類土坑墓から出土した装身具は全体の18％、2類土坑墓が7％、3類土坑墓が75％となっている。大型の3類土坑墓、すなわち合葬墓が圧倒的多数を占めており、あらためてカリンバ遺跡での合葬墓の特別な位置が理解されよう。

装身具の種類別では、1・2類土坑墓の単葬墓が櫛と玉類にほぼ限定されるのに対し、大型の合葬墓にはるかに多くの種類がある。しかも、合葬墓にしかみられない装身具も存在し、両者間の違いはいっそう明瞭である。

以上のような装身具はもちろん、類例こそ少ないが祭具も加えた副葬品の違いが何を意味するのか、被葬者たちの社会的関係を理解するうえでより詳しい分析は欠かせない。まずは、大きく1類・2類の単葬墓と3類の合葬墓とに分けたうちの単葬墓について、その出土状況から装身具や祭具の利用の様相、そこから復原される被葬者の往時の容姿などを探ってみよう。

1　ひとり旅立つ人々の装身具と祭具

図24は、土坑墓の規格別にどのような装身具が検出されているか、装身具の種類別に整理し、示したグラフである。関連して、図25は、1・2類土坑墓、すなわち単葬墓に限り、土坑墓の配置にあわせて主な組み合わせを示した副葬品の集成図である。

これまで、カリンバ遺跡での埋葬の様相を解説しながら、具体的な事例として1類

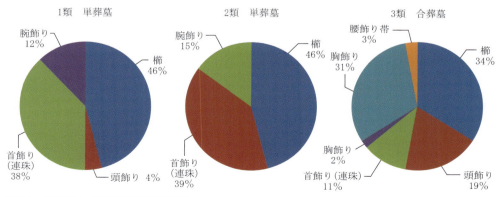

図24　単葬墓と合葬墓の装身具種類

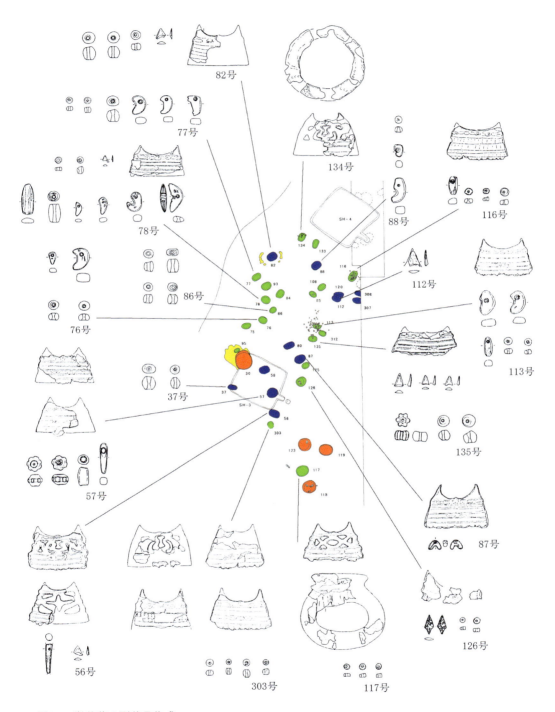

図25　単葬墓の副葬品集成

図36　118号合葬墓の副葬品出土状態

遺体B・Cの頭飾り、胸飾り、腕飾り

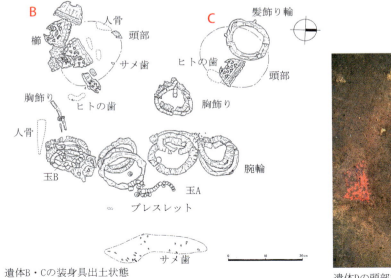

遺体B・Cの装身具出土状態

遺体Dの頭部痕跡と漆塗り櫛

図37　118号合葬墓の遺体B・C・Dの副葬品

行縄文が施文された浅鉢形土器、胴部・頸部に線刻入り突帯と貼瘤がめぐる小さな底部、強く張り出す胴部、細くすぼまる頸部を特徴とする注口形土器、胴部に連結帯縄文、三叉文、貼瘤文が組合せ施文された注口形土器が含まれる。

　壙底面をベンガラ層が厚さ約5cmで覆い、層中から頭部の痕跡と歯が4か所で確認されており、4人の合葬の可能性が高い。装身具の出土位置をもとに、南側から遺体A～Dの埋葬位置を推定することができる（図35）。4遺体の合葬は、遺体層周辺の埋め土の状態と装身具類の出土状態などから判断すると、死亡後、速やかに同時に埋葬されたと見て間違いない。

　副葬品の種類と数は、漆塗り櫛10、腕輪15、頭飾り1、耳飾り2、胸飾り1、玉・勾玉52、サメ歯28、マンガン鉱の小礫2などである（図39～41）。これら副葬品の出土位置をもとに、遺体への装着状態を少し詳しく推定してみよう（図38）。

　最南部の遺体Aは髪に櫛1個を挿し、漆塗りの輪を髪か腕に着けていたとみられる。墓の中央付近に多数の腕輪が直線状に並んで出土しているが、これらは2遺体に着装されていたと考えられる腕輪群で、南側の遺体B（図37）は、頭飾りとしての櫛6個とサメ歯がある。ただし、櫛のいくつかは周囲に置かれたものであろう。サメ歯は額飾りの存在を示唆する。この遺体は、赤い腕輪1個と黒い腕輪2個をセットにしてそれぞれの腕に装着し、両手首には小玉のブレスレットをつけている。また、胸のところから渦巻き模様のある小さな漆塗り装身具が出土しており、胸飾

図38　118号合葬墓の遺体埋葬姿勢推定

図39　118号合葬墓の漆塗り櫛

渦巻状の模様のある胸飾り

X字状の装飾と小さなブリッジをもつ髪飾りの輪

黒と赤色の胸飾り

黒色の腕輪3個、赤・オレンジ色の腕輪（遺体C）

黒色の腕輪2個・赤色の腕輪1個をセットで両方の腕にはめ、手首に石の玉のブレスレットを巻いている（遺体B）。写真左の赤漆塗りの腕輪は、花柄模様の飾りがある。写真右の赤漆塗りの腕輪には7カ所に膨らみがある

図40　118号合葬墓の漆塗り装身具・玉

りと考えられる。

　一方、北側に位置する遺体C（図37）には左腕に2個の赤い腕輪を、右腕に3個の黒い腕輪をはめている。また、頭に櫛1個と結髪の根元を留めて飾ったと思われる髪飾りの輪がある。胸付近からやや小さな漆塗りの輪2個が重なって出土しており、胸飾りと考えられる。さらに腰の位置から多数出土した小さなサメの歯は、腰飾り帯の存在を示すもので、腐食しやすい帯状のものにつけられた飾りの可能性が高い。

　北端の遺体Dは、遺体層の頭部がローム中に黒く沈み込み、西側に歯が残り、反対側に櫛2個が置かれていた。このことから判断すると、4遺体中、この遺体だけが東頭位で置かれたとみられる。櫛は、透かしのある櫛と透かしのない櫛のセットである。

　副葬品の大部分は室内調査で検出されたものである。室内調査の成果として、とくに布目痕の発見は大きな成果として注目しなければならない。通常の野外調査では確認が困難な細かな布の痕跡が底面の広い範囲から見つかった。布目痕は、もじり編みによる「編布」の可能性が高く、底面に敷かれた布や、遺体に着せた衣服、さらには遺体を覆う布があったことが調査されている。遺体を挟む布は底面の広い範囲を覆い、底面から壁にかけて残っていた。縄文時代の布自体は、漆の濾し布として発見された例はあるが、痕跡とはいえ、カリンバ遺跡のように壙底から広い布痕として発見されたことは縄文時代後期末の葬制を考えるうえで興味深い。少なくとも布の存在は、多数の装身具とともに被葬者を手厚く葬ったことの現れといえよう。

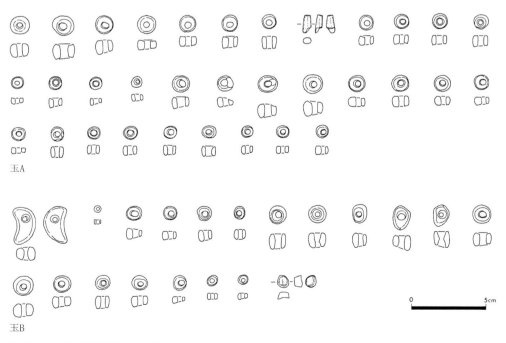

図41　118号合葬墓の玉A・B

3　119号合葬墓（図42〜50）

　長径165cm、短径140cm、平面形が楕円形を呈し、壙口から深さ65cmを測る。長軸方位は、W-34°-Nを示す。118号合葬墓の北東方およそ4mに位置し、同じく土坑墓の上部にドーナツ状に広がるロームの存在によって確認できた。

　墓壙内の上部は、黄褐色土が堆積するが、壙底面にのるベンガラ層を覆う土はロームが主体をなす。この墓には地上標識はみられないが、覆土上部から漆製品が出土しており、埋葬後の祭儀が行われたことを示している。なお、近世に発生した地震による地割れが壙底面に及び、数か所に段差が生じ、漆製品のいくつかが破断していた。

　壙底面のほぼ全面にベンガラが撒布され、特に西側が厚い。また、壙底面の周囲に斜めに整形された痕跡（第18・19層）があるが、壁の立ち上がりをロームで充填する所作は遺体を安定させるための措置とみられる。ベンガラはその充填土の上にまかれ、漆塗り腕輪がその上から斜めになって出土している。この合葬墓にも室内調査で底面に編布が敷かれていたことが観察されており、手厚い埋葬が行われたことを示している。

　2ヶ所に遺体層が確認されており、2体を埋葬した合葬墓である。副葬品の種類と数は、漆塗りの櫛13、腕輪6、頭飾り4、耳飾り2、ヘアーピン3、腰飾り帯1、玉111、サメ歯1で、すべて装身具である（図47〜50）。

119号合葬墓

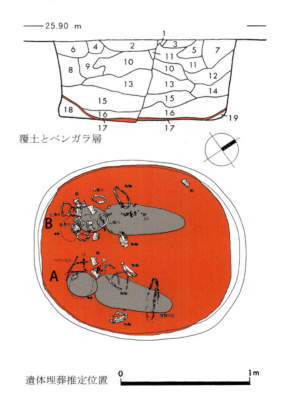
覆土とベンガラ層

遺体埋葬推定位置

図42　119号合葬墓

図43　119号合葬墓の副葬品出土状態

頭部痕と装身具の出土位置から、西頭位をとる2人合葬（遺体A・B）と推定され、装身具の出土状態や遺体層から死亡後に時間を置かずに同時に埋葬されたことを示している。118号合葬墓と同様に、遺体への装着状態について推定してみたい（図44）。

　南側の遺体A（図45）は、頭に櫛1個とかんざし3個を挿し、額をコハクのビーズで飾っているようである。頭部の横から櫛2個と小玉が出土しているが、これは直接装着されていない可能性がある。獣皮製らしきピンク色に塗られた紐をおそらく二折で用いた腕輪1個とオレンジ色の腕輪1個を左腕に、また赤とオレンジ色の腕輪を右腕にセットで装着している。これら漆塗りの腕輪の他に、勾玉1個、小玉2個を紐で巻いた腕飾りを左右それぞれに装着していた可能性がある。

　腰の位置には大型の漆塗りの輪があるが、これは出土位置から推して腰に巻かれた帯と思われる。保存状態はあまり良くないが、漆で精緻な文様を施した腰飾り帯である。

　北側の遺体B（図46）は、頭部周辺から櫛9個が集中的に出土している。すべてを頭につけたとは考えにくく、2〜3個を髪にさし、ほかは頭部周辺に置かれたものと考えられる。この集中部に結髪を留めていたであろう、ちぢれたような2個の髪飾りの輪、サメ歯と一緒に額を飾っていたと考えられる額飾りの輪があり、両耳のところから同じ色、同じ形の耳飾りの輪2個などがまとまっている。これらは、櫛の一部を除き遺体に装着されていたことが考えられる。

　首飾りの連珠のほか、胸からお腹にかけてカンラン岩・滑石・コハク製の勾玉・玉が分布しているが、ブレスレットとして使用されたものも混在しているのかもしれない。腕輪が左右の腕に装着されており、左腕にはオレンジ色に塗られた大型の腕輪、右腕には幾何学的な文様のある赤い腕輪を装着している。

　また、この遺体の足元近くにある櫛1個は、そこに遺体層は認められないことから、遺体への装着品ではなく、参列者によって置かれた櫛である。

図44　119号合葬墓の遺体埋葬姿勢推定

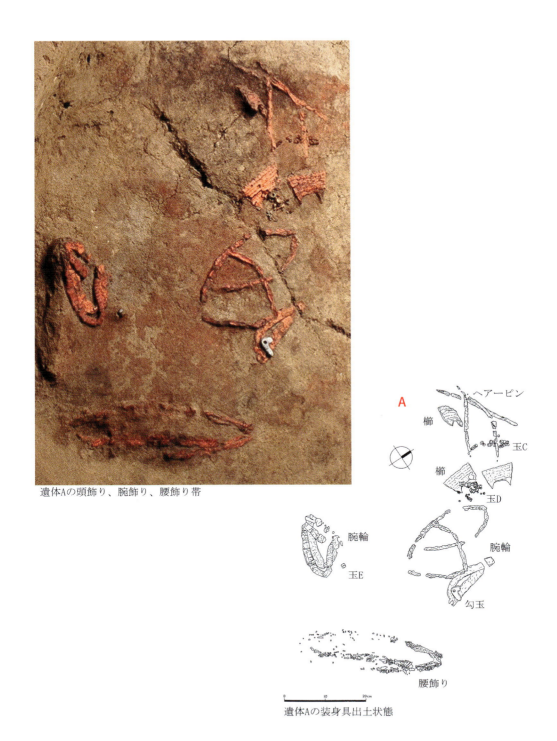

遺体Aの頭飾り、腕飾り、腰飾り帯

遺体Aの装身具出土状態

図45　119号合葬墓の遺体Aの装身具

遺体Bの頭飾り、首飾り、腕飾り

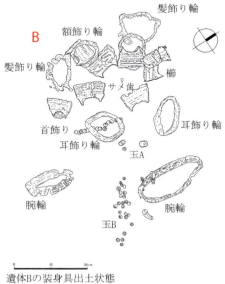

遺体Bの装身具出土状態

図46　119号合葬墓の遺体Bの装身具

図47　119号合葬墓の漆塗り櫛

頭飾り輪

耳飾り輪

耳飾り輪

赤色とオレンジ色の腕輪。C字状に開いた腕輪の可能性がある

ピンク色に塗られた獣皮素材とみられる腕輪。細い紐を二重にしている

オレンジ色の腕輪。勾玉もいっしょに腕飾りとして使用したのかもしれない

透かし模様を施した腕輪。獣皮を素材にしている可能性がある

植物の茎状のものを素材にした径の大きな腕輪

図48　119号合葬墓の頭飾り、腕飾り

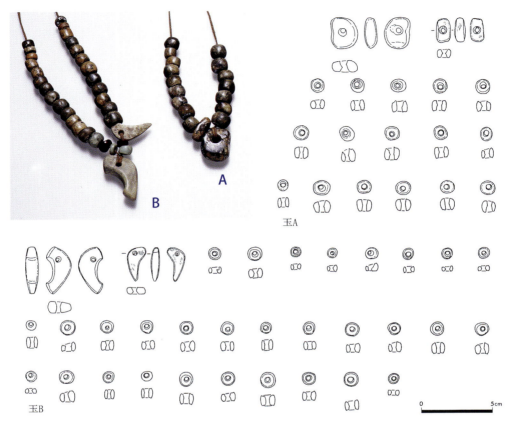

図49　119号合葬墓の玉A・B

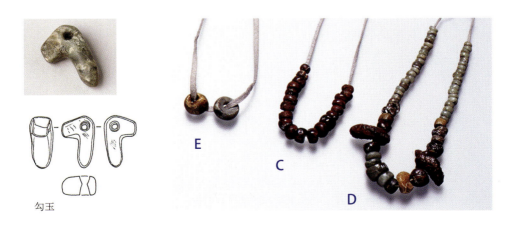

図50　119号合葬墓の玉C・D・E、勾玉

4　123号合葬墓（図51〜61）

　119号合葬墓のすぐ西隣りにある円形の合葬墓で、プランはほぼ円形、長径165cm、短径158cm、壙口からの深さ91cmを測る。
　長軸方位はW-22°-Sを示す。

　やはり墓壙上部に広がるリング状のロームによって存在が確認され、まもなくして大型の円礫1点と横倒しになった注口形土器が検出されている。注口形土器は、横線で刻まれた突帯、貼瘤が付され、118号合葬墓例と同じ特徴を示す。この他、石鏃とつまみ付きナ

図51　123号合葬墓の副葬品出土状態

123号合葬墓

―― 26.00 m ――

覆土上部の円礫。土器、覆土堆積状態

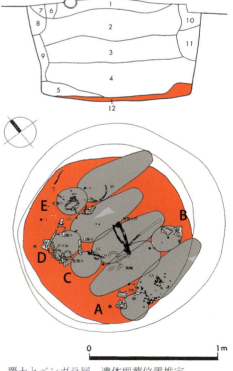
覆土とベンガラ層、遺体埋葬位置推定

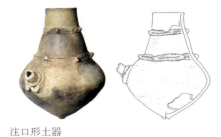
注口形土器

図52　123号合葬墓

イフが含まれている。

　本合葬墓も、規模、平面形ともに118号合葬墓とほぼ等しく、歯の検出位置などから被葬者は5人と推定される。この墓も装身具の出土状態や遺体層から死亡後に時間を置かずに同時に埋葬されたことを示している。

　副葬品の種類と数は、漆塗り櫛7、腕輪4、頭飾り5、耳飾り2、腰飾り帯1、紐状漆製品2、玉150、サメ歯1などで、すべて装身具である。

　この墓は現地でほぼすべての副葬品調査を終了しており、底面の布の存在については明らかではないが、おそらく先の2基と同様に編布が敷かれていた可能性がある。

　覆土の上に大型の円礫1個と注口形土器1個が置かれていた。注口形土器は、底部に打ち欠いた穴が開いており、埋葬後の祭祀行為が行われたことを示すものである。

　底面にベンガラが平均4cmで全面に撒布され、遺体の上半身側では10cmほどの厚さにまかれたところもある。覆土はロームを主体にした黄褐色土で、ベンガラ層の上は純粋に近いロームに覆われていたことから、埋め戻しに際して混じりけのないロームを最初に埋め戻しと推定され、ここにも手厚い埋葬をみることができる（図52）。

　歯の出土状況から5人埋葬であることは装身具の出土位置と符合している。全ての遺体が「屈葬」で埋葬され、西頭位4人（A・C・D・E）、東頭位とみられる1体（B）である。南側から北側に遺体A〜Eがほぼ並行して安置されていると推定される（図52右下）。

　南端の遺体A（図53）は、髪に透かしのある櫛と透かしのない櫛を2個セットで挿して埋葬されている。首から胸にかけてカンラン岩、滑石、コハクの玉（図54）が出土しているが、身に着けずに添えられた連珠かもしれない。

　遺体B（図53）は、ピンク色をした透かしのある櫛と、オレンジ色の透かしのない櫛を2個セットで髪に挿して埋葬されている。歯と櫛の位置関係から、この被葬者だけ東頭位である。

　墓の中央に埋葬された遺体C（図53）は、滑石とコハクの勾玉・小玉を連ねた首飾りをつけ、残存状態は悪いが、黒い漆塗りの腕輪をそれぞれの腕に2個セットで装着していたようである。この遺体には、胴部に漆塗りの腰飾り帯が巻かれている（図55）。植物の細い茎か蔓を素材に作られた帯で、これに接続して細い紐が足元の方向に伸びているが、お腹のところで帯を巻き止めた紐と考えられる。この遺体の姿勢は、勾玉を真ん中に配置した連珠の首飾りや腕輪の位置、帯の出土状態などから判断して、南側に顔を向けた側伏屈葬の可能性がある。

　遺体D（図57）は、頭部付近から多くの装身具が出土し、出土位置から装身具の種類と装着場所を推定できる好資料となっている（図58）。少し詳細に出土状態を説明し、装着法を考えてみたい（図83中央）。まず、透かしのある櫛3個は、それぞれ結髪に挿した櫛とみられ、3カ所で結髪した髪型の被葬者を考えることができる。櫛に重なって出土した漆塗りの輪4個は互いに接しており、一連の装身具と考えられる。なお、右端の輪は縦につぶれて短冊状になったものである。これらは頭飾りの一種と考えられ、ヘッドバンドに縫い付けて使用された装身具と思われる。また、大型のホホジロザメの歯1個が輪の中ほどにあり、4個の輪と組み合わせて使用とした額飾りの部品と考えられる。

　さらに、両耳に相当する場所にも漆塗りの輪2個がある。輪は左右に離れた位置にあ

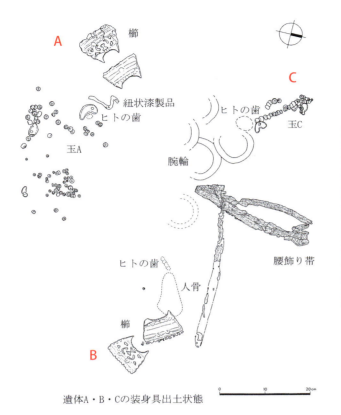

遺体Cの首飾りとヒトの歯

遺体Aの櫛、玉・勾玉

遺体Bの櫛

図53　123号合葬墓の遺体A・B・Cの装身具

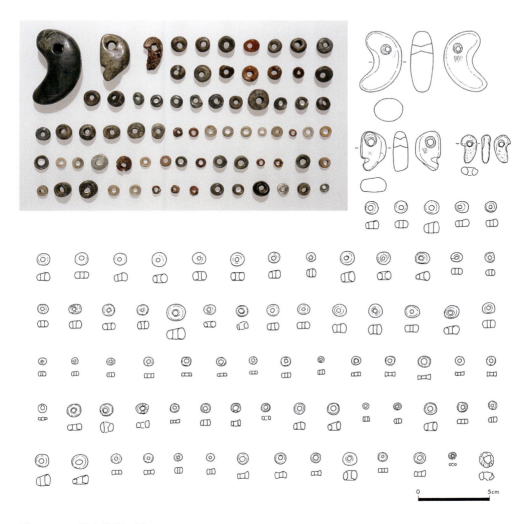

図54　123号合葬墓の玉A

り、どちらもオレンジ色であることから、119号から出土しているものと同様に、耳飾りの輪とみなすことができる。おそらく耳たぶに穴を開け、穴に紐を通して下げて飾った耳飾りと考えられる。現代のピアスのつけ方に通じる方法である。遺体の胸に相当するところには大きな勾玉とコハクの首飾がある。

北東端に埋葬された遺体E(図57)には、漆塗りの輪と細長い紐がある。長さ1m、幅1cmほどの赤い細紐は、髪飾りの輪と組み合わせて髪を飾った装身具と考えられる。遺体Dにみられる装身具とともに、当時の女性の美へのこだわりを強く感ずる装身具である、と言えよう(図61)。

図55　123号合葬墓の遺体Cの腰飾り帯

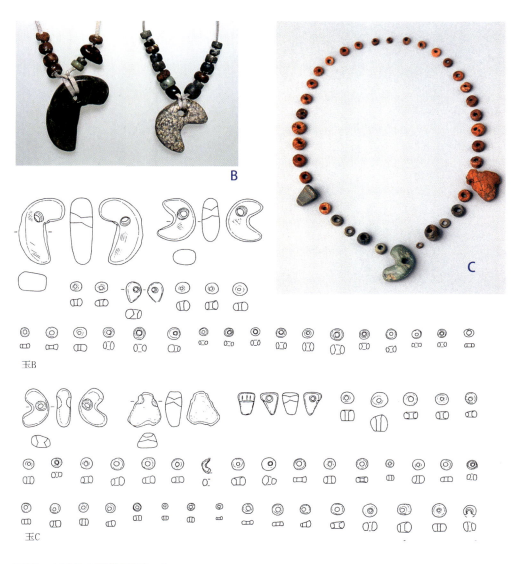

図56　123号合葬墓の玉B・C

遺体D・Eの装身具出土状態

遺体Eの頭飾りと玉・勾玉

図57　123号合葬墓の遺体D・Eの装身具

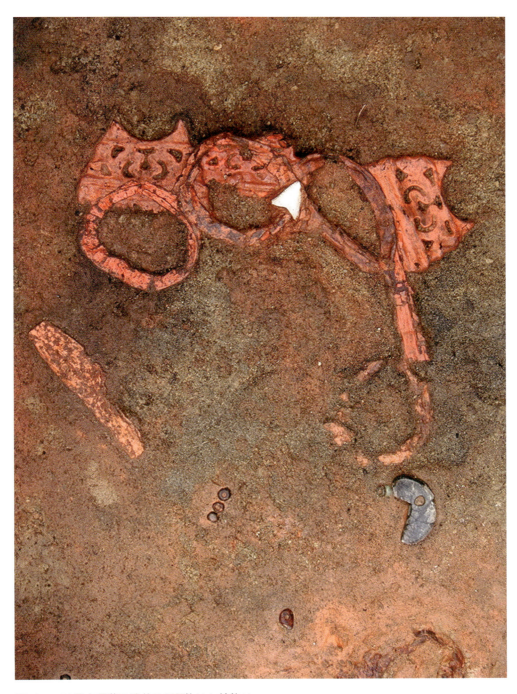

図58　123号合葬墓の遺体Dの頭飾りと首飾り

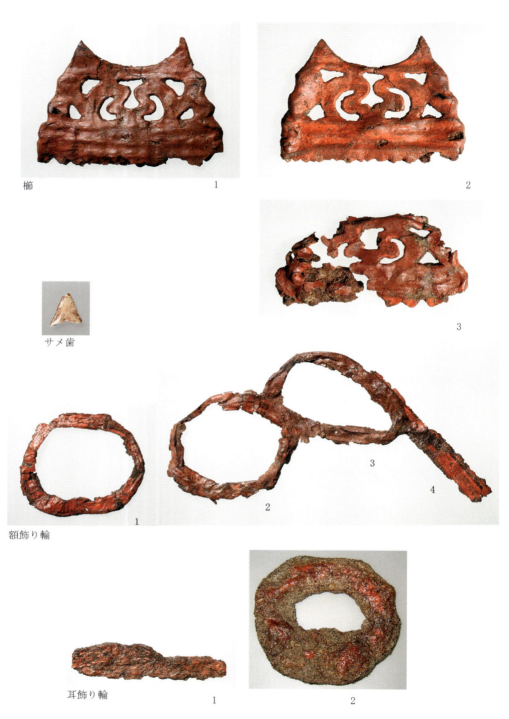

図59　123号合葬墓の遺体Dの頭飾り

図60　123号合葬墓の漆塗り櫛

図61　123号合葬墓の遺体埋葬姿勢推定

IV
身体を彩る装身具の
いろいろ

　今からおよそ3,000年前の縄文時代後期末に、これほど豊かな装身具が存在していたのか、という事実に驚かされる。しかしそれ以上に、縄文時代の漆の色は「赤と黒」、とだけ認識してきたこれまでの常識が、119号合葬墓や123号合葬墓から出土した装身具によって大きく変えられることになった。ベンガラ層の赤に紛れるように埋まっていた櫛や腕輪が現れた瞬間、濡れ色の状態の漆は、鮮やかな赤、オレンジ、ピンクなどに彩られていたのである。

　装身具の表面に塗られた漆の色について、「DICカラーガイド　日本の伝統色　第6版」（大日本インキ化学工業株式会社1994）を参考に表現すると、赤系の朱色、紅色、緋色、猩々緋、唐紅花、臙脂色、オレンジ系では黄丹、橙色、ピンク系では桜桃色など、多様な色を見ることができる。縄文時代の人々がこのような同系統の色を使いわけ、鋭敏な色彩感覚を駆使して装身具を製作していたことは驚愕すべきことである。また、見つかった多くの漆塗り装身具のなかでも、119号合葬墓の遺体Aに装着されたチェリーピンク（桜桃色）の細紐状の腕輪や、123号合葬墓に埋葬された遺体Bのピンクに近い淡い紅色の櫛は、縄文時代の例にみられる色としては極めて異色と言えよう。

　土坑墓から出土したこれら副葬品は、身体を美しく装うための飾りものであるが、その多様な装身具はまさに縄文芸術と呼ぶにふさわしく、縄文人の豊かな感性と底知れぬ創造力を感じることができよう。墓から出土した高価？な装身具が、日常の生活においても常に身に着けていたかどうかまでは知ることはできないが、少なくとも、正装を要する特別な日に身につけ、飾りを競いあっていたであろうことは想像に難くない。

　とりわけ、118号や119号、123号合葬墓にみられる装身具は、色のみならず、その種類においてこれまでに例の無いものが多く、量も圧倒的多数を占める。単葬墓の被葬者に添えられた装身具が、櫛や玉の簡単なセットであるのに比べてはるかに多い。漆塗りの櫛や腕輪を多く所有し、美しく飾ることのできた人は、やはり特別な地位にあった人びとで、合葬墓内の多種多様な様相も身分階層による違いを反映しているのかもしれない。何よりも、櫛など多くの髪飾りが装着された被葬者たちを、女性とみなすことにも異論はなかろう。しかし、なぜ女性だけが同時に死亡し、埋葬されたのか、難しい課題が残されている。

　遺体、死装束に副えられた飾り具、生前の豊かな暮らし振りと埋葬の儀に集まった人々の思いを今に伝える装身具、果たしてどのようなものがあるのか、あらためて種類別に一瞥し、合葬墓に記されたカリンバ遺跡での飾りの世界を垣間見ていきたい。

1　漆塗り装身具

1）櫛

　櫛に限らず、漆製品の大半は、現場での慎重な取り上げ作業、そして大型合葬墓の切り取りによる室内での時間をかけた調査により、いずれも、出土した際の元の形状をとどめた状態で回収することができた。現在では、その後のさらなる保存処理によって補修、強化されているが、櫛については、櫛の歯がすでに腐朽、分解し失われ、およそ台形状を呈する体部（棟部）の漆の皮膜層がわずかに残っていたに過ぎず、説明の多くは、残されていた櫛の体部を指す。

　カリンバ遺跡の土坑墓の底面から検出された櫛は56点、覆土上部から1点、あわせて57点にのぼる。小片を含めるとその数はさらに増えると予測されるが、1遺跡でのこの出土量だけでも、これまでに類例のない多さと言えよう。また、出土量のみならず、櫛本来の色彩、透かし彫り模様の多様性は驚嘆に値する。この点だけでも、カリンバ遺跡の特別な位置を理解することは難しくない。

　漆塗り櫛は、単葬墓、合葬墓に関らず検出されており、装身具として広く用いられていたひとつであったとみる。

　また、縄文時代の櫛は、横に長い横櫛ではなく、縦に長い竪櫛である。一般的には、櫛は髪をすいて整えるために使われるが、竪櫛、そして多様な形状、色彩などをあわせ考慮すると、カリンバ遺跡の櫛は、本来の用途に加えて、髪飾りとしての役割を誇示する装身具と呼ぶに相応しい。

　漆塗り櫛の製作法は、その復原的研究により、おおよそ次のような工程を経ると考えられる。丸味のある細長い棒12〜14本をやや末広がりに並べ、その上部をたばねて紐で結びあわせた後に、その上部を漆で塗り固め、「体部（棟部）」として仕上げる（図77）。しかし、この工程を基本としながらも、結歯法の差異、あるいは装飾法や彩色法での相違などもみられ、必ずしも一様ではない。

　大きくは、カリンバ遺跡の漆塗り櫛は、体部に透かし模様が施されたA型（図62）と透かし模様が施されない台形状のB型（図63）とに分けることができる。また、体上部にある突起の形状に注目すると、さらに二つの基本形が存在する（図77）。すなわち、突起の形が鋭角的に尖る角形のタイプ（Ⅰ型）と、突起部の根元がやや幅広で、先端に向かって左右が互いに内反する耳形のタイプ（Ⅱ型）である。この違いは、素材となる櫛歯の形状、あるいは並べ方など製作法の違いからもたされたものであるが、製作上の違い、透かし彫りのパターン（図78）や彩色の違いに注目すると、いっそうの細分が可能である。

　大量の漆塗り櫛の中で、透かしが体部全体に及ぶA型と透かしのないB型は、出土数をおよそ二分するが、Ⅰ型の基本形が卓越する点はいずれにも共通する。

　1個、あるいは2個出土した単葬墓、7個以上がまとまって出土した合葬墓があり、A型、B型の組み合わせも多様であるが、単独葬ではB型が主体を占め、A型で占められる30号例のように合葬墓ではA型が多数を占めている。

　カリンバ遺跡出土の漆塗り櫛の製作法、さらには日本列島における漆塗り櫛の広がりとカリンバ遺跡の位置づけなどについては、後にあらためて詳しく触れたい。

図62　カリンバ遺跡出土漆塗り櫛（櫛A）

1〜14 Ⅰ型、15 Ⅱ型

図63　カリンバ遺跡出土漆塗り櫛（櫛B）

2）頭飾り

ヘアーピン 119号合葬墓の遺体Aの頭部から見つかった3個の棒状の漆製品である（図45）。

縄文時代のヘアーピンは、一般的には骨角製で、縄文時代中期以降、とくに後・晩期に多数知られている。北海道内でも、中期～後期の八雲町コタン温泉遺跡や晩期の戸井貝塚などから頭部に彫刻のあるヘアーピンが検出されている。ここカリンバ遺跡でも、低地面の包含層や段丘面の晩期の土坑墓からの出土例がある。他方、漆製品については、表面に赤漆を塗ったものが千歳市美々4遺跡や福島県荒屋敷遺跡などで知られている。

カリンバ遺跡の漆製品の場合、植物質の素材に漆を塗ったものが多いことから、このヘアーピンも、植物質の芯材に漆を塗って作った可能性が高い。ヘアーピンの実際の使用法としては、結髪に挿して飾る一般的な使用法を考慮すると、119号合葬墓のヘアーピンは頭頂部の結髪に漆塗りの櫛とともに3本を挿して飾られたものと推定できよう。それぞれ、長さ23cmほどの細長いものである。

髪飾りの輪 樹皮か草の茎・葉を使って輪状にした漆塗りの輪である。118号合葬墓の遺体Cの頭部から櫛とともに検出された輪（図37・40）は、出土した位置から髪の毛をまとめ、根元をとめるためのものとみることができる。これも縄文女性の結髪を想像させる例である。ただし、径の大きさや外観上は腕輪と同じであり、ここでは、出土位置から髪飾りとみなしたものの、腕輪としても使用可能なものである。したがって多目的装身具とみなすこともできよう。

この輪にはクロスしたブリッジ状の隆起線文と孔のついた突起が2カ所にある。118号合葬墓から出土している多くの腕輪と同様、丸い輪に装飾を加える製作法に特徴がある。

119号合葬墓の遺体Bから出土した髪飾り（図46）は、外径10cmほどの輪で、出土状況を考慮すると、伸縮性を有していたかのようである。いずれにせよ、結髪の根元をとめるための輪とみなすことができよう。

髪飾り紐 123号合葬墓の遺体Eの副葬品として出土した赤漆塗りの細い紐である（図57）。植物質の皮か茎を芯材に用いた長さ1mを超える細い紐状製品で、ループ状に検出されていることから、しなやかさのある紐と推測される。髪飾りの輪と重なって出土していることから、一体で使用された可能性があり、漆塗りの輪と組み合わせて使用した髪飾りと理解される。同様の紐状漆製品は、断片的ながら遺体Aの頭部付近からも出土している。

額飾り 頭飾りには櫛や髪飾りのほか、ヘッドバンドにいろいろな飾りを装着して用いた額飾りも含まれる。

123号合葬墓の遺体Dの頭部から連接するように外径7～9cmの4個の輪が検出されている。植物の表皮や茎などを丸くたばねて形づくった芯（胎）に赤漆を塗布したものである。本来は「ヘッドバンド」にひと連なりに縫い付けられていたもので、帯部分および環の芯が腐蝕し、消え失せ、漆塗りの皮膜だけが残ったものと想定される。すなわち、装飾付きのヘッドバンドであろう（図58）。この額飾りのほぼ中央付近から、推定長4mほどのホホジロザメの歯1個も出

土しており、4個の輪ととともに装着されていたものと推定できる。

119号合葬墓の遺体Bでも、2個の赤い輪と小型のサメの歯1個からなる同じような額飾りがみられる（図46）。

この他、単葬墓の135号墓の例から、サメ歯だけでヘッドバンドを飾った場合もあったとみられる。埋葬された遺体の頭部からサメ歯17個が弧状に並んで発見されており、それらサメ歯を帯に装着し、頭部を飾っていたと想定できる（図21）。サメの歯はエナメル質部分が残されていただけであるが、歯根部に穴をあけて縫いつけたものと想定される（図85）。なお、同じ頭部から漆塗り櫛が出土していることについてはすでに紹介したが、頭飾りとして併用された例である。

サメをはじめ、オオカミやクマなどの恐ろしい、強い動物の牙や歯を飾りに用いるのは、その強さを身につけて悪をよせつけないためとか、獲物に噛みつき離さないという牙の働きに倣い、生命が体から離れることをくいとめるためなど、呪術的な信仰に基づくものと考えられている。アフリカ大陸にあっても、多くの装身具を身に着ける民族例が知られており、サメの歯を額飾りに使用する風習は時や場所を越えて広く見ることができる。

3）耳飾り

植物質の皮・茎などを使用して輪を作り、漆を塗布した装身具で、2例出土している。119号合葬墓の遺体Bから出土した赤色漆塗りの耳飾りは外径10cmほどで、遺体の両耳に相当する位置に1個ずつ置かれていたものである（図46）。123号合葬墓の遺体Dにも外径8～9cmのオレンジ色をした耳飾りがみられ（図58）、やはり両耳に1個ずつつけていたものと考えられる。実際の装着方法は、耳たぶに開けた穴に紐を通してさげたものと推定される。

4）胸飾り

118号合葬墓から出土した漆塗り装身具の中に胸飾りと考えられる2例がある。それぞれ、出土した位置をもとに推定したもので、ここでは胸飾りとしておくが、ほかの着装方法がなされていた可能性もある。遺体Bの胸のところにある小さなリボン状の装身具は、中央部の表裏に立体的な渦巻き模様がつけられており、紐から下げたというより、衣服の胸元につけて飾っていたと推測させるものである。遺体Cの胸の位置にある赤と黒の輪2個も、出土位置と腕輪より径が小さいことから、腕輪のような飾り方ではなく、紐に通して首から下げて飾っていた装身具とみなすのが適当と考えられる（図37）。

5）腕輪

腕を飾る装身具には、漆製品と玉類による二種の腕輪がある。特に、漆塗り腕輪は、櫛に次いで多く、35個が発見されている。

漆塗りの腕輪は、多くが外径12cm前後で、衣服の上から装着したと推定される。土台となる芯（胎）に樹皮や草本類の茎・葉などを用いて環を作り、その表面を撚糸や樹皮・草皮の紐で巻きあげた例が多い。また即断はできないが、木胎、獣皮を芯材として用いた可能性のある例もみられる。

漆の色は赤と黒があり、素材の芯や装飾の違いなどから4種に分類できる（図64）。

1類　軸になる樹皮や草本類の茎・葉を円

形に繋ぎ、その輪に撚り糸を巻きつけて飾り付けた腕輪である。漆膜の表面にX字に交差しながら連続する糸の痕跡、一種の浮文がみられる。このタイプの腕輪には黒漆を塗ったものが多い。図65-1は芯（胎）の復原想定図である。

2類 樹皮や草本類の茎・葉を素材とした環に、細く裂いた樹皮か草皮の皮紐を巻きつけ芯（胎）とした腕輪である。皮紐は、軸を覆うようにぐるぐる巻きされている。118号合葬墓の遺体Cを飾る髪飾りの輪は、大きさや形状、芯の作り、輪への「加飾」など腕輪とも共通する。ここでは、髪飾りを腕輪として使用することもあり得たとみなし、腕輪に含めて紹介を続ける。

118号合葬墓の遺体B・Cには合計11個の漆塗り腕輪があり（図37・40）、7個が黒漆塗の腕輪、4個が赤色漆塗りの腕輪である。そのうち赤色漆塗り腕輪について、製作法の基本に違いはないが、外観上、多少の個体差が認められる。環形の輪に、突起やブリッジ（図64-2類のa・b）、スリット（同

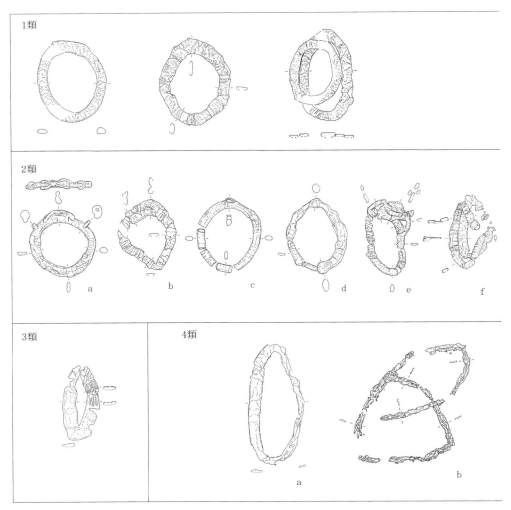

図64　漆塗り腕輪の種類

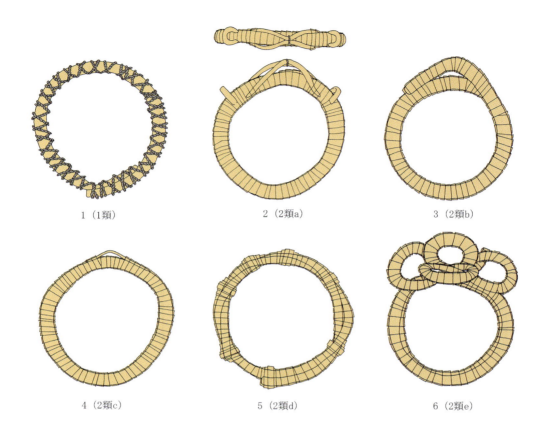

図65　漆塗り腕輪（1・2類）の胎推定図

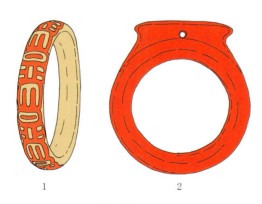

図66　漆塗り腕輪（3類）復元推定図

図2類のc)、瘤状のふくらみ（同図2類のd）、複数の輪の結合（同図2類のe）、環の一部が開く（同図2類のf）などの加工が施されている。すなわち、カリンバ遺跡の腕輪の特徴として、環に新たな装飾を施す「加飾」が一般的で、単純な環形の腕輪は存在しない、と指摘できる。図65-2～6は、2類a～eの胎モデルを復原推定したものである。

2(2類a)は、腕輪本体にブリッジと2個の

突起を加飾したものである。2個一対の小さな丸い輪の突起がつけられ、この突起間を2本の細い茎状の棒がブリッジ様に結ぶ。その際、棒の端部は、皮で本体の側面に巻きこまれている。また、2本の棒は、中央付近で糸によって縛られ、上からみるとクロスしたように見せている。

こうした手の込んだ加飾も、突起の穴や本体とブリッジ間の隙間を利用して、例えば布の細紐などリボンのようなものをこれらの穴や隙間に通し、より華やかに飾るためのものであったことが考えられる。

3（2類b）は、環に突起部が作られた腕輪である。一部芯材を重ね合わせ、しかも突起部と本体との間に隙間ができるよう端部が固定されている。2類aと同様に、隙間に布のリボンなどを通して飾ったのであろう。

4（2類c）は、ごく小さなブリッジにより隙間の狭いスリットを設けた腕輪である。本体を皮紐でぐるぐる巻きにする工程で、ブリッジにする皮か糸の両端を本体に留めてスリットを設けたものである。飾り方は、前2例と同様と推定される。

5（2類d）は、2本の蔓状の芯材を二重に絡めて本体を作り、その上を樹皮か草皮の皮紐を巻き付けて胎にしたものである。遺物を詳しく観察すると、ミミズ腫れ状の瘤が数カ所に認められる。この膨らみは、皮紐を厚く重ね巻いた部分とみられ、漆を塗った後に膨らみが文様になるよう製作の当初から企図されていたことがうかがえる。

6（2類e）は、大きな円環に数個の丸い輪を添えた腕輪である。植物の蔓か茎1本を使用し、3個の連なる輪と1個の輪が手前に組み合わされた、顕著な加飾の例である。この推定図は、検出された実資料をもとに、復原作製したものをもとに作図したものであるが、1本の長い茎を二重に巻いて、残るそれぞれの端を捻じり丸めながら作られていたと考えられる。ただし、実物は土から取り外されておらず、詳細についてはさらなる検証を要する。

2類の腕輪は、このように環本体に加飾を施すことによっていっそうの装身効果を高めているところに特徴があるといえよう。

3類　木胎か獣皮を胎にした可能性のある腕輪で、119号合葬墓の遺体B（図46）や、117号土坑墓（図13）から発掘された腕輪が該当する。119号合葬墓の腕輪には赤漆で幾何学的な模様を環の外周に施したものと考えられる。図66-1は、復元想定図である。

図66-2は、117号土坑墓の腕輪を復元したもので、環形の本体に笠状の張り出しを有する腕輪である。その中央に、小さな孔がある。

4類　通常の腕輪より径の大きな腕輪である。119号合葬墓の遺体Bの左腕とみられる位置から出土した図64の4類aは、茎状のものを胎にした外径15cmほどの腕輪である（図46・48）。4類bは、同じ119号合葬墓の遺体Aの左腕の位置から出土した腕輪で、細い紐を二重にして使用したと思われる独特な腕輪である（図45・48）。こちらも外径約15cmの大きな腕輪で、ピンク色の漆が塗彩されている。

6）腰飾り帯

腰飾り帯は、わずか3例であるが、漆塗

りの帯と、サメ歯で飾られたと推定される帯の2種類がある。

　帯状の漆塗り製品が、119号合葬墓の遺体Aと、123号合葬墓の遺体Cのいずれも胴部に相当する位置から見つかっており、その出土位置、出土状況から着衣の後に、腰に巻かれた帯と推定された。現代につながる漆箔の手法で作られた帯に近いものといえよう。

　123号合葬墓の帯（図55・67左）は、植物の細い茎か蔓数本を束ねて芯にし、その上から紐を巻きつけて胎を作り、オレンジ色の漆を塗ったものである。全長約100cm、幅約1.5cmを測る。この帯の端に細い紐がついており、帯を巻き留める時に用いたものとみられる。帯は左回りに巻きはじめ、左端のところで紐で留めた後、残りは巻いた帯の下にくぐらせている様子が観察できる。残存状態がよいことから、被葬者の腰回りを推定することが可能である。帯の背中側で遺体の消失に伴う土圧によって、芯材が屈折しているところがみられるものの、胴周り67cmを測った。この数値から被葬者の性別の判定が仮に許されるなら、衣服の上から巻かれたこともあわせ考慮し、女性の可能性が高い数値といえよう。他の装身具の組み合わせから想定される所見とも矛盾しない。

　119号合葬墓の帯（図45・67右）は、胎に獣皮を用いた可能性のある赤漆塗りの帯で、いわゆる大腿骨文、あるいは眼鏡文が連続して描かれている。全長118cm、幅1.8cmを測り、右回りの123号の被葬者とは逆であるが、推定サイズはほぼ同じである。

　サメ歯をつけた腰飾り帯と想定される資料は、118号合葬墓の遺体Cの胴部で確認された（図37）。小型のサメの歯が帯状に連なる出土状況から、もともと多数のサメの歯をつけた帯が遺体の胴部をめぐっていたのが、やがて帯が腐食し消え失せ、サメ歯だけが残ったものと判断された。

　腰飾り帯の確認数は少なく、装身具に占める割合としては極めて低い。しかし、合葬墓3基それぞれに1個存在する事実こそ重要であり、複数遺体の1人のみが装着する特別な装身具であったことが理解される。

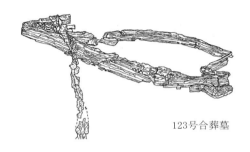

123号合葬墓

119号合葬墓

図67　漆塗り腰飾り帯

2 玉類

1）連珠の首飾り

カリンバ遺跡の合葬墓や単葬墓から、玉や勾玉を連ねた首飾りが多数出土している。多くの場合、玉類が遺体に密着するように、しかも連珠の状態で検出されており、被葬者の首にかけて埋葬された当時の様子がよく示されている。一方で、連珠そのままの状態で出土したカリンバ遺跡の多くの首飾りは、そこに示される玉の配列の規則性、あるいは装飾的効果などの理解を通して、縄文時代の人々のアクセサリーに対するこだわりなど当時の美への趣向を探るまたとない貴重な資料といえよう。

玉や勾玉の首飾りが連珠として出土した墓は、合葬墓の30号、119号、123号のほか、単葬墓の37号、113号、117号、135号などがあげられる。

連珠はおもに小玉を連ねて使用しているが、それらに勾玉、棗玉、大玉、管玉、赤い土玉などのうち1個ないし数個を加え、一連の首飾りにしており、その組み合わせは多様である。135号の首飾りは、滑石製の玉65個と赤い土玉1個を使用して、赤い土玉を中心に、その両側に大型の玉を配置し、さらに外側にかけて次第に小さくなるよう規則的に並べられている（図21・22）。このような左右対称形は他の首飾りにもみることができ、首から下げたときに中心に大きな玉や赤い玉が位置するように並べられるという原則があったように理解される。

玉を小さなものから大きなものへ並べる連珠の首飾りとしての配列は、玉個々を製作する時点でその原則を意識していた可能性があり、大小の玉をある一定の比率で作っていたことも想定される。ただし、勾玉は、1個だけを挿入した例、あるいは2個以上を挿入した例など、他の玉とは異なる、勾玉の特別な役割を推定することができよう。

玉は、首飾りとして使用する場合が一般的であるが、なかには手首に巻いてブレスレットとして使用したと理解される例もみられる（図40）。このほか、上腕に勾玉1個を巻いたと思われるもの、小玉2個を上腕に巻いたと思われるもの（図45）など、これまでの通説を越える発想豊かな飾りの方法が実践されていたことがうかがえる。

2）玉の種類と素材

玉のおもな素材は、カンラン岩、滑石、蛇紋岩、ヒスイ、コハクなどである。このうち硬く透明感のあるヒスイ製の玉は88号土坑墓から出土した丸玉1個と勾玉2個のみで、ヒスイ以外の玉がほとんどを占めている。また、粘土を成形・焼成して赤彩した玉や製品に利用しようとしたものか、化石のツノガイもみられ、玉素材の種類が多いのもこの時期の特徴といえる。

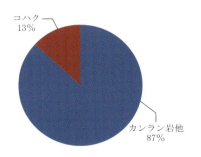

図68　コハク玉の出土比率

ヒスイは、北陸地方の糸魚川産であることが判明している。カリンバ遺跡の玉素材でもっとも多いのは、カンラン岩製である。北海道では、日高地方のアポイ岳周辺にカンラン岩地帯があるが、産地は特定されていない。コハク製の玉は、総数120点を数え、副葬された玉の13％を占めている（図68）。コハクの産地も特定されていないが、赤茶色をした色調から北海道、あるいはサハリン産の可能性があるとされ、かつて石狩湾の浜で採取できた事実をあわせ考慮すると、近場で手に入れた可能性もある。

　ところで、コハク製玉のもっとも古い例は、旧石器時代の細石器に伴って出土した千歳市柏台1遺跡、知内町湯ノ里4遺跡の垂飾である。柏台1遺跡の14C年代の測定値が今から約20,500年前、湯ノ里4遺跡の黒曜石水和層年代が今から11,300±600年や11,500±500年前と示されている。

　コハクは、縄文時代にも利用が続くものの、早期には北海道東部から、同中期には北海道南部や中央部から少量出土し、後期に至っても大きな変化はみられない。その後、晩期末から続縄文時代前半期にかけての北海道において急増し、土坑墓の副葬品として大量に出土するようになるが、縄文時代後期以前の

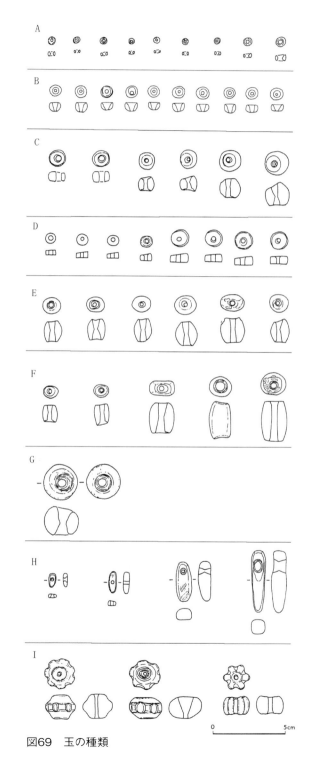

図69　玉の種類

出土量は少ない。これに対し、後期末のカリンバ遺跡からは比較的多く出土しているといえよう。特に、119号合葬墓の遺体Aに添えられた髪飾りの連珠はすべてコハクのビーズ玉である。コハク玉を副葬した墓も多く、その出現率の高さは特筆される。

丸玉・臼玉・棗玉など

玉の形にも多くの種類があり、横から見た形状が円形、楕円形、半球形、柱状、棒状などさまざまで（図69）、直径4mmほどの小さなビーズ玉（A）、直径0.8〜1.4cmほどの小玉、直径2cmを超す大きな玉（G）などがある。さらに、小玉にはいくつかのタイプが存在し、下半分に丸みのある丸玉（B）、胴の膨らむ臼の形をした臼玉（C）、上下面が平らで扁平な平玉（D）、和太鼓のように胴の膨らむ棗玉（E）、柱状の管玉（F）などがある。

丸玉はヒスイ製の玉に特徴的にみられる形である。孔の開け方は一方向からの穿孔であり、カンラン岩などの玉が両方向から穿孔されているのと異なっている。

臼玉と呼ばれる玉Cは、旧石器時代から存在しており、穿孔は両方向から行われていると考えられるものである。同じような玉は、恵庭市ユカンボシE12遺跡の縄文時代中期の8号土坑墓から出土した滑石製の玉にも認められている（上屋2011）。

カリンバ遺跡にみられる小玉の形状の多様性は、首飾りを複雑で多様な並びにすることを意識して製作された可能性があり、各種の玉を大量に得る必要性と、高い装飾効果を得る必要がこの時代にあったものと考えられる。そのため、加工の比較的簡単な石材を選択したことも予想される。

なお、上面観が円形にならない垂飾（H）

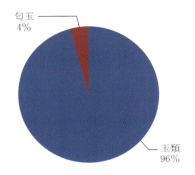

図70　玉・勾玉の出土比率

は、勾玉に近い利用法があったものと考えられる。

勾玉・垂飾

勾玉の形に対して、最近では弥生時代や古墳時代の巴形をした典型的なものを勾玉と呼び、縄文時代の玉を「縄文勾玉」とする考え方がある。さらに、とくに巴形のものを勾玉と呼んで、それ以外の形状を曲玉、垂玉に細分する試みがみられる（鈴木克彦　2005）。この分類に従って、カリンバ遺跡の勾玉を集成した（図71）。

それによれば、巴形を呈する勾玉は1〜4が該当するのみで数は少ない。この中にはヒスイ製が含まれ（2・4）、入念な加工で作られていることを特徴にしている。

5〜22は曲玉である。カリンバ遺跡の勾玉の多くはこのタイプで、くの字形（5・13）、C字形（6〜12）、J字形（14〜22）に分けられる。

J字形はやや小型のものが多く、くの字やC字のものはやや大型である。研磨によって全体に丸みをつけるまで整形されたものは少なく、わずかに6や8、11などにみられるだけである。それ以外はおよそ平らな面をとどめたものである。13〜16の曲玉

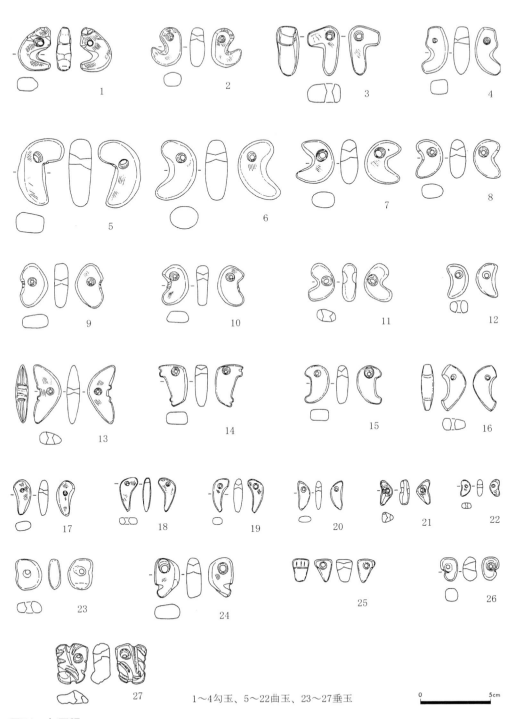

図71　勾玉類

1〜4勾玉、5〜22曲玉、23〜27垂玉

は、湾曲部が丸く窪まないタイプで、刻みや小さな突起など装飾性をともなうものである。

　23～27は垂玉に分類したが、勾玉・曲玉の特徴である湾曲部分が少ない。26のヒスイ製垂玉は、ヒスイ製の典型的な勾玉（4）とともに出土した。27には全面にやや不規則な刻みがみられ、孔が中心軸から外れた位置にあることから垂玉に含められる。

　カリンバ遺跡の勾玉は、側縁の湾曲や研磨整形の程度に違いはあるものの本来全て勾玉の範疇でとらえられるものである。弥生時代以降の勾玉は縄文時代の勾玉を写したものであることから、多様な形の縄文時代の勾玉を本来の勾玉と呼んでもおかしくない。むしろ、勾玉が縄文時代から丸玉や臼玉などの玉とはっきり区別して扱われていることに、勾玉の意義があるといえる。

　垂飾（図69）は、全体を長楕円形ないし棒状に整形し、孔の位置が中心軸上にあることから勾玉と区別される。連珠のなかにとびとびに配されたものがあり、その意味において、勾玉と並べ方はあまり区別できない。

　なお、図70に示したとおり、玉類全体の中での勾玉は4％に過ぎない。

赤彩玉

　粘土を整形し、素焼きによって作られた土製の玉を焼成後にベンガラなどで赤く彩色したものである。いわゆる蜜柑玉と呼ばれる玉で、57号土坑墓からまとまって出土している（図18）。135号土坑墓には石製の小玉・大玉とともに1個だけ首飾りの中央に配置されたものがある（図21・22）。

　赤彩玉は、直径2.1cm、高さ2cmほどの蜜柑、あるいは算盤玉型をしており、外周に刻みをつけ、中心に紐を通す細い孔があけられている。カリンバ遺跡とほぼ同時期の柏木B遺跡第Ⅱ地点や苫小牧市柏原5遺跡、新ひだか町の御殿山遺跡、松前町東山遺跡などにもみられる。墓の副葬品として出土する傾向があることから、土製の装身具としては貴重品扱いされていたことが考えられる。

V
カリンバ遺跡の漆工と階層社会

1　祭具としての土器と編年

　土器は、使用目的や時代、地域によって、器形や施される文様が異なり、遺跡の様々な様相を理解するのに何よりも欠かせない。

　カリンバ遺跡から出土する土器は、特殊な器形が多く、多様性に富んでいる。それは、何を意味するのであろうか。

　合葬墓など土坑墓が築かれたのと同じ時代、人々の生活域が段丘面より一段低い旧カリンバ川流域の低湿地にあったことは、これまでたびたび紹介してきたが、その低地面からは、多数の深鉢形土器が出土している。煮炊きや貯蔵に用いた深鉢形土器が、日常の生活をよく表していよう。これに対し、墓域のある段丘面からは、特殊な形をした小型鉢や高台付の土器、壺・注口形土器、ミニチュア土器など多数が発見されている（図72・73）。これら特殊な土器群は、本来は墓に供献するための品々のひとつで、埋葬時、祭儀に使われた可能性のある土器群である。低湿地での解明が今後に残された課題ではあるが、これら土器の出土傾向の違いを通して、日常の生活と死後の世界とが截然と区別されていた当時の様子が窺われる。

　さて、墓域から出土した土器群の中で、とりわけ象徴的な土器が、注口形土器である（図73-12～20、図74-1～3）。何らかの液体を入れ、それを注ぐために作られた注口形土器であるが、それと対をなすかのように小型の鉢形土器が出土している（図72）。これらは祭儀具として用いられ、埋土途中、あるいは葬儀終了時に供献された土器であろう。後章で紹介する柏木B遺跡の竪穴式集団墓内の墓壙口からも壺形土器や注口形土器が多数出土しており、同じような伝統・習俗がカリンバ遺跡にまで引き継がれたことを物語っている。

　合葬墓の118号・123号土坑墓から出土した注口形土器（図73-14～16、図74-1～3）は、直径1cmほどの小さな底部から強く張り出す胴部の形状が女性の乳房に似て、男性性器を象徴するとされる注口部の形状とともに両性を表現する独特な器形をなす。型式学的には、御殿山式土器に酷似する。

　123号合葬墓の注口形土器（図73-14）には、口頸部の中ほど、頸部と胴部の接合部の二カ所に、粒の細かな斜行縄文が施された隆帯文と貼瘤がめぐる。また、注口下部に細目の粘土紐が渦巻き状に貼付されている。これと似たような注口形土器は、118号合葬墓の覆土中から出土しており（図73-15）、隆起帯文と貼り瘤は、頸部と胴部の接合部、胴部中位をめぐる。同じ118号の注口形土器（図73-16）は、細粒の斜行縄文を地文とした幅広の文様体が胴部上半を飾り、沈線文と磨消文による入組文が展開し、貼瘤が縁取る。この時期を特徴づける文様構成である。

　胴部に小さな孔のつく壺形土器（図

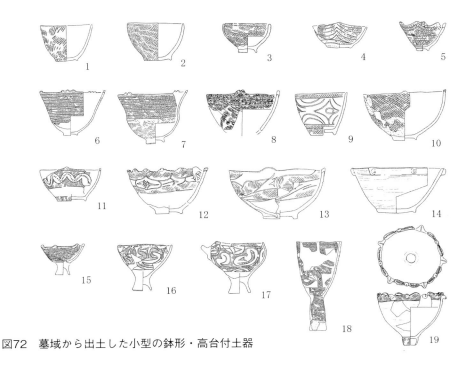

図72　墓域から出土した小型の鉢形・高台付土器

73-6・10)や、同じく孔のついたミニチュア土器(図73-1〜4)は、特殊な目的をもって作られたと考えられるが、その使用方法は分かっていない。10の壺形土器は、丸い胴部から細長く伸びる頸部を設け、胴部に渦巻状の沈線文を多段に描く優美な形の壺である。頸部の長いこのような壺は、やはり、縄文時代後期後葉にみられる独特な器形である。

　高台のついた小型土器にも、いかにも安定の悪い特異な器形がみられる。なかでも、細い棒状の高台部をつけた土器(図72-18、図74-6)は、現代のワイングラスにも似ており、注口形土器とともに、縄文時代に酒が作られ、使われていた可能性を連想させる。

　ところで、器面に入組文を施した土器には、口縁や頸部に非常に粒の細かな縄文を施した例が多く存在している(図73-14・16・18・20)。123号合葬墓の注口形土器の隆帯文の表面にみられた縄文の例では、1cm幅に10条の縄線があり、幅1cm間に14粒の縄目がある。その細かさは「糸目」と表現できるほどである。ちなみに、中〜大型の鉢形土器に施文されている一般的な大きさの縄文の例では、1cm幅に3〜5条、幅1cm間に5〜6粒を数え、それに比しいかに縄目が小さいかがわかる(図75-1〜6)。

　このような粒の細かな縄文の存在は、縄文時代後期末に細い糸を用いて編まれた布製品が存在していたことを間接的ながら物語る。これとは別に、土坑墓の切り取り後の室内調査で、布そのものの保存例はなかったが、118号、119号合葬墓の底面に布目痕が残されている事実を明らかにした。非常に目の密なものが含まれており、土器に施文された細かな縄文が、その存在をあらためて裏付ける証拠といえよう。

7　82号土坑墓、10　80号土坑墓、14　123号合葬墓、15・16　118号合葬墓、
19　30号合葬墓、20　126号土坑墓

図73　墓域から出土した壺・注口形土器

1・2　118号合葬墓、3　123号合葬墓、5　82号土坑墓、11　126号土坑墓（撮影　小川忠博）

図74　壺・注口形土器、小型鉢形土器

図75 細密縄文と沈線文

また、壺や小型土器の文様には、曲線的な沈線文で描く独特な入組文があり、図73-7（図74-5）と図73-8（図74-4）の相似形の壺形土器に描かれた文様などは、漆塗り櫛にみられる文様1の渦巻文や、文様2の十字形の文様パターンに似ている。このような文様は、この時期特有のものである。こうした流行の文様を、例えば衣服の刺繍模様などに使用したことも充分に考えられよう（図75-4～8）。

　口縁部に装飾的な突起を付けた図73-11の注口形土器や図72-19（図74-11）の小型の鉢形土器は、丸味のある突起をつけた例で、大胆で素朴なイメージの強い縄文土器に比し、華奢で繊細な土器と言えよう。

　一方、深鉢形土器などの大型土器は、低地面から多数出土するものの、墓域内から出土した例は少ない（図76）。

　鉢形土器のうち土坑墓に関連するものとしては、80号土坑墓の壙口から出土した図76-3、同じく30号合葬墓から出土した図76-5がある。3は、波状口縁下をめぐる内からの突瘤文と器面全体に施文された斜行縄文のみの鉢形土器である。突瘤文は、縄文時代後期後葉の堂林式土器の型式学的標識とみなされたこともあるが、後期中葉のホッケマ式土器以来、末葉の御殿山式土器まで連綿と続く文様要素で、突瘤文のみでの時期決定は難しい。しかし、小波状口縁、真っ直ぐに立ち上がる器形、斜行縄文地に組み合わさる突瘤文からして比較的後出のものであることが推察される。一方の5は、斜行縄文地に連続する弧状の横走沈線文が数列にわたって頸部をめぐり、その文様体の上下、そして弧状沈線文の連接部に垂下するように爪形文が施文されている。後期末葉に編年される特徴で、墓域内出土の図76-2・4も、ほぼ同様の文様構成を示している。

　注目すべきは、平行沈線文や曲線文などで区画された入組文の中に三叉文、あるいは三叉文風の文様要素をもつ深鉢形土器が含まれる点である。図76-6・7の鉢形土器がその好例であるが、縄文時代後期後葉～晩期初頭を特徴づける文様要素である。しかも、三叉文は、深鉢形土器に限定されず、器形の違いを越えて広く用いられており、例えば図72-17の高台付土器や図73-20の注口形土器に認められる。墓域から出土した数少ない鉢形土器も、比較的単純な器形で、文様も斜行縄文に突瘤文、あるいは沈線文と磨消縄文で描出された帯状文などに突瘤文、爪形文などが組み合わさり、一部に縄文時代後期中葉からの文様要素を残しつつも、より後出の土器群であることが理解される。加えて、三叉文が、深鉢形土器に限らず、注口形土器や壺形土器など墓域内出土の土器に広く用いられている事実を考慮すると、ここで取り上げる土坑墓が縄文時代後期末葉の御殿山式土器相当期に築かれたとみてほぼ間違いない。首が細長く延びる壺形土器、大きく胴が張り、小さくすぼまる底部をもつ注口形土器、それらの器面を飾る文様構成の特徴などから特定される時期とも符合する。カリンバ遺跡の主に祭具として用いられたとみられる合葬墓やその周辺から出土した土器は、器形もバラエティーに富んでおり、しかも曲線的な沈線文や細密な縄文、装飾性の高い口縁部の突起など、いずれも極めて特色ある土器群である。鉢形土器を含めて、詳細が不明な御殿山式土器にかわり、縄文時代後期末葉に編年づけられる土器群として「カリンバ式土器」の提唱も考慮される。

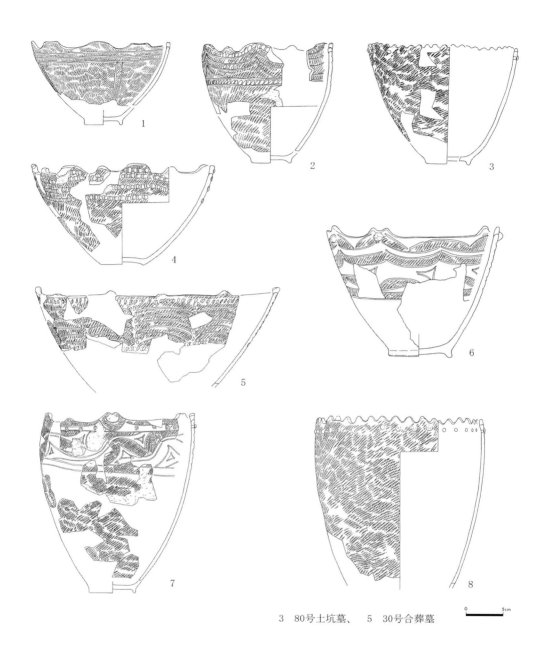

3　80号土坑墓、　5　30号合葬墓

図76　墓域から出土した鉢形土器

2 「カリンバ」型の漆塗り櫛
　　　　―製作法と広がり

　漆製品の中でもっとも多くの土坑墓から出土している漆塗り櫛は、1遺跡からの出土量としては前例がなく、他を圧倒している。しかも、そこに見られる製作技術においてカリンバ遺跡に特有な特徴も見られる。

　副葬品の組み合わせを通したカリンバ集団の分析の問題はひとまずおき、櫛の製作技術やその広がりからみえてくるカリンバ遺跡の位置づけを探ってみたい。

1）漆塗り櫛の製作法（復原）

　芯材形状と櫛歯の固定　出土した漆塗り櫛は、透かし文様のある櫛（櫛A）と透かしのない櫛（櫛B）の2種類が存在し、さらに頂部の突起の形状からⅠ型とⅡ型に分類できる。それらの製作にあたっては、その違いに関りなく、まず芯材となる櫛歯を櫛の形状にそろえて用意し、櫛歯を紐、あるいは細い糸で巻きつけながら固定していく（図77）。歯を糸で結わえて作ることから「結歯式竪櫛」と呼ばれる。

　体の上部まで伸びる芯材は、櫛の形に合うように並べ、Ⅰ型の場合は、体部の左右端の櫛歯が最も高く突き出るように整え、その後に塑形材を塗布していく。そして鋭角的な突起を作るのである。

　これに対し、Ⅱ型の櫛の場合は、体部の左右端の櫛歯だけでなく、隣の櫛歯1～2本を長く突き出るようにそろえて幅の広い突起を作りだすと考えられる。左右の突起の間隔が狭く、その中間部の窪みが大きく湾曲する形状もⅠ型との違いである。

　このように、カリンバ遺跡から出土した漆塗り櫛は、形状的にⅠ・Ⅱ型の二つが基本形となるが、その違いは芯材を組み立てる段階から決まっていた。Ⅰ型とⅡ型は、透かし文様のある櫛にこそ特徴的で、後に触れる文様1～4類の透かし文様のどのパターンにも両型が存在する。なお、一点だけ透かしのない櫛にⅡ型があるが、カリンバ遺跡のこの櫛の場合、製作当初は透かし文様を入れる予定の櫛であった可能性がある。それ故、透かしのない櫛にはⅡ型は一般的ではなかったと考えられる。

　歯数・結歯法　櫛歯は、直径約4mmの長い棒を芯材にし、体部からの長さ7～8cmほどを外に出す。歯の数は14本が最も多い。芯になる櫛歯を下方で扇形に開くようにしているが、紐の巻き方は編布の編み方にも共通する「もじり編み」である。

　紐の通ったところは体部表裏面に稜線としてみることができる。この稜線は透かし文様のある櫛と透かしのない櫛とではその条数と場所に違いがあり、透かし文様のある櫛では、文様のある部分にはみられない。その部分はあらかじめ文様帯として予定されているからである。

　一方、透かしのない櫛は、体部表裏に等間隔で重層する6条ほどの稜線がみられる。また、体部左右端の櫛歯に紐を巻き付けたとみられる稜、あるいは突起部が残るが、一種の文様としての効果を上げている。

　瘤状突起　櫛の表裏面に丸い瘤（突起）がみられ、上端付近と下端付近の二個所に瘤状突起を付けるという規則性もうかがえる。この突起は、瘤を作る目的でその個所を紐で結節したものと考えられる。すなわち、漆を塗布した後、丸い高まりとなるよ

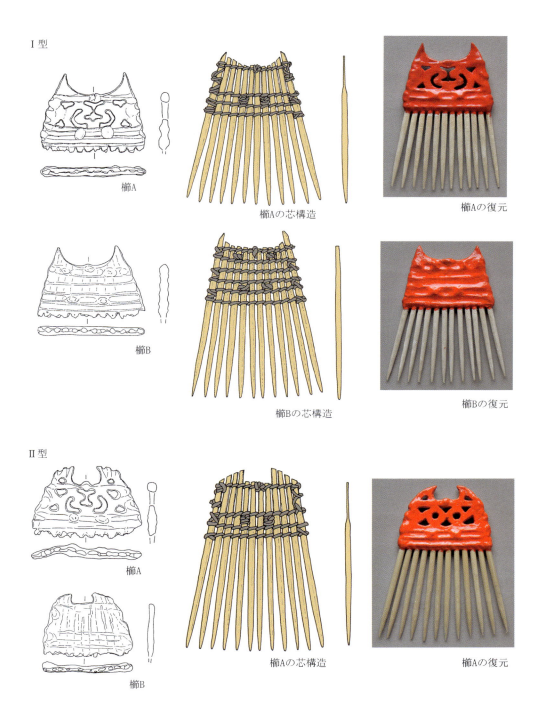

図77 結歯式櫛の基本形と櫛の歯・芯の復元

うに当初から設計されたもので、瘤を一種の文様とし作り出している。瘤は、当時の土器にもみられる文様要素で、漆塗り櫛にもその要素を取り入れたものと解釈できる。

　瘤状突起の数は、透かしのある櫛と透かしのない櫛では上端部分で違いが認められ、透かしのある櫛では中央に1個つくものが多いのに対し、透かしのない櫛では中央の1個に加えてその左右に2個ないし3個、中には7・8個ほど付けた例がある。

　透かし文様　櫛の文様は、レントゲン写真や破片内部の観察結果からも理解されているように、体部に木尿漆などを塗布して櫛の形を整えた後に、ナイフなどを使い、表面をくり抜いて文様をつけることが推定される。その際、櫛歯ごとくり抜くために、あらかじめその部分の櫛歯を薄身に削いで、くり抜きやすいようにしているようである。それに対し、透かしのない櫛の場合には、くり抜く必要がないことから事前の調整はなされなかったようである。

　なお、副葬されていた56個の櫛のうち、27個は櫛A、29個が櫛Bとほぼ同数で、遺体に副えられたものには、櫛Aと櫛Bをセットで髪を飾った例もみられ、118号合葬墓の遺体D、123号合葬墓の遺体Aと遺体Bにみることができる。A・Bの2種類をセットにして髪を飾るという事実は注目される。

　これを単葬墓と合葬墓で比較した場合、単葬墓では櫛Aを副葬した墓は4基、櫛Bを副葬した墓は9基で、その数は、櫛Aが5個、櫛Bが13個で櫛Bが多い。これに対し、合葬墓では櫛Aが23個、櫛Bは15個で、櫛Aが多い。特に、118号合葬墓では

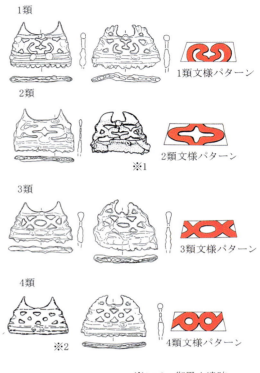

※1・2　御殿山遺跡

図78　カリンバ遺跡出土櫛にみられる透かし文様の種類

10個中7個、123号合葬墓では7個中の5個、さらに、30号合葬墓では9個すべてが櫛Aである。

　透かしを巧みに配置する製作工程上の技術的高度さ、そして装飾的美しさを兼ね備えた櫛Aにある種の付加価値が付与され、櫛Aが櫛Bより高価な装身具として扱われていた可能性も充分に考慮される。透かし文様のある櫛が、単葬墓では少ないのに対して合葬墓では多いという出土傾向も、櫛Aが有する社会的機能の差を反映した結果とみなすことも可能であり、合葬墓の被葬者たちが、少なくとも単葬墓の被葬者より身分的に優位に位置づけされていたであろ

うことを想定する大きな理由のひとつである。もちろん、即断することはできない。事実、13個を数える119号合葬墓においては11個が櫛Bで、他の合葬墓と様相を異にしている。とは言え、漆塗り櫛の出土数の多さが際立っており、単葬墓との差を見出すことに無理はなかろう。

ところで、透かし文様のパターンをみると、図78に示したとおり大きくは4種類あることが知られる。後にも触れるが、透かし文様で特徴づけられる櫛Aは、主に北海道内から出土しており、それらに通有するパターンである。なお図には、一部、御殿山遺跡の櫛を補足した。

カリンバ遺跡の27個の櫛Aの19個は1類文様で、全体の7割を占めている。そのほかの2類から4類は1割に満たない。1類文様はカリンバ遺跡だけでなく、柏木B遺跡、西島松5遺跡などでも主体を占めるもっとも多い文様パターンである。また、この文様パターンは、後世のアイヌ文化期において刺繍や彫刻模様などに類似する文様でもあり興味深い。

漆の塗彩　カリンバ遺跡の漆塗り櫛は、表面に彩漆によって鮮やかに塗彩された櫛がほとんどである。赤色、オレンジ色、ピンク色といった、単に赤でかたづけられない色が表現されているのも特徴的である。

櫛の芯材に塗る下地や塑形は、漆液に混ぜ物として植物系の繊維を混ぜた、いわゆる「木尿漆系」を使用して形を作り、その後、表面の塗り工程で漆に赤色顔料を混ぜて塗布していくが、分析によれば、幾重にも漆を塗り重ね、ベンガラ漆の層の上に発色性の良い朱漆が塗られたケースが多く、カリンバ遺跡における漆塗り櫛製作上の基本的手順とみなされている（小林2003a）。

2）日本列島における漆塗り櫛の広がりと「カリンバ」型漆塗り櫛

本州での分布　図79は、縄文時代の本州に広がる漆塗り櫛である。日本列島の九州と四国、中国地方の西半部を除く各地に分布が知られているが、なかでも北陸地方、関東地方、東北地方に発見例が多い。

これまで検出されている漆塗り櫛としては、縄文時代早期末～前期初頭とされる石川県三引遺跡の櫛が最古の例である（14、金山編2004）。櫛の歯数は15本以上で、体部は低いドーム状につくられ、上部の左右に突起がつく。これに続く櫛としては福井県鳥浜貝塚から出土した刻歯式の漆塗り櫛が知られている（20、森川他1979）。これは結歯式の櫛ではないが、体部の上端に角状の長い突起がついている。

19は、滋賀県粟津湖底遺跡から出土した縄文時代中期の結歯式竪櫛である（伊庭他1997）。扇状に開く櫛歯を紐で結わえ、半円状に高く突き出す体部である。

縄文時代後期から晩期に属す櫛は山陰から東北北部にかけて分布し、まとまって出土した例もみられる。ここでは、カリンバ遺跡タイプのような透かし文様の櫛はなく、埼玉県寿能遺跡の後期の櫛（10上段）にみられるような体部が台形のもの、晩期の秋田県戸平川遺跡の櫛のような長方形のもの（6、岡田他2000）、さらに、各地にみられる半円形のものなどが特徴的である。また、櫛歯は先が扇状に開かない平行なつくりも特徴的で、歯数も10本に満たない場合がほとんどである。これは、櫛がかんざしとして使用されていた可能性の高いことを示すもので、髪飾りとしての機能に

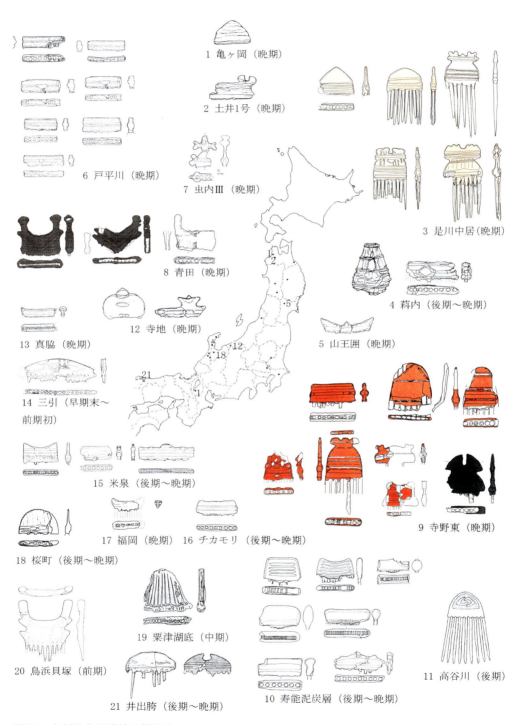

図79 本州地方の漆塗り櫛分布

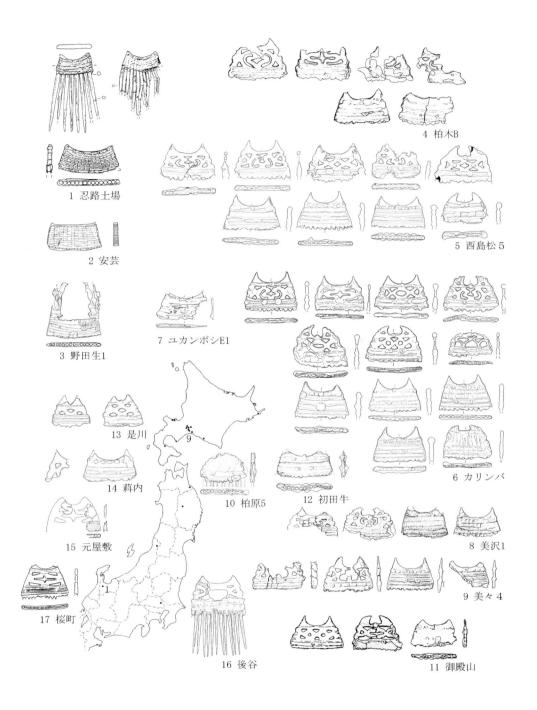

図80　北海道タイプの漆塗り櫛

重点が置かれた形状といえる。青森県是川中居遺跡（3、宇部他2002）や栃木県寺野東遺跡（9、江原編1998）のように、半円形の体部上部に左右に突き出る装飾が施される例は、土偶の頭部を連想させる形であり、当時の髪型が表現されているのかもしれない。

この他、特徴ある櫛として新潟県青田遺跡の角形の突起を持つもの（8、荒川編2004）、岩手県萪内遺跡の隙間を持つ高く突き出た体部（4、工藤他1982）、漆で文様を描いた千葉県高谷川遺跡例（11）などがある。

北海道での分布　図80は、北海道における縄文時代後期～晩期の漆塗り櫛の分布図である。これまでのところもっとも古い漆塗り櫛は、縄文時代後期中葉の八雲町野田生1遺跡（3、藤井編2003）や小樽市忍路土場遺跡（1、田口他1989）、余市町安芸遺跡（2、乾2003）の結歯式竪櫛である。櫛歯を扇状に紐で結わえ、全体を台形に整えて上端の左右を低く突き出す形は、カリンバ遺跡の櫛の原型と言えるものである。違いは透かし文様のないこと、櫛歯を結わえる糸の条数の多さ、漆の塗膜の薄さなどである。さらに、櫛歯の数は、少ないもので8本ほど、多いものでは15本以上のものがある。

恵庭市ユカンボシE1遺跡の土坑墓から見つかった櫛は、後期後葉の堂林式土器の時期に属す可能性があるとされている（7、長町編2013）。この資料は、透かし文様のない櫛で、形状はカリンバ遺跡の櫛Bに似ているが、櫛歯の数は推定16本と多い。

後期末葉になると、同じ恵庭市内から漆塗り櫛が多数出土するようになる（4・5・6）。

4は、柏木B遺跡の第Ⅱ地点から出土した櫛。いずれも土坑墓の副葬品で、カリンバ遺跡と同じ1・2類文様の櫛Aや櫛Bがある（木村編1981）。

5は、カリンバ遺跡から直線距離で約3kmの近さにある西島松5遺跡から出土した漆塗り櫛で、土坑墓の副葬品として40個以上出土した櫛の一部である。西島松5遺跡は、小河川の柏木川とその支流キトウシュメンナイに挟まれる低位段丘面に残された遺跡で、多くの土坑墓に漆塗りの櫛、腕輪、カンラン岩製の玉・勾玉、サメ歯の装身具など多数が副葬されていた（土肥・柳瀬2009）。ここの漆塗り櫛にも櫛Aと櫛Bが存在し、透かし文様には、1類と3類がみられ、そのうちの6割以上が1類である。櫛の形と文様はカリンバ遺跡のものとほぼ同一であることから、地理的にごく近いところに河川流域を違えた別の村落が存在していた可能性を指摘できる。

6は、カリンバ遺跡の櫛Aと櫛Bの主なものである。透かし文様は1～4類のすべてがみられるほか、糸をアーチ状に組み、その上に漆を塗布したとみられる櫛（図62-15）がある。本資料は今のところ類例がない。

8・9は、カリンバ遺跡から直線距離で約15kmのところにある美々4遺跡と美沢1遺跡から出土した櫛である（森田他1977）。出土数は少ないもののⅠ型とⅡ型を見ることができ、1類文様の櫛Aと無文の櫛Bである。

11は、日高地方の御殿山遺跡の土坑墓群から出土した櫛である（古原編1984）。Ⅰ・Ⅱ型があり、櫛Aは2類と4類の2例のみで、櫛Bが多数出土している。12は、北海道の東端に位置する根室市初田牛20遺跡から出土した櫛Bである（川上・豊原編1989）。10は、縄文時代晩期の苫小牧市柏

原5遺跡から出土した透かし文様のない櫛で、体部が半円形である（佐藤他編1996）。

「カリンバ」型の漆塗り櫛の広がりはこれまで概観してきたように、櫛A、櫛Bはもちろん、体部の形状にかかわるⅠ型、Ⅱ型、さらには透かし文様の1〜4類パターンのすべてが揃っている。このような遺跡は、カリンバ遺跡の他にはなく、これらをセットとして「カリンバ」型の漆塗り櫛と呼ぶこととする。

図79に示したとおり、本州における漆塗り櫛は、縄文時代早期〜前期初頭に現れ、中期を経て、後・晩期に広く普及することが理解されているが、刻歯式を除く結歯式漆塗り櫛の出土数を地域別に示した図81のとおり、北海道、東北地方が圧倒的多数を占めている。また、東北地方でも、細長・方形の体部形状、あるいは両端の大きく突きだす角部、しかも透かしのないB型が大勢を占める点で北海道との隔たりは大きい。

ごく少数ながら、カリンバ型の漆塗り櫛に似た櫛が、遠くは関東地方、北陸地方、そして東北地方に点在して広がる様子も知られており、カリンバ型の漆塗り櫛が、北海道にのみ特有のものであるとは結論できない。図80-13〜17に示したものの中にも、カリンバ型と同一とも言える例が含まれる。

13は、晩期に属す青森県八戸市の是川遺跡の櫛である（宇部他2002）。やや小型であるが、基本形のⅠ型と3類文様はカリンバ遺跡タイプとみなしても良い。14は、岩手県盛岡市の萪内遺跡から出土した2個で、1つは1類文様の櫛A、もう1つは櫛Bである（工藤他1982）。どちらも典型的なカリンバ遺跡タイプの櫛であるが、いくらか後出するとみられる。

15は、新潟県村上市元屋敷遺跡から出土した2類文様の櫛Aである（滝沢2002）。17も2類文様の櫛Aで、富山県小矢部市桜町遺跡から出土している（桜町遺跡発掘調査団2001）。16は、埼玉県桶川市後谷遺跡から出土した櫛A（石坂他編2004）。体部左右に三角の透かしを加えた文様は、1類文様か3類文様のどちらかであるが、特定できない。

これまで記してきたように、カリンバ型の漆塗り櫛の圧倒的多数が北海道に集中している事実は、動かし難い。現在の北海道に、漆製品の生産に必要な漆液採集のための樹木が生育していないことを理由に、長い間、遺跡から出土する漆塗り櫛も北海道での生産ではなく、本州から搬入されたものとみなされてきた。しかし北海道こそ、カリンバ型漆塗り櫛の生産地で、本州へ流通した可能性こそ考慮される状況にある。もちろん、製作方法や漆の塗彩など、細かな違いもあり、今後の詳細な分析が必要とされるが、カリンバ型の櫛は、後期中葉の櫛を基礎に作り出された北海道特有の櫛で、分布の中心が石狩低地帯南部、特に恵庭市内にある点は見逃せない事実である。

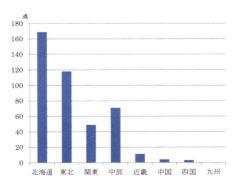

図81　漆塗り結歯式櫛の出土数

3 土坑墓の分布に示される様相

検出された土坑墓群について、分布密度を考慮しつつ4群に分けA～D群とした（図82）。それぞれの様相と傾向をみてみよう。

A群

北東側にある一群。分布域は調査区の外へも延びているが、1類の墓4基（85・116・133・134号）、2類の墓6基（88・108・112・120・307・308号）が含まれ、このうち6基に副葬品がある。1類の墓に櫛と腕輪を副葬した墓2基（116・134号）、石棒だけを副葬した墓1基（85号）、2類の墓は、玉だけの墓2基（88・116号）、サメ歯だけを副葬した墓1基（112号）である。

B群

段丘縁に近い一群。1類の墓7基（75・76・77・78・84・86・93号）、2類の墓1基（82号）が含まれ、7基から副葬品が出土している。1類の墓に櫛、玉、サメ歯を副葬した1基（78号）、玉だけの墓4基（76・77・78・86号）、石棒だけの墓1基（75号）、2類の82号からは櫛、玉、サメ歯が出土。

C群

1類の墓7基（95・113・125・126・135・303・312号）、2類の墓6基（37・56・57・58・80・87号）、3類の合葬墓1基（30号）の計14基である。このうち9基に副葬品があり、玉だけが副葬された1基（37号）を除き、櫛を含む墓が多い。カリンバ遺跡で最大で副葬品も多い30号合葬墓は、土坑墓群中の西端付近に位置している。

D群

最も南に位置する4基で、合葬墓3基（118・119・123号）を含む。C群の30号合葬墓とは、離れた位置にあり、異なる頭位や副葬品のあり方を考慮すると、構築時

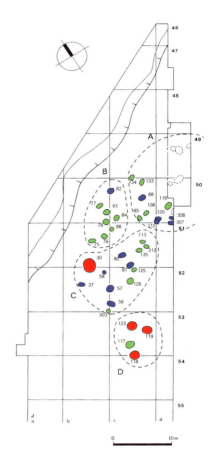

図82　土坑墓群の空間的な広がり（A～D群）

期に差があったとみられる。D群の3基は接近した位置関係と、西頭位、土坑墓の作り方、規模など類似点が多いことから構築時期は近いと考えられる。ただし、一時期に掘られたのではなく、ある一定期間を経て構築されたものと推定される。仮に1世代を20～25年とすると、60～75年間における3世代の墓とも予想される。

なお、合葬墓群が墓域全体の西側にあり、西方の配置を特に意識した様子が窺われる。これは、遺体安置の際に頭位を西に置く葬制に規定されていたことも考慮される。

4 カリンバ遺跡の被葬者たちとその構成

　今回発掘された調査区は、当時の墓域の西北端に過ぎず、それらの情報をもって当時の人口、社会組織を正確に理解することはおよそ不可能である。しかも、副葬品すらまったく残されていない土坑墓の例もあり、小児を予想させる小型の土坑墓を除き、被葬者の属性を類推することすらできない。また、幸い歯など遺体の一部の痕跡が残された例については、頭位の特定までは許されるものの、形質人類学的情報の大半が失われ、埋葬された被葬者の性別、年齢の特定は難しい。しかし、カリンバ遺跡においては、異例とも言える漆製品を含む大量の副葬品が残されていたおかげで、確定的な情報が失われている中にも、埋葬姿勢、男女の性別、社会的身分などをいくらかなりとも想定できる状況にある。ここでは、それら貴重な情報と多少の推理をまじえながら、36基の土坑墓に眠る被葬者たちの生前の社会的関係の一端を垣間見てみたい。

　表1に示したように、36基の土坑墓も、副葬品の有無、種類と組み合わせなどから、いくつかのグループを想定できる。大きくは、2つのグループに分けられる。すなわち、副葬品をまったくもたないグループ(84・113・125・134・312・80・82・120・307・308号土坑墓)と、その他、副葬品を有するグループである。

　副葬品の中には、遺体と同様、有機質の材質のため腐朽しすでに失われたものもあるとすれば、その有無のみをもって単純に比較することはできないが、同じ埋没環境下において、何も有さず、しかも装身具の基本的要素とも言える漆塗り櫛と玉すらも保有していない点では、副葬品のないグループが、他より身分的にいくらか格下にあったように理解できよう。

　95号、113号土坑墓のように小型で、小児の存在が想定される例も含まれるが、副葬品がない土坑墓群について、性別を判断する術はない。

　一方、副葬品を有するグループについては、玉類(37・76・77・86・88号土坑墓)、あるいは石棒(75・85号土坑墓)のみ1種類をもつグループと、漆塗りの櫛と腕輪(134号)、漆塗り櫛とサメ歯(56号)、漆塗り櫛と玉(57・78・113・116・126号土坑墓)の2種類をもつグループ、並びに漆塗り櫛・腕輪・玉(30・117・303号土坑墓)、漆塗り櫛・玉・サメ歯(82・135号土坑墓)の3種類をもつグループ、さらには櫛、腕輪、頭飾り、額飾り、耳飾り、胸飾り、腰飾り漆製品と玉、サメ歯など多種類・多数の副葬品をもつグループとがある。その境界を設定することは難しいが、多種類・多数の副葬品をもつグループが大型合葬墓のみに限られ、さらなる階層の存在が想定される。

　ここでは、副葬品を伴わない例をAグループ、多種類・多数の副葬品を伴う例をCグループ、その中間の1～3種類の副葬品をもつ例をBグループとして扱うが、問題はBグループとCグループとの間にどのような差が認められるかである。

　その検討はひとまず置くが、カリンバ遺跡検出の土坑墓の場合、副葬品を通して性別を想定できる例が多数を占めている。これまでも触れてきたことではあるが、とりわけ理解が容易とみなされるのが、石棒と漆塗り櫛であろう。

　石棒は、時代は異なるが、明らかに男性

性器をかたどった石棒も知られており、一般に男性の所有物、時に権力の象徴として理解されている。ここでは、いずれも石棒のみの出土で、石棒も小型化という時代的傾向を示し、墓壙が小型であることをあわせ考慮すると、石棒を所有した人物が、男性としても、カリンバ集団の中心人物と評価するにはやや難がある。

一方、縄文時代の漆塗り櫛について、男女の違いを明らかにした確かな例はほとんどないが、民族例などを参考にすると、櫛を髪に挿す習慣は一般的に女性の場合が多く、漆塗り櫛のある土坑墓は基本的に女性の墓と考えて良いであろう。これらに、装飾性豊かな複数の装身具が伴う例が多く、その傍証となろう。

123号合葬墓の遺体Cは、櫛を挿してはいないが、他の合葬墓の例や腰飾り帯のサイズなどから、この遺体も女性の可能性が高いと考えられ、その結果、合葬墓3基の被葬者全員が女性とみなされる。

関連して、腕輪や耳飾りは、男性が飾っている例も知られているが、性別が明らかな遺体を例にすると、圧倒的多数が女性の装身具とされている。カリンバ遺跡においても同様、いずれも漆塗り櫛など女性の装身具とみなされるものと共伴しており、被葬者は女性とみなして間違いなかろう。

さらに、玉類とサメ歯について、サメ歯は、すべてについて漆塗り櫛と関係しており、カリンバ遺跡に限っては女性の所有物とみなして問題なかろう。しかし、玉類については、サメ歯と同様、多くの例で漆塗り櫛と伴出しており、その限りでは女性の所有物とみられるが、5基の単葬墓については単独での出土で、にわかに特定できないが、民族事例では、男女両性での使用が知られている。漆塗り櫛がみられない事実を重視し、ここでは男性のものと仮に判断しておきたい。

以上で明らかなように、装身具の種類と装着例は、いずれも女性が多く、男性に少ないという分析結果になるが、あらためて、埋葬された人々の性別の人数を土坑墓ごとに整理し、その構成を明らかにしてみたい。

最初に、合葬墓4基に埋葬された人々の男女数がどう理解されるか、櫛をもとに推定すると、以下のとおりとなる。

118・119・123号土坑墓の3基は、いずれも女性が合葬されていた。ごく少数、櫛を保有しない遺体も、女性のものと考えられる他の漆製品の出土が認められていることから、結果として、この3基の11人全員が女性と推定された。ただし30号土坑墓については、櫛やそれ以外の副葬品の位置などから男女が同時に埋葬されていた可能性もあり、その構成は、櫛の位置を決め手に3人を女性、残りの4人以上を男性と推定する。結局、これら合葬墓4基での構成は、女性14人、男性4人+αという数となる。

一方、単葬墓の32基について、合葬墓と同じように櫛が出土した墓を女性の墓、それ以外の墓を便宜的に男性の墓とすると、女性の墓13基、男性の墓19基となる。これに先の合葬墓の男女を加え、人数を単純に割り出すと、女性26人、男性24人という結果になる。調査した範囲内に限られているが、男女ほぼ同数が埋葬されていた可能性を示している。もちろん、不確定な要素が多い中での試算であり、断定できない。分布域を概観すると、調査区域内での南西側のC・Dグループに女性、北東側のA・Bグループに男性が多い傾向は読み取れる。

5　被葬者たちの往時の
　　おしゃれ（推定復原）

　カリンバ遺跡の墓に副葬された多くの装身具から、縄文時代のオシャレを復元してみたい。ただ、人骨がほとんど残っていないため推測の部分もあるが、幸い埋葬当初の状態がよく維持されていると考えられることから、装身具が身体のどこにつけられ、しかもつける方法を推測することができる。とくに、2人から5人を埋葬した合葬墓から見つかった装身具は、これまで知られていなかった華やかな3,000年前のオシャレ文化を教えてくれている

　図83・84は、合葬墓3基（118・119・123号）の被葬者をモデルに、当時の装身具の飾り方を描いたものである。これは、各合葬墓のなかで髪飾りや額飾り、腕輪など多くの装身具を添えられた代表的な3人（図83）と、合葬墓3基に各一人存在する腰飾り帯を巻いた人物3人（図84）について副葬品の出土状態と遺体層の位置などを考慮しつつ描いた装身具の装着推定図である。

　推定図を作製するにあたって、いくつかの事例を参考にした。一つは土偶である。縄文時代の装身具のつけ方を知るてがかりが後・晩期に作られた土偶にみることができる。土偶は立体的な造形物で、抽象的ななかにも具体的に表現されたような箇所もみられ、その代表例が「みみずく土偶」の愛称で知られる埼玉県内の真福寺貝塚や滝馬室遺跡（後期）の土偶である。これらの土偶には、3つの結髪が表現され、結髪の根元付近に1個あるいは3個の櫛を挿した状態が表現されていると考えられている。

　このほか、玉の首飾りや耳飾りをつけたもの、結髪を1つ、あるいは束ねた髪を左右からブリッジ状につなげたように表現されたものもあり、縄文時代に結髪が存在し、結い方も単純ではなかったことを推測させるものである。

　二つ目は、現代アフリカや東南アジアの民族にみられる装身具の装着例である。アフリカ各地の民族は、カリンバ遺跡にあるような頭飾り、耳飾り、首飾り、腕飾りをつける習慣が今でも残り、とくに、腕輪や額飾りの使用例は参考になる。

　三つ目として合葬墓の底面に残された布目痕と櫛の透かし文様である。衣服については、118号と119号合葬墓の底面に残されていた布目痕から「編布」による服を着用していた可能性があり、上下分離する服と一体型の二通りを想定した。また、服の模様は、カリンバ遺跡から多数出土している櫛の基本文様を参考に描いている。

6　艶やかな装身具に包まれた
　　被葬者たち—合葬墓は
　　何を物語るのか？

　豪華に装う人びと（図83）格別に多くの装身具を身にまとった3人の装着の様子を探ってみよう。3人の呼称を遺体番号に従って、それぞれを118号B、119号B、123号Dと名付けよう。イラストのように、3人ともほぼ同じ種類の装身具で装っている。

　118号Bの頭部周辺に6個の櫛があるが、このうち、3個を挿して飾り、そのために髪を3カ所で結わえていたと推定した。額にはサメ歯数個をつけたヘッドバンドを巻き、両耳に小さな耳飾りを下げる。両腕に黒の腕輪2個と赤い腕輪1個をはめ、手首に玉のブレスレットをはめている。小さな胸飾りは、衣服の襟元に縫い付けて飾ったの

かもしれない。

　119号Bも頭部周辺に9個もの櫛があるが、全てを髪に挿していたとは考えられない。このうちの3個を挿していたとみて装着推定図を描いた。これも結髪が3カ所にあり、根元を髪飾り輪で留めている。また、額飾りとしての漆塗り輪2個とサメ歯1個で構成されるヘッドバンドを巻き、首には小玉と垂飾を、左腕に大きな腕輪1個、右腕に文様のある腕輪1個をはめている。さらに、手首に小玉と勾玉のブレスレットをつけている。

　123号Dには、119号Bの頭飾りとほぼ同じ装身具がみられ、3カ所の結髪に櫛を1個ずつ挿し、額には漆塗り輪4個とサメ歯1個をつけたヘッドバンドが巻かれている。さらに、両耳にオレンジ色の耳飾りをさげている。この123号Dの頭全体を飾った装身具セットは、最も華やかな縄文時代のおしゃれである。

118号B　　　123号D　　　119号B

図83　豪華に装う人々の装身具装着推定

飾り帯を巻いた人びと（図84）

　漆塗りの帯を巻いた2人（119号A、123号C）と、漆塗りではない帯を巻いた1人（118号C）で、123号の遺体Cに頭飾りがみられない点を除くと、豪華に装う人のように、こちらも同じ種類の装身具で装っている。

　118号Cは1カ所に結髪があり、根元を輪で留め、髪に櫛1個を挿している。この輪にはスリットのある小さな突起が2個ついており、この穴から細く長いリボンを通してさらに飾っていたのかもしれない。胸には漆塗りのやや小型の輪を2個さげている。左腕に赤色とオレンジ色の腕輪2個、右腕に黒の腕輪2個をはめている。また、左の腕輪に通した細いリボンも下がっている。この人の腰飾り帯そのものは残っていなかったが、小型のサメ歯を多数つけた帯を巻いていたに違いない。漆を塗っていないため消えてしまっているが、布製の帯だった可能性がある。

　119号Aは、一つの結髪に櫛1個とヘアー

123号C　　　118号C　　　119号A

図84　帯を巻く人々の装身具装着推定

ピン3本を挿し、前髪にコハクの玉飾りをつけている。首に小玉と勾玉を連ねた首飾りをさげ、左腕にピンク色の二重の腕輪とオレンジ色の腕輪2個をはめ、右腕に赤色とオレンジ色の腕輪2個をはめている。さらに左腕に勾玉1個を紐に通して巻き、右腕には小玉2個も同じように紐に通して巻いている。腰には漆で精緻な文様を入れた帯が巻かれている。

123号Cには頭飾りはみられない。しかし、布製のヘッドバンドを巻いていた可能性はあり、消えて残っていないものと考えたい。首にコハクの小玉と勾玉を連ねた首飾りを下げ、両腕に黒の腕輪を2個セットではめている。服の上から巻いた腰飾りの帯は、腹部で細紐を使って留めている。

腰飾り帯を巻いた人は、118号Cと123号Cで合葬墓の中央付近に位置し、119号を含め、帯を巻いた遺体は合葬墓に一人だけという点は暗示的である。頭飾りを多数添え、豪華に飾られた人たちと違って、ある特別な存在であった可能性がある。

その他の人びと　推定図はないが、他の被葬者たちついても触れておきたい。櫛の装身について、前述の多数の櫛のほか、118号と123号の被葬者の中に、櫛2個を髪に挿す共通点もみられ、118号D（図37）、123号A・B（図53）にみることができる。

この3人につけられた2個の櫛は、櫛A（透かしあり）と、櫛B（透かしなし）の2種が1組となっており、意図的にセットにした可能性がある。また、透かしについて1類文様である点でも共通している。

透かしの有無の違いは、複雑で難しい技法を必要とする櫛Aを高価なものとし、櫛Bより上位の装身具として扱われた可能性もあり、実用性を超えた、装飾性の高い櫛として使用されたことがうかがえる。

漆の色彩についても、「赤」だけではない色の組み合わせがあり、118号Dの櫛2個は「緋色」と「唐紅花」、123号Aの櫛は「猩々緋」、123号Bの櫛2個には「オレンジ系の黄丹」と「ピンクがかった紅色」などのように、各種の色漆が用いられている。

123号Eの装身具は、髪飾りの輪と紐状製品である。赤い輪で1つの結髪を留め、長くしなやかな漆の紐をつけて飾っていたのかもしれない。

7　135号土坑墓の被葬者の装身具

単葬墓の装身具は量的に少なく、比較的単純な組み合わせであるが、135号土坑墓の櫛とサメ歯、首飾りの3種（図22）は、出土状態から飾り方を推定できる（図85）。

すなわち髪に1個の櫛を挿し、額にはサメ歯を上向きに縫い付けたヘッドバンド、首には石の玉と赤い土玉を連ねた首飾りを

図85　135号土坑墓被葬者の装身具装着推定

つけている。髪は、結髪1つである。サメ歯はすべてがホホジロザメの歯で、出土状態からみると前頭部にはなく、左側頭部に9個、右側頭部に8個つけている。サメ歯の歯根部は消えているが、歯根に開けられた孔に糸を通して布製のヘッドバンドに固定していたと推定される。

8　同時期埋葬は何を物語る？

　合葬墓4基が同時に築かれたとは考えられない。世代が異なるとすれば4世代にわたって築かれた合葬墓群であるが、ただ一度の埋葬で葬られたことが埋め土の観察や副葬品の状態などから推定されている。彼女らは一つの合葬墓に同時に埋葬されたということになる。その理由はなぜか。

　これまで、合葬するまでの過程についていくつかの仮説が示されている。同時期埋葬以外はどれも明快な説ではないが、いくつか紹介する。

・病気による同時死亡説。縄文時代は外界との接触が少なく、よそからウイルスが侵入して集落の大半が感染して死亡に至る、という説。後期末の頻繁な対外交流を反映している可能性はあるが、4世代にわたって、偶然ウイルスによる大量死亡がおきたとは考えにくい。合葬墓の数人だけにあてはめて考えること自体も不自然で、多数の装身具を身につけるのとは、なんら関係はなさそうである。

・別の場所に一時的に安置するモガリ説。大地の凍結、降雪に見舞われる北海道のような地で冬の間に亡くなった仲間を、別の場所に一時的に安置し、雪解けを待って大きな墓穴を掘り、まとめて埋めるという考え方である。しかし、このような状況は縄文時代全般を通して考えなくてはならないことになり、縄文時代後期末以外でも起こり得ることになるが、これまでモガリ説を支持するような建物の調査結果などは知られていない。

・追葬によって複数の遺体を埋葬したという説。人が亡くなった順に、時間をおいて埋めていく「時差合葬」という考え方である。「遺体は死亡順に墓壙内に安置され、その都度、墓壙上部を蓋状のもの、あるいは柱穴を持たない円錐状の上屋をかける。遺体は両壁側から安置され、最後の一人が中央部分に安置された段階で土坑墓全体に土をかけて墓を埋める。」(青野2012)というもので、墓穴に遺体が収まるまでは土坑墓内を土で満たさない、という考え方である。

　しかし、発掘現場での覆土や漆製品の出土状態などの観察によると、合葬墓の各遺体層周辺に充填環境が認められることから、カリンバ遺跡の合葬墓に時間差を伴う埋葬は認められず、単葬墓と同様、遺体を一括安置して一気に土を埋め戻す「同時期埋葬」の墓とみなすことができる(上屋・木村2014)。

・再葬されたという説。一度埋葬された遺体を掘り返し、あらためて埋葬しなおすという考え方である。掘り返して洗骨し、頭骨だけをまとめて埋める場合や、四肢骨などをそろえて甕に入れて埋葬する例は東北地方などに知られている。カリンバ遺跡の合葬墓が仮に再葬であるとすれば、身体全体をもとの屈葬姿勢に戻して埋葬しなおす必要があり、困難で不自然な行為であろう。また、仮の埋葬遺構の存在はこれまでの調査結果でも得られていない。

・殉葬説。ある人物の死に際して「殉死

者」をともに埋葬する殉葬である。カリンバ遺跡の様相に、古代の文献や考古学的・民族学的事例などを加味すると、縄文時代に殉葬があった可能性も考えられるが、カリンバ遺跡の合葬墓に適用されるかどうかなお慎重にならざるをえない。

　しかし、合葬墓3基には帯を巻いた人物が一人存在し、その隣に多くの装身具をつけて飾られた人々が埋葬されていることを考慮すると、帯を巻いた人が、埋葬者の主役であり、それ以外の人々はその人物に寄り添う形で埋葬された殉葬者であった可能性は否定できない。装身具の多種・多様さは、殉死者をひときわ豪華に飾り立てて埋葬したからとも考えられる。

　カリンバ遺跡に殉葬が存在したかどうかについては、今後確かな資料の追加を待たなければならないが、カリンバ集団の中で、赤い漆塗り帯に飾られた女性が、大きな力を持ち、社会を統率してきた重要人物のひとりであった可能性は高い。より具体的には、シャーマンのような役割を社会的任務としていた人物が想定される。

COLUMN
晩秋の発掘
大型合葬墓の切り取りと室内での調査

　北海道における野外の発掘調査は、通常冬の到来を目前にした10月末には終える。しかし、1999年の晩秋、時に小雪がチラチラ舞う季節を迎えてなお続くカリンバ遺跡の発掘調査をどのように終了させるべきか、調査団は頭を抱えていた。

　類い稀な漆製品や玉類などに満たされた123号など3基の大型の合葬墓は、予定通りに調査を終えることがおよそ不可能な状況にあった。貴重な品々の取り扱いは、いっそうの慎重さを求められたし、強まる朝晩の冷え込みで、水分を含む軟弱な漆塗の遺物の凍結が心配された。

　調査を指導する立場にあった木村は、遺跡の現状保存を求めて関係機関と話し合う一方、有識者らの支援・協力を得るために上京し、遺跡の重要性について啓蒙普及に努めた。その時、遺跡や遺物の保存を目指しての恵庭市教育委員会や関係機関との協議資料として、また様々な分野の研究者たちの理解と協力を得るために用意したのが別紙にある「木村メモ」である。

　早速に、カリンバ遺跡の保存のために現地指導を要請した国立歴史民俗博物館の佐原眞館長(故人)が現場を訪れているが、静かに近付いてきて119号土坑墓の中を覗き込んだ瞬間、「オー」という大きな声を発し、驚きの表情を隠さなかった。「30年に一度、いや40年に一度の大発見だ」と熱く語る言葉は、今も記憶に新しい。

　しかし、市道を地下に通す案など種々の協議を重ねたが、道路建設を中止し、現地に合葬墓を含む土坑墓群を保存することは叶わなかった。調査団は、遮蔽物で覆いながらの発掘を継続するか、いったん埋め戻して調査を中断・越年するか、あらためて重い判断を迫られることとなった。結局、調査団が選択したのは、大型の合葬墓を現場から墓ごと切り取り、室内に搬入した後、適切な保存処置を講じつつ調査を慎重に進める道であった。

　そして、墓を切り取るための準備期間が必要になったことから発掘調査の期間を一カ月延長し、すべての作業を11月末に終了することとした。その間、漆製品を乾燥させないためのPEG水溶液の塗布や、漆製品の凍結防止の処置などが講じられた。さらに、土坑墓内面に発泡スチロールを充填する前処理として、漆製品や玉などを含め、底面全体に薄紙を貼る養生作業を(財)北海道埋蔵文化財センターの支援を受けながら実施した。また、万が一の盗難、破損に備え、夜を徹しての警備を行い、切り取りまで緊張の時が続いた。

　その頃、「国内初の漆塗り帯出土」の大見出しが新聞各紙の一面に踊り、123号合葬墓から発見された漆塗りの腰飾り帯などの様子が頻繁に報道されていた。また、テレビではカリンバ遺跡の特別番組が組まれ、整備公開の必要性などが説かれてい

た。合葬墓と珍しい漆製品に注目が集まり、合葬墓の切り取りから室内調査までマスコミが大きな関心を寄せていた。

また急遽、発掘現場にテントを張り、特設の展示会場を設営し、10月30日に市民対象の現地説明会が開かれた。新聞やテレビの連日の報道で関心を呼んでいたせいか、青森県や東京都からの見物客まであり、大盛況の説明会となった。会場整理には(財)北海道埋蔵文化財センターの職員らの協力があった。

薄紙が貼られた墓は、切り取り作業の前日までに周辺をバックホーで掘り下げ、合葬墓上部を底面から50cmほどを残して人力で削りとり、一辺2mほどの方形に整形した(別図2)。さらに輸送に耐えるよう、側面の4面と内面に発泡ウレタンが吹き付けられた。

厳しい冬を目前にした11月下旬、118号、119号、123号の3基の合葬墓は遺跡から切り離され、大型トラックに積まれ苫小牧港からフェリーで本州へ運ばれていった。安心して発掘できる室内調査へ移行する体制がようやく整ったのである(別図3)。

切り取りに際しては、北海道教育委員会、文化庁記念物課の岡村道雄主任調査官(当時)、奈良国立文化財研究所の沢田正昭埋蔵文化財センター長(当時)らの指導を受けながら進められた。

一時、奈良市内に保管されていた合葬墓3基は、2000年3月14日、埼玉県川口市内の東都文化財保存研究所に運ばれ、室内作業が開始されることになった。早速、発泡ウレタンを取り除き、養生のために貼った薄紙を慎重に剥がし、副葬品を再び露わにした。発掘調査が野外から室内調査へと移行した瞬間である。ここでの調査には、野外調査で検出作業を行っていた調査員が主に担当した。合葬墓の中に吊り足場を設置し、その上に座って検出作業を続けた。2002月8月まで、前例のない室内発掘調査が続き、さらなる多くの副葬品の発見や貴重な新知見がもたらされた。

室内での発掘は、野外での作業とは異なり、天候に左右されることもなく、壊れやすい漆製品の検出作業は入念に行うことができた。しかも、成果は単に脆弱な漆製品の検出作業だけではなかった。例えば、人工光の下での検出作業が幸いし、底面に微細な布目の痕跡が確認されるという思いがけない展開をもたらしたのである。作業を終えたこれら土坑墓3基は、忠実に複製され、現在、恵庭市郷土資料館の入り口を飾るように展示されている。

ちなみに、土坑墓の「切り取り」という重い決断を後押ししたのは、本書冒頭に紹介したロシアのスンギール遺跡の土坑墓の成功例があったからである(木村1985・2013)。遺跡から切り離されたとは言え、適切な保存処置が講じられ、博物館を飾り観覧に供することはもちろんであるが、レプリカが作られ、広く世界に活用されている。次善の策として大いなる可能性を秘めていることが、よく理解できよう。事実、旧石器時代のスンギールの少年・少女が眠る土坑墓のレプリカが、東京の国立科学博物館に展示され、人々の目を奪っている。

【資料】
恵庭市カリンバ3遺跡の遺跡と遺物の取り扱いに関する考え方

現　状

　1か月の期間延長がされたにもかかわらず、依然として発掘当事者の予想をはるかに超す貴重な資料が続出しており、なお多くの作業が残されている。そして、発掘調査期間の期限切れが逼迫している。加えて、北海道の地理的特殊性でもある、地下の凍結や本格的な降雪をまもなく迎えようとしている状況下で、発掘調査自体もさらなる延長は極めて難しい状況にある。しかし一方、同じような発見が再び期待できないとも言える未知の世界を伝える貴重な考古学的発見、というより貴重な人類遺産の発見であることは疑いなく、このことを考慮すると、安易な方法での欠損、あるいは湮滅させることは許されない。また後の復元・活用を考慮しない形での便宜的な処置も許される状況にないと考える。これまで以上に、万全な調査体制がとられる必要があろう。

　今後の方針を考える上で、おおよそ次のような整理が許されよう。

1. 現状を保存する
　a. 短期的保存
　　（来年になって調査を再開する）
　　〈利点〉　貴重な遺産を慎重に発掘できるし、適切な科学的処置もできる。
　　〈難点〉　ここまで発掘を進めてきて、越冬するに充分な処置が施せるかどうか、多くの問題がある。特に、貴重な大量の漆製品は、幸いというか、残念ながらというか、およそ皮膜だけが残されているに過ぎないのである。形状が眼前に露わになった段階から遺物の劣化は始まっており、これまでに検出・露出した漆製品をそのまま放置することは論外であるし、保護するための埋め戻し作業についても、上からの加圧が遺物の損傷を招くことが予想される。
　　　　　　　また、形状・素材・製作手法など漆製品の科学的究明が中断、少なくとも遅滞するために、遺物の復元・再現、あるいはその活用という課題が残される。
　b. 長期的保存
　　〈利点〉　現状保存のもっともあるべき姿で、可能な限り追求されるべき観点である。
　　〈難点〉　短期的保存で考えられたのと同様である。

2. 遺物の取り上げ
　遺物の個別的取り上げ
　　〈利点〉　遺物のみを単体、あるいはある程度のまとまりをもって取り上げることは、作業の進行を早める点で、効果的である。
　　〈難点〉　墓壙中の遺物は密集しており、単体で取り上げることは、他の遺物を破壊することになり、採用の難しいひとつである。

3. 遺構ごとの切り取り・取り上げ

〈利点〉　調査を中断し実行することが可能であり、しかも、将来の発掘品の活用という点でも、レプリカの作成、遺物の再現に道を拓く多くの利点がある。

〈難点〉　墓壙中に断層が複雑に入っており、しかも、取り上げ中の遺物への衝撃・加圧が予想される。工法的に大規模となり、本格的な土木工事となることから、期間や予算、人員、機械力などとの兼ね合いがある。

展　望

調査当事者側における焦眉の急といえる課題は、遺跡の保護はともかくとして、遺物の保護、あるいは遺物の回収であると言える。

緊急に、しかも万全な体制をもって、遺構単位（原則）での切り取り、取り上げが、諸般の期待に沿う最善の方策と思われる。

そのためにも、市当事者はもちろん、道、国あげての技術的支援と、財政的裏付けの処置が求められる。特に、国立奈良文化財研究所など、経験豊富な研究機関の技術指導が急がれる。

※こうした処置は、一刻も急がれることであり、善処されたい。そのうえで、遺跡の保護、具体的には、発掘現場の現状保存が可能かどうか、あるいは残された周辺地域の指定、活用はいかに可能かなどについて、関係機関での充分な協議をお願いしたい。

（木村メモ）

別図2　合葬墓の切り取り風景

切り取った合葬墓3基のトラックへの積み込み

119号合葬墓の室内調査開始状況

119号合葬墓の調査完了状況

別図3　合葬墓の切り取り調査

COLUMN
日高ヒスイを対象にした木製ドリルによる穿孔

　玉や勾玉の穴を縄文時代の人々はどのように開けていたのだろうか。誰もが抱くこの素朴な疑問は意外にもよくわからないまま今に至っている、というのが現状である。筆者は、この疑問を解決するひとつの手がかりを得るため、以前、木製ドリルを使用して鉱物の「日高ヒスイ」の穴開け実験を行った（上屋2011）。

　これまで、石に孔を開ける方法はいくつか考えられており、実験も行われている（木島2004）。孔を穿つ材料として思いつくのは、遺跡から出土する石製のドリルのほか、細い竹、木、骨などが考えられているが、筆者はこのうちの木製のドリルを火起こし用の舞錐器につけて孔開けを試み、一定の成果を得ることができた。ただし、木製のドリルだけで石に孔が開くわけでなく、研磨材としての砂と水の助けを借りなくてはいけない。以下は、その方法と結果をまとめたものである。

1. 実験用の製作大珠
素材

　まず、孔開け実験を行うにあたって、縄文時代の玉の形に似たものを作製することからはじめた。それには発掘出土品にある縄文時代中期から後期中葉に特徴的なヒスイ製大珠をモデルにした。実験の目的は縄文時代の大珠を復元することではないが、大きさや厚さだけでなく、石の硬さも本物の大珠に近いものを用意することによって、当時の孔開け作業が一層理解できると考えたからである。表面の美しい光沢のある艶も玉の重要な要素であることから、整形についても入念に行った。

　準備した石材は、北海道新ひだか町を流れる沙流川の支流に産出する、いわゆる「日高ヒスイ」である。カリンバ遺跡から出土している玉のなかに新潟県糸魚川産のヒスイがあるが、日高ヒスイは石の性質・硬度等が糸魚川のヒスイに近く、実験に使うには好都合な石材である。糸魚川産のヒスイがヒスイ輝石岩から構成されているのに対し、日高ヒスイは透輝石を主とし、斑点状のクロムスピネルのほか、クロム緑泥岩、蛇紋岩など多様な鉱物で構成されている（小野2005）。

　また、糸魚川産のヒスイを考古学的には硬玉と呼び、ヒスイ輝石を含まない日高産のものを軟玉と呼んで区別する場合もあるが、日高ヒスイは硬度5〜6で、比重も糸魚川のヒスイとほぼ同じである。一般的に軟玉は柔らかいと誤解されそうだが、日高ヒスイも非常に粘り強い硬さをもった石質で、同じ硬度の硅岩が角度によっては弱い加撃で簡単に破壊されるのと違い、少々の加撃や衝撃では割れないという特性がある。

整形

　原石から適当な大きさに切り取った素材を市販の砥石を使用して珠の形に作っていく。砥石は、金剛砂を成分にした一般的なもので、第一段階は目の粗い砥石、次に少し目の細かな砥石、最終的に耐水性のサンドペーパー（2000番）を使い、磨きを加えて整形する。この工程の第一段階で砥石はかなり擦り減り、玉砥石にみられるような溝ができる。そして、砥石の磨滅に伴って金剛砂の粒子が砥石から分離し、粉となって周辺に多量に溜まってくるが、この粉は孔開け実験に必要な砥ぎ粉として使用するため、回収して乾燥させ、容器に保管しておく必要がある。

　実験用に製作した大珠は二個であるが、そのうち二番目に製作した大珠(別図4-1)について実験過程と結果を紹介していくことにする。大きさは、長さ105㎜、幅37㎜、厚さ22㎜、重さ160ｇ。製作時間は、最初の荒削り加工などを除いて約15時間、一日２時間程度の研磨作業で約一週間を要している。

2. 道具
回転用具

　縄文時代の遺跡から穿孔用具が出土したという報告はこれまでのところ見受けられない。したがって、縄文時代にどのような道具があったか不明である。とくに、硬いヒスイへの孔開けには、ただ単に手のひらをすり合わせて棒を回転させただけでは途方もない時間と労力が必要になることが予想され、もし縄文時代にこの方法で孔をあけていたとしても、同じやりかたで孔開け実験を行う気にはならない。そのため、効率の良さと楽な作業性を考慮して縄文時代に存在した可能性もある火起こし用の舞錐器を回転具として使用し、孔を開けるドリルをその先端に装着して作業した（別図4-2）。

ドリル

　回転具の先端に挿して使用する穿孔具として、石錐は、例外はあるものの玉の孔開けに用いたような使用痕は、少なくとも北海道から出土しているものにみられないことから除外した。骨や角は木に比べ減り方が早く、効率がよくない。しかも細く加工するのが簡単ではない。竹は、北海道に自生するクマイザサをドリルとして用意できる。本州の遺跡から竹で孔を開けたと思われる穿孔途中の玉の例があり、実験的に確かめられているようであるが、回転具との接合部で折れやすいという欠点があり、長い使用時間に耐えられない。なにより竹の空洞部があるために、実験作業の開始時点で軸位置を一点に据えておくことが難しく、孔開け自体に着手できないという問題もある。

　各種のドリルを試した結果、木がドリルとして一番ふさわしいと判断された。

　別図4-3は、先端に向かって次第に細くなるよう削った木製ドリルである。基部は回転具に装着して使用するため太くし、先端の作業部は開ける孔の大きさを想定し、それにあわせた太さとするが、実験では先端の径は約4㎜、作業部の長さ4～5㎝にした。

　樹種は、広葉樹でも針葉樹でもどちらでもよく、太い幹より細い枝が加工しやすいことから素材に向いているようである。使用した樹は、ミズキ、ハルニレ、アカエゾマツなどの比較的硬い木質である。

　ドリル先端は穿孔作業を繰り返すうちに磨滅が進み、幾度となく細く削り直す必要がある。また、短くなって作業ができなくなったら新しいドリルと交換しなければならず、孔

（別図4-7・8）。

　孔底に円錐状の突起が残るという現象は、回転するドリルの中心部が周辺部より摩擦が少ないためと考えられる。摩擦の弱い中心部の削りのスピードが遅く、その結果円錐状に残ったということができる。

貫通直後の裏側の孔とその整形

　穿孔方向については、孔が貫通するまで表側からの一定方向を保った。最終的に孔が貫通し、裏側に孔が開く瞬間は特別な手ごたえを感じることはなく、径も小さなものである（別図4-9）。しかし、貫通してからはそれまでの滑らかな回転が止み、回転させることが難しくなるため、裏側から穿孔して孔を拡げ円形にする必要があった。この作業には別のドリル（別図4-10）を使用し、約1時間かけて孔の形を整えた。

孔の形と壁面に残る擦痕

　貫通後の孔の直径は、表面側8.5mm、裏面側6.5mmであった。孔の縦断面は、表面から裏面にいくにしたがって径が小さくなるロート状をしている。しかし、実験では裏面側からの穿孔も行っているため、裏面側にもわずかに開く結果となった。

　また、別図4-4にみられるように、孔内面の壁には横方向に細かな条痕がついていることも観察される。これは、砥ぎ粉の摩擦でついた傷と考えられ、ドリルにもこれに対応する横方向の筋が多数残されている。

　穿孔実験は、回転具を使用して木の棒で日高ヒスイに孔を開ける場合、どのような時間経過と結果が得られるのか観察するものであった。結果は、木で孔が開き、グラフに示したように（別図4-11）、厚さ21.6mmの日高ヒスイ製大珠が約11時間で貫通した。一時間当たり平均約1.96mmの速度で穿孔されたことになる。

　穿孔中にできる孔底面の小さな突起は興味深い現象で、遺跡から出土する玉の製作途中の未成品にそれと似たものがあれば、木製ドリル軸を用いた回転具の存在を考慮してみる必要があることを示している。

　今回の実験では木製のドリルを舞錐器に装着して行ったが、縄文時代にどのような材料のドリルを用い、それをどのような回転穿孔具に装着して硬い石を穿孔したのか、これからの調査と研究に期待したい。柏木B遺跡から出土している首飾りの玉のように、縄文時代後期中葉から後葉の北海道において出土数が多いヒスイ製の玉・勾玉の孔は、今回の実験で確かめられたような断面ロート形をした孔で、おもに一方向から穿孔して開けられたものである。なかには裏側にわずかに開く孔断面もみられ、貫通後に孔を整えるために裏側から穿孔を行ったものも見受けられる。また、これとは対照的に、その後のカリンバ遺跡などから多数出土している、カンラン岩・滑石などを素材にした玉・勾玉は、両方向からの穿孔で開けられたもので、ヒスイ製玉との孔断面の違いが際立っている。しかしながら、それは裏側からの穿孔の度合いの違いで説明できるかもしれない。つまり、ヒスイ以外の素材の玉では、はじめ一方向から穿孔して貫通させた後、裏側から同じように穿孔を加え、断面が鼓形になるように逆穿孔した可能性である。仮に、筆者が実験した方法で実際に開けられていたとしたら、この違いは素材の硬さの違いを反映している可能性がある。いずれにしても、時期的な違いや玉生産地を含む地域性など、注意深く検討していく必要がある。

COLUMN
北限のうるし樹林

　恵庭市カリンバ遺跡から出土した大量の漆製品について、自家生産していた可能性を指摘してきた。低湿地面での漆製品やベンガラ、石皿などの発見、カリンバ型漆塗り櫛の広がり、さらには小樽市忍路土場遺跡で漆液が納められた土器が発見されている事実など、北海道内での生産、流通を物語る状況証拠は少なくない。しかし、北海道には、つたうるし、やまうるし、ぬるでは知られているが、漆液に必要な樹林が自生していたかどうか、である。

　カリンバ遺跡での発見が新聞報道で伝えられる頃、『続網走百話―秘められた庶民の歴史』（網走叢書3）編纂委員のひとり、小野裕進氏より自らが執筆した「北限のうるし樹林」（28～30頁）とともに書状が送られてきた。網走市南公園の一角に生三百本以上が密集する「北限のうるし樹林」の来歴について、新たな考察をまじえながら紹介したものである。札幌農学校の宮部金吾博士が、論文「北海道の記念すべき漆樹」でその存在を世に知らしめたのであるが、1858（安政5）～1860（万延元）年に会津から植栽された本州産漆樹とされている。明治期、「松前在住の安政五年頃、日本型正利丸で当地へ向けるうるし苗三百本を回送した」という藤野家網走分点支配人の七戸宇作の証言に基づき、植栽者を、幕府の函館奉行所同心の細野五左衛門と調役下役の宮崎三左衛門とする。細野が松浦武四郎からうるしの植栽を進められている事実、シャリの乙名エヤイシリ（水野清次郎）が先の宮部博士の問いかけに「アイヌ民族自らが殖産を興すことを目的に宮崎が植えたのだ」と回答している事実などから、南摩綱紀ら会津藩士とも親交が深かった松浦武四郎が背後で深く関係していた、と読み解く。

　ちなみに、北方の植物学に多大な功績を残したことで知られる宮部金吾博士の東京の実家は、松浦家と親交が深く、宮部は幼少期より武四郎の影響を受け、「北海道が生涯の研究の地となった」と述懐している。

　いずれにせよ、網走市に育つうるし樹林が後代の殖産としても、北海道の自然条件の中でも育成可能であること示唆している。

別図5　網走のうるし樹林（米村　衛氏撮影）

第3章
石棒集団の埋葬と祭儀
―柏木Ｂ遺跡の発掘調査―

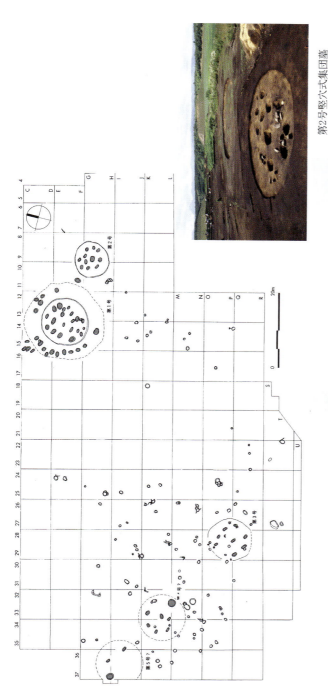

第2号竪穴式集団墓

第1号竪穴式集団墓

第3号竪穴式集団墓

図86　第1地点出土の縄文時代後期後葉の遺構（写真は、竪穴式集団墓）
＊竪穴式集団墓は、これまでの環状土籬・周堤墓に同じ

第3章　石棒集団の埋葬と祭儀―柏木B遺跡の発掘調査― | 145

I 竪穴式集団墓と土坑墓群
（環状土籬・周堤墓）

　最初に紹介したとおり、柏木B遺跡の発掘調査で縄文時代早期から続縄文時代まで多くの時代の竪穴住居址や土坑墓など大量に検出されているが、もっとも注目を浴びたのが縄文時代後期後葉の竪穴式集団墓（環状土籬、周堤墓）である。ここで取り扱うのは主にその竪穴式集団墓であるが、関連して竪穴式集団墓に前後して登場する列状に並ぶ土坑墓群を取り上げる。まずもって、それらの概要の紹介から始めたい。

　周囲を大きく削られ島状に残る遺跡東側、第Ⅰ地点で竪穴式集団墓が3基発見され、さらに2基の存在が推定されている（図86）。

　最初に確認された第1号は、E・F-13・14グリッドを中心に位置し、その中心よりおよそ東南東方18.5mに第2号の中心がある。一方第3号は、第1号の中心より南西方74mのP・Q-28グリッドを中心に位置する。第4号・第5号は、第3号の中心よりおよそ西北西方28m、44mに中心がある。その位置関係からも明らかなように、これら5基は、微地形に支配されてか、列状に並ぶ。第1号・第2号と第3号～第5号とに大別できるが、両グループの間には小さな沢（凹地一縄文時代後期には現地表における比高より大きいものであった）が入りこんでおり、配列の方向は、斜交する低く緩やかな舌状台地の稜線の方向と一致する。標高は、およそ60～62mにある。

1 第1号竪穴式集団墓（図87～120）

　墓域を表現した平面形がおよそ円形の竪穴遺構は、上面で径12.16～13.04m、床面で径11.60～12.64m、深さ30～42cmをはかる。床面積は110.44㎡である。竪穴の掘削によってもたらされる排土はその周囲に置かれており、その範囲はおよそ径20.4～21mに及ぶ。竪穴住居址の規模を大きくしたような極めて計画的な集団墓地である。その竪穴規模は、本遺跡の中でもっとも大きい発見例であるが、竪穴内はもちろん、外周に土坑墓がめぐる点にも特徴がある。竪穴内外に土坑墓の配置を示す例は、苫小牧市美沢1遺跡の「環状溝墓」BS-3号に知られているが、一体の構造とみなすか、内外に時期差を考慮すべきかの課題が残されている。美沢1遺跡では、異なる時代のものと区別されているが、土坑墓が内外に広がる様相は、美々遺跡のX-1～3号でも認められている。他例の評価はともあれ、柏木B遺跡での第1号竪穴式集団墓に示される明瞭な構造は、極めて特異であり、竪穴式集団墓において確立された埋葬区に関する観念、あるいは規制が、後の時代にも引き継がれていた可能性は考慮されよう。

　ところで、竪穴式集団墓確認の端緒は、耕作土直下（地表下約30cm）に、第Ⅴ層由来の軽石を混えた二次堆積層がドーナツ状に広がり、しかもややゆるやかな高まりを有していたことにある。このゆるやかな高

1. 竪穴掘り込み上面確認段階

2. 礫群確認段階

3. 竪穴床面発掘途中

図87　第1号竪穴式集団墓出土状況(1)

1　礫群の調査直前(西より)

2　土坑墓の完掘状況（西より）

図88　第1号竪穴式集団墓出土状況(2)

1. 全景(南東より)

2. 角柱礫(第1113号土坑墓上)

3. 環状配石(第1111号土坑墓上)

4. 礫群(第1118号〜1121号土坑墓群上)

図89　竪穴内の礫群出土状況

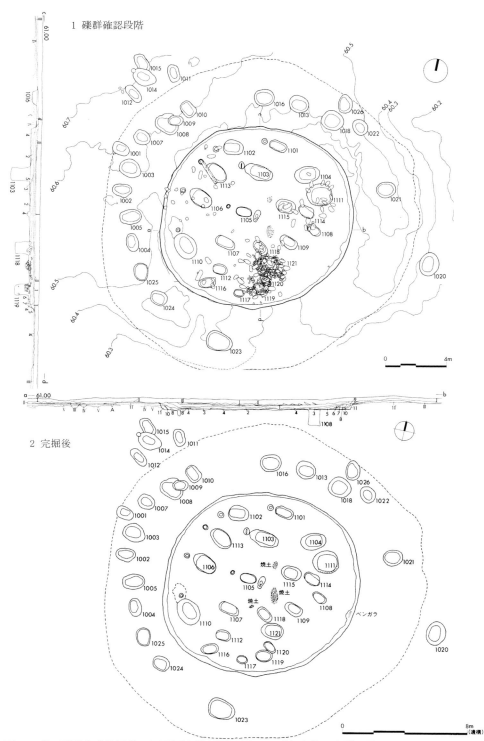

図90　第1号竪穴式集団墓－平面図と地層断面図、及び土坑墓・礫群配置図

まりを周堤と考えたのである（図87-1）。

さらに調査が進む中で、その内径に一致する非常に大きな竪穴が発見された。なお竪穴の存在は、比較的早い作業段階に予知しえたが、周囲の二次堆積層とは対照的に、内部に第Ⅱ層（Ta-a降下軽石）と第Ⅲ層（黒色土）がレンズ状に落ちこむ様相で確められた（図87-1・2）。Ⅲ層およびⅠ層の上部は、続縄文時代の後北式土器の包含層であり、後北式土器、後北式土器に伴出する特徴的な石鏃、そして拇指状掻器をはじめとした石器群、柱状節理の角礫を破砕した礫片多数が出土したことも重要な判断材料となった。床面は、第Ⅴ層（En-a）中、すなわち現地表面から深さ70cmにあり、ほぼ平坦に作られている。当時の地表面からはおよそ30cmの深さにあり、壁は、床面からスムーズに連続し、ほぼ垂直に立ち上る。先述のとおり、この大きな竪穴の築造に際しては、相当量の排土がもたらされる。低いながらもこの周堤は、その排土が周囲に置かれた結果できたものであり、当然ながら周堤を構成する二次堆積層中の軽石・ロームは、第Ⅴ層に由来する。ちなみに、周堤下に残存する旧地表面からの厚さは、15〜45cmを測る。本来はかなりの厚さがあったものと考えられるが、東側でよく保存されているほかは、いずれも耕作によって削平されている。竪穴造営時にもたらされたであろう土量計算によれば、30〜60cmの厚さが推定される。

土坑墓

竪穴式集団墓の性格を規定する土坑墓群が、竪穴内および周堤上から発見された（図88、90）。

竪穴内には、21基の土坑墓が床面を等分割したかのように整然と並ぶ。いずれも竪穴造営後比較的早い時期に作られたものであることは、土坑墓の掘りこみ面が竪穴床面に近く、間層とみなすべき自然堆積層がほとんどみられなかったことから推定できた。

また、竪穴外からは、23個の土坑墓が発見された。そのうち18個が周堤上にあり、5個が周堤外にある。その後、第2号竪穴式集団墓が発見されたことにより、第1020号土坑墓が、いずれに関係するのか、課題として残されている。しかし、第2号竪穴式集団墓にその種の土坑墓が発見されていないことから、第1020号も第1号竪穴式集団墓に関係するものと考えて良さそうである。以下、各土坑墓の規格、遺体や副葬品などの出土状況などについてごく概略を紹介したい。

1） 竪穴内の土坑墓

第1101号土坑墓（図91）

プランは、狭長な楕円形を呈し、壙口での長径127cm、短径65cm、壙口からの深さ105cmをはかる。壙口面積0.72㎡、長軸方位はW-15.5°-Nを示す。墓壙の西北西方、至近の位置に径35cm、深さ48cmの立石用付属ピットがある。縦断面は階段状をなし、底面はおよそ平坦で、その形状・底面の様子、覆土の状態から柱状節理の角柱礫が標柱として立てられ、後に抜き取られたことが理解される。

付属ピットの南西方、竪穴の床面より、土器1個体分が出土している（図91-2）。およそ球状の胴部からいくらか外反気味に立ち上る、いわゆる頸の長い広口壺である。

口縁は、小さな波状口縁を呈し、底部は、指圧をもって中心部を押し凹めた小さな揚底をなす。2本ないし3本の平行する沈線文とハの字(矢羽)状の短刻列で内部を充填した帯状の区画文が、口縁部、頸部下部、胴上部、底部をそれぞれめぐるとともに、頸部と胴部の空間部に同じような沈線文と短刻列からなる環状(隅丸方形)の区画文が横に並ぶ。

第1102号土坑墓(図92)

楕円形プランで、墳口での長径132cm、短径97cm、墳口からの深さ92cmをはかる。墳口面積1.08㎡、長軸方位はW-13.5°-Nを示す。墓壙の壁面が階段状に外反し、墳口の大きさに比し墳底面が一段と小さくなる。覆土中および墳底面にベンガラ層が認められている。なお、柏木B遺跡で発見された竪穴式集団墓からは、完全な人骨はもちろん、まとまった人骨片も発見されておらず、遺体の保存状況は極めて悪い。墳底部がEn-a中に作られていることと関係していると思われる。

ちなみに、竪穴内の土坑墓に顕著であるが、墳底面の上に覆われた厚いベンガラ層中にごく断片的ながら歯や頭部の一部痕跡を残した貴重な例もある。また、黒っぽく汚れた湿気の多い粘土質の層が墳底面に広がり、遺体層と称しているが、その広がりの観察から遺体の埋葬様式を復原想定できる例もある。

土坑墓の西方至近の距離に、径36cm、深さ49cmの付属ピットをもつ。床面が滑沢あるほどに平坦に作られており、かつて重さのある柱状節理の角柱礫が立てられていたことを物語る。また、ピットに肩崩れがなく、相当期間、標柱として機能し、その後抜き取られたことを示唆している。

2 第1101号土坑墓付近の床面出土土器

3 第1101号土坑墓

第1101号土坑墓

図91　第1号竪穴式集団墓竪穴内の土坑墓(1)－平面図・断面図、出土状況と遺物

第1103号土坑墓（図93、94）

　壙口での長径195cm、短径95cm、壙口からの深さ126cmをはかる。長幅比2.05の狭長な楕円形プランを呈し、長軸方位はW-11.5°-Nを示す。壙口面積は1.45㎡である。壙底をベンガラ層が厚く覆う。その中から石棒（図93-2）、石斧原材（図93-3）、漆塗り弓が出土した。石棒は、両端に沈線が囲繞し、先端部が体部から区別されている。この特徴を重視するならば両頭タイプと言えようが、一端が先細りとなる形状、しかも彫刻位置や加工法に相違が認められることから、一端に頭部を作り出した単頭タイプと見做すことができる。特に下端部に囲繞する線刻が、後に追加された可能性も考慮される。石斧原材は、板状の礫片素材を用いて周囲の粗い打剥によっておよそ長方形に仕上げたものであるが、分割を意図した1条の深い溝が一面の中央に刻まれている。擦り切りによるもので、正確には石斧未製品である。ベンガラ層中に湿気を含む黒く汚れた粘土の広がりがところどころに見られ、その位置関係から、石斧原材が、枕石として頭部の下に置かれたものと推察された。

　その他、薄い被膜が断片的に残るのみ

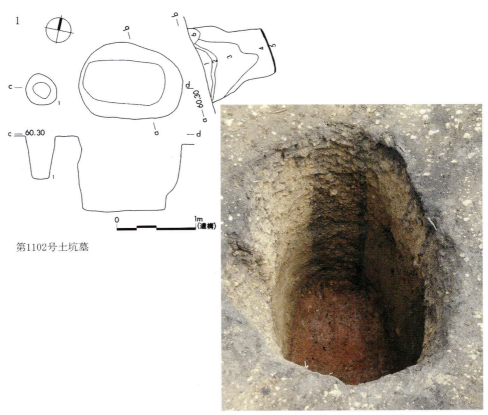

第1102号土坑墓

2　第1102号土坑墓底面に広がるベンガラ

図92　第1号竪穴式集団墓竪穴内の土坑墓（2）－平面図・断面図、出土状況

で、取りあげるに至らなかったが、南の壙壁に寄った位置に西から東に延びる漆片が認められ、その形状から漆塗り弓と推測された。その後、3001号土坑墓で実際に弓が出土し、ここでの想定はほぼ追認された。

　土坑墓の西寄りの位置に、径48cm、深さ28cmの付属ピットが発見され、その内部より折損した小型三角形の板状礫が出土した。ピットの形状がこれまでのものと異なる点や、通常の角柱礫の根石とは考え難い出土状態であることなどから、本例は、角柱礫を立石としたものではなく、そもそも板状の礫が用いられ、その根元のみ折損して残されたものと理解された。なお、墓壙を挟み反対の東南東方に小ピット（径38cm、深さ28cm）が認められており、両端に付属ピットをもつ例かもしれない。

2　擦り切り痕のある石斧原材

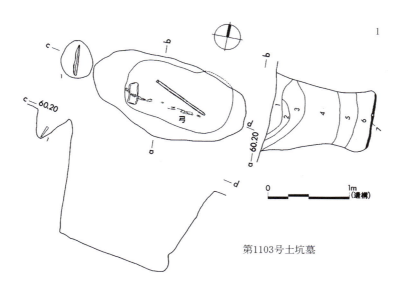

3　石棒

図93　第1号竪穴式集団墓竪穴内の土坑墓（3）－平面図・断面図、出土状況と遺物

1 第1103号土坑墓(底面に石棒・石斧原材など)

2 土坑墓の覆土堆積状況

3 土坑墓の西の付属ピット

4 壙底面出土の石斧原材・漆器片

5 頭部の痕跡を残す遺体層(右に石棒頭部)

図94 第1号竪穴式集団墓竪穴内の土坑墓(4)－出土状況

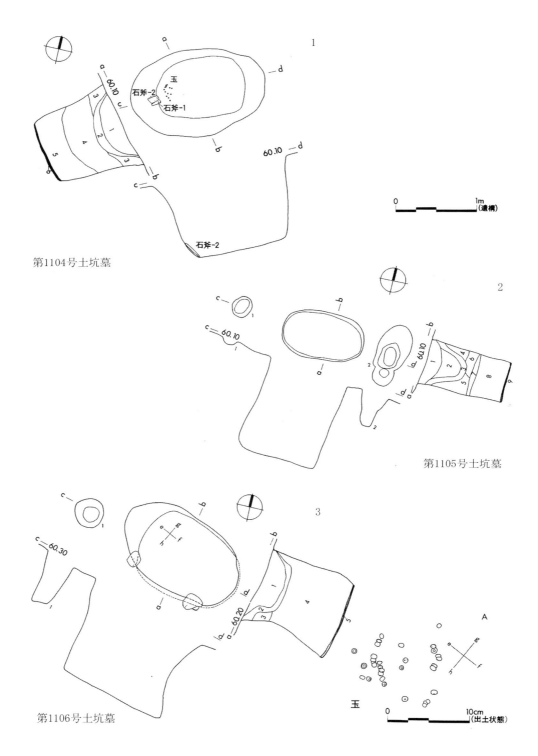

第1104号土坑墓

第1105号土坑墓

第1106号土坑墓

図95　第1号竪穴式集団墓竪穴内の土坑墓(5)－出土状況

第1104号土坑墓（図95-1、96-1～4）

楕円形プランで、壙口での長径168cm、短径107cm、壙口からの深さ105cmをはかる。壙口面積1.45㎡、長軸方位はW-26°-Sを示す。

壙底面を、ベンガラ層が覆う。西南部に副葬品が集中して発見されているが、壁に並んで立てかけられた石斧と石斧原材らしき未加工の短冊形の礫（図96-1～3）、そしてその床付近からまとまって出土した小さな丸玉13個（図96-2・4）が含まれる。玉は、いずれも翡翠製である。

なお、南側壁の壙口に位置する大型の礫が、わずかながら墓壙に被るよう位置していたが、そもそもは第1111号土坑墓の壙口をめぐるように置かれたものであり、この礫の位置を介して、第1111号土坑墓より第1104号土坑墓が先に設けられていたことが理解される。

第1105号土坑墓（図95-2、96-5）

楕円形プランで、壙口での長径105cm、短径61cm、壙口からの深さ106cmをはかる。壙口面積0.56㎡、長軸方位はW-6.5°-Nを示す。

壙底面をベンガラ層が覆い、層中より、有茎石鏃が1点出土している。

付属ピットを両端に備える例で、小ピット1は径23cm、深さ40cm、小ピット2は長径86.3cm、短径35cm、深さ42cmをはかる。小ピット1は、壁が真直ぐに立上るとともに、滑沢を残すほどの底面は硬く平坦である。柱状節理の角柱礫を立てていたことを示す痕跡で、その後、真直ぐに抜きとられたことを物語る。小ピット2も、一部に肩崩れを起こしてはいるが、同様の立石が存在していたことは疑いない。

第1106号土坑墓（図95-3、97-1～5）

楕円形プランで、壙口での長径165cm、短径97cm、壙口からの深さ116cmをはかる。壙口面積1.04㎡、長軸方位はW-28.5°-Nを示す。なお、東から西にかけての南壁の中位が張り出し、一部フラスコ状を呈する。

壙底をベンガラ層が覆う。北西部に、遺体の腐朽によるものか、一部散乱した状態ではあるが、30個のまとまった小型丸玉とともに、サメ歯が出土している（図97-2・3）。なお、玉はいずれも翡翠製である。サメ歯は、頭飾りと考えて良い位置にあった。

この他、本土坑墓の壙口から土器片が出土した。室内整理の段階で、第1110号土坑墓付近の竪穴床面から集中して出土した土器片と接合することが判明し、小型の人面付注口形土器が復原されている（図97-4・5）。口縁部を欠いているが、胴上部に沈線文で区画された細い縄文帯（帯状文）がめぐるとみられ、箆で入念に磨きあげられた下位には、弧状の沈線をおよそ菱形に組合せた文様がめぐる。菱形模様に囲まれた注口部直下には、粘土の貼り着けと線刻をもって人面が描出されている。また一部に、赤色顔料の塗彩がみられる。

やはり、立石（柱状節理の角柱礫）用の付属ピットが北西に位置する。その大きさは、径40cm、深さ64cmである。また、土坑墓の肩口に円礫3個がみられた。

1　第1104号土坑墓

3　石斧・石斧原材

4　玉

2　石斧・石斧原材・玉類の出土状況

5　第1105号土坑墓

図96　第1号竪穴式集団墓竪穴内の土坑墓(6)－出土状況と遺物

第1107号土坑墓（図90）

 狭長の楕円形プランを呈し、壙口での長径139cm、短径71cm、壙口からの深さ115cmをはかる。壙口面積0.83㎡、長軸方位はW-17.5°-Nを示す。

 壙底にベンガラ層があり、中央よりいくらか東に寄った位置から、洋梨形に近い板状の小礫1個が出土している。

第1108号土坑墓（図98-1）

 楕円形プランを呈し、壙口での長径101cm、短径56cm、壙口からの深さ105cmをはかる。壙口面積0.46㎡、長軸方位はW-30.5°-Nを示す。

 壙底面の西北部に頭骨の痕跡が確認されている。墓壙の北西部、壙口から肩口にかけて大型の円礫3個と小型の円礫2個が集中して検出されている。

第1109号土坑墓（図97-6・7、図98-2）

 プランは狭長の楕円形で、壙口での長径124cm、短径65cm、壙口からの深さ107cmである。壙口面積は0.71㎡、長軸方位はW-27.5°-Nを示す。

 壙底面にベンガラが薄く敷かれており、その西壁際で歯の痕跡が確認されている。また、東の壁際から石斧2点が出土した（図97-7）。両例とも、小型で、形態に特徴がある。1例は、幅・厚さに比し丈が短い。使用の結果によるものかどうか定かではないが、刃先が一方に傾斜し、斜刃を呈する。他の例は、刃部がU字状に膨らみ、しかも側縁が最大幅部から柄部に向って急速にすぼまる特異な形状をなす。その平面形状は、一見、寸詰まりの青竜刀形石器を思わせる。

東北部と北西部の肩口に大型の礫が置かれていた。なお、本土坑墓は、それ以前に敷かれていた竪穴床面のベンガラ層を切って作られている。

第1110号土坑墓（図98-3、99、120-3）

 プランは楕円形で、壙口での長径182cm、短径133cm、壙口からの深さ124cmをはかる。壙口面積1.99㎡に比し、縦断面が壙口に向かって階段状に開き、床面積が小さい。長軸方位は、W-38.5°-Nを示す。薄いベンガラ層が認められたが、副葬品は発見されなかった。

 土坑墓の北西方に浅い皿状の落ちこみが広がり、中心部にそのくぼみから急に落ちこむ小さなピットが見出された。ピットの大きさは、径30cm、深さ36cmで、平らな底面、そして横断面が方形を呈する様子から、当時、柱状節理の角柱礫が立てられていたとみられる。立石の根石用か、小ピット上および周辺から角礫片が多数出土した。

 土坑墓の北東部、および小ピット付近の竪穴床面から4個体分の注口形土器の破片がまとまって出土し、2個体についてはほぼ形がわかるほどに復原された（図99-4・5、120-3）。およそ同じような器形を呈すると思われる。すなわち、揚底になる小さな底部、上部に最大幅がくる膨らみの強い胴部、「く」の字状に折れ曲がりながら外半気味に真っぐに立ちあがる口頸部、口縁部に付く4単位の小さな突起（頂部に刻み）を特徴とする。箆で磨かれた頸部と胴下半部の無文帯を挟み、口縁部、胴上部、底部に文様帯が展開する。LRの斜縄文を地文とし、第1文様帯の場合、1ないし2本の沈

1 第1106号土坑墓
4 人面付き注口形土器
5 同上土器の拡大
3 玉
2 壙底面出土の玉・サメ歯
6 第1109号土坑墓
7 石斧

図97　第1号竪穴式集団墓竪穴内の土坑墓(7)－出土状況と遺物

線が水平にめぐる。また第2文様帯は、斜行縄文を残す2本の平行沈線文で区画された帯状文中に、磨消しによる小型円形文と上下逆向きの2条1対の弧状沈線文を交互に配した円形文が連なる。なお、注口部の左右および下部に中心部を竹管で凹ませたボタン状の貼瘤がつく。他の例は、頸部から胴上部にかけての文様帯がやや広目であることを除き、文様帯の構成はほぼ共通する。この場合、頸部から胴上部にかけての文様帯は、1～3本の浅くて太めの下向きの弧線文と上向きの弧線文とを組み合わせた入組文が3段に並ぶ。下段、すなわち最大幅に相当する胴部に描かれた入組文の連結部には刻みのある大きな貼瘤がつけられ、それより上位の文様部には、刻みをもたない2段の小さな貼瘤がおよそ半単位ずつずらしながら囲繞する。

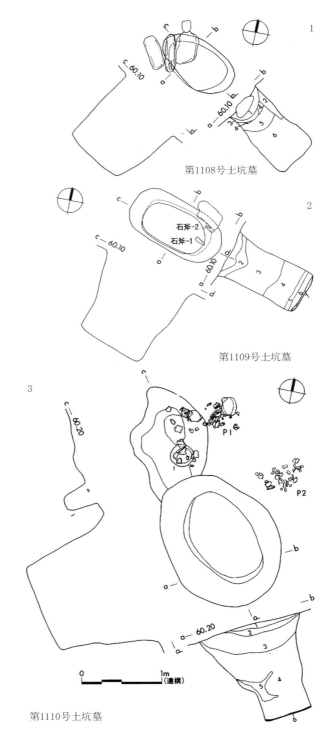

図98　第1号竪穴式集団墓竪穴内の土坑墓(8)－平面図・断面図,遺物出土状況

1　第1110号土坑墓と付属ピット

2　第1110号土坑墓

土坑墓周辺北東部～東部出土土器類

3　浅鉢形土器

5　注口形土器　　4　注口形土器

図99　第1号竪穴式集団墓竪穴内の土坑墓(9)－出土状況と遺物

第1111号土坑墓（図100-1、101）

プランは円形に近い楕円形で、壙口での長径173cm、短径148cm、壙口からの深さ116cmをはかる。壙口面積2.04㎡はもっとも大きい。長軸方位はW-26.5°-S。壙口と壙底に2枚のベンガラ層が確認されている。

壙口より壺形土器が出土している（図101-5）。器形は、球状の胴部、そして頸部がほぼ直立する。底部は、弱い揚底になる。胴部に接する頸部下部に、2本の沈線に挟まれた磨消しによる無文帯がめぐる。その他の口縁部と胴部には、LRとRL原体の横位施文による羽状縄文が広く残される。またその重り具合いから判断すると、およそ底部から口縁にむかって順次施文されたとみられる。特徴的なのは、最大幅をとる胴部と口縁部に、中心を円形竹管で刺突して凹ませたボタン状突起がつく。

壙底に小ピットが位置し、黒漆塗木器（椀？）の腐朽を思わせる様子が残されていた。歯の痕跡が、西壁近くに並行して確認された。2体合葬を示すもので、幅広のプラン、最大の壙口面積の事実と符合する。

大型円礫が壙口を放射状にめぐるが、東南部の配列が一部崩れている。礫群の痕跡や壙口周囲の土壌の様子から、本来、規則正しく置かれていたものが、第1114号土坑墓の構築時に動いたものと判断された。

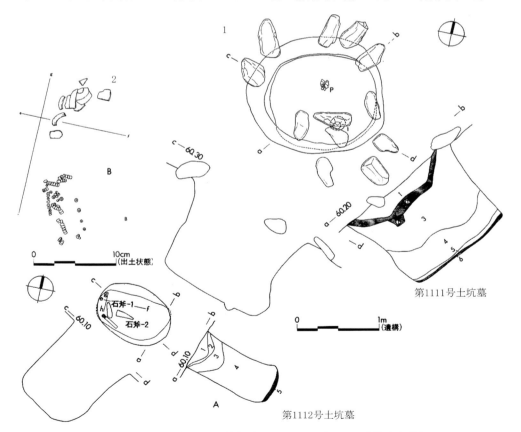

第1111号土坑墓

第1112号土坑墓

図100　第1号竪穴式集団墓竪穴内の土坑墓（10）－平面図・断面図・遺物出土状況

1　第1111号土坑墓

2　第1111号土坑墓の上面に並ぶ配石

3　覆土の断面

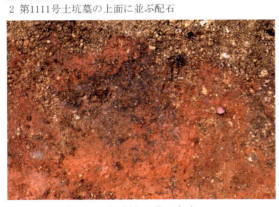

4　壙底面を覆うベンガラ層と人骨の痕跡

5　壺形土器

図101　第1号竪穴式集団墓竪穴内の土坑墓(11)－出土状況と遺物

1 第1112号土坑墓
2 ベンガラ層中の石棒・石斧・玉
3 同上拡大（石棒・石斧の一部と玉）
4 ベンガラ層中のミニチュア壺形土器
5 石棒
6 石斧・棒状礫
7 玉
8 ミニチュア壺形土器

図102　第1号竪穴式集団墓竪穴内の土坑墓(12)－出土状況と遺物

第1112号土坑墓（図100-2、102）

　楕円形プランで、壙口での長径98cm、短径68cm、深さ108cmをはかる。壙口面積0.54㎡、長軸方位はW-18.5°-Nを示す。

　小型ながら、副葬品が多い。壙底の厚いベンガラ層中、主に西に集中して石棒片（図102-5）、石斧・棒状礫（図102-6）、64点の小型丸玉（図102-7）、ミニチュア土器（図102-4・8）が出土。石棒は、沈線と短刻で入念に仕上げた頭部をもつが下半部を欠損。破損部に数回の剥離があり、故意による破損も考慮されるが、他に類例はない。石斧は、他にも一般的な蛤刃タイプである。玉は、64点すべてが翡翠製である。押しつぶされる状態で検出されたミニチュア土器は、壙底面からの唯一の発見例で、胴部から頸部にかけて一度縮約し、再び外反する平縁の鉢形の無文土器である。

第1113号土坑墓（図103～105）

　幅広の楕円形プランで、壙口での長径159cm、短径100cm、深さ122cmをはかる。壙口面積1.26㎡、長軸方位はW-29°-Nを示す。壙底の西壁に近いところのベンガラ層中より、石斧3点が出土した（図103・105）。2点は一般的なタイプであるが、1点は長さ38.7cm、幅9.4cm、厚さ5cmをはかり、巨大である。またそれは、そもそも細長い板状の素材を利用したとみられるが、主に左右両辺に施された敲打で石斧様に仕上げ、その一端に簡単な研磨による刃部を作り出したものである。未製品であるとともに、その大きさからして実用品の可能性は低いように推察される。大型石斧のすぐ東に、並行する2体の歯の痕跡が確認されており、2体合葬の例である。

　土坑墓の長軸延長線上の両端に、立石用付属ピット2個が検出されている。北西方の小ピットは、径34cm、深さ37cmをはかる。また、南東方の小ピットは、2段に作られ、掘り方と作り方が示されている。竪穴床面での大きさは長径62.1cm、短径42.4cmで、深さ22cmに位置する中段での径は23cmである。竪穴床面から最下底面までの深さは38cmをはかる。

　この土坑墓にかかわってもっとも重要な知見は、柱状節理の安山岩製角柱礫が土坑墓の肩口に横倒しの状態で発見され、それと立石

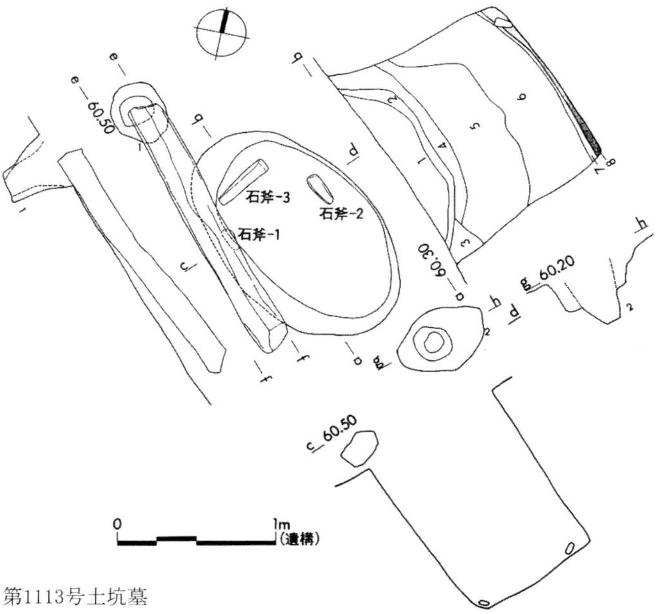

第1113号土坑墓

図103　第1号竪穴式集団墓竪穴内の土坑墓(13)－平面図・断面図

1 第1113号土坑墓上面に並ぶ礫群

4 礫下から発見された立石用ピット

2 覆土の断面

3 土坑墓上に横たわる角柱礫

図104　第1号竪穴式集団墓竪穴内の土坑墓(14)－出土状況

1　第1113号土坑墓上の角柱礫と壙底面での出土状況

2　ベンガラ層中の大型石斧　　　　3　石斧

図105　第1号竪穴式集団墓竪穴内の土坑墓(15)－出土状況と遺物

用ピットの具体的関係が明らかにされたことである。角柱礫は、長さ190cm、幅23cmで、詳細には五角柱を呈する。立石の根元の部分が、一部ピットを塞ぐように置かれたことにより、ピットはまわりの土の流れこみも少なくおよそ空洞の状態で保存されていた。しかも、柱根部の壁など当時の形状を損ねるような形跡はまったく認められなかった。発掘調査後に行われた再現実験で、立石の柱根部はピットにぴったりと収まり、角柱礫とピットの関係をあらためて証明することができた。

なお、立石がいつ引き抜かれたかの問題が残されているが、角柱礫がTa-a層の下部の黒色土中に埋没していたことを考慮すると、本例の場合は、近現代のことがらではなく、続縄文期など限りなく竪穴式集団墓の造営時期に近づくものと想定される。ともあれ、この規模・規格で、大きな立石を充分に支えうるという事実が、再現作業によって確められた。

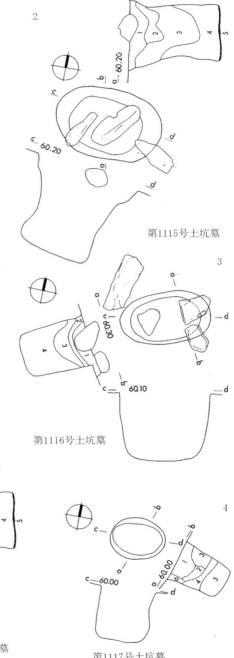

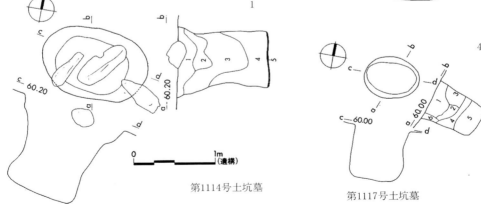

図106　第1号竪穴式集団墓竪穴内の土坑墓(16)－平面図・断面図

1　第1114号土坑墓

2　第1116号土坑墓と壙底面での石斧出土状況

3　石斧

4　第1117号土坑墓付近出土の鉢形土器

5　第1117号土坑墓付近出土の鉢形土器

図107　第1号竪穴式集団墓竪穴内の土坑墓(17)と床面出土遺物

第1114号土坑墓（図106-1、107-1）

楕円形プランで、壙口での長径111cm、短径73cm、壙口からの深さ71cmをはかる。壙口面積0.66㎡、長軸方位はW-25°-Nを示す。北西および南東の肩口に、大型円礫2個が発見された。壙底面にベンガラ層が認められた。

第1115号土坑墓（図106-2）

楕円形プランで、壙口での長径133cm、短径93cm、壙口からの深さ100cmをはかる。壙口面積0.97㎡、長軸方位はW-1.5°-Nを示す。壙口に大型円礫3個が発見されている。

第1116号土坑墓（図106-3、107-2・3）

楕円形プランを呈し、壙口での長径113cm、短径66cm、壙口からの深さ84cmをはかる。壙口面積0.62㎡、長軸方位はW-22°-Sを示す。

墓壙底部、東壁の立ち上り部に整形の入念な石斧（蛤刃）1個が出土している（図107-2・3）。また、壙口および周辺から大型礫4個が出土している。

第1117号土坑墓（図106-4、107-4・5）

楕円形プランで、壙口での長径68cm、短径53cm、壙口からの深さ67cmをはかる。壙口面積は、0.29㎡ともっとも小さい。長軸方位は、W-10°-Sを示す。

土坑墓外（北西方）の竪穴床面上から小型の鉢形土器が出土している（図107-4）。器形は、最大幅が口縁部にあり、平縁で、頸部がいくらかくびれ、底部は弱い揚底を呈する。LR原体による斜縄文が器面を飾る。また口唇内側が切れこみ、そこにも縄文が施文されている。4ヵ所に貫通した小孔がある。

第1118号土坑墓（図108、112-1～3）

狭長な楕円形プランを呈し、壙口での長径117cm、短径66cm、壙口からの深さ95cmをはかる。壙口面積0.67㎡、長軸方位はW-39.5°-Nを示す。壙底にベンガラが敷かれていたが、副葬品などは含まれていない。壙口の礫上に、浅鉢形土器が置かれていた（図112-1）。真直ぐ外に開く、単純な器形で、底部は揚底となる。口縁部と底部に限り縄文（LR原体）が施文されている。胴部は箆による削り・ナデで入念に調整されている。

壙口および肩口に9個の礫があったが、南に連続する礫の集中も認められており、本土坑墓に関係する礫の範囲として境界を設けることは難しい。

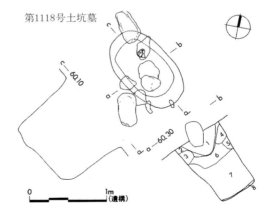

図108　第1号竪穴式集団墓竪穴内の土坑墓（18）－平面図と断面図

第1119号～第1121号土坑墓と積石礫
（図109〜112）

　竪穴の南部に、ひとかたまりの礫群が検出された。その後の調査で、3基の土坑墓に関係することが調べられた。図・写真でわかるように、第1119号土坑墓に関係する礫群は、中心に小型の礫が積まれ、そのまわりに大きな礫がめぐらされている。第1121号土坑墓に関係する礫群は、基本的には同様な手順によっているが、大型礫群が全体を覆っているように理解できる。また第1120号の場合、墓壙内に落ちこむ礫がみられないことから、そもそも積石礫を有していなかった可能性も強い。どちらにせよ、これら3つの墓壙に関係する礫の拡がりを、詳細に分別することは難しい。

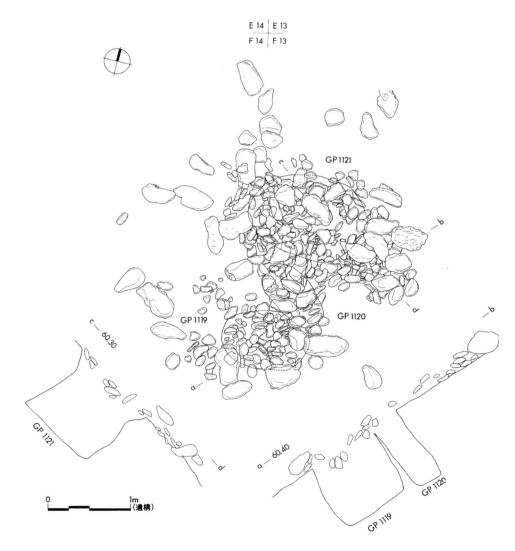

図109　第1号竪穴式集団墓竪穴内の土坑墓(19)と積石－平面図・断面図

竪穴床面上において数えられた礫は、368個で、第1119号内に落ちこむ礫が77個、第1121号内に落ちこむ礫が218個である。合計663個の礫がこの付近に集中していたことになる。

第1119号土坑墓（図109、110-1、111、112-3）

プランは楕円形を呈し、壙口での長径106cm、短径73cm、深さ85cm。壙口面積0.64㎡、長軸方位はW-5.5°-Sを示す。

礫の落ちこみは壙口面から深さ約30cmに及び、その下、間層をおいて壙底近くに数個の礫が散在していた。壙底をベンガラ層が覆っていたが、副葬品などの出土はない。

第1020号土坑墓（図109、110-2、111-1、112-4・5）

楕円形プランで、壙口での長径85cm、短径49cm、深さ97cm。壙口面積0.38㎡、長軸方位はW-38°-Nを示す。壙底のベンガラ層中より、2個の粗雑な作りの石斧が出土した（図112-4・5）。

本土坑墓については、壙口中央に立石が置かれていた以外、礫の沈み込みは認められていない。先述したとおり、集中する礫群と直接に関係する可能性は低いが、後に構築される第1119号・第1121号土坑墓との関係で正確に復原することは難しい。

第1121号土坑墓（図109、110-3、111-1、112-3・6～8）

楕円形プランで、壙口での長径145cm、短径104cm、深さ93cm。壙口面積1.99㎡、長軸方位はW-2°-N。土坑墓の作りはやや不整で、北東壁の中ほどでいくらか内側に張り出し、再び底面に向かって幅を広げる。断面図以上に礫群が深く落ちこんでいる。

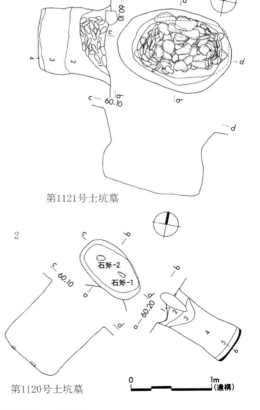

第1121号土坑墓

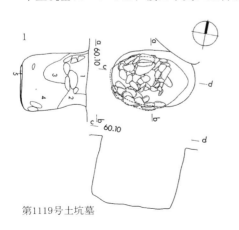

第1119号土坑墓　　第1120号土坑墓

図110　第1号竪穴式集団墓竪穴内の土坑墓(20)平面図・断面図

1 第1118〜1121号土坑墓上に積まれた礫群

3 墓壙口の礫群

2 第1119号土坑墓に積まれた礫群

4 墓壙内に沈み込む礫群

5 覆土途中にまで置かれた礫群

図111　第1号竪穴式集団墓竪穴内の土坑墓(21)と積石－出土状況

1 第1118号土坑墓付近の竪穴床面出土の鉢形土器

3 第1118〜1121号土坑墓

2 第1118号土坑墓

6 第1121号土坑墓に落ち込む礫群

7 第1121号土坑墓の覆土深く沈み込む礫群

4 第1120土坑墓と底面上の石斧

5 石斧

8 第1121号土坑墓

図112　第1号竪穴式集団墓竪穴内の土坑墓(22)－出土状況と遺物

第3章　石棒集団の埋葬と祭儀―柏木B遺跡の発掘調査― | 175

図113 第1号竪穴式集団墓 ―竪穴外の土坑墓出土状況(北東より)

2) 竪穴外の土坑墓(図113～119)

第1001号土壙墓(図114-1)

楕円形プランを呈し、壙口での長径124cm、短径77cm、壙口からの深さ73cmをはかる。竪穴外のものとしては深い方に属する。本例は、たまたま耕作の影響が少なく、本来の深さを示す例と言えるが、すでに壙口が削平され深さを失った他の例についてもこの程度の深さが本来あったものと推察される。壙口面積0.81㎡、長軸方位はW-21.1°-Nである。

壙口中央に人頭大以上の円礫と長細・柱状の円礫が置かれていた。後者は、いくらか横倒しになっていたが、本来は直立していたものである。その他、遺物の出土はない。また、遺骨も検出されていない。

第1002号土坑墓(図114-2～4)

楕円形プランで、壙口での長径132cm、短径78cm、壙口からの深さ35cmをはかる。壙口面積0.85㎡、長軸方位W-15°-Sを示す。壙底面にベンガラ層が被覆し、その直上から石棒が出土している(図114-1・4)。土坑墓の長軸線とおよそ平行に、いくらか北壁へ寄った位置に置かれていた。

石棒は、両端に「頭部」をもつ両頭タイプで、一端が台形状の頭部であるのに対し、もう一端は直線や十字の刻みなどを組み合わせ、握りこぶし様の頭部に仕上げられている。

第1003号土坑墓(図115-1、116)

楕円形プランで、壙口での長径147cm、短径117cm、壙口からの深さ80cmをはかる。壙口面積1.38㎡、長軸方位はW-10.8°-Nを示す。

壙口中央に押しつぶされた2個体分の土器が検出されている(図116-1・4・5)。1例は、無文の浅鉢形土器である。他は、胴上部に最大幅をもつ球状に近い胴部から口縁部に向かって内反気味にすぼまる、やや大型のいわゆる無頸壺である。口縁に4個

3 第1002号土坑墓と石棒の出土状況

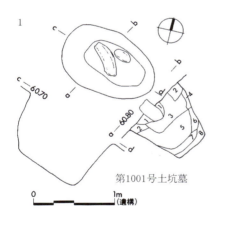

第1001号土坑墓

第1002号土坑墓

4 石棒

図114　第1号竪穴式集団墓竪穴外の土坑墓(1)—平面図・断面図、出土状況と遺物

の突起をもつ。また斜行縄文(LR)を地文として、口縁部と胴上部に2本単位の平行沈線文がめぐる。その間に大きな、縦に太く深い刻みを入れた貼瘤がつく。

　この他、壙底面上に堆積するベンガラ層中に、一端に3本の沈線で頭部を作りだした単頭タイプの石棒が水平に置かれていた(図116-2・3・6)。

第1004号土坑墓(図115-2)
　楕円形プランで、壙口での長径122cm、短径78cm、壙口からの深さ57cmをはかる。

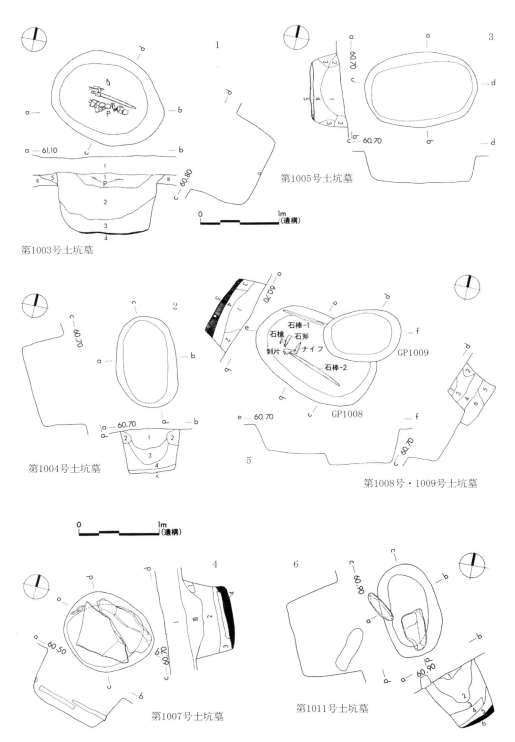

図115　第1号竪穴式集団墓竪穴外の土坑墓(2)－平面図・断面図

1 第1003号土坑墓の壙口出土土器　　3 壙底面上のベンガラ層中より
　　　　　　　　　　　　　　　　　　出土した石棒

2 第1003号土坑墓と石棒の出土状況

6 石棒

4 無頸壺形土器　　　　　　　　5 浅鉢形土器

図116　第1号竪穴式集団墓竪穴外の土坑墓(3)出土状況と遺物

壙口面積0.78㎡。長軸方位はW-69.1°-Nで、南の第1025号とともに大きく北に傾く。

第1005号土坑墓（図115-3）

楕円形プランで、壙口での長径141cm、短径92cm、壙口からの深さ37cmをはかる。壙口面積1.14㎡、長軸方位はW-19.9°-Sを示す。壙底にベンガラを含む層が認められている。

第1007号土坑墓（図115-4、119-1）

円形に近い楕円形プランを呈し、壙口での長径113cm、短形96cm、壙口からの深さ59cmをはかる。壙口面積0.87㎡、長軸方位はW-23.6°-Sを示す。

壙底面に近い位置に、大型の板状角礫2個が土坑を塞ぐように置かれていた。壙底面に厚いベンガラ層が認められた。

第1008号土坑墓（図115-5、117）

第1009号土坑墓によって一部切られているが、楕円形プランを呈し、その壙口での大きさは長径156cm、短径103cm、壙口からの深さ41cmをはかる。その壙口面積（一部復原推定）は、1.40㎡である。長軸方位は、W-24.1°-Sを示す。

石棒2本（図117-5・6）とともに、石槍3点、石斧、三日月形石製ナイフ、使用痕をもつ大型剥片など、豊富な副葬品が壙底面に残されていた（図117-1・2・4）。石棒のひとつは、両端が鈍く尖るのみのやや小型の無頭タイプで、他は、一端にのみ頭部をもつ単頭タイプである。後者の頭部には、皮紐、又は木の皮紐で包んだかのような帯状文が入組み状に刻まれている。

第1009号土坑墓（図115-5、117-3）

もっとも規模が小さく、壙口での長径97cm、短径70cmの楕円形プランで、壙口からの深さ50cmをはかる。その面積は0.55㎡である。長軸方位はW-19.9°-Sをとる。

第1010号土坑墓

楕円形というより隅丸方形とでも呼べそうなプランを呈し、壙口での長径114cm、短径87cm、壙口からの深さ41cmをはかる。その面積は0.87㎡で、長軸方位はW-33.1°-Nを示す。

第1011号土坑墓（図115-6）

楕円形プランで、壙口での長径118cm、短径72cm、壙口からの深さ75cmをはかる。壙口面積0.71㎡、長軸方位はW-63.1°-Nを示す。壙口に大型円礫2個が置かれてあったが、そもそも直立していたものであろう。壙底面上に、ベンガラ層が確認されている。

第1012号土坑墓（図118-1）

壙口での長径134cm、短径60cm、壙口からの深さ63cm、長幅比の大きい（2.23）、細長い楕円形プランを呈する。壙口面積は0.68㎡で、長軸方位はW-38°-Nを示す。

第1013号土坑墓（図118-2）

壙口のプランは円形に近い楕円形で、長径134cm、短径114cm、壙口からの深さ47cm。その面積は1.21㎡である。長軸方位W-3.1°-N。

1 第1008号土坑墓と壙底面での石棒など石器類の出土状況

2 同上拡大

3 第1008号土坑墓(手前)に掘り込まれた第1009号墓壙(奥右)

4 石斧・石鏃・ナイフ・大型剥片

5 石棒　6 石棒

図117　第1号竪穴式集団墓竪穴外の土坑墓(4)出土状況と遺物

第1014号土坑墓（図119-2）

壙口での長径130cm、短径108cm、壙口からの深さ45cm。楕円形プランで、壙口面積1.16㎡である。長軸方位は、W-19.1°-Nを示す。壙口の壁際、及び肩口に2個の円礫が認められた。

第1015号土坑墓

第1014号によって一部を切られている。楕円形プランで、壙口での推定長径143cm、短径80cm、壙口からの深さ51cmをはかる。壙口面積は0.97㎡で、長軸方位はW-47.5°-Nを示す。

第1016号土坑墓

楕円形プランで、壙口での長径135cm、短径115cm、壙口からの深さ31cmをはかる。壙口面積1.22㎡、長軸方位W-1.6°-N。

第1018号土坑墓（図118-3、119-3）

円形に近い楕円形プランを呈し、壙口での長径146cm、短径126cm、壙口からの深さ58cmをはかる。壙口面積1.54㎡、長軸方位W-22.9°-N。壙底面に接して、東南東の壁際に立てかけるように石斧が置かれていた。

第1020号土坑墓（図118-4）

楕円形プランで、壙口での長径162cm、短径127cm、壙口からの深さ47cmである。壙口面積1.59㎡、長軸方位はW-87.1°-Nを示す。

第1021号土坑墓

楕円形プランで、壙口での長径127cm、短径106cm、壙口からの深さ53cmをはかる。壙口面積は1.07㎡であるが、壁が緩やかに立上る部分と境界不明瞭ながら段を成して大きく外反する部分とがあり、実際の床面積は小さい。長軸方位はW-15.4°-Sを示す。

第1022号土坑墓（図118-5）

楕円形プランで、壙口での長径111cm、短径94cm、壙口からの深さ55cmをはかる。壙口面積0.83㎡、長軸方位はW-49.1°-Nを示す。

第1023号土坑墓

不整な楕円形プランで、壙口での長径178cm、短径130cm、壙口からの深さ61cmをはかる。壙口面積1.89㎡、長軸方位はW-8.1°-Nを示す。

第1024号土坑墓（図118-6、119-4・5）

東南コーナーがやや張り出すが、およそ楕円形のプランを呈し、壙口での長径113cm、短径90cm、壙口からの深さ61cmをはかる。壙口面積0.84㎡、長軸方位はW-18.6°-Nをとる。東南コーナーの床面に、浅いピットが作りつけられている。

壙底面よりいくらか浮いた位置から、石棒1点が出土した（図119-4・5）。彫刻のない単純な頭部が両端に作りだされた両頭タイプあるが、本遺跡出土の石棒の中で最長の例である。

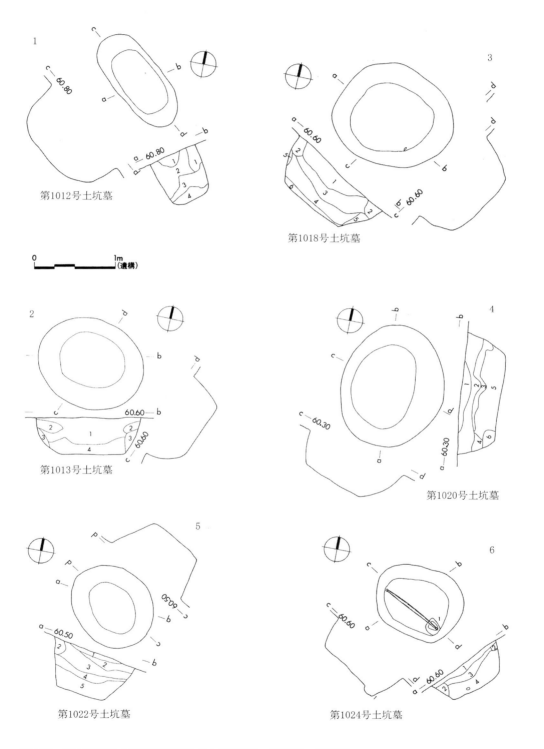

図118　第1号竪穴式集団墓竪穴外の土坑墓(5)－平面図・断面図

1　第1007土坑墓の壙口を塞ぐ板状礫

2　第1014号土坑墓

3　第1018号土坑墓出土の石斧

4　第1024号土坑墓と壙底面に横たわる石棒

5　石棒

図119　第1号竪穴式集団墓竪穴外の土坑墓(6)出土状況と遺物

第1025号土坑墓

　楕円形プランで、壙口での長径117cm、短径91cm、壙口からの深さ16cmをはかる。壙口面積0.90㎡、長軸方位はW-75.6°-Nを示す。

第1026号土坑墓

　不整な楕円形プランで、壙口での長径125cm、短径93cm、壙口からの深さ39cmをはかる。壙口面積0.94㎡、長軸方位はW-78.6°-Nを示す。

3）竪穴床面出土の遺物（図120）

　竪穴東南部の壁近くから、少なくとも3個体分以上の鉢形土器が出土した（図120-5・6）。そのうち大小2個体が復原された。両者とも内から外へ突いた突瘤文が口縁をめぐる。また前者はLR原体、後者はRL原体による斜行縄文を体部全面に施文しただけの、いわゆる粗製土器である。他に、後述する第2号竪穴式集団墓第2008号土坑墓出土の土器（図135-5）とほぼ同じ器形をなす、同一個体と思われる土器片が数点出土している。すなわち、小さな底部からいくらか膨らみをもちながら大きく外反する大型の浅鉢形土器である。底部は揚底になり、口縁は波状口縁をなす。口唇は内側に切れこむ。文様は口縁と胴下半の2段に構成され、いずれも沈線文と磨消し文による比較的単純な入組文、クランク状文が展開する。口縁を突瘤文がめぐっている。なお羽状縄文の施文は、異原体（LRとRL）の横位回転による。

　以上の土器が出土した場所から南方至近の壁際から、石斧2点、丸玉2個、有茎石鏃、三日月形の異形石器、掻器、その他剥片数点がまとまって出土した（図120-1・2）。これらの中には、火熱を受けてタールが付着する石器・剥片が多くみられる。ちなみに床面上中央に3ヵ所の焼土と壁際にベンガラの散布が認められた（図90-2）。焼土中には、焼骨（獣骨）細片が含まれていた。

figure 120　第1号竪穴式集団墓の竪穴床面出土の遺物と出土状況

2　第2号竪穴式集団墓
（図121～141）

　第2号竪穴式集団墓は、第1号竪穴式集団墓の東南方に隣接して発見された。

　第Ⅰ層を除去してまもなく、黒土の落ちこみが認められ、竪穴の存在することがわかった（図121）。しかし周堤の広がりは、平面ではもちろん、地層断面においても充分に確認できなかった。耕作による削平が主な原因であるが、一方において竪穴の掘りこみが第Ⅴ層深くおよんでいなかった結果、En-a層（軽石）の混りを目安にした二次堆積層の識別ができなかったことにも一因がある。それ故、排土の重り状態から第1号と第2号の形成順序を正確に決することは叶わなかったが、種々の状況判断、例えば第1号の調査時、周堤裾部における二次堆積層が旧地表面と考えられた第Ⅲ層に直接のっていたことを確認しており、そのことから第1号が第2号より以前に作られたものであると推定できる。

　さて第2号竪穴式集団墓は、第1号より規模の点でひと回り小さい。竪穴のプランは同じ円形であるが、上面規模が径9.04～9.84m、下底規模が径8.76～9.68m、深さ15～25cm、床面積66.56㎡をはかる。

土坑墓

　竪穴内から大量の角柱礫・円礫（図122、123）とともに、11個の土坑墓が発掘された（図124）。第1号竪穴式集団墓のように、土坑墓が竪穴外をめぐることはない。

第2001号土坑墓（図125-1、126）

　楕円形のプランで、壙口での長径118cm、短径70cm、壙口からの深さ80cmをはかる。壙口面積0.68㎡、長軸方位はW-6.8°-Nを示す。

　長軸線上に3つの付属ピットが確認された（図126-2・5）。付属ピット1は、径37cm、深さ35cm、2は径20cm、深さ7cm、3は、径24cm、深さ19cmである。形状から、ピット1に角柱礫が立っていたことは間違いない。ピット3も同様である。

第2002号土坑墓（図125-2、126-2）

　プランは楕円形を呈し、壙口での長径116cm、短径70cm、壙口からの深さ109cmをはかる。壙口面積0.67㎡で、壙口が小さい割には壙底面が広く、縦断面はいわゆるフラスコ状となる。長軸方位は、W-3.2°-Sを示す。

　壙底面上のベンガラ層中より2体分の歯の痕跡が検出され、2体合葬が確められている。頭位は西方になる。壙口の東部に1個の大型円礫が置かれていた。

第2003号土坑墓（図125-3、126-2、127、128）

　プランは楕円形を呈し、壙口での長径105cm、短径78cm、壙口からの深さ92cmをはかる。壙口面積は0.69㎡、長軸方位はW-9.3°-Nを示す。

　壙底面上にベンガラ層が覆い、その中より墓壙長軸線にいくらか交叉するような位置に石棒が置かれていた（図127-4・5・6）。

　石棒は、小さな円筒形の頭部を両端にもつ両頭タイプで、6本の平行沈線で刻まれた頭部はおよそ対称形をなすが、端部に矢羽状の短刻線が横位にめぐるのと平行する

1　竪穴上面確認段階（南より）

2　礫群・床面出現段階

3　礫群・床面確認後、
　周堤部調査（北より）

図121　第2号竪穴式集団墓出土状況

1　南西区画の円礫群

2　北東区画の円礫群と土坑墓上面

3　南西・北東区画部の礫群と土坑墓上面

4　北東区画の角柱礫・円礫と土坑墓上面

5　北東区画の角柱礫・円礫と土坑墓上面

図122　第2号竪穴式集団墓に現れ始めた礫群

1 全景（北より）

2 全景（南より）

3 南部の礫群

図123　第2号竪穴式集団墓と竪穴床面に現れた礫群と土坑墓

1　土坑墓の発掘完了後（奥に、発掘を終えている第1号竪穴式集団墓）

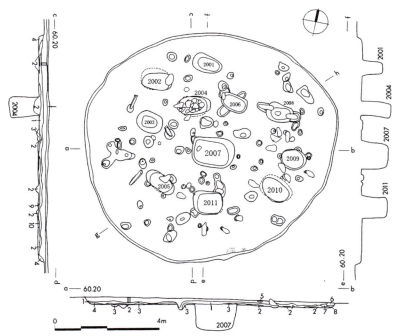

2　竪穴内の土坑墓・礫群配置図と断面図

図124　第2号竪穴式集団墓－発掘後の全景写真・平面図・断面図

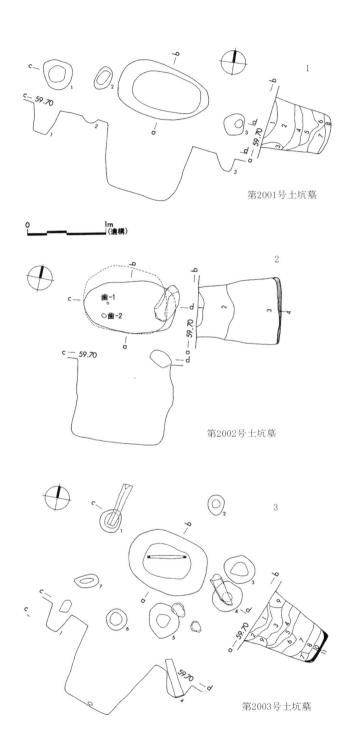

図125 第2号竪穴式集団墓の土坑墓(1)－平面図、断面図

短刻線がめぐるのとがあり、両端で模様が微妙に異なる。

　墓壙の長軸延長線上に、一部地面に突きささる状態で、2本の柱状節理の安山岩製角柱礫が出土した(図127-1～3、128-4・5)。その付近を精査した結果、柱根部に一致するピットの存在が確かめられた。付属ピット1と4がそれである。1は、径28cm、深さ30cm、4は、径36cm、深さ27cmを測る。このほかに、土坑墓のまわりから5個の浅い皿状のピットが見出されたが、形状において前の例とは区別される。あるいは円礫がめぐっていた可能性も考慮された。

1 竪穴式集団墓遠景(1号は手前左、2号は右手奥)

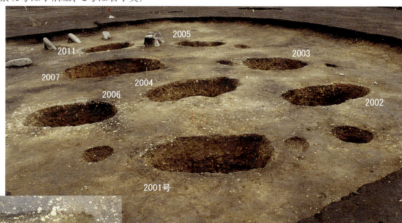

2 掘り上げられた土坑墓群(手前が第2001号土坑)

3 覆土の断面

5 付属ピット1

4 第2001号土坑墓

図126　第2号竪穴式集団墓の土坑墓(2)－遠景と発掘状況

1 第2003号土坑墓
　掘り込み上面と角柱礫

2 角柱礫

3 角柱礫の下に挟在する土層

5 石棒の出土状況

4 第2003号土坑墓と壙底面に置かれた石棒

6 石棒

図127　第2号竪穴式集団墓の土坑墓(3)－出土状況と遺物

4 竪穴床面上に横倒しの角柱礫1

5 竪穴床面直上に横倒しの角柱礫2

2 北の付属ピット　　3 南の付属ピット

1 第2003号土坑墓と左右に設けられた付属ピット

6 当時の状態に復原された角柱礫（北西より）

7 当時の状態に復原された角柱礫（南西より）

図128　第2号竪穴式集団墓の土坑墓（4）－引き抜かれた角柱礫と再現

第2004号土坑墓（図126-2、129、130、131-1〜3）

プランは狭長な楕円形を呈し、壙口での長径132cm、短径72cm、深さ115cmをはかる。いくらかフラスコ状になる。壙口面積0.79㎡、長軸方位はW-13.2°-Sを示す。

多数の礫（19個）が壙口を塞ぎ（図130-1）、その下部より広口壺と呼べそうな土器が出土した（図130-2・3、図131-2）。器形、そして沈線文と矢羽状の短刻列で文様を構成する点は、第1号竪穴式集団墓の第1101号土坑墓周辺で出土した土器（図91-2）に非常に良く似ている。本例の場合、文様単位が小さく、緻密である。口縁部の文様は、波状口縁に平行する2本単位の連弧文とそれから垂下する沈線によって描かれている。頸部は2本の平行沈線を水平および鋸歯状に区画し、その間を矢羽状の短刻列を充填させている。同種の帯状文で2分割された胴下半部文様は、羽状縄文（LRとRL原体による）を地文としており、その上に3〜4本単位の弧線文を組合せ、入組文風に仕上げている。

土器のすぐ近くから石棒1点が出土した（図130-2・3、図131-1）。壙口から出土した点や体部に彫刻が施されている点において特異であり、他の石棒とは区別して考える必要があるかもしれない。意図的に破損させたものか、欠損品の再利用であるのか、両端が欠損している。ただし、その欠損は、土坑墓に収められる直前のものではない。一端に、欠損後に加えられた小さな刻みが残されており、しかもそもそも両端に連続していた体部模様が、1条の比較的太い輪によって切られている事実から理解される。それらの刻線の新旧関係から、欠損品を利用し、再度頭部を作りだそうとした意図がうかがえる。石棒断面は卵形で、その背の部分を中心に繊細で、規則正しい模様が刻みこまれている。背の部分の彫刻は、細かく切りこまれた線と小さな点の組合せによる単純な繰りかえしである。しかし、線刻の場合2本一組の長・短の連続であるのに対し、線刻の両端とともに線刻の間に施刻される列点の数は必ずしも一律、一様ではない。裏面（図右）は、直線と鋸歯

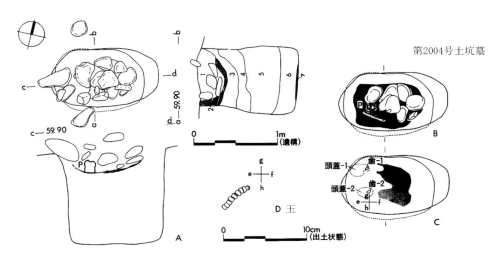

図129　第2号竪穴式集団墓の土坑墓(5)－平面図・断面図・遺物出土状況図

1 第2004号土坑墓上に置かれた礫群

2 礫群に守られるように置かれていた土器と石棒

3 同上拡大

5 壙底面から出土した玉

4 第2004号土坑墓と壙底面の玉

図130　第2号竪穴式集団墓の土坑墓(6)－出土状況

1 広口壺形土器

3 玉

1〜3 第2004号土坑墓出土の遺物

2 刻線と刻点が刻まれた石棒

4 第2005号土坑墓上面に置かれた角柱礫と円礫群

5 第2005号土坑墓と礫群の再現（奥は第2003号土坑墓）

図131　第2号竪穴式集団墓の土坑墓(7)－出土遺物、引き抜かれた角柱礫・円礫の再現

状の刻線で幾何学的模様を描く。これら石棒に施された模様が何を表すのか、暦や何らかの計量器などの機能を想定しつつも未だ類例を知らない。以上の資料は、壙口に近い純ベンガラ層の直上に置かれていたものである。

壙底にもう一枚のベンガラ層があり、その中より11個の小型の丸玉が出土した（図131-3）。すべてが翡翠製である。また歯の痕跡から2体合葬例であることが調べられている。頭位は西方に位置する。

第2005号土坑墓（図126-2、131-4・5、132）

プランは狭長な楕円形を呈し、壙口での長径127cm、短径56cm、深さ120cm。壙口面積は0.63㎡、長軸方位はW-30.3°-Nを示す。

土坑墓の外、北西方に径31cm、深さ25cmの付属ピットが発見された。ピットの形状から、そのすぐ南に横倒しの状態で出土した柱状節理の角礫が関係することが判明している。また周囲より4個の大きな礫と、7個の浅い皿状のピットが発見された（図131-5、132）。そのうち、3、4、5、6のピットそれぞれに関係する礫が、長軸を縦にして置かれていたものであることが調べられている。ただし、少なくともピット3、4、5が、東南に位置する第2011号土坑墓に関係する付属ピットと理解された。

第2006号土坑墓（図126-2、133-1）

楕円形プランで、壙口での長径106cm、短径69cm、深さ118cm。壙口面積0.62㎡、長軸方位はW-12.8°-Nを示す。

壙口付近と壙底よりいくらか浮いた位置の2ヵ所に、ベンガラ層が認められた。壙口に浅い皿状のピットが発見されたが、それに礫が関係するかどうかは不明である。

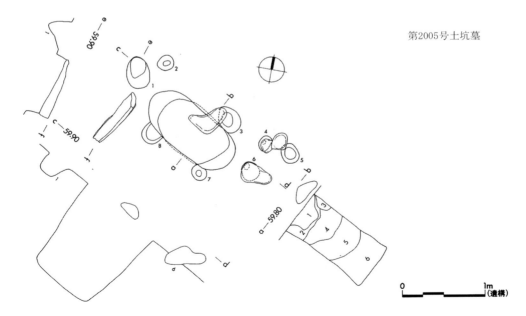

第2005号土坑墓

図132　第2号竪穴式集団墓の土坑墓(8)－平面図・断面図

第2007号土坑墓(図126-2、133-2、134)

プランは隅丸方形に近い形状をなし、壙口での長径163cm、短径118cm、深さ103cm。壙口面積は1.70㎡で、第2号竪穴式集団墓内ではもっとも大きい。長軸方位は、W-2.8°-Nを示す。

ベンガラ層中より頭骨もしくは歯の痕跡が2体分みつかり、本土坑墓も2体合葬の例である。

南西の墓壙壁に立て置かれるように、2本の石棒が発見された(図133、134-2・5・6)。また、大型の石棒の根元をおさえるかのような状態で石斧2点が出土し、いくらか東方の位置から2体の遺体のそれぞれに関係する4個と5個、あわせて9個の翡翠製の小型丸玉が出土した(図133、134-4・7・8)。なお、石棒を副葬する際、石棒に直接ベンガラを厚く塗った様子が調べられている。

大小2本の石棒は、いずれも両頭タイプである。1の頭部は人頭を模したものか、それぞれ両側に耳栓の装着を思わせる突起(耳)がつく。図上部の突起には穿孔が施され、貫通しているが、下部の突起は穿孔されていない。他の石棒の頭頂部平坦面には十字の線刻が施されている。

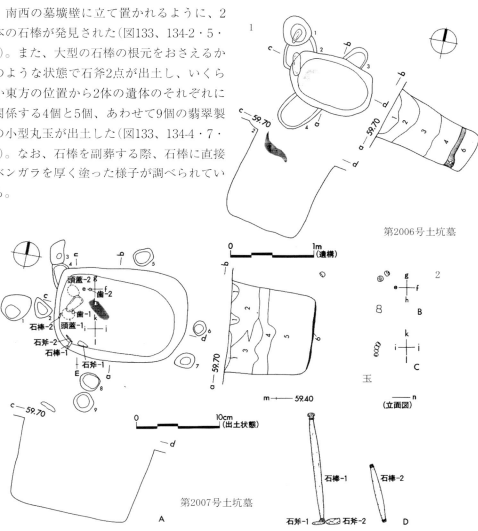

図133　第2号竪穴式集団墓の土坑墓(9)－平面図・断面図

1 第2007号土坑墓と壙底面に置かれた石棒・石斧
2 壁に立て置かれた石棒と壙底面上の石斧
3 同上拡大
4 玉の出土状況
5 玉の出土状況
6 石棒
7 石棒
8 玉

図134 第2号竪穴式集団墓の土坑墓(10)－出土状況と遺物

1 第2008号土坑墓上に並ぶ礫群
2 覆土の断面と土器
3 覆土中から出土した土器
4 第2008号土坑墓と壙口の円礫
5 鉢形土器
6 円礫の再現

図135　第2号竪穴式集団墓の土坑墓(11)－出土状況・礫群の再現と遺物

第2008号土坑墓（図135、136）

プランは不整の楕円形を呈し、壙口での長径102cm、短径68cm、壙口からの深さ104cmをはかる。壙口面積0.64㎡、長軸方位はW-0.8°-Nを示す。壙底面をベンガラ層が覆う。

覆土の中程に、口縁が大きく開く大型の浅鉢形土器が置かれていた。突瘤文、および磨消し縄文がみられない点で相違はあるが、器形と胴部にみられる羽状縄文（LRとRLの横位回転）を地文とした沈線文による入組文などの文様構成は、第1号竪穴式集団墓の東南部床面出土の土器片と共通する。

土坑墓の西北と南東の両肩口に横倒しの状態で扁平な大型円礫が発見された。それに関係する浅い皿状のピットが確認されており、いくらか傾斜するように立てかけられていたことが判明している。付属ピット4・5も立石用の浅いピットである。

第2009号土坑墓（図137、138）

楕円形プランで、壙口での長径98cm、短径79cm、壙口からの深さ103cmをはかる。壙口面積0.62㎡、長軸方位はW-8.8°-Nを示す。

壙底面をベンガラ層が覆う。西壁近くに、歯の痕跡が認められた。西方頭位である。その位置からかなり離れて、3個の翡翠製の小型丸玉が出土した（図137-5・6）。

土坑墓を取りまくように10個の皿状ピットが確認された。うち、6個の円礫（立石）が現存していた。

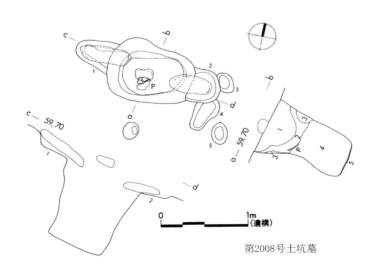

第2008号土坑墓

図136　第2号竪穴式集団墓の土坑墓（12）—平面図・断面図

1 第2009号土坑墓上面に置かれた礫群

2 第2009号土坑墓の壙口をめぐる礫群

3 第2009号土坑墓と周囲の礫群

5 玉の出土状況

6 玉

4 第2009号土坑墓と壙底面の玉

7 第2009号土坑墓(中央)と周辺の土坑墓

図137　第2号竪穴式集団墓の土坑墓(13)－出土状況

第2010号土坑墓（図139-1、140）

　楕円形のプランで、壙口での長径116cm、短径79cm、壙口からの深さ110cmをはかる。断面はフラスコ状を呈し、壙口面積0.73㎡に比し、壙底面の方が大きい。長軸方位は、W-25.3°-Nを示す。

　薄いながらベンガラ層が壙底面を覆う。西壁近くの壙底面で、歯の痕跡が確認されている。また、そのすぐ南に、典型的な蛤刃タイプと言える石斧1点が置かれていた。

　土坑墓周辺に4個の皿状ピットと3個の円礫が見出されたが、ピット4を除き、立石の様子は確められなかった。

第2011号土坑墓（図126-2、139-2、141）

　プランは、隅丸方形に近く、壙口での長径114cm、短径92cm、壙口からの深さ102cmをはかる。壙口面積は0.91㎡、長軸方位は、W-13.2°-Sを示す。壙底面に薄いベンガラ層が認められたが、副葬品の発見はなかった。

　不規則なピットを含め、土坑墓の周囲に11個のピットと5個の大型円礫が発見された。現存する礫が立石として付属ピットと関係していたことが確認されている。なお11号付属ピット中に埋めこまれていた礫とその横にあった礫とは同一個体のもので、何らかの力が加わって立石が2つに折れたものである。

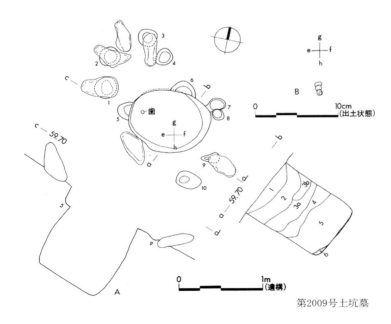

図138　第2号竪穴式集団墓の土坑墓(14)－平面図・断面図

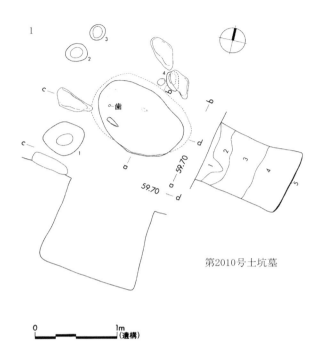

第2010号土坑墓

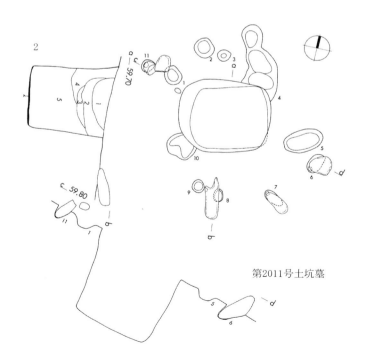

第2011号土坑墓

図139 第2号竪穴式集団墓の土坑墓(15)－平面図・断面図

1　第2010号土坑墓、及び第2008号・第2009号土坑墓の上面に並ぶ礫群

2　第2010号土坑墓と壙底面に置かれた石斧

3　石斧の出土状況　　　　　　　　　　　　4　石斧

図140　第2号竪穴式集団墓の土坑墓（16）－出土状況と遺物

1 第2011号土坑墓と上面周囲に並ぶ礫群(北より撮影)

2 第2011号土坑墓と上面に並ぶ礫群(南より)

3 第2011号土坑墓

4 第2011号土坑墓と壙口をめぐる礫群(再現)

図141　第2号竪穴式集団墓の土坑墓(17)－出土状況

3　第3号竪穴式集団墓(図86・142～150)

　第1号および第2号から南西方に遠く離れて、第3号竪穴式集団墓が発見された。P・Q-28グリッドに中心がある(図142)。耕作によって削平されているうえに、続縄文期の多くの土坑墓によって壁・床面が破壊され、しかも調査時に、縄文時代前期の住居址の発掘が先行した結果、南側の壁が失われている。

　とは言え、およその構造は調べられた。竪穴の平面形はおよそ円形で、下底での規模は、径11.16～11.64mである。床面積は、推定(復原)で101.04㎡をはかり、およそ第1号竪穴式集団墓に匹敵する。確認された壁の立ち上りは、わずかに5～10cmに過ぎないが、床面は、第Ⅴ層をそれほど深く掘りこんでおらず、もともとの竪穴自体が、他に比し浅いものであった可能性がある。

土坑墓(図142・143)

　竪穴内から8個の土坑墓が見出された(図142)。本来の土坑墓数がこれより多かった可能性は皆無とは言えないが、この時期の土坑墓の作りが特別に深いということを考慮すれば、これですべてと考えるのが至当かもしれない。

　竪穴面積(101.04㎡)に占める土坑墓(壙口)総面積(5.84㎡)の割合は、わずかに5.8%で、これまでの中でもっとも低い。

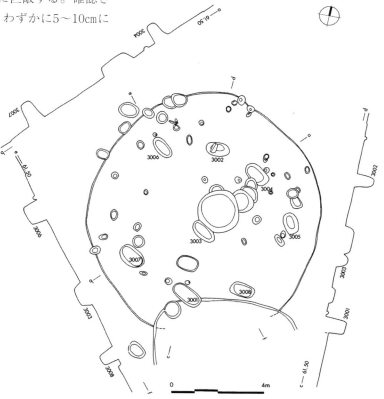

図142　第3号竪穴式集団墓-土坑墓配置図・断面図

図143　第3号竪穴式集団墓の出土状況（中央の浅いくぼみ。北西より）

第3001号土坑墓（図144、145）

　プランは狭長な楕円形を呈し、壙口での長径149cm、短径74cm、壙口からの深さ110cmをはかる。壙口面積（復原推定）0.95㎡、長軸方位はW-42.8°-Nを示す。

　覆土中程から、漆塗弓（図145-4・5）と調整痕・使用痕のある剥片7点が出土し、壙底面からは石棒2点（図145-1～3・6・7）が出土した。漆塗弓は、全長およそ1m（最大幅4cm）の短弓と見られるが、住居址発掘時に一部欠損している。木芯部が腐朽し、保存状態良好とは言えないが、調査時、北海道開拓記念館の小林幸雄氏の協力をえながら遺物ごとの取り上げを行い、不十分ながら室内での修理・修復を果たしている。いわゆる末弭ないし本弭部分が二又にわかれ、そこに細い撚糸が木肌を隠すほどに、時に襷がけにしっかりと巻きつけられている様子が観察される。この他、いわゆる矢摺部分を中心に、あたかも籐を巻いたかの

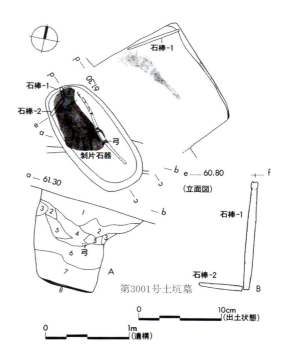

図144　第3号竪穴式集団墓の土坑墓（1）
　　　　－平面図・断面図

2 壙底面上の石棒と立て置かれた石棒

1 第3001号土坑墓と壙底面上のベンガラ、石棒

3 同上、一部拡大

4 覆土中に置かれていた漆塗り弓(漆片)

6 石棒　7 石棒

5 漆塗り弓(上段は、左端部を拡大)

図145　第3号竪穴式集団墓の土坑墓(2)－出土状況と遺物

ような3～数本単位の木の皮が一定の間隔で巻きつけられ、装飾効果をあげている。

太めで長い石棒1本が北西壁に立て置かれ、その根元部分の床面上に短く細い石棒が置かれていた（図145-1～3・6・7）。前者は、敲打のみでやや扁平に仕上げられた単頭タイプの石棒で、両耳風に張り出す頭部、いくらかコンケーブした頭頂部、わずかにすぼまる頸部と、作りがやや粗雑な印象を与える。後者は、両端に若干の調整痕がみられる程度の、石棒というよりもむしろ棒状の原礫に近い。

第3002号土坑墓（図146-1、147-1・2）

楕円形プランを呈し、壙口での長径112cm、短径67cm、壙口からの深さ95cmをはかる。壙口面積0.61㎡、長軸方位はW-16.3°-Nを示す。第3号竪穴式集団墓で確認された土坑墓は、概して壙底面が小さく、狭長であるが、本土坑墓もその例である。

壙口から、羽状縄文が施文されただけの小型の浅鉢形土器が出土している（図147-2）。また、それより下位に、墓壙の西北部を塞ぐように板状の角礫（安山岩）が出土しているが、立石として用いられていたものかどうかについては不明である。壙底面上に厚いベンガラ層が覆う。

第3003号土坑墓（図146-2）

続縄文期の土坑墓GP-278に一部切られているが、狭長な楕円形プランを呈し、壙口での長径130cm、短径（残存部）64cm（復原推定75cm）、壙口からの深さ57cmをはかる。壙口面積（復原推定）0.74㎡、長軸方位はW-45.3°-Nを示す。壙底面を厚いベンガラ層が覆う。

第3004号土坑墓（図147-3～5、148-1）

やはり続縄文期の土坑墓GP281に一部切られているが、楕円形のプランで、壙口での長径127cm、短径77cm、壙口からの深さ95cmをはかる。壙口面積0.81㎡、長軸方位はW-45.8°-Nを示す。

壙底のベンガラ層中より、石斧2点が出土している。

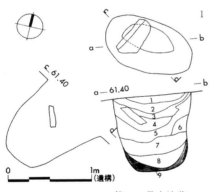

第3002号土坑墓

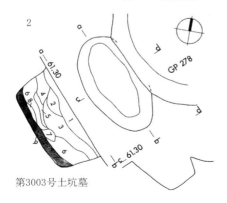

第3003号土坑墓

図146　第3号竪穴式集団墓の土坑墓(3)―平面図・断面図

1　第3002号土坑墓と覆土中に沈みこむ板状礫

2　墓壙口付近から出土した小型浅鉢形土器

3　第3004号土坑墓と壙底面を覆うベンガラ層、その層中に置かれていた石斧

4　同上拡大

5　石斧

図147　第3号竪穴式集団墓の土坑墓(4)出土状況と遺物

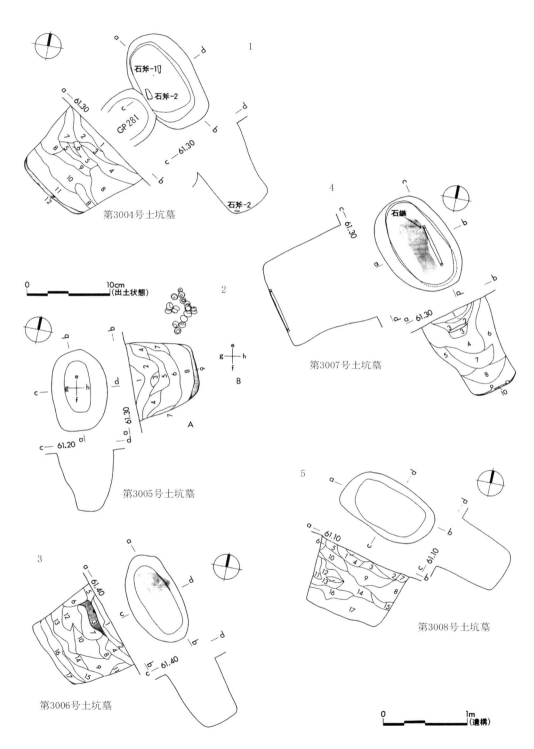

図148 第3号竪穴式集団墓の土坑墓(5)-平面図・断面図

2 ベンガラ層に包まれる玉

1 第3005号土坑墓と壙底面を覆うベンガラ層、連珠状態の玉

3 玉

4 第3007号土坑墓と壙底面に横たわる石棒

5 石棒の出土状態

6 石棒

図149　第3号竪穴式集団墓の土坑墓(6)－出土状況と遺物

第3005号土坑墓（図148-2、149-1～3）

　プランは楕円形を呈し、壙口での長径104cm、短径69cm、深さ75cm。壙口面積0.58㎡、長軸方位はW-76.8°-N。
　壙底のベンガラ層中から小型丸玉17個が連珠の状態で出土した（図149-2・3）。いずれも翡翠製である。

第3006号土坑墓（図148-3）

　狭長な楕円形のプランを呈し、壙口での長径118cm、短径63cm、深さ80cm。壙口面積0.58㎡。壙口に近い位置に、ブロック状のベンガラ層が挟在していた。

第3007号土坑墓（図148-4、149-4～6）

　楕円形のプランで、壙口での長径129cm、短径87cm、深さ112cm。壙口面積0.91㎡、長軸方位はW-39.3°-N。
　壙底面から、同じ線刻模様が両端に施された両頭タイプの石棒（図149-4～6）と有茎石鏃が出土している。石棒は、いくらか北西壁に寄った位置に、およそ墓壙長軸と平行する状態で置かれていた。また石鏃は、石棒の一端（北西部）のすぐ脇にあった。薄いベンガラ層が、石棒直下、壙底上を覆う。遺体を安置し、ベンガラを振り撒いた後に、石棒を遺体・ベンガラ層の上に置いたことが理解される。

第3008号土坑墓（図148-5）

　プランは、狭長な楕円形を呈し、壙口での長径115cm、短径65cm、深さ78cm。壙口面積0.66㎡、長軸方位はW-18.8°-N。

図150　第3001号土坑墓の切り取り作業

4 第4号・第5号竪穴式集団墓
（図86、151）

　竪穴が確認されておらず、竪穴式集団墓として即断できないが、土坑墓の規模、特に深さの点で共通し、また少ない遺物ながら竪穴式集団墓出土の遺物と類似する様相を示すことなどから、この付近にも存在した可能性は高い。

　第4号には、第321号（長径141cm×短径90cm、深さ87cm、長軸方位W-30°-N）・第322号（長径116cm×短径84cm、深さ69cm、長軸方位W-33°-S）・第324号（長径145cm×短径85cm、深さ115cm、長軸方位W-21°-S）・第325号（長径115cm×短径74cm、深さ72cm、長軸方位W-30°-N）・第329号（長径120cm×短径58cm、深さ67cm、長軸方位W-20°-N）・第331号（長径105cm×短径68cm、深さ107cm、長軸方位W-15°-N）・第334号（長径198cm×短径190cm、深さ48cm）の各土坑墓が、第5号には、第364号（長径113cm×短径67cm、深さ71cm、長軸方位W-49°-N）・第365号（図151、長径190cm×短径172cm、深さ98cm、長軸方位W-47°-N）・第369号（長径131cm×短径74cm、深さ66cm、長軸方位W-24°-N）の各土坑墓が該当する。

　第369号土坑墓の壙底面からは、同時期と推定される2個の石斧が出土している。また第365号土坑墓の壙口付近の礫下より出土した注口形土器（図151-2）は、小さな貼瘤と磨り消し手法による入組文を組み合わせた文様構成を示す点で、第1号竪穴式集団墓の第1110号土坑墓周辺出土の例に対比しうる土器と言えよう。

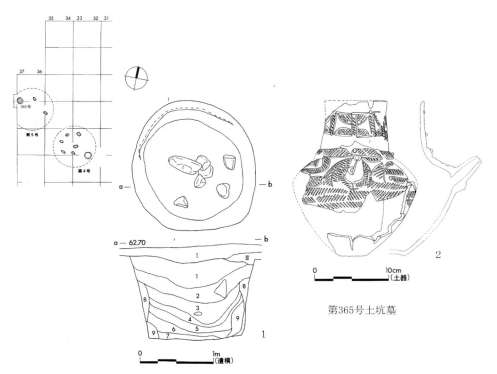

図151　第4号竪穴式集団墓の土坑墓－平面図・断面図

2　南の土坑墓群（列状群集墓）

第436号土坑墓（小型竪穴式単一墓）
（図154、157～159）

　列状群集墓の中心的位置を占めているのが、際だって特異な構造に作られた第436号土坑墓とその付属施設である。平面プランがおよそ円形を呈する大きな竪穴の床面中央に、第436号土坑墓が掘り凹められている。それぞれの構造は明らかに一体のもので、小型の竪穴式集団墓を思わせるものである。円形の竪穴の規模は、上面で長径4.01m、短径3.67m、下底部で長径3.82m、短径3.55m、深さ25cmをはかる。床面積は9.99㎡を数える。ただし、竪穴式集団墓とは異なり、ここでは1基の土坑墓がおよそ中央に位置するのみである。

　竪穴の肩口から覆土中に、各種の礫が発見されている（図157、158）。特に礫群2と称された配石は、中央の土坑墓に向っておよそ放射状に並ぶ。その中には、長さ90cmを越す角柱礫2本、長さ75cm、幅40cmを越す板状の角礫2枚（他に大型板石1枚）、長さ50cmを越す礫多数が含まれる。調査が進む過程で、床面上および壁際から14個の付属ピットが発見され（図157、159-1・2）、大型の礫群が立石としてこれらの竪穴床面上に立てられ、土坑墓をめぐっていたことが判明した。ピット3および4には柱状節理の角柱礫が、ピット5と6には板石、ピット9・11・13・15には円礫が関係する。特に、長さ75cm、幅40cmの板状の角礫がピット5に関係するという事実は、ピット5中に折れて残されていた根元部分の発見で確認できた。根石の大きさ、不安定さから、当初まったく予想しえなかった事実であり、すべての礫が林立する様子は、竪穴式集団墓をしのぐ景観と言えよう。

　ほぼ円形に近い楕円形プランの土坑墓は、壙口で長径138cm、短径125cm、深さ78cmをはかり、第Ⅱ地点の他の土坑墓に比し作りが大きく、深い。遺体を包むようにベンガラが壙底面上を厚く覆う。ごく断片的で、取り上げは困難であったが、少なくとも2体の遺体の存在を確認することができた（図157、159-4）。2体以上の合葬例である。また、その中から有茎石鏃、漆器片2点（1点は櫛か）、鮫歯が出土した。

　竪穴覆土中より、透しのある、おそらく香炉形と思われる異形土器（口縁部の一部、図159-5）、そして台付の浅鉢形土器（およそ復原、図159-6）、突瘤文が口縁部にめぐる鉢形土器の破片などが出土している。なお、竪穴外のG-53グリッド付近から出土した土器片が、香炉形の土器片に接合している。

　年代の特定とまではいかないが、細口の周囲に取手状に飾られた粘土紐や頸部の側面に大きくあけられた二つの円形の開口部など、独特な形状をもつ香炉形土器、そして高台付きの底部から胴部に移行する屈曲部にのみ帯状文が施文された、口縁部が内湾気味に立ちあがる浅鉢形土器は、第447号土坑墓の壙口に置かれていた土器などに共通する型式的特徴を示す。列状に並ぶ土坑墓群がおよそ同じ時期に築かれたものであることを理解する大きな拠りどころのひとつである。

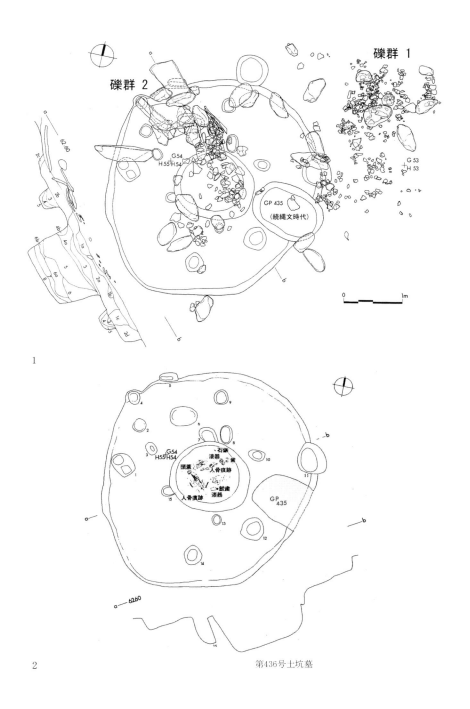

図157　角柱礫・板状礫を含む礫群と竪穴式単一墓（第436号土坑墓）－平面図・断面図

1 土中に沈み込む礫群と周囲を取り囲む大型の板状礫・円礫(礫群2)(北より)

3 大型の角柱状の板石

4 根元で折れた板状礫片とピット

5 円礫の集合

2 礫群2(C-2)(南より)

図158 第436号土坑墓の上面を覆う角柱礫・板状礫など礫群2の出土状況

1 ピット多数を床面に残す竪穴式単一墓と第436号土坑墓（北より）

2 発掘風景

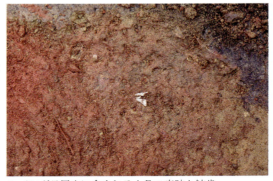
4 ベンガラ層中に含まれる人骨の痕跡と鮫歯

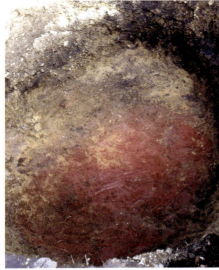
3 ベンガラに覆われた壙底面、人骨の痕跡(2体)

5 竪穴覆土中より出土した異形土器

6 台付浅鉢形土器

図159　第436号土坑墓を中央に配した竪穴式単一墓の出土状況と遺物

第427号土坑墓（図154）

壙口で長径59cm、短径52cm、深さ26cm、壙口面積1.07㎡をはかる。

第432号土坑墓（図154）

21個の人頭大の礫群からなる礫群1の一部で、人頭大の円礫5個が壙口に置かれていた。墓壙は、長径116cm、短径77cm、深さ63cmをはかる。壙口面積0.73㎡、長軸方位はW-11°-Nを示す。

第433号土坑墓（図154、160、162-1）

礫群1の中心部に位置し、人頭大の円礫9個と小礫が壙口及び縁辺に置かれていた。ただし、一部、原位置からの移動が観察されている。墓壙は、長径101cm、短径96、深さ40cmをはかる。壙口面積0.85㎡、長軸方位はW-12°-Sを示す。

やや散乱した状態で、壙底面から2個、覆土中から2個、あわせて4個の蛇紋岩製の丸玉が出土している。また、覆土中から口縁部に爪形文や三叉文が施文された鉢形土器の破片が出土している。

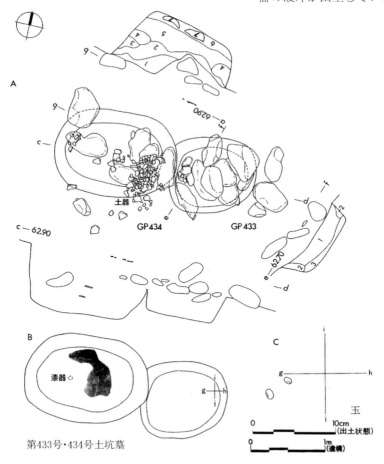

図160　第Ⅱ地点南斜面の土坑墓(1)－平面図・断面図・遺物出土状況

第434号土坑墓（図154、160、162-1・2）

　やはり礫群1とみなした礫群の一部であるが、5個の人頭大の円礫と破砕礫片多数が壙口より出土している。墓壙は、第433号土坑墓とごく一部重複し、本土坑墓が後に作られたものであることが判明している。墓壙は、長径150cm、短径108cm、深さ68cmをはかる。壙口面積1.35㎡、長軸方位はW-18°-Nを示す。

　漆片が検出されている。ここでも、覆土中から、斜行縄文の上に突瘤文や爪形文が施文された土器片が出土している。

第437号土坑墓（図154、161-1、162-3・4）

　壙口での長径134cm、短径105、壙口からの深さ76cmをはかる。壙口面積1.14㎡、長軸方位はW-49°-Nを示す。扁平な人頭大の礫が壙口の北壁近くに置かれていた。

　壙底面より、滑石製の管玉と呼びうる1点を含め、あわせて38個の玉（1点の蛇紋岩製を除き、いずれも滑石製）が出土している。

第439号土坑墓（図154、161-2）

　壙口での長径95cm、短径80cm、深さ50cm。壙口面積0.61㎡、長軸方位はW-11°-S。

　漆片3点が出土している。

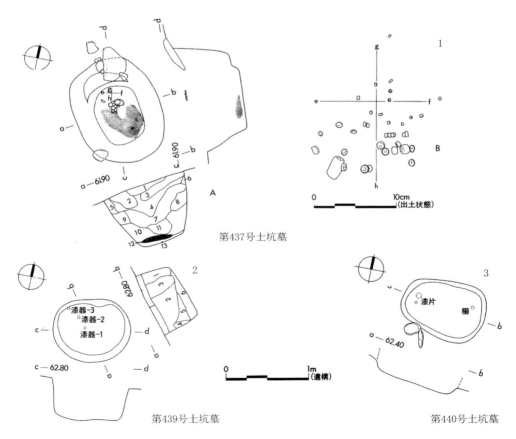

図161　第Ⅱ地点南斜面の土坑墓（2）－平面図・断面図

1 第433・434号土坑墓上を覆う礫群1(C-1)

2 第434号土坑墓と覆土を覆うベンガラ層

3 第437号土坑墓

4 壙底面に置かれていた玉類

図162 第Ⅱ地点南斜面の土坑墓(3)－出土状況

第440号土坑墓（図154、161-3、164-6）

　壙口での長径106cm、短径65cm、壙口からの深さ14cmをはかる。壙口面積0.66㎡、長軸方位はW-4°-Nを示す。墓壙の上部が削られている中で、角柱礫の標識が置かれていたことを示す柱穴痕が一部に認められた。

　壙底面から、透かし模様で飾られた角状突起をもつ漆塗り櫛と用途不明の漆片が検出されている（図164-6）。

第441号土坑墓（図154、163-1、164-1）

　壙口での長径173cm、短径109cm、壙口からの深さ50cmをはかる。壙口面積1.67㎡、長軸方位はW-28°-Nを示す。横倒しの状態で残されていた角柱礫1本と円礫15個が壙口及び周辺を覆う（礫群12）。

　覆土から、短刻線が連続する隆帯と三叉文が施文された土器片などが出土している

第442号土坑墓（図154、163-2、164-2～5）

　壙口での長径110cm、短径98cm、壙口からの深さ6～37cmをはかる。壙口面積0.90㎡、長軸方位はW-20°-Nを示す。覆土上部に、人頭大の円礫3個が残されていた。

　壙底面から、頭部を丸く作りだした両面加工の黒曜石製ナイフ（図164-3・5）と蛇紋岩製の勾玉4個（1個は大きく、子持勾玉様）（図164-3・4）が出土している。

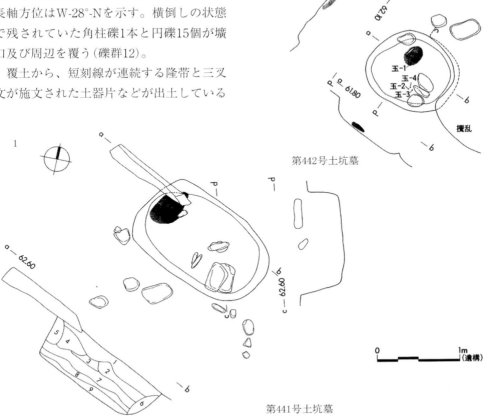

第442号土坑墓

第441号土坑墓

図163　第Ⅱ地点南斜面の土坑墓（4）－平面図・断面図

1　第441号土坑墓

2　第442号土坑墓と壙底面に広がる石製ナイフ・玉

5　石製ナイフ

3　壙底面に置かれた石製ナイフと玉

4　壙底面に置かれた玉

6　第440号土坑墓壙底面出土の漆塗り櫛

7　第448号土坑墓壙底面出土の漆塗り櫛

図164　第Ⅱ地点南斜面の土坑墓(5)－出土状況と遺物

1 F・G-56〜58グリッド周辺での発掘風景

2 斜面に広がる礫群4〜13

3 検出された列状に並ぶ土坑墓群(手前より、第445号・446号・447号・448号土坑墓)

4 第445号土坑墓を覆う礫群10

5 第445号土坑墓

図165　第Ⅱ地点南斜面の土坑墓(6)－発掘風景と出土状況

第443号土坑墓(図154)

　第444号土坑墓を切るように作られた墓壙である。壙口での長径83cm、短径77cm、壙口からの深さ25cmをはかる。壙口面積0.53㎡を数える。墓壙の東肩口に、長さ45cmの扁平な円礫1個が残されていた。覆土から、斜行縄文、平行沈線、突瘤文が施された土器片などが出土している。

第444号土坑墓(図154)

　壙口での長径87cm、短径73cm、壙口からの深さ25cmをはかる。壙口面積0.45㎡を数える。

第445号土坑墓(図154、165～167)

　墓壙の周辺から壙口にかけて16個の円礫のまとまりが明らかにされた(配石第10号)が、一部、斜面に沿っての移動や拡散が理解される。墓壙は、壙口での長径150cm、短径134cm、壙口からの深さ6～50cmをはかる。壙口面積1.54㎡、長軸方位はW-45°-Nを示す。

　土坑墓の中央やや南寄りの壙底面に広がるように、漆塗り櫛2点、漆塗り耳飾、蛇紋岩製の勾玉4個を含む玉109個が出土している。漆塗り櫛の1点は、透かし模様のない台形状で両端に角状突起をもつ例で、他は透かし模様で飾られた、角状突起を有する大型の例である。玉類は、一部に連珠の原位置を残しつつも、多くが散乱しており、埋葬時、意識的に振りまかれたものと想定された。

　地文の羽状縄文に突瘤文や爪形文を口縁にめぐらした土器片などが、覆土中から出土している。

第446号土坑墓(図154)

　壙口での長径150cm、短径134cm、壙口からの深さ6～50cmをはかる。壙口面積1.12㎡、長軸方位はW-41°-Nを示す。

　東壁に近い土坑墓の底面から玉12個、そして漆片(飾玉?)が出土している。玉は、1点のみ琥珀製で、他は蛇紋岩製である。

第447号土坑墓(図154、168、169)

　壙口での長径132cm、短径116cm、壙口からの深さ31cmをはかる。壙口面積1.20㎡、長軸方位はW-39°-Nを示す。

　板状の大型角礫(長さ95cm、幅45cm、厚さ13cm)と3個の大型円礫、2個の小型円礫(礫群13)が壙口の西半分を塞ぐように配されていた。その板石の直上から壺形土器・台付浅鉢土器が出土している。カリンバ遺跡の例にあるように、そもそも口縁部を下に向けて置かれたものが、土圧によって押し潰された様子が理解される。また、土坑墓の北壁に寄った広い範囲から、漆塗り櫛2点と勾玉2点を含む玉16点が出土している。櫛は、両者とも透しをもたない台形状の櫛であるが、1例は側線の膨らみが顕著である。玉は、いずれも蛇紋岩製である。

　壺形土器は、小さな底部、強く張り出す球形の胴部、急速にすぼまる細長の口頸部という器形と、底部、胴上半部、口縁部に施文された斜行縄文と羽状縄文による帯状文、沈線で縁取りされた入組み文、頸部付け根に付された小さなボタン状の貼瘤を特徴とする。注口部を欠いた注口形土器の可能性も残されている。器形は異なるが、高台付きの浅鉢形土器の文様も同様で、斜行縄文と刻線で充填された帯状文、貼瘤文で構成されている。

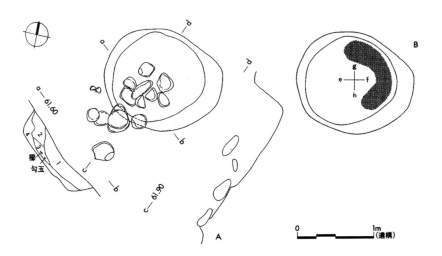

第445号土坑墓

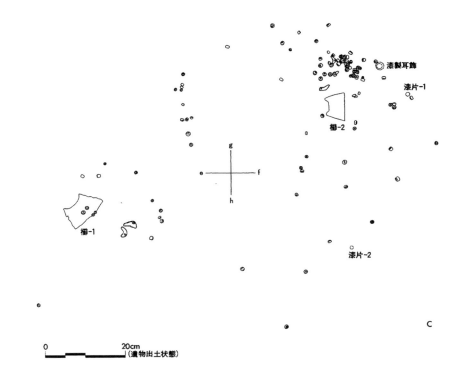

図166　第Ⅱ地点南斜面の土坑墓(7)－平面図・断面図・遺物出土状況

1 第445号土坑墓壙底面を覆うベンガラ層と漆塗り櫛・玉類

2 壙底面上の漆塗り櫛

3 壙底面上の玉

5 漆塗り櫛

6 漆塗り櫛

4 壙底面上の玉

図167　第Ⅱ地点南斜面の土坑墓(8)－出土状況と遺物

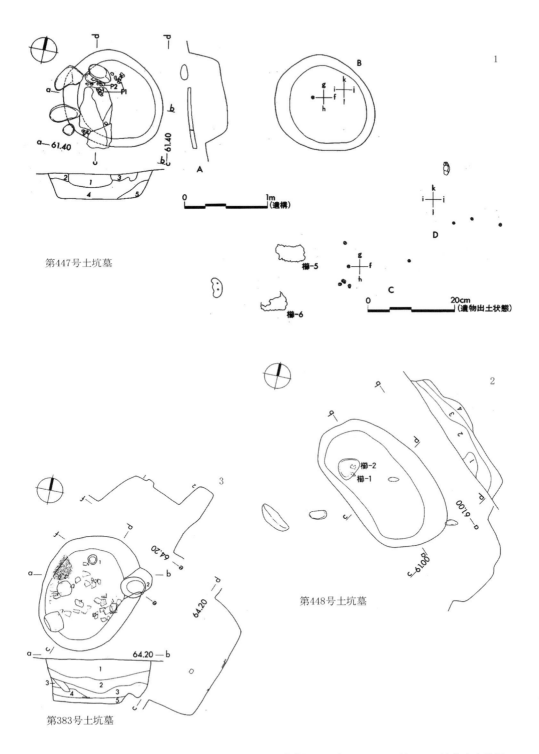

図168　第Ⅱ地点南斜面の土坑墓(9)と北部地域の土坑墓(第383号)－平面図・断面図・遺物出土状況

1 第447号土坑墓の壙口を塞ぐように置かれていた大型板状の礫など礫群13と土器

4 壺形土器

5 高台付き浅鉢形土器

6 漆塗り櫛

7 漆塗り櫛

2 第447号土坑墓

3 壙底面を覆うベンガラ含みの層から出土した玉・漆塗り櫛

図169 第Ⅱ地点南斜面の土坑墓(10)−出土状況と遺物

第448号土坑墓（図154、165-3、168-2）

壙口での長径183cm、短径102cm、壙口からの深さ30cmをはかる。壙口面積1.60㎡、長軸方位はW-40°-Sを示す。

壙底面からやや浮いた位置に、透し模様をもつ一部欠損した漆塗り櫛2点が出土している。また覆土から、口縁部の突瘤文、器面全体に広がる変形クランク様・木葉状の帯状入組文と連結部に付されたボタン状の貼瘤を特徴とする鉢形土器が出土している。

第431号土坑墓（図154）

壙口での長径193cm、短径114cm、壙口からの深さ43cmをはかる。壙口面積1.78㎡、長軸方位はW-45°-Nを示す。壙口及び肩口に人頭大の円礫が置かれていた。また壙底面の両端に小ピットが付設されており、やや特異である。

覆土から、突瘤文ある土器片、爪形文が3段に並ぶ土器片などが出土している。

第430号土坑墓（図154）

壙口での長径86cm、短径82cm、壙口からの深さ18cmをはかる。壙口面積は0.58㎡を数える。

第429号土坑墓（図154）

壙口での長径152cm、短径111cm、壙口からの深さ58cmをはかる。壙口面積1.29㎡、長軸方位はW-73°-Sを示す。

列状群集墓の土坑墓群においては、副葬品が多く出土している割に、年代を決めるに必要な土器が壙口、あるいは壙底面からまとまって出土した例はなく、年代の特定は難しい。しかし、断片的ではあるが、異形土器（香炉形）、あるいは高台付き浅鉢形土器、小さな底部と大きく球形の胴部、急速にすぼまる頸部・口縁部からなる壺形（注口形？）土器の存在、そして突瘤文、1～3段の爪形文、刻線文に画された帯状文・入組文、三叉文、ボタン状の貼瘤文などの文様が組み合わさる様子から、第Ⅰ地点の竪穴式集団墓の時代より後出するものと考えられる。このような理解は、副葬品としての玉類が、翡翠製ではなく、大半が蛇紋岩製・滑石製である事実、竪穴式集団墓にはみられない漆塗りの櫛がまとまって出土している事実などともよく符合している。土器の編年や副葬品の時代的相違などについては、後にあらためて触れるが、本書でのもう一つの主題であるカリンバ遺跡の土坑墓群に比較的近い時期の土坑墓群とみなすことができよう。

3 「列状群集墓」の北への広がり（図153、170、171）

　同じ縄文時代後期に属する遺構群としてあらためて注目しなければならないのは、第Ⅱ地点の「列状群集墓」以外の北部・西部地域に広がる土坑墓群、焼土群、柱穴群、「盛土遺構」である（図153）。これまで簡単ながら言及してきたが、あらためて、遺跡の全体構造にかかわって重要と思われる知見を紹介したい。先述したとおり、北部地域は、丘陵頂部の平坦部に相当するが、その周囲はすでに失われていた。平坦部も、耕作によって大きく削られており、本来あったであろう遺構の全容解明はすでに困難であった。

　しかし、この地域での土坑墓群は、一見雑然と広がるように見えるが、広くて厚く堆積する焼土群の近辺に集中分布する傾向を示している（図154・170）。例えば、D'-50グリッドの周辺に分布する第379号～第383号土坑墓、C・D-48～50グリッド

1　A'～F'-54・55グリッド付近での発掘風景（南より）

2　第412～415号土坑墓

3　A'～F'-52・53グリッド付近

図170　第Ⅱ地点北部地域の発掘風景と出土遺構

の周辺に分布する第423号～第426号土坑墓群、E'-55グリッドの周辺に分布する第403号～第407号土坑墓、またC'-56グリッドの周辺に分布する第412号～第417号土坑墓などである。形態からは、およそ大小2つに大別できる。

大きいタイプは、プランが隅丸方形、もしくは楕円形を呈し、深い。覆土中の遺物の出土量が多いことに特徴があるが、床面からの出土は少ない。第382号土坑墓と第383号土坑墓は、墓壙内に付属ピットをもつ例である。壁に沿って付設された後者の場合、覆土の堆積状態から同時期に作られたものと考えたが、周辺の柱穴様ピット群との関連も考慮される。土坑墓群と石組炉2を中心に周囲を取りまく柱穴群(図153、173-A)との関係は同時期で、仮に時間差があっても土器型式を超えてのものではない。

小さいタイプの土坑墓は、円形を呈するものが多く、墓壙内にびっしりつまった状態で積石をもつもの(第403号土坑墓、第409号土坑墓など)と、そうでないものがある。

第417号土坑墓(径85×82cm、深さ10cm)は、小型円形の典型的タイプである(図171)。壙底面に完形土器が出土した唯一の例である。LR原体による斜行縄文を地文として、頸部に縦長の貼瘤を4ヵ所につけ、その間およびその下に平行沈線・波状沈線・弧状沈線を施した小型の鉢形土器である(図171-3)。なお、本土坑墓の壙口は、大きく壊され、底部のごく一部が残るのみで、積石の有無は不明である。

第419号土坑墓(径155×80cm、深さ22cm)は、珍しく狭長な楕円形の土坑墓であるが、底部の一部が浅く残された例である。

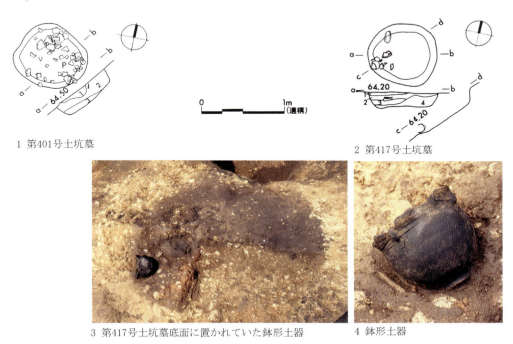

1 第401号土坑墓　　2 第417号土坑墓

3 第417号土坑墓底面に置かれていた鉢形土器　　4 鉢形土器

図171　第Ⅱ地点、北部地域の土坑墓(第401号・第417号)―平面図・断面図、土器出土状況

4　第Ⅱ地点の構造—
「環状群集墓」と「盛土遺構」

　地続きの同一の遺跡と認識しつつも、これまで、便宜的に第Ⅰ地点と第Ⅱ地点とを区別し、それぞれの地点ごとの特性を強調してきたきらいは否めない。両者とも土取り工事によって周囲の地形が大きく削られ、旧状を失っていたためではあるが、近年、キウス4遺跡の大規模な調査の成果が明らかにされるにつけ、柏木B遺跡の再評価は避け難い。なかでも、「列状群集墓」と仮称してきた遺構群を含めて第Ⅱ地点全体の構造的理解がこれまでにも増して重要と思われる。もちろん、「列状群集墓」が、同じ地点での北側の遺構群と関連しつつ存在していたであろうことはすでに報告書の中でも指摘してきたことであり、まったく新たな構想でもないが、ここで果たすべき責任のひとつは、説明の都合上、便宜的に踏襲してきた第Ⅱ地点南半部の土坑墓群を表す名称、「列状群集墓」の再検討にある。

　第Ⅱ地点発掘区の北側と南側を中心に、縄文時代後期末葉に属する多数の土坑墓が発掘された（図153）。北の土坑墓群と南の土坑墓群ということで比較した場合、両者はいくつかの点において対照的である。すなわち平坦面に位置する北の一群と斜面に位置する南の一群、配石と深く関係する一群（南）とそれほど顕著でない一群（北）、副葬品の出土が多い一群（南）と少ない一群（北）といった傾向の相違を読み取ることができよう。なお配石については、北側が、特に耕作などで削平されており、当時の状態をそのまま残しているとは言い難いが、こうした様相の違いを重視し、特に、南半部の遺構群を指して「列状群集墓」と称してきた。

　しかし、一見対照的にみえるこのような関係も、両者が、ほぼ同じ時期に属する土坑墓群であると理解される。むしろ、無秩序・無関係に土坑墓の造営が進行したとは考え難く、東西が土取り工事によって削平されてはいるが、全体として構造的つながりを有しつつ展開していたと見るのが妥当と言えよう。

　図153の遺構配置図は、第Ⅱ地点の全体図の中からこの時代に属するとみられる遺構を抜き出し、図化したものである。解釈に種々制約があるとは言え、その広がりに注目すると、土坑墓群を北と南に明瞭な境界線をもって区分することは難しい。むしろここでは、土坑墓のまったく発見されない中央部の空間が存在する事実、そしておよそその外周を環帯状（径約40m）に土坑墓群がめぐる事実こそが、重視されるべき様相と言えよう。

　また、礫群の分布、焼土および遺物の分布状況は、いっそうの理解を助ける（図153、175）。すなわち、礫群は、12個の大型板石と柱状節理の角柱礫、人頭大以上の大きさを有する500個以上の円礫、無数の破砕礫からなり、およそ環状にめぐる。また土坑墓内の副葬品こそ多くはないが、北の土坑墓群は東側に延び、広く厚く分布する焼土群（図153、173-A・B）、石組炉（174-1～4）、柱穴群（図153、173、174-5～7）などと関りながら南の「列状群集墓」へと結びつく。

　このように、土坑墓群が、「列状」にとどまることなく、円環状にいっそうの展開をしていたことが推察されることから、以後、限定的表現の場合を除き、その構造の本質を重視しつつ「環状群集墓」と呼称する。

図172　第Ⅱ地点南西部斜面上の「盛土遺構」と土器の出土状況

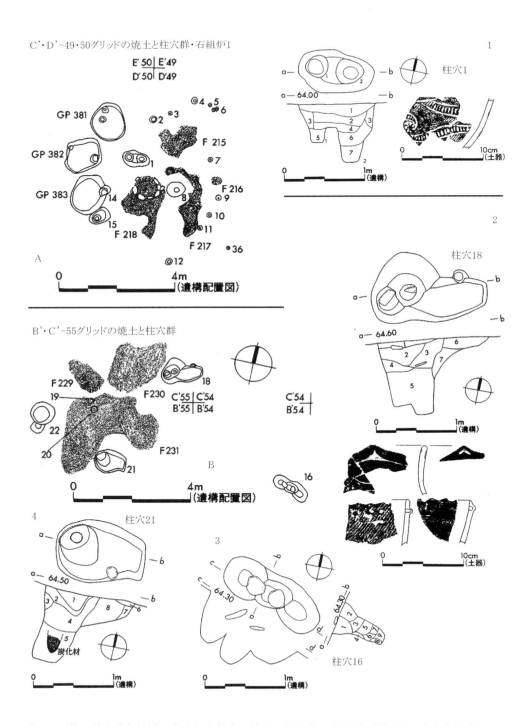

図173　第Ⅱ地点北部地域で出土した柱穴・焼土・石組炉－平面図・断面図・出土土器片

図174　第Ⅱ地点北部地域出土の柱穴と焼土（炉）－出土状況

　以上のような理解をいっそう意味づける有力な状況証拠が、土器の分布に示されている。図175-Bは、土器片の出土量をグリッド別にグラフ化したものである。わずかながら続縄文時代の土器が含まれているが、その出土分布は、第Ⅱ地点の周辺に多く、環帯状に広がる様相を示している。大量の土器（片）が、土坑墓群の広がる空間と結びつきながら用いられた、置かれた、あるいは廃棄された関係を物語っていよう。

　なかでも、主に第Ⅱ地点の南西斜面の中腹から下部にかけて出土土器の突出する様子が示されているが、E・F-58・59グリッドで23,183点、C・D-58・59グリッドで6,267点、C'・D'-56・57グリッドで9,237点、E'・F-'56・57で7,407点を数える。復原された土器の大半がここからの出土であり、しかも第Ⅰ地点の竪穴式集団墓の時期に相当する鉢形土器が大量に含まれている（図175）。黒色土や焼土、さらに土器をまじえた二次的な堆積状況を示す赤褐色土が、地山のEn-a層の上に、時に黒褐色土の間層を挟みながら厚く堆積する事実は、発掘時から注目されていた。

　しかし、土取り工事によって当時の姿を留める範囲が極めて限られていたことも

あって、地層の由来や形成過程を正確に把握するまでには至らなかったが、ここでの堆積物は、今日で言う「盛土遺構」である。標高の高い中央部の比較的平坦な地形は、もっぱら近現代の農地均平化事業と耕作によるものと理解していたが、あらためてキウス4遺跡の調査結果などとの比較を通して、より古い時代の削平、すなわち縄文時代後期後葉の「土木工事」も原因していたことが理解される。すなわち、土器を大量に含む盛土遺構は、当時の削平によっても

たらされた土壌とともに大量の土器が投棄された結果を物語っている。残念ながら、当時の広がりや規模を詳細に論ずることはできない。

大型の鉢形土器片を大量に含む「盛土遺構」の広がりは、とりわけD・E・F・G-57・58・59グリッドに明瞭であるが、そこでの層厚が30～50cmであった。急斜面にも及ぶという予想外の遺跡の広がりが判明した段階で、緊急的に重機による樹木の伐採や表土の除去などが行われ、ここでも本来

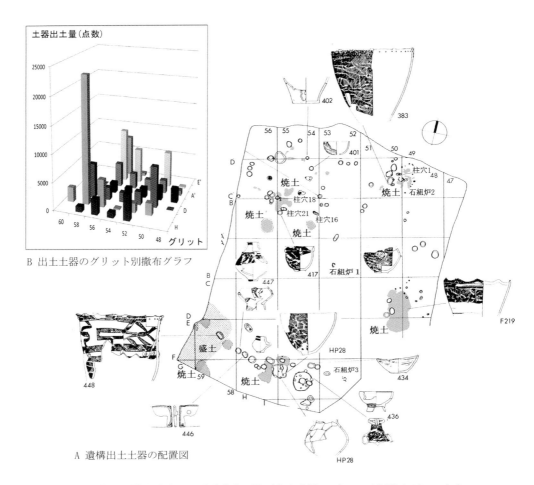

図175　第Ⅱ地点の遺構出土土器の分布(A)、及び出土土器のグリッド別撒布グラフ(B)
（土器図下の数字：土坑墓・住居址・焼土番号）

の包含層はすでに一部削平され、土器群の層位的関係を詳細に分析することは難しい。唯一、褐色土に近い堆積層に包まれて出土した大型の鉢形土器などが、「盛土遺構」の下部層に位置し、結果として、盛土の形成が、「列状群集墓」およびそれを含む環状群集墓の造営時期に先んじて開始されていた事実だけは強調できよう。

ところで、図173-Aは、C'・D'-49・50グリッド、C'・D'-55グリッドにおいて検出された焼土群と柱穴、石組炉を、図173-Bは、焼土229～231とそれに隣接して発見された柱穴16・18・21である。柱穴21の断面(図174-7)には、掘り方と作り方、そして炭化して残る柱根部の様子が示されているが、柱穴は、En-a層を1m近く掘り下げて作られており、その幅は50cmをはかる。覆土が被熱された状況も調べられている。特に注目されるのが、木柱端部の形状が尖っていることとまわりが黒色土層を挟まないEn-a起源の土壌に覆われている事実である。柱根部の端部が尖る形状は、通常、住居の柱としては向かない。しっかりとした掘り方が認められ、柱穴の底面が平らであるにもかかわらず、先端部の尖る柱が用いられている点でも、やや違和感があろう。そもそも、住居構造の一部とみなしうる証拠はまったく得られておらず、地中深く掘られた柱穴群の多くが、焼土群に近接して検出されている事実にこそ着目すべきであろう。筆者らは、発掘の当初からこれら柱穴群が、トーテムポールのように広場での共同祭儀に関係して立てられ、そして燃やされたものと理解していたが、ここでのまとめとしてあらためて強調したい。

なお、焼土215～218に近接する柱穴1の覆土中より縄文時代後期後葉の土器片が出土している(図173-A)。太くて深い柱穴群が、環状群集墓などに関連した施設とみなす証拠のひとつでもある。

COLUMN
柏木B遺跡の地上標識
―いつ抜き取られたか？

　柏木B遺跡の存在が、早くも1885（明治18）年に知られていたことはほぼ間違いない。過去の記録を探る中で辿りついた結論であった（木村1979、木村編1981）が、その後の調査でさらなる物証が得られている。

　1926（大正15）年の国産振興博覧会が開催された折、全道各地で遺跡の現地調査と遺物の収集活動を行っていた河野常吉によって、中山留蔵氏所蔵の"嶋松のメンヒル"1本を陳列した事実が『陳列品解説書』の中に書き記されている（河野常吉1926）。しかも、"嶋松のメンヒル"の実際の発見者である中山久蔵の親族である留蔵とのやりとりを通して、収集の来歴など貴重な情報が今日に伝えられている。

　「千歳郡恵庭村大字島松村モイザリ上流モイザリ川は、千歳郡恵庭村と札幌郡広嶋村との間にある川で、其川側の広嶋村の方に、有名なる老農中山久蔵氏が明治（ママ）年から住んで居テ、氏の処に柱石があると云ふ事を聞いて居た。又、同氏の分家なる同村大曲の中山留蔵氏の処にも、同じ様な柱石が一本ある事を聞いて居た。久蔵氏は既に歿せられてたので、留蔵氏に其石の来歴を問合せた処、同氏の回答には、元とモイザリ川の上流千歳郡側の小高き地に三本あったのを、明治十九年に発見し、二十年に久蔵氏方に運んで来た。元と在った処では、三本が二十間許と百二三十間位と間隔を置いて立って居たさうである。其後、一本は大曲に移し、一本は他へ遣はし、一本は久蔵氏方にあるのだと云ふ。」（『河野常吉ノート』より）

　1本が大曲の留蔵宅、1本が久蔵宅に持ち帰られ、残りの1本が札幌博物館へ寄付されたとされる3本の「柱石」が集められた場所は、茂漁川の高台にあったとされるが、柏木B遺跡こそが、石狩低地帯を望む、茂漁川の左岸に沿って突きだす丘陵先端付近に立地する。しかも今回の発掘によって同じような角柱礫が多数発見されており、角柱礫が立ち並ぶ様相を想定できる遺跡は、この柏木B遺跡をおいてない。第1号竪穴式集団墓の中心と第2号竪穴式集団墓の中心との距離が20mほど、また第2号竪穴式集団墓と第3号竪穴式集団墓の距離が70mほどと、筆者らが検出した竪穴式集団墓群の相互関係と中山留蔵の証言する「柱石」の間隔とは必ずしも符合していないが、調査区の第Ⅰ地点東端から第Ⅱ地点西端までの距離がおよそ200mを有し、しかも周囲が大きく削平される以前には、なお多くの竪穴式集団墓が存在していた可能性も考慮されており、留蔵の「三本が二十間許と百二三十間位と間隔を於いて立って居た」という証言もまったく的外れとは言えまい。さらに注目すべきは、その「柱石」が、柏木B遺跡から北方4.5kmの

久蔵ゆかりの地に今も残されている点であろう。

　河野常吉の記録には、久蔵が持ち帰った「柱石」について、「中山久蔵は馬頭観音を刻みて、千歳郡嶋松の道側の塚に立たり」との添え書きもみられるが、晩年に久蔵が経営していた旧室蘭街道沿いの史蹟・嶋松駅逓所に近い島松川の川岸にその「柱石」をみることができる。別図6のとおり、「柱石」には「馬頭観世音菩薩」の字が刻まれており、採集年の「明治18年」、採集者の久蔵の刻印とともにその史実を裏付けている。根元が台石に埋められ正確な長さを知ることはできないが、「柱石」は、123cm以上（推定145cm）、幅25cm、奥行17cm、不規則な六角柱である。ちなみに、第1号竪穴式集団墓の第1113号土坑墓から出土した長さ190cm、幅23cmの例と太さ・形状はよく似ているが、長さでやや短い。また、第2号竪穴式集団墓の第2003号土坑墓の角柱礫1で69.4×13.6×16.2cm、角柱礫2で59.1×14.6×11.3cm、第2005号土坑墓の角柱礫で79.9×16.5×14.0cm、第Ⅱ地点の第441号土坑墓の角柱礫で122.1×20.9×22.2cmをはかるが、それらよりも大型である。

　明らかにされた竪穴式集団墓や第Ⅱ地点の土坑墓群の多くが、後代の人々の活動によっても損なわれることなく、運よく今日に伝えられてきたのであるが、角柱礫の地上標識が立ち並ぶ景観が関係していたと思われる。中山久蔵が収集を思い立ったのも、縄文時代後期の集団墓地の奇妙な景観に引き込まれたからと想像される。

　なお河野常吉は、中山久蔵のコレクションとともに、石山七三郎による「長沼の東（ケヌフチの一里余）の谷地に注ぐウルツの沢（小川）の尻」での採集の記録を残している。現在の長沼町ウロレッチである。別図7は、長沼の幌内神社の境内に集められ立てられた同じような多数の角柱礫である。

別図6　旧島松駅逓所の前に立つ「石柱」

別図7　幌内神社境内に立つ石柱群（1965年）

【資料】
中山留蔵氏書簡

　文略右石柱ニ関し御聞合ノ事早速御返事申上可ク処小供病気故札幌免田病院ニ入院致シ候ヘ共遂死亡致シ候間遂今迄延引仕り実ニ御申訳之無ク候就テ右ノ石柱ノ事ヲ申上候

[頭注一]　一、元嶋松（村）字モイダ（ザ）リ川上ニアリ　　　[脚注一]
　　　　　二、一本二十間1本百二三十間位離レ居リ
　　　　　三、モイダ（ザ）リ川ノ高地ニアリ
[頭注二]　四、一本ハ大曲中山留蔵ノ土地ニアリ
　　　　　　　一本ハ千歳石山ノ土地（ニ）アリ　　　　　[脚注二]
　　　　　　　一本ハ嶋松ノ中山久蔵ノ地ニアリ
　　　　　五、右ノ石柱ノ外ニ他ニアルヲ聞ズ
　　　　右の石柱ハ明治十九年ニ見ケ廿年ニモイダリ川上ヨリ持運モノナリ
　　　　右ハ御返事迄
　　　　　　四月廿十八日　　　　　　　中山留蔵

[頭注一]　此処には二本ありたり
[頭注二]　中山久蔵は馬頭観音を刻みて、千歳郡嶋松の道側の塚に立たり
[脚注一]　今ノ恵庭村内也
[脚注二]　此石山七三郎の地にありと云ふものは長沼にありしものにて、
　　　　　モイザリの石柱とは出処同じにあらず

河野常吉記　　大正十一年五月十五日（抜粋）

千歳村遺跡遺物
一、石柱
　中山久蔵ムイザリ川橋の奥の川岸の高味の処に、二本あるを見て、之を採り一本を札幌博物館へ寄附し、一本を自分家の庭に建たり。"中山留蔵談。モイザリ川の高地に三本あり。二十間、二三十間を隔つ。明治十九年発見。廿十年に持来れりと。
　石山七三郎は長沼の東（ケヌフチの一里余）の谷地に注ぐウルツの沢（小川）の尻（筆者註）、谷地よりやや高き処に、一本建ちたるを発見し、掘取り馬に駄し運び来りて、後庭に建置けり。長八尺五寸にて径六七寸の角柱なり。
　「アイヌ」曰く。昔、樺太「アイヌ」交易に来り、船を繋ぐ為に建たるなりと云ふ。其頃は右石柱を建たる処まで水にて、船を入るるを得しならんと云ふ。

付・寒地稲作に挑んだ中山久蔵

　話は考古学から外れるが、中山久蔵のもう一つの大きな功績を紹介したい。日本列島に大陸から稲作が入ってきたのは2,500年ほど前である。弥生時代の初め頃、米作りは青森県まで広まったのを最後に、北海道へは到達しなかった。北海道は縄文時代と同じように狩猟・漁撈で生活を営む続縄文時代が続いたとされている。

　ところが、現在でこそ北海道は日本列島における主要な米産地である。その北海道の稲作農業の基礎を築いた人物こそが、明治のはじめ、寒冷気候の北海道では不向きとされてきた米作りに成功した中山久蔵である。

　江戸時代末期の文政11年(1828年)、大阪で生まれた久蔵は、17歳で諸国を放浪の旅に出ていく。安政元年(1854年)5月、仙台藩に従事した久蔵は初めて北海道に渡り、明治2年(1869年)、42歳の時に北海道へ移住し、一時苫小牧に鍬をおろした。

　明治4年(1871年)、農業に適した土地をもとめて北に歩を進め、現在の恵庭市島松に辿り着いた。清流のある島松沢は周囲がなだらかな斜面で、彼にとって理想的な土地だった。ここを居住地に定めた久蔵は、当初暮らしていけるだけの畑を開墾し、麦、ヒエ、ソバ、大豆などを栽培したという。

　北海道開拓初期のこの時期、恵庭でも高知藩によって千歳川と漁川が合流する付近で米作りが試されたものの、洪水によって失敗に終わっている。久蔵はその出来事から米作りのヒントを得ていたのかもしれない。洪水の心配のない、清らかな水のある土地で工夫次第では寒冷な北海道でも米はできる、そう思ったに違いない。

　明治6年(1873年)、島松川の水を利用して1反の水田を開き、函館に近い旧大野村(現北斗市)から取り寄せた稲モミの「赤毛種」で苗代を作った。しかし、山から流れてくる水は稲には冷たすぎ、育ちがよくなかった。久蔵は、風呂の湯を苗代に入れたり、苗を移植した水田の温度が上がるように何度も屈曲して通る水路を考案するなどして、水田1反(約1千平方メートル)から2石3斗(345キロ)を収穫した。寒冷地で初めて米作りに成功したのである。

　その後も水田を広げ、米作りを続けたが、冷涼な気候などで思うような収穫量が得られていたわけではなかった。開拓使からは北海道に不向きな米作りをやめ、畑作を行うよう勧められたこともあったという。しかし、米作りへの挑戦をやめることはなく、ついに明治12年には開拓使に種モミを献上するまでになった。また、道内の開拓者達に種モミを配布し、久蔵の技術指導のおかげもあって各地で稲作が成功し始める。人々から「島松の久蔵」と呼ばれ、種モミは「中山の赤毛」として広まり、明治末期まで各地で栽培が続けられた。久蔵は石狩地方の米作りの創始者とうたわれ、島松沢は「寒地稲作発祥の地」となったのである。寒冷な北海道で米作りを成功させたのは、開拓者としての誇りと自立心に他ならない。

　大正8年(1919年)、中山久蔵は93歳の長寿で亡くなるが、その翌年、北海道の収穫量が念願の100万石(約15万トン)までに達する。2012年の農林水産省発表では、北海道の生産高が年間62万トンを超え、日本一の米どころとなった。品質も「コシヒカリ」に勝るとも劣らない高い評価を得ているが、もとを辿れば中山久蔵のひたむきな米作りに行き着くといえるだろう。

Ⅲ 出土土器から探る埋葬墓の変遷

　竪穴式集団墓の構造上の特徴は、深く掘り凹められた竪穴の構築にある。ほぼ正円に整えられた平面プラン、平坦に整地された床面、そしておよそ直角に立ち上がるようていねいに仕上げられた壁面など、竪穴作りに木目細かな配慮がなされており、その構築が、周堤を築くために行われた副次的な掘り下げ作業でなかったことを物語っている。空間の及ぶ他界への入り口は、竪穴構造をもって隔てられる。これまで、研究史を尊重しつつこの種の遺構に対し「環状土籬」なる用語を当ててきたが、難解さに加えて、構造上の特性を適切に表現しえていないと判断し、以後、「竪穴式集団墓」と呼ぶこととした。ちなみに、周堤の形成よりも竪穴の構築にこそ本来的な意図が込められていたとすると、昨今、普及しつつある用語「周堤墓」についても、「環状土籬」同様の難が認められよう。

　ここでは、竪穴式集団墓がいつ造営されたのか、また「環状群集墓」、「盛土遺構」とどのような関わりをもつのか出土土器の編年的考察を通して探ってみたい。

1　竪穴式集団墓に残された供献土器

　竪穴式集団墓の埋葬に関係した土器が、竪穴内、および周堤上の土坑墓から出土している。注目すべきは、日常に使用していた土器を土坑墓内の遺体に添えるという風習は無かったらしいことである。個体数こそ多くはないが、非実用的なミニチュア土器を遺体に添えた第1112号土坑墓の例を除くと、いずれも土坑墓の壙口、あるいは土坑墓周囲の竪穴床面から出土したものである。すなわち、土坑墓を掘削し、墓壙内に遺体を安置し、再び掘り上げた土を埋め戻し終えた後に、土坑墓の上、あるいはその周辺に置かれた土器である。また、竪穴上で執り行われた共同祭儀の折に使用し、その後に留め置かれた土器である。副葬品と言うよりも、供献土器と呼ぶにふさわしい出土状況を示している。

　個々の詳細はすでに紹介してきたが、その多くは、第1号竪穴式集団墓に関係し、土坑墓の壙口とその周辺、竪穴床面からあわせて14個体、竪穴外の土坑墓から2個体が出土している（図176-1～16）。その内訳は、鉢形土器が7個体、壺形土器が4個体、注口形土器5個体である。一方、第2号竪穴式集団墓では、墓壙上、あるいは墓壙内の覆土中からそれぞれ1個体の壺形土器と鉢形土器が出土している（図176-17・18）。この場合の鉢形土器は、掘削土の埋め戻しの途中で特別に埋納されたことを物語っている。さらに、第3号竪穴式集団墓で、土坑墓の壙口付近から鉢形土器1個体（図147-2）、全体構造の不明な第5号竪穴式集団墓で土坑墓（第365号、図151-2）の壙口から注口形土器が出土している。

　器形ごとの分布を概観すると、丸底フラ

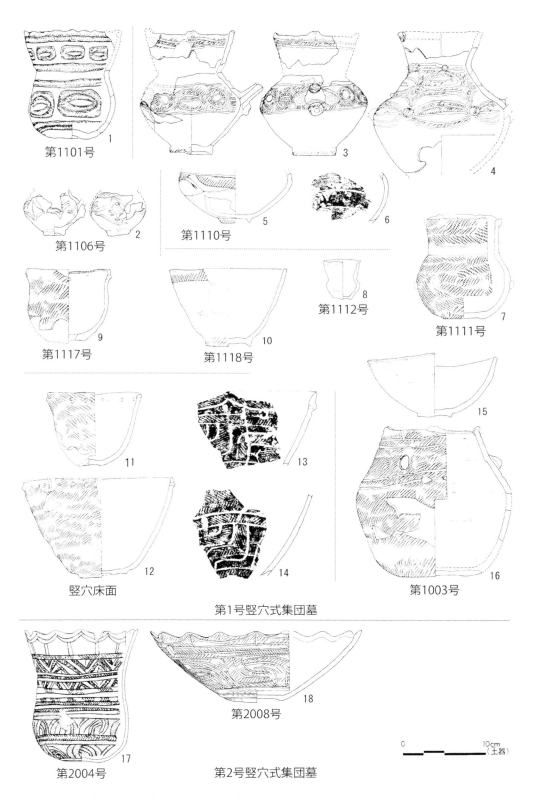

図176 竪穴式集団墓の副葬・供献用の土器

スコに似た球状の胴部と長い口頸部をもつ広口壺が、竪穴内の北側、第1101号の付属ピット付近と第1111号の壙口から出土している（図176-1・7）。細部に及ぶと、小さな波状口縁、細く括れた胴上部から口頸部が緩やかに外反し、むしろ鉢形に近い同図1、平縁で、口頸部がほぼ直立する広口壺と呼ぶに相応しい同図7、というように個体ごとの相違もみられる。何よりも、それぞれの文様に特徴がある。1は、2〜3本の沈線文で水平、あるいは環状に区画された内部をハの字状短刻列で充填される帯状文、区画文で特色づけられる。7は、羽状縄文（LR・RL原体）を地文とし、頸部下部に2本の沈線文と磨り消しによる無文帯がめぐる簡素な文様構成ながら、口縁部と胴部中央の2段に配された、中心を円形竹管の刺突で凹ませた小型ボタン状の貼瘤文が特色づける。

竪穴外の第1003号の壙口からも、無文の浅鉢形土器とともに貼瘤を特徴とする土器が出土している（図176-16）。やや大型で、胴張り、口縁に4個の突起をもつ無頸壺である。斜行縄文（LR）を地文として、口縁部と胴上部に2本単位の平行沈線文がめぐるが、その中ほどの頸部に、縦に太く深い刻みを入れた大きな貼瘤（推定4個）がつく。

なお唯一、竪穴内の土坑墓（第1112号）の壙底から発見された無文の鉢形土器（図176-8）は、実用とは考え難いミニチュア土器であるが、球状の胴部、長い頸部など器形上の特徴が第1101号例に類似する。

壺形土器に見られた貼瘤文は、器種を超えて注口形土器にも付されている。第1110号土坑墓周辺の竪穴床面から注口形土器片がまとまって出土しているが、復原された例にはいずれもボタン状の大きな貼瘤、刻みの入った貼瘤、刻みのない小型丸形の貼瘤が付されている（図176-3・4）。小さな揚底、膨らみの強い胴部、「く」の字状に折れ曲りながら外反気味に立ちあがる長めの口頸部などおよそ似たような器形を呈する。3の場合、頂部が刻まれた4単位の小さな突起を口縁部にもつが、4は平縁を呈する。両例とも、頸部・胴下半部の無文帯に挟まれた頸部〜胴上部の主たる文様は、地文の斜縄文（LR）と水平・円形・弧状の沈線文、磨消文を組み合わせた帯状文、区画文からなるが、その要所に貼瘤が付される。3では、注口部の左右と下部に中心部を竹管で凹ませたボタン状の貼瘤がつく。また4では、下向きと上向きの弧線文とを組み合わせた連結帯状文が3段に並び、下段、すなわち胴部最大幅に相当する位置に描かれた連結部には刻みのある大きな貼瘤がつけられ、より上位の文様部には、刻みをもたない小さな貼瘤が2段におよそ半単位ずつずらしながら囲繞する。

ちなみに、第1110号周辺で検出された土器群中の小片が、第1106号の壙口に置かれていた人面付きミニュチア土器（図176-2）と接合している。両土坑墓の緊密な関係が推察されるとともに、注口部の下部に付された人面から推して、同図3の注口部下部に付されたボタン状の貼瘤文も装飾的な理由以上の含意を理解できよう。

土器の分布でみると、壺形土器が竪穴墓域の北側に、また注口形土器が竪穴の西側に偏在するのに対し、次に紹介する鉢形土器も竪穴外の第1003号例を除き、竪穴の南東部にまとまって検出されている。ただし、いずれも小型・中型の浅鉢形、もしくは鉢形タイプで、竪穴の床面、墓域から大

型の深鉢形土器が一切検出されていない事実は注目に値する。

　竪穴内の土坑墓に関係した鉢形土器は、第1112号土坑墓の壙底面から出土したミニチュア土器を除くと、第1118号土坑墓の壙口の礫上に置かれていた図176-10が唯一確かな例である。また即断はできないが、第1117号周辺の竪穴床面から出土した図176-9も、その可能性は高い。10は、揚底、外に向かって真っ直ぐに開く平縁、碗形の浅鉢形土器で、横位沈線文で区画された口縁部と底部に斜行縄文（LR原体）が施文され、体部は篦削りとナデによる無文部が占める。一方の9は、弱い揚底、括れ気味の頸部からわずかに口縁が開く、平縁、小型の鉢形土器で、LR原体の斜縄文が器表、及び内切の口唇部を飾る。

　竪穴東南部の壁際に近い開き地の床面から少なくとも3個体以上の鉢形土器がまとまって出土している。個別の土坑墓との結びつきを考えるには難しい仲間である。いずれもが、内から外に向かう突瘤文が口縁部をめぐる小型・中型の鉢形土器である（図176-11～14）。少ないながらも、いわゆる粗製と精製の鉢形土器が含まれており、文様構成の違いも示されている。11・12は、斜行縄文が体部全面に施文された小型・中型の鉢形土器であるが、大きさの違いに加えて、11がLR原体、12がRL原体と、用いられた施文具の相違が示されている。一方のいわゆる精製土器（図176-13・14）は、小さな底部から大きく外反する波状口縁、中型の浅鉢形土器である。13と14は、同一個体の口縁部片と胴部片で、底部が不詳であるが、比すべき例は第2号竪穴式集団墓の第2008号土坑墓出土の浅鉢形土器である。羽状縄文（LR・RL原体）を地文とし、沈線文、磨消文による鍵状、クランク状の帯状文が器面を覆う。羽状縄文の施文は、異原体（LRとRL）の横位回転による。

　なお、これら竪穴南東部の床面から出土した鉢形土器の一群に近接して、タールの付着した石斧、石鏃、丸玉、有茎石鏃、三日月形の異形石器、剥片がまとまって出土している。さらに、焼骨（獣骨）砕片を含む3カ所の焼土群、ベンガラの撒布などが確認されており、何らかの祭儀が執り行われたことは間違いない。鉢形土器が、どのような役割を果たしていたのか、興味ある課題と言えよう。

　第2号竪穴式集団墓において出土した土器は、第2004号土坑墓の広口壺と第2008号土坑墓の浅鉢の2個体である（図176-17・18）。17は墓壙上の多数の礫群（19個）下に石棒とともに、また18は覆土中に置かれていたもので、それぞれの埋葬時に置かれた供献土器とみなせよう。17は、頸部の括れがやや弱く、口縁の波頂部がいくらか大き目であることを除くと、先の第1101号土坑墓例と同じ様な器形を呈している。同じく文様も、単位が小さく、緻密、より幾何学的構成となっており、横位、縦位、鋸歯状の沈線文と連弧文、矢羽状の短刻列を充填させた帯状文など共通する文様要素も認められる。また18も、突瘤文、および磨消し縄文がみられない点で相違はあるが、器形の類似に加えて、胴部にみられる羽状縄文（LRとRLの横位回転）を地文とした沈線文による襷掛け様の入組文、帯状文などの文様構成は、第1号竪穴式集団墓の床面出土例とも共通する。

　第3号竪穴式集団墓の第3002号壙口から出土した羽状縄文が施文されただけの小型の浅鉢形土器（図147-2）も、ほぼ同様であ

る。第5号竪穴式集団墓とみられる第365号土坑墓の壙口付近の礫下より出土した注口形土器（図151-2）も、細目の口縁部がおよそ真っ直ぐ立ち上がるなど、器形の相違もみられ、やはり小さな貼瘤と磨り消し手法による入組文を組み合わせた文様構成が第1号竪穴式集団墓の例に共通する。

以上、鉢形土器、壺形土器、注口形土器をセットとする組成は、それぞれ似たような器形上の特徴を示すとともに、文様構成においても、斜行縄文、羽状縄文に沈線文、弧状沈線文、曲線文、磨消縄文、「ハ」の字状短刻線文などの組み合わせによる帯状文、入組文、そして貼瘤文などが用いられており、共通する型式的特徴を示す。柏木B遺跡における竪穴式集団墓が、ほぼ同じ土器型式が存続する時期に造営、使用され続けたことが理解される。その時期は、堂林式土器の時期に相当する。なお、キウス4遺跡の盛土遺構の調査結果から導き出された編年案に関連して、柏木B遺跡の竪穴式集団墓が、堂林式土器に後出する三ツ谷式土器の時期に相当するという見解が繰り返し明らかにされ（藤原1999・2000・2003）、一時これに従い、三ツ谷式土器の時期のものであるとする考えを明らかにしたが、誤りであり、今回をもって訂正する。この点については、後に再度触れる。

2　「環状群集墓」・「盛土遺構」に残された土器群

土坑墓群が第Ⅱ地点の全体におよそ環状に広がることから、第436号「竪穴式単一墓」などこれまで「列状群集墓」と呼んできた南の土坑墓群に北の土坑墓群を加えて、新たに「環状群集墓」と称することについては、先述したとおりである。図177は、第Ⅱ地点の土坑墓に伴出した土器の主な例を示したものであるが、以下、紹介を兼ねて第Ⅱ地点での編年的関係を明らかにしたい。

第417号土坑墓の小型の鉢形土器は、床面からの出土で副葬品と判断できる確かな例である。斜行縄文を地文として、胴張りの器形がわずかにすぼむ頸部の4カ所に瘤状突起が付き、その間に平行沈線文、弧線文が施文されている。平縁、低い高台付き土器である。

また第447号土坑墓の壙口から出土した注口形土器や台付浅鉢形土器なども、墓壙を塞ぐようにあった板状礫の直上に置かれていたもので、土坑墓に直接関係した供献土器とみなせよう。細頸の注口形土器は、小さな揚底、強く張り出した球状の胴部から口縁に向かって急速にすぼまる。口縁部と底部の幅狭の縄文帯、加えて頸部から胴上部の主たる文様帯には平行の帯状文と木葉形帯状文による入組み文、その連結部に付された小さなボタン状の貼瘤が施文されている。また、台付の浅鉢形土器は、張り出す胴部から強く内傾し、低い口縁部が立ちあがる。小さな突起を4カ所にもつ口縁部に、短刻列、短刻で充填された帯状文が施文され、ボタン状の貼瘤が付されている。

これまで南の「列状群集墓」の中核をなすとみなしてきた第436号竪穴式単一墓の覆土中からも香炉形土器や台付浅鉢形土器などが出土しているが、当時林立していたと思われる地上標識の大型の板状礫に挟まっての出土であり、ほぼ同時期のものと思われる。ただし、一部に後世の撹乱が加わり、資料も断片的である。杷頭飾りにも似る粘土紐が添付された口縁部、頸部に穿たれた円形の透かしなど特異な形状をなす

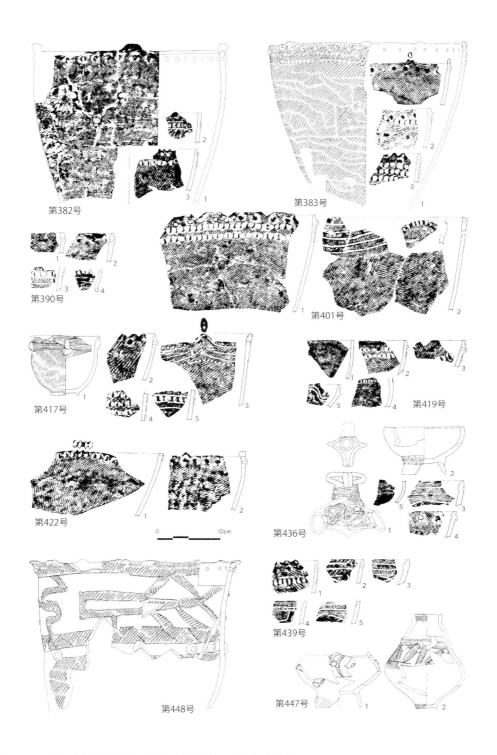

図177　第Ⅱ地点「環状群集墓」の土坑墓より出土した土器

が、全体形状は詳らかでない。体部には、地文としての斜行縄文と沈線文、弧線文による入組み文、列点文がめぐる。台付浅鉢形土器は、頸部が強く折れ曲がる先の第447号例とは異なり、内彎気味に緩やかに立ちあがるものの、台部の作りや文様構成などに類似点が多い。水平の2本の沈線文に挟まれた底部付け根の縄文帯を除き、体部、底部は箆削りや研磨をもって無文に仕上げられている。

　比較的まとまった土器が納められていた同じような土坑墓についても、土坑墓上部の後代の削平、土坑墓や他の遺構との重複などによる影響を被った事例も少なくない。ここに示した第448号土坑墓や第382号土坑墓、第383号土坑墓も、その例であるが、第Ⅰ地点の竪穴式集団墓には出土していない大型の鉢形土器が土坑墓内に収められている点は注目されよう。第448号土坑墓の大型、波状口縁の鉢形土器は、底部を欠損しているが、胴部からほぼ真っ直ぐに立ちあがり、口縁部でわずかに外に開く屈曲の少ない器形を呈す。その口縁部に突瘤文がめぐる。また、羽状縄文を地文とした沈線文と磨消文によるクランク状、木葉状の帯状連結文が体部全体に広がり、要所に大小のボタン状貼瘤文が付される。

　第382号土坑墓の覆土中から出土したいわゆる粗製の鉢形土器は、細密な斜行縄文が器面全体に施され、口縁部に突瘤文がめぐる。爪形文のある土器片なども伴出している。一方、第383号土坑墓の大型の鉢形土器は、斜行縄文を地文として突瘤文と3段に並ぶ爪形文が同時に施文されたいわゆる粗製土器である。やはり、土坑墓の上部の削平のため底部を欠くが、多くの突瘤文土器や爪形文土器の破片とともに壙口近くの覆土中から出土している。意図的に破砕した状態で埋納したものとみられる。

　ところで、ここで紹介した土坑墓は、第Ⅱ地点の「環状群集墓」の一部に過ぎないが、第382号土坑墓と第383号土坑墓が、「環状群集墓」の北東部の焼土群や石組炉などが密集する中に位置する。また第417号土坑墓も同様に、「環状群集墓」の西北部の焼土群や杭穴群の中に位置する。一方、第447号土坑墓と第448号土坑墓は西南部に、第436号竪穴式単一墓は南東部に位置するが、これまで特に区別してきた「列状群集墓」の一角を構成している。

　ここで重要なのは、第448号土坑墓の土器を除くと、いずれの場合も、突瘤文のある土器を伴いつつも、爪形文土器が伴出している事実である。第Ⅰ地点の竪穴式集団墓の数多くの土坑墓からはまったく爪形文土器が出土していない。この事実とは、明らかに様相を異にしている。もちろん、これらの中には、混入した土器で、土器の年代が土坑墓の構築時期を示していない例も想定されるが、その場合でも、それらの土坑墓がその土器の年代よりも新しくならないことを物語るだけで、第Ⅰ地点の竪穴式集団墓に爪形文土器が出土していない事実を理解するうえでの本質的課題とはならない。ここでの結論は、土器型式に基づく編年的研究による限り、堂林式土器の時期と判断された第Ⅰ地点の竪穴式集団墓の年代に比し、第Ⅱ地点の「環状群集墓」がより後出の時期のものである、ということである。具体的には、湯の里3遺跡C群土器（湯の里3式土器、北海道埋蔵文化財センター1986）や柏原Ⅲ式土器（工藤2000）、三ツ谷貝塚の「第1類土器」（大場・渡邊1966）に対比できる堂林式土器よりも後出の土器群

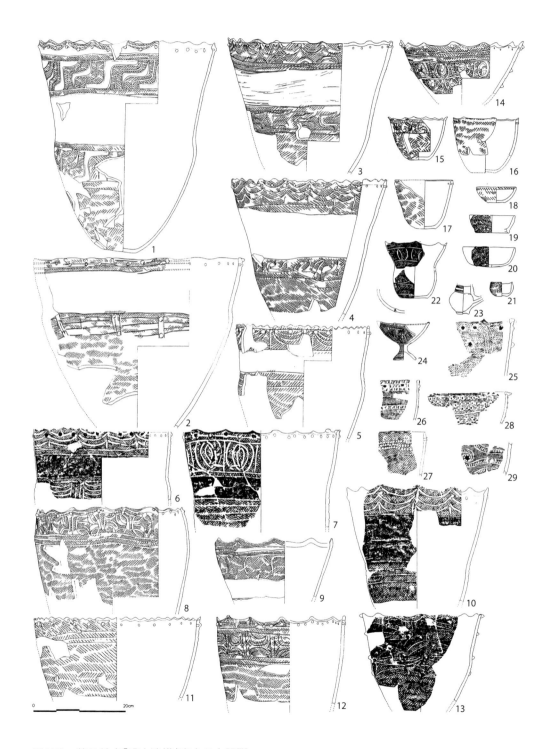

図178　第Ⅱ地点「盛土遺構」出土の土器群

第3章　石棒集団の埋葬と祭儀―柏木B遺跡の発掘調査―

である。なお近年、「三ツ谷式土器」が拡大解釈され、その範囲がやや不正確となっている。渡辺らの報告による限り、「三ツ谷Ⅰ類土器」は下層の土器として「三ツ谷式土器」とは区別されるべきであろう。それ故図179には、阿部が「三ツ谷式」併行としているところについて「三ツ谷Ⅰ類・三ツ谷式」相当と付記した。

図178は、やはり第Ⅱ地点南西部の盛土遺構とみられる堆積物中から検出された土器の一部である。大量の大型の深鉢土器が含まれており、第Ⅰ地点の竪穴式集団墓での不足を補うかのような様相を呈している。

深鉢形土器(1～12)、鉢形・浅鉢形土器(13～22、25～29)、高坏タイプの浅鉢形土器(24)、注口形土器(23)が含まれる。

深鉢形土器は、小さな底部に対し、器高、口径ともに大きく、特大の1では底径7.6cm、口径38.6cm、高さ47.6cmを測る。また底部欠損のため、器高は不明であるが、最大の口径を有する2で、口径が46.2cmである。深く、大きく開く深鉢形土器も、1～7のように、頸部で一度すぼまり、再び口縁に向かって外反するタイプと、8・11・12のように大きく開いた器壁が頸部付近でわずかながら内彎する、もしくはおよそ真っ直ぐに立ちあがるタイプとがある。口縁は、小波状口縁を呈する場合が多いが、2のように平縁をなす例も含まれる。

ところで、ここでの器形の違いは、文様の展開にも関連する。括れるタイプでは、口頸部と胴部の文様帯を分けるように頸部に無文帯がめぐる。しかも本遺跡の場合、無文帯が概して幅広の傾向を示す点も指摘できよう。その無文帯を挟んだ口頸部、及び胴部下半に斜行縄文、もしくは羽状縄文を地文として、沈線文、弧線文、連弧文、それらを複合した入組文、磨り消しをまじえた帯状文が施文されている。1は、沈線による区画の一部を磨り消し、鍵状帯状文が描かれるが、クランク状、木葉状の帯状文を描く例などもみられる。口縁部には平行沈線文間に連続弧線文、あるいは上下逆向きの連続弧線文、縦位の曲線文、短刻などを組み合わせ、胴部には曲線文などによる入組文、区画文を配した資料が多くみられるが、各種の帯状文が沈線文をもって簡略化された様相のひとつと理解される。

多くの場合、口縁部に突瘤文がめぐるが、9・10・13は似たような特徴を示しながらも、突瘤文が施文されていない例である。その有無をもって時間差を考慮することは難しい。また2には、突瘤文とともに口縁部、胴部の文様帯に小さな貼瘤文が同時施文されている。

一方、頸部の括れが無い深鉢形土器(8・11・12)の場合は、無文帯が消失し、文様帯が一体化する。しかも、地文として体部全体に施される羽状縄文(図示されていないが、斜行縄文の例あり)は別として、平行沈線文のみの文様帯、あるいは2～3本の平行沈線文によって上下を区画された文様帯のいずれもが、口縁～頸部の狭い範囲に限定される。8・12は、垂線によって大きく区画されたそれぞれに弧線文の組み合わせからなる入組文が並ぶ。

13は、頸部がいくらか括れる器形ながら、文様帯を上下に分ける無文帯は存在しない。体部全体に施文された羽状縄文の上に、口縁部から胴部上半にかけて沈線文と磨り消しによる変形木葉状の帯状文が広がる。口縁部をめぐる突瘤文はみられないが、口縁部、及び頸部・胴部での

結合部に小型の貼瘤が付されている。
　鉢形・浅鉢形土器も、大きさの違いを超えて、器形や文様に同じようなパターンが示されている。14は、その器高から鉢形土器としたが、波状口縁で、大きく外側に開く形状が第1号竪穴式集団墓の竪穴床面から出土した浅鉢形土器（図178-13・14）、あるいは第2号竪穴式集団墓の第2008号土坑墓の覆土から出土した浅鉢形土器（図176-18）に酷似する。しかし羽状縄文を地文として、口縁部に突瘤文、頸部から胴部にかけて平行沈線文がめぐる点では異なる。さらに、その沈線文間を垂線で区画し、それぞれに渦巻き状帯状文を配置している。ただし、胴部に2段の貼瘤文がめぐる。小型の鉢形土器は、器壁がおよそ真っ直ぐに立ちあがるタイプ（15～17）と頸部でいったん括れ、再び口縁に向かって大きく開く、第Ⅰ地点の竪穴式集団墓出土の広口壺に似たタイプ（22）とがある。いずれも斜行縄文、もしくは羽状縄文を地文として、口縁部に突瘤文をめぐらした例（16・17）や、平行沈線文間を埋める刻列、曲線文による帯状文が頸部に施文された例（15）、2本の平行沈線文間に左右反転させながら縦位の弧線文をめぐらした口頸部と楕円形の沈線文をめぐらした胴部の文様帯で構成される例（22）など多様である。総じて、複雑な入組み文・帯状文が単純な刻線で簡略化した傾向が理解される。台付きの浅鉢形土器（24）も同様で、体部全体に施された地文の上に沈線文、弧線文による文様帯が器面全体に広がる。
　斜行縄文のみの、碗形に近い小型の浅鉢形土器がみられるが、21のように実用的とは理解し難いミニュチュア土器も含まれており、そもそもは供献土器、あるいは副葬品として埋葬に関っていたものと推察される。23の注口形土器もその好例であろう。器形は、第Ⅰ地点の竪穴式集団墓から出土した注口形土器と類似しているが、頸部の平行沈線文間に並ぶ短刻列が太く、しっかりしており、ハの字状短刻線文とは区別される。やはり、第Ⅱ地点の環状群集墓の土坑墓群に関係するいくらか後出の土器と推察される。
　25～29の土器片は、鉢形土器の破片と思われるが、貼瘤文、及び爪形文が施文されている。沈線文が簡略化される一方で、太い沈線と深くしっかりした刻みが組み合さる帯状文は、爪形文の存在とともに新旧の土器群を分ける一つの目安となろう。
　ところで以上の土器群について、調査時には、単に遺物包含層中からの出土土器としての認識しかなかったため、層位的観察が不足していた感は否めない。その後の道南や道央での、特に千歳市キウス4遺跡での「盛土遺構」の調査によってその実態が明らかにされるに及び、この第Ⅱ地点での土器集中も「盛土遺構」としての性格を有していることをあらためて認識することとなった。
　第Ⅱ地点の南側の斜面と比較して、北側の不自然なほどに平坦な地形が広がる様子や、北側の平坦部から第Ⅰ地点の竪穴式集団墓に相当する遺物や第Ⅱ地点南部の盛土遺構に相当する遺物が皆無に等しいという不自然な理由も、当初、近年の耕作によるものと理解していたが、結局「環状群集墓」が築かれる頃に縄文時代後期後葉の人々によって第Ⅱ地点北側が広く削平され、遺物を含む堆積物が排土として南斜面に運び出され、積み重ねられていたことはほぼ間違いない事実である。

これら南部の傾斜面に集中して出土する土器の中に、大型の深鉢形土器形など明らかに第Ⅰ地点の竪穴式集団墓出土の土器群と深く関係しあう堂林土器が含まれている。また、同じ深鉢形土器にも従来の帯状文がますます簡略化され、比較的単純な平行沈線文や弧状沈線文、曲線文などに置き換わる資料も数多く含まれており、型式学的に細分される可能性が考慮されているが、厳密に区分することは現状では難しい。

　いずれにせよ、深鉢形土器のみならず、高坏タイプの台付浅鉢形土器やミニチュアタイプの注口形土器、爪形文が施文された土器群、深目の短刻列による帯状文が文様構成に顕著な位置を占めている例、小さく、つまみ上げたような豆粒状の貼瘤文をもつ例など、第Ⅱ地点の「環状群集墓」と関係すると思われる土器群が、「盛土遺構」中に含まれていることは間違いない。結果として、第Ⅰ地点の竪穴式集団墓の営まれた頃、第Ⅱ地点でも人々のための何らかの居住空間が存在し、やがて環状群集墓の造営が始まる頃には、それまでの生活の痕跡、すなわち文化層が清掃、削平されることとなり、第Ⅰ地点に相当する考古学的遺物が第Ⅱ地点南側の傾斜面に運び出され、廃棄された、という理解が導き出されるのである。

3　竪穴式集団墓の編年的位置とその後の葬制の変遷

　柏木B遺跡において竪穴式集団墓や環状群集墓、「盛土遺構」が検出され、それら遺構から縄文時代後期後葉～末葉に相当する土器がまとまって出土している。その後の他遺跡での相次ぐ竪穴式集団墓の発見や調査、盛土遺構の調査などから土器の編年的研究が急速に進展し、柏木B遺跡の竪穴式集団墓の年代が「三ツ谷式土器」の時期とほぼ確定したかのように扱われている（阿部2003、藤原2003b・2007）。果たしてどうか。遺構群の変遷を考察するためにも、まずもって柏木B遺跡出土土器の編年的位置づけを明らかにしておきたい。

　表2は、1960年代以降に示された北海道（一部東北・関東を含む東日本）の縄文時代後期中葉～晩期初頭の土器に関する主な編年的研究を対照表として例示した。2000年頃を境とした急速な研究の進展が認められよう。微妙に対比困難なもの、理解困難なものも含まれるが、1965年に吉崎昌一によって示された手稲式→堂林式→御殿山式土器という変遷案が、北海道では、忍路土場遺跡、及びキウス4遺跡の層位的調査事例、東北地方では、未解明な十腰内遺跡の型式研究の不足を補う新たな層位的事例などが明らかにされ、土器型式の細分化が進むとともに、詳細な編年網が出来上がりつつあると言えよう。

　柏木B遺跡の竪穴式集団墓の編年的位置づけをめぐっては、「堂林式土器」と「三ツ谷式土器」の理解がとりわけ重要である。

　そもそも堂林式土器は、野村　崇・宇田川洋によって設定されたものである（野村1962、野村崇・宇田川洋1967）。それによると、「層位的に同時に存在し、別々の機能をもつ」第1群と第2群とが含まれる。また第1群は、粗製土器で、平縁の深鉢が主体で、波状や緩やかな山形の口縁部もあり、口唇は大部分が内切している。

　文様は、斜行縄文あるいは羽状縄文を地文とし、口縁部に突瘤文と平行沈線文を施す。一方の第2群は、浅鉢形、急須形、壺

表2 縄文時代後期の編年案（対照表）

編年案		後期中葉	後期後葉	後期		晩期前葉
提案者・文献	対象地域・遺跡					
関根2007	東北北部					大洞B1式 / 大洞B2式
	道南部					東山Ia式 / 東山Ib式
	道央部					御殿山I式 / 御殿山II式
	カリンバ遺跡					カリンバ古段階 / カリンバ新期 仮称駒坂段階
関根2004	東北北部	十腰内4群相当	馬場瀬段階	中屋敷段階	（第5期）	
阿部2003	キウス4遺跡	鮭間式新(末)段階	堂林式古段階	堂林式中段階	滝端段階	
土肥2001	キウス4遺跡他	I期	II期	III期	堂林式新段階 三ツ谷式併行	御殿山I式 VII期
鈴木2001	東北北部	丹後平式 十腰内3式	十腰内4式	十腰内5式	風張式	十腰内6式
	道南	八木B	白尻	浜松2	釜谷2 (三ツ谷式)	
	後志・胆振		忍路A式・B		大湊近川式 湯の里3	茂辺地
	道央	鮭間式		エリモB式		
熊谷2001	北海道	鮭間式	鮭間式・エリモB式	堂林式		御殿山式（栗沢式）
					堂林・三ツ谷式	御殿山式 湯の里3式 栗沢式
工藤2000	柏原5遺跡	VII期	VIII期	IX期	先行型式	柏原II式 柏原III式
	忍路土場遺跡	鮭間式A	鮭間式B	忍路A	忍路B	
田口1989	北海道	鮭間式		堂林A	堂林B	柏原I式
鷹野1983	北海道	鮭間式	(加曽利B式)	堂林式		御殿山・栗沢式
森田1981	東北		加曽利B式	瘤付第I様式	三ツ谷式 瘤付第II様式 瘤付第III様式	御殿山式
安孫子1989	関東		手稲式		瘤付第IV様式	
安孫子1978	東北南部		鮭間式(エリモB)		新地式系（貼瘤）	
名取・松下1969	石狩・松志		茶津2号洞穴4層	茶津2号洞穴1〜3層		
吉崎1965	北海道	宮古IIa 宮古IIb	手稲式		堂林式	御殿山式
後藤1957	東北南部					御殿山式
芹沢1956	関東	加曽利B3式	曽谷式		安行2式 安行3a式	安行3b式
山内1940	関東	加曽利B3式	曽谷式		安行式 安行3a式	安行3b式

形、台付が多く、深鉢もみられる精製土器で、文様は斜行・羽状の縄文を地文とし、沈線で描かれた渦巻文や曲線文がよく発達し、磨り消し手法が高度に活かされている。沈線で三角形を描き、中を消す三叉文の先駆をなすものも現れるが、彫去された「純粋な三叉文」はまだ出現していないという。また、斜行縄文地に施される直線沈線文と刻線ある貼瘤は安行2式土器の重要な要素とし、東北地方の新地式・金剛寺式・十腰内4及び5式にみられる貼瘤文土器の影響を受けたものと考えられる、とされた。

その当初、突瘤文土器の存在こそが本型式のメルクマールとみなされてきた。しかし、突瘤文土器は、堂林式土器のみならず、エリモB式土器から御殿山式土器まで縄文時代後期後葉に広く多用される事実が鷹野光行によって明らかにされ（鷹野1981）、その細分・再編が論ぜられてきた。同様の指摘が東北地方に広がる突瘤文土器についても行われている。突瘤文土器の存在をもって堂林式土器が十腰内4式に平行するとされていたが、鈴木克彦は、十腰内3式土器、大湊川式にも認められる事実をあげ、「突瘤文すなわち堂林式土器」とする固定観念を批判している（鈴木1999・2001）。今日、こうした理解は広く受け入れられ、しかもキウス4遺跡の盛土遺構から堂林式土器に関するまとまった資料が層位的に出土し、細分化が進むとともに、この時期の北海道における確かな編年基準として認められつつある（図179）。しかし、前半・後半の2段階に区分する土肥研晶の見解（土肥2001）、あるいは図180のように旧・中・新の3段階に区分する阿部明義の見解（阿部2003）が示すように、具体的な分類基準が充分に明示されているとは言い難く、なお課題は多い。

仮に、確かな型式的基準がもたらされているとすれば、少なくとも堂林式土器の名称をいったん止揚し、その関係が明らかにされた遺跡名、あるいは地層名、遺構名をもって従来の編年案が一新されるべきであるが、堂林式土器の中で相対的に古い一群、相対的に新しい一群、あるいはその中間、というやや印象による操作が問題を複雑化させているようにも理解される。キウス4遺跡内、とりわけ盛土遺構の中での変遷を論じる場合には問題は起こらないが、他の遺跡、あるいは遠く離れた地域での対比に及ぶと、多くの欠陥が誤った理解をもたらす可能性を孕むであろうことは、鈴木が指摘するところであり（鈴木2001）、柏木B遺跡の年代観は、まさにそのような問題点をよく表すものと言えよう。

阿部編年（図179）によると、鮱潤式土器（新段階）は、盛土遺構下位の中でもより下位の層や低地部からの資料、堂林式土器（古段階）が盛土遺構下位の比較的上位～中位の層からの資料に基づき設定されたとし、前者と後者は便宜的ながら鮱潤式の盛衰とかかわる「刻み列」の有無をもって区分できるという。深鉢では、前者において胴部の括れがやや強く、大きな波状口縁（5単位）を呈し、厚さ7mm以上が多数を占め、刻み列に加えて突瘤文が施され始める（2・4）。また胴部には弧線文や入組文を主体とした帯状文がみられ、区画内は磨り消し文や充填文が施文されている。球体に近い注口形土器は、口頸部が太く短く直立する例が多く、弧線文や入組文などからなる帯状文が主体をなし、胴部に付された貼瘤はやや大きな瘤状で、縦割りのものが

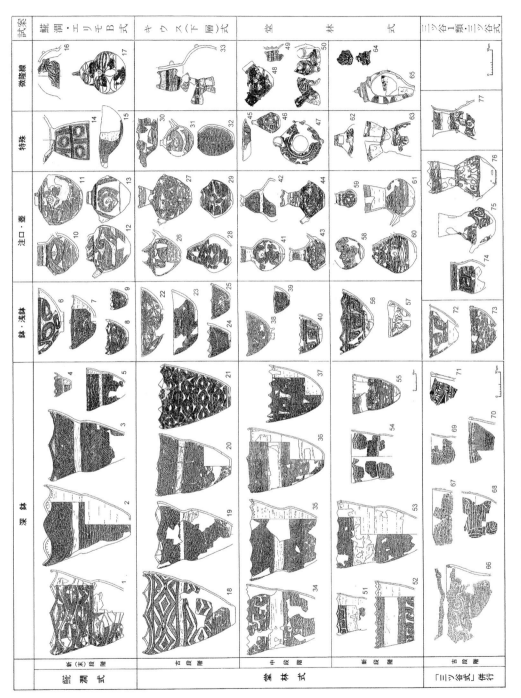

図179 キウス4遺跡出土の縄文時代後期後半の土器（阿部2003より、「試案」のみ加筆）

多くみられる(12ほか)、という。一方の後者は、深鉢で、波頂部が尖る5単位の波状口縁が、また平縁の例で小さな突起をもつものが多くなり、刻みが抜けて、3本の横走沈線のみとなるものもみられ(19)、各器種に突瘤文が施されるようになる。なかでも、縄文地に突瘤をもつ例が圧倒的に多いが、胴部に文様をもつ例では、帯状文が残るもの(18)の、鋸歯状沈線文(20)や弧線文(21)が規則性をもって密に描かれ、ここでも帯状文の沈線文化がみられる、という。

なお、本来の「鯢潤式土器」は、突瘤文を有することはなく、型式学的にはそれを有する「エリモB式土器」と区別されるべきで、図179には、「鯢潤式・エリモB式」と付記した。また「堂林式土器(古段階)」は、充実した下位の資料を基礎に「キウス(下層)式」をもって仮称した。

一方、堂林式土器(中段階)は、盛土遺構の中位の層、もしくは盛土遺構上位のうちの比較的下位から出土した資料とされる。深鉢の口縁部は、波状口縁の単位数がそれまでの5単位から徐々に増加し(34・35)、鋭い切出形口唇が多くなる。胴部のくびれは次第に弱くなり、器壁も5〜7mmの薄い土器となってくる。底部は小さく、揚げ底気味にくぼみ、小さな台付きも含む(38)。口縁部に突瘤文と横走沈線文がめぐる深鉢が多数を占め、胴部くびれの無文帯が幅広になる。胴部の文様は、鋸歯状沈線文や対向弧線文などが不規則になるものも目立ってくる(39)。注口形土器は口頸部が長くなり、口縁に向かってすぼまり、口縁部付近で小さく外反する形態をもつものが多くなり、帯状文の区画内に沈線文を密に充填するものや全面縄文地に弧線文を密に組み合わせて描くものが主体となる、という。

続く、堂林式土器(新段階)は、盛土遺構の中位〜上位の層から出土した資料に基づき、深鉢の口縁は、10単位を超える小波状口縁が現れる。口唇は、鋭い切出形で、段をもつものが多くなる。深鉢の胴部くびれはさらに弱くなり、そのくびれの無文帯はさらに幅広になる。口縁部の文様帯が突瘤文と横走沈線文のみになるものが現れ(53)、胴部の文様帯では、蛇行したり渦をえがいたり、直線的な帯状文と曲線的な帯状文を組み合わせたり、帯状文が形を変えて多様化する。入組帯状文が変化し、クランク状の帯状文も現れ(51・55)、帯状文にはその区画に沿って列点が施されたり(51)、刺突が充填されたりするものも現れる。鉢では、区画内が縄文にかわってハの字状短刻線で充填するものが多くなる(56)。注口形土器は、口頸部が長く、太く、広がる傾向にあり、全面縄文地のものは沈線文が乱れ(58)、鋸歯状の帯状文、区画に沿う列点、ハの字状短刻線で充填されるものが多くなる、という。

問題の「三ツ谷式」土器併行は、盛土遺構の上位の層とその上位のVa層から出土した資料などに基づく、という。小型の深鉢で胴部の張り出すもの、また広口壺(74)が出現する。注口形土器は口頸部がさらに大型化し、底部に台状の作り出しをするものも現れる。豆粒状やボタン状の貼瘤が多数付され始め、突瘤文は縦長につまみ出された状態になり、爪形に近づく、という。やや不規則な帯状文や沈線文が描かれている。壺形土器は縄文地よりハの字状短刻線や刺突などの施文が目立つという。

総じて、深鉢では厚手から薄手への器厚の変化、波状口縁の単位の増加と平坦化、

口唇の鋭角化、胴部くびれの平坦化とそれに伴う無文帯の拡大、口縁部文様帯の縮小化、帯状文の沈線文とクランク文への変化、羽状縄文の多用から斜縄文主体への変化などが挙げられる、という。また、壺・注口形土器では、主に長頸化と器形(器種)の多様化、帯状文の沈線化・ハの字状短刻線による充填などが挙げられる、とまとめられている。

さて、キウス4遺跡の後期後半の土器に関するこの阿部編年(図179)は、主に盛土遺構から出土した土器をもって編まれたものであるが、時期別、器種別に示されており、掲載土器について、それぞれの出土場所・出土層が別表に明示されている。

およそ「鮖潤式土器(新段階)」及び「堂林式土器(古段階)」が、以下の「堂林式土器(中段階)」・「堂林式土器(新段階)」・「三ツ谷式併行(古段階)」のものより時代が古いという編年的位置づけは、層位的関係、あるいは型式学的関係からもおおよそ支持されよう。しかし、堂林式土器のそもそもの標識遺跡となった堂林遺跡には、古段階と判定したものと対比できる資料は少なく、口縁をめぐる線刻列、刻列が平行沈線文間を埋める帯状文などの特徴は大半がより早出の要素とみられることから、阿部が「堂林式(古段階)」とする土器群は、堂林式土器から区別するのが妥当で、ここでは仮称・キウス下層式として区別した。

また編年表には、「鮖潤式土器(新段階)」と「堂林式土器(古段階)」(南盛土・

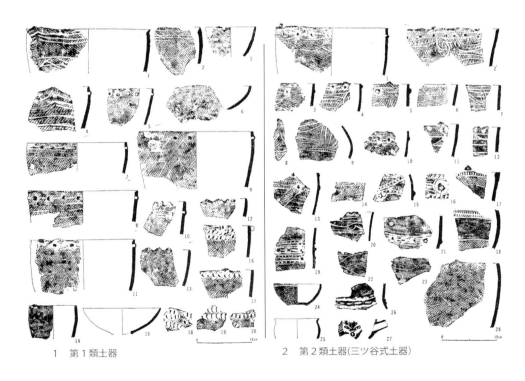

1　第1類土器　　　　　2　第2類土器(三ツ谷式土器)

図180　三ツ谷貝塚出土の縄文時代後期後葉の土器(大場・渡辺1966)

下・N-4・14層)、堂林式土器(古段階)」と「堂林式土器(中段階)」(南盛土・上・Y-3層)、「堂林式土器(中段階)」と「堂林式土器(新段階)」(南盛土・上・Y-2層，南盛土・上・D-5層)、「堂林式土器(新段階)」と「三ツ谷式併行(古段階)」(南盛土・上・E-2層，南盛土・上・D-3層，南盛土・上・Y-2層)というように同一層の出土と明示されていながら、両段階にまたがって編年されている例が少なくなく、稀に、層位が逆転して編年づけられている例(南盛土・上・D-5層とD-6層)も見られる。特に、盛土遺構の上位層から出土した土器にそのような混乱が多く、盛土遺構の上層土器の理解に問題を含んでいるとみられる。例えば、注口形土器には、比較的口頸部が長く、外に向かって開くタイプと細頸タイプとが伴出する。すなわち、細頸タイプが幅広・長頸タイプへと発展し、再び短頸・細頸タイプへと回帰するという単線的な理解ではなく、「堂林式土器(中段階)」にすでに出現し、一時両者が共存するという理解こそ自然であろう。キウス4遺跡での盛土遺構内での「堂林式土器(中段階)」と「堂林式土器(新段階)」を相対的に二分する企図は理解できるものの、その明確な編年的基準が明示されているとはいえず、ここでは、突瘤文が盛行する時期として理解し、一括し「堂林式土器」とした。

さらに問題は、阿部が「堂林式土器」の次の段階として「三ツ谷式土器―併行段階」を設定しているが、北海道桧山管内、三ツ谷式貝塚からは、第2層の第1混土貝層下部より第1類土器(図180-1)、同じく第2層の第1混土貝層中部より第2類土器(同図-2)、また第2層の第1混土貝層上部より第3類土器などが出土しており(大場・渡辺1966)、報告者らの言う「三ツ谷式土器」は第2類土器を指す。しかし、キウス4遺跡の編年には、両者の関係が詳しく解説されていない。

大場らの報告によると、三ツ谷式土器(第2類土器)は、単節斜行縄文、沈線と隆点(表面、裏面が刺突で突瘤をなさず)のある土器、磨消縄文と沈線文のある土器、爪形刺突文、沈線、磨消縄文のある土器、沈線と隆点ある無文土器などが含まれ、それより古い第1類土器は、縄文と沈線文のある土器、縄文と沈線文と突瘤文のある土器、縄文と突瘤文(堂林に類似)のある土器、縄文と爪形文のある土器からなっており、特に爪形文は、爪形刺突文はないが、まくれ上がり、爪形文土器の起源と見られている。

いずれにせよ、爪形文土器の出現が、おそらく堂林式土器とその後を分ける重要な基準になりうると考え、堂林式土器の直後の型式は、三ツ谷下層式、あるいは土肥編年で言う6期、工藤の言う柏原Ⅲ式土器、湯の里3式土器に相当させるのが妥当とみなした。その後に、報告書で言うところのいわゆる三ツ谷式土器が位置づけられるものと考える。

この新たな編年観に従えば、柏木B遺跡の竪穴式集団墓は、「堂林式土器」の段階に造営され、やがて「三ツ谷下層式・柏原Ⅲ式土器」併行の段階に至って、爪形文と突瘤文とが一緒に伴う土器型式に関係した環状群集墓へと変遷するものと結論できるであろう。

Ⅳ 柏木B遺跡における集団墓の構造

1 竪穴式集団墓の構造

　柏木B遺跡において、竪穴式集団墓（環状土籬・周堤墓）が、東側に2基、西側に1基、あわせて3基検出された。西側の不確かな2基を含めると計5基となる。調査前に遺跡の周囲が大きく削平されていたことを考慮すると、かつてなお多くの竪穴式集団墓が存在していた可能性は高い。

　周知のとおり、竪穴式集団墓の全貌が姿を現し、その特異な構造が初めて解き明かされ、研究史上に記念すべき1ページを刻んだ柏木B遺跡の調査ではあるが、その後、堰を切ったかのように千歳市・苫小牧市周辺などで同様の竪穴式集団墓の発見と調査が相次いだ。とりわけ、巨大な竪穴式集団墓で知られる国史跡・キウス周堤墓群、及び丸子山遺跡、キウス4遺跡での調査により、千歳市キウス周辺にはあわせて32基の竪穴様式の集団墓（含む単一墓）の集中が明らかにされている。このような集中は何を意味するのか、またそれらをもたらした社会とはどのようなものであったか、多くの課題が示されているが、当時の社会構造の実態解明となると、未だ多くが闇に閉ざされたままである。

　ちなみに、同様の遺構が数多く調査される中で、従来の「環状土籬」に代わって「周堤墓」なる用語が一般に普及し始めているが、本書では「竪穴式集団墓」と呼称した。

　これまで、研究史に残る用語として「環状土籬」を評価する一方で、その構造を適切に表現するものでないこともあわせ指摘してきた。このような指摘に対し、「竪穴墓域」（春成1983）、「環状周堤墓」（林1983）、「区画墓」（矢吹1984）など新たな試案も示されたが、充分な検討もなされずにやがて国史跡・キウス周堤墓群の名称変更に伴い、「周堤墓」が広く用いられることとなった。しかし、新たなる用語「周堤墓」についても構造の基本である竪穴が適切に表現されておらず、用語上の問題は解消されていない。国史跡・キウス周堤墓のやや誤った「巨大な周堤」のイメージが先行しているためと思われるが、それらについてはこれまでのところ充分な調査が行われておらず、実態が解明されているとは言い難い。例えば、キウス周堤墓群のうち、周堤外径75m、内径32m、竪穴内と周堤との比高5.4mを測る最大の2号でみると、仮にその規格にあわせて竪穴を深さ1mほど掘り下げ、その排土を竪穴の外、すなわち周堤外縁と内縁の範囲に平均して積み上げたとしてできる周堤は地表上わずか55cmの高さにしかならず、一般に強調されているほどの周堤による巨大なモニュメントとはならないのである。縄文時代後期末葉ではあるが、特別に長い階段などを用いてわれわれの想像を超えるような深い竪穴を掘り込んでいたとすれば現在推定されているような周堤の高さにもなろうが、そのような

深さでの埋葬などは到底不可能であろう。キウス周堤墓群が廃棄された後、近代までの間に付加された構造も想定されることから、あらためてキウス周堤墓の実態解明こそが求められよう。ここでの柏木B遺跡に戻ると、第1号竪穴式集団墓の規模の竪穴を掘り、竪穴外の周堤の範囲にその排土を平均的に積み上げたとして本来の周堤の高さはわずか20cmほどにしかならない。

ともあれ、基本構造は竪穴式住居と同様に、死者の埋葬のために平らな床面とおよそ垂直に立ち上がるよう壁面を入念に仕上げた竪穴式の墓地である。従って用語もその基本に立ち返えるべきと考え、筆者らは「竪穴式集団墓」と呼ぶこととした。時に、「竪穴式単一墓」「周溝式集団墓」「周溝式単一墓」など実態にあわせて使い分けることもある。

さて、同じような規模を想定することは無理としても、キウス4遺跡の盛土遺構と似たような様相が柏木B遺跡の第Ⅱ地点で確認されており、柏木B遺跡もこの時代の拠点的な遺跡のひとつとしてそれ相応の規模と多様な施設を有していたものと推察される。

竪穴式集団墓は、大きな竪穴に多数の土坑墓を配したものであるが、黄泉の世界への入り口とでも言うべき円形の空間が事前の土木作業によって区画、造営された特異な共同墓地と言えよう。一見すると竪穴住居に類似し、比較されることもあるが、他の遺構を二次的に利用したというような例はない。遺体を葬る場所、すなわち墓地が定められ、死者の増加とともに次第にその空間領域を拡大させていくことは自然の成り行きとしても、あらかじめ人的構築物をもって墓域が分けられるだけではなく、埋葬されるべき集団の数、あるいは被葬者の数までもが想定された上で進行していく縄文時代の集団墓は極めて珍しい。後の章で触れるが、いくらか比すべき例としては縄文時代後期中葉の環状列石があげられるが、計画性、規模、空間表示法において同一には扱えない。

視点を変えると、竪穴式集団墓は、遺体を埋納する機能だけではなく、死霊をこの世から他界へと導く機能、祖先崇拝をもって様々なレヴェルの社会を統合させる機能などを兼ね備えた複合的施設と称すべきであろう。

第1号竪穴式集団墓では、径11.6～12.6m（深さ旧地表下およそ40cm）、床面積110.44㎡の範囲に21基の土坑墓が検出された。土坑墓の総面積は20.35㎡で、竪穴床面積の18.49％を占めるに過ぎない。本例に限っては、竪穴外にも23基の土坑墓がめぐり、竪穴内と合わせると44基の多数にのぼる。一方の第2号竪穴式集団墓は、径9～10m（深さ旧地表下15～25cm）、床面積66.56㎡の範囲に11基の土坑墓が検出された。第1号竪穴式集団墓に比しかなり小規模で、土坑墓数もおよそ2分の1であるが、土坑墓の総面積8.68㎡は竪穴床面積の13％に過ぎず、第1号を若干下回る程度である。第1号、第2号ともに、一見満杯に見える埋葬施設も墓壙が実際に占有する面積となると決して多いとは言えないが、土坑墓に付設された種々の標識が残りの空間を満たしている。第3号竪穴式集団墓では7基の土坑墓が検出されている。

仮に、土坑墓内に人骨が良好に保存されていると、被葬者たちの埋葬姿勢はもちろん、彼らの性別・年齢なども正確に特定でき、被葬者たちの集団構成、社会的関係を

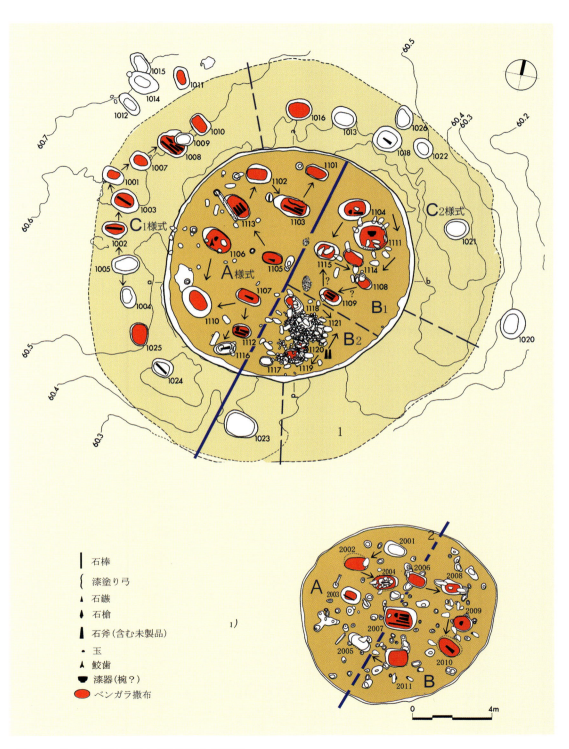

図181　第1号・第2号竪穴式集団墓と埋葬区

第3章　石棒集団の埋葬と祭儀―柏木B遺跡の発掘調査―

具体的に考察することができよう。しかも、遺伝子研究が進展する昨今、被葬者たちの血縁的系統関係などにも話題が及びいっそうの期待が膨らむのであろうが、残念ながら、ここ柏木B遺跡においては、遺体の痕跡がわずかに残されていたに過ぎない。その不足をいかに補うか。資料上の制約は避け難いが、被葬者たちがどのように埋葬されたのか、同じ共同墓地に眠る人びとが果たしていかなる集団であったのか、わずかながらの人骨の痕跡や、人びとが墓地に刻んだ様々な考古学的痕跡を手掛かりに、また他遺跡での例も参考にしながら探ってみたい。

1） 土坑墓の規格と葬送への所作

図181は、第1号・第2号竪穴式集団墓につき土坑墓、角柱礫・配石・集石などの地上標識、焼土などの出土状況を示した遺構配置図である。同じ竪穴式集団墓に葬られたひとまとまりの集団も、小さな亜集団からなる様子が理解されるとともに、それらが集合して成る社会組織が協働で集団墓を造成し、定められた墓域ごとに順次遺体が埋葬されていった様子が窺われる。

＜土坑墓の長さ＞

図182左は、それぞれの土坑墓の長さと幅の相関を示したものであるが、第1号竪穴式集団墓（竪穴外◎、竪穴内●）、第2号竪穴式集団墓（■）、第3号竪穴式集団墓（▲）のいずれも長さが幅を上回る。

第1号竪穴式集団墓の場合、第1103号土坑墓が195cm、第1110号土坑墓が182cm、第1111号土坑墓が173cm、第1104号土坑墓が168cm、第1113号土坑墓が159cm、第1008号土坑墓が156cmと150cmを超す大型の例もあるが、多くは100～150cmの中型に属する。一方で、68cmの第1117号を最少として、90cm以下の小型の例もわずかながら含まれる。

第2号竪穴式集団墓では、98cmとやや小型の第2009号、163cmとやや大型の第2007号の2例を除き、いずれも100～135cmの中型で、比較的似かよった傾向を示す。第3号竪穴式集団墓も、第2号と同様、総てが中型で、100～150cmの範囲に属し、最大が第3001号の149cmである。

＜土坑墓の幅＞

総じて幅狭の傾向を読み取ることが可能であるが、長さに比べて幅の変異が大きい（図182左）。最小が第1号竪穴式集団墓の第1120号で49cm、最大が同じく第1号竪穴式集団墓の第1110号で133cmを測る。第1号竪穴式集団墓の竪穴内では、幅100cm以下のものが21例中16例と大半を占める。やや変異の大きい竪穴外でも13例と半数を超える。一方、第2号竪穴式集団墓では100cmを越える例は、中央に位置する第2007号（118cm）の1例のみで、その他10例はいずれも100cm以下である。また、第3号竪穴式集団墓はすべて100cm以下である。詳しくは、両例とも65～80cmの範囲にほとんどがおさまる。

関連して、壙口の長幅比でみると、大部分が1.5以上で、土坑墓の形状は、隅丸の長楕円形、あるいは楕円形を基本とすると言えよう。一方で、長幅比が2.0以上、すなわち長さが幅のおよそ2倍を数える土坑墓は、第1号竪穴式集団墓の竪穴内で2.05の第1103号土坑墓、竪穴外で2.23の第1012号、また第2号竪穴式集団墓で2.27の第2005号、第3号竪穴式集団墓で2.01の第3001号と、それぞれにわずか1例をあげることができる程度で、特別に長大、極細

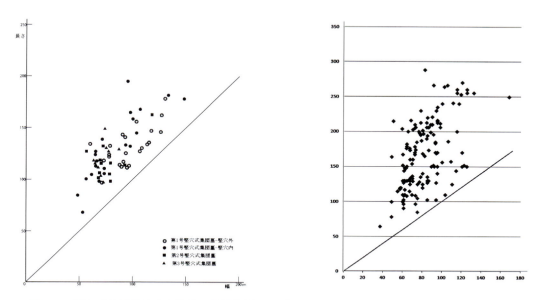

図182　竪穴式集団墓検出土坑墓の長幅比（左・柏木B遺跡、右・その他）

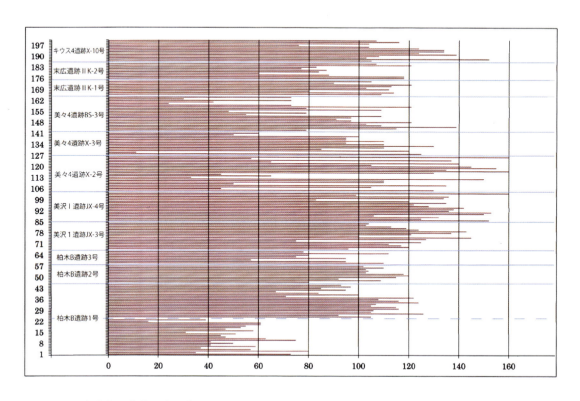

図183　竪穴式集団墓検出土坑墓の深さ

であるとは言えない。また、第1号竪穴式集団墓の竪穴内で1.17と最小の値をとる第1111号土坑墓のように、円形に近い楕円形プランを呈する例もわずかながら含まれるが、竪穴外では第1015号の1.12を最小として、1.20以下のものがあわせて5例含まれる。しかし、第2号竪穴式集団墓のおよそ中央に位置する第2007号土坑墓が1.38、その南に位置する第2011号が1.24と、幅広で平面形が隅丸方形に近い。第3号竪穴式集団墓ともども1.20以下のものはない。

ちなみに、第1号竪穴式集団墓の竪穴内、竪穴外、そして第2号竪穴式集団墓、第3号竪穴式集団墓の土坑墓群の平均値は、それぞれ1.61、1.34、1.56、1.71で、およそ類似した傾向を示しているものの、竪穴外の土坑墓群がやや幅広の楕円形に近いことが理解される。

さらに壙口面積でみると、第1号竪穴式集団墓の場合、第1111号が2.04㎡、同じく第1110号・第1121号が1.99㎡に加えて、先に注目した第1103号が1.45㎡と大きい部類に属する。一方で、壙口面積0.29㎡を数える第1117号が最小の例である。概して北に大きい土坑墓が位置し、南に小さい土坑墓が位置する。また、第2号竪穴式集団墓では、最大の1.70㎡を測る第2007号が中央に位置し、次いで大きい0.91㎡の第2011号がその南に並列する。やや小型で0.6～0.8㎡の同じような規格の土坑墓がそれらのまわりに位置する。第3号竪穴式集団墓では、0.95㎡の第3001号、0.91㎡の第3007号が南に位置し、0.6～0.8㎡の規格の土坑墓がそれらの北に並ぶ。

＜土坑墓の深さ＞

図183に、土坑墓ごとの深さをグラフに示した。これらは第Ⅴ層中位、鉄分の沈着するスコリア層を抜いて作られた例が多数を占め、総じて深い。竪穴式集団墓内の土坑墓における重要な特性のひとつと言えよう。第1号竪穴式集団墓でもっとも深い例が、126cmの第1103号、次いで124cmの第1110号、122cmの第1113号と続く。100cmより深いものは21基中13基を占め、およそ北部から西部にかけてまとまって分布する。浅い例は、数こそ多くないが、67cmの第1117号、71cmの第1114号などおよそ南東部にまとまる。一方、竪穴外の主に周堤上に並ぶ土坑墓は、16cmの第1025号、31cmの第1016号、35cmの第1002号など40cmにも満たない例がみられ、深いものでも80cmの第1103号、75cmの第1011号など深さ90cmを超す例は1例もない。耕作などによる削平も加わり、正確な深さを比較することは難しいが、竪穴内部の土坑墓に比べて浅い傾向は否めない。

第2号竪穴式集団墓では、深さ80cmの第2001号、92cmの第2003号を除き、いずれも100cmより深く、第1号竪穴式集団墓の竪穴内の土坑墓にみられた傾向がいっそう顕著に示されている。なかでも深い例は、120cmの第2005号、中央に位置する103cmの第2007号である。第3号竪穴式集団墓では、100cmを超す例は112cmの第3007号、110cmの第3001号のみで、75～95cmの例がほとんどである。第3003号の57cmがもっとも浅い例である。第1号・第2号竪穴式集団墓の竪穴内土坑墓と同じような傾向を示しつつも、その規格においては第1号竪穴式集団墓の竪穴外土坑墓に近い傾向を読み取ることができよう。

＜土坑墓の長軸方位＞

土坑墓の長軸方位を、竪穴式集団墓別、竪穴内土坑墓群・竪穴外土坑墓群別に図

184に示したが、第2号竪穴式集団墓を典型とするW-0〜30°-Nに多くが集中する。ただし、第1号竪穴式集団墓の竪穴内では、第1111号をはじめ、第1104・1116・1117・1119・1121号のあわせて6基がW-5〜26.5°-Sに振れ、1群をなす。また、竪穴外の土坑墓では、似た集中を示しつつも、W-87.1°-Nまで拡散する傾向が示されている。西南の土坑墓を中心に、長軸方位の集中性が北にやや崩れている。同様に、第3号竪穴式集団墓の場合も、W-16.3〜49.8°-Nに集中する傾向を示しつつも、第1号竪穴式集団墓竪穴外の土坑墓群と同様にW-76.8°-Nにまで拡散する。

＜ベンガラ撒布＞

　死者の埋葬に際しては、赤い顔料を撒布する風習は古今東西に知られているが、ここで取り上げる竪穴式集団墓においても同様である。水銀朱を含んでいるためか、ひときわ朱色の鮮やかな第3号竪穴式集団墓の第3001号のような稀な例もあるが、およそ共通してベンガラによるものである。被葬者の再生を願っての振る舞いであろう、大量のベンガラが、遺体を埋納する前に敷き詰められ、しばしば遺体・副葬品を包むように厚く層をなす。また、土坑墓の床面・遺体の上だけではなく、遺体埋納後の墓穴に掘り上げ土を返していく途中、そして埋め戻しを終えた墓壙の上面にベンガラが重層する例もみられ、ここでの使用頻度の高さが際立っている。

　図181に示したとおり、竪穴式集団墓に作られた土坑墓は、ごく一部の例外を除き、ベンガラが撒布されている。第1号の竪穴内の土坑墓についてみると、撒布されていない例は、21基中わずか2例（第1116号、第1121号）に過ぎない（図181-1）。また覆土中位の 第1101号、覆土中位と壙口の第1108号、壙口の第1117号を除き、いずれも床面・遺体の上位に撒布される。あわせ、壙口に撒布した例が多数を占める。第1102号、第1104号、第1110号、第1111号、

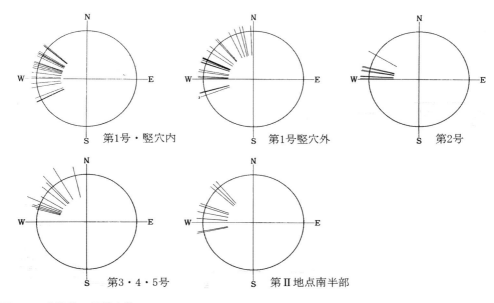

図184　土坑墓の長軸方位

第1112号、第1113号、第1115号である。例外ながら、床面と壙口ではなく、床面と覆土の途中に撒布した第1105号、第1107号の例、あるいは床面と覆土途中、さらに壙口とベンガラの撒布が3層に及ぶ第1103号の例もある。組み合わせに多少の差も認められるが、入念に撒布される点では共通している。

一方、竪穴外の土坑墓では、ベンガラが撒布される例は土坑墓総数の半数にも満たない9基、およそ西側に位置する土坑墓に限られ、竪穴内の土坑墓と様相を異にしている。しかも、覆土中位の第1025号を除き、いずれも撒布は底面に限られる。

第2号竪穴式集団墓においては、第1号竪穴式集団墓の竪穴内と同様に、ベンガラが撒布されていないのはわずか第2001号と第2005号の2例で、他はいずれも入念に撒布されている（図182-2）。ただし撒布例でみると、壙口と底面の上下2層に及ぶ第2004号を除き、底面のみの撒布である点がやや異なる。第3号竪穴式土坑墓でも、ベンガラの撒布されていない例は第3001号と第3008号の2基のみで、他はいずれも底面に入念に撒布されており（図145～149）、第2号竪穴式集団墓と似たような様相を示している。

＜被葬者に添えられた副葬品＞

埋葬に際して、生前ゆかりのアクセサリーなどを被葬者に装着し、労働用具や祭儀の道具などを副葬するという慣わしは、ベンガラ撒布と同様、縄文時代に限らず、人類史に広く知られている。副葬品の組合せ、量などが、時代とともに、また集団によって変遷する様相は必然としても、多様な死生観と社会的関係を写し出す。

詳しくは後に紹介するが、柏木B遺跡の調査後に明らかにされた同種の7遺跡、50基の竪穴式集団墓（含む周溝式、単一墓）で検出された土坑墓はあわせて268基を数える（付表参照）。うち副葬品が検出された土坑墓はわずか75基で、土坑墓総数の3分の1にも満たない。柏木B遺跡の第1号～第3号竪穴式集団墓に限っては、土坑墓の総数は63基であるが、うち26基に副葬品が認められている。幾分、比率が高いとは言え、副葬品を伴わない例が伴う例を大きく上回る傾向においては変わりがない。

図185～187は、先に紹介した供献用の土器も含め、第1号・第2号竪穴式集団墓の各土坑墓から検出された副葬品の配置図である。内訳をみると、第1号竪穴式集団墓の竪穴内では、21基中に副葬品を伴わない土坑墓が9基、同竪穴外で23基中に18基、第2号竪穴式集団墓で11基中に6基、第3号竪穴式集団墓では8基中に4基と半数、あるいは半数以上にのぼる。また副葬品を伴う場合でも、石棒、石鏃、石槍、石製ナイフ、剥片、石斧、石斧原材、小玉（翡翠製）、ミニチュア土器、漆塗り弓、鮫歯などが単独に、あるいは多くても数種が見られる程度で、量ともどもその種類も決して多いとは言えない。

第1号竪穴式集団墓の竪穴内では、副葬品を伴う例が竪穴内で最長（72cm）の石棒と漆塗り弓、石斧（製作途時の原材）の各1点がともなう第1103号、同じく石棒と石斧、棒状円礫片の各1点と小玉64点、ミニチュアの鉢形土器が伴う第1112号、石斧と石斧用原材（短冊形板状礫）、小玉13個が伴う第1104号、石鏃が伴う第1105号、小玉30点と鮫歯（頭飾り）が伴う第1106号、石斧が伴う第1109号（2点）、第1113号（3点）、第1116号（1点）、第1120号（2点）、石斧様板状

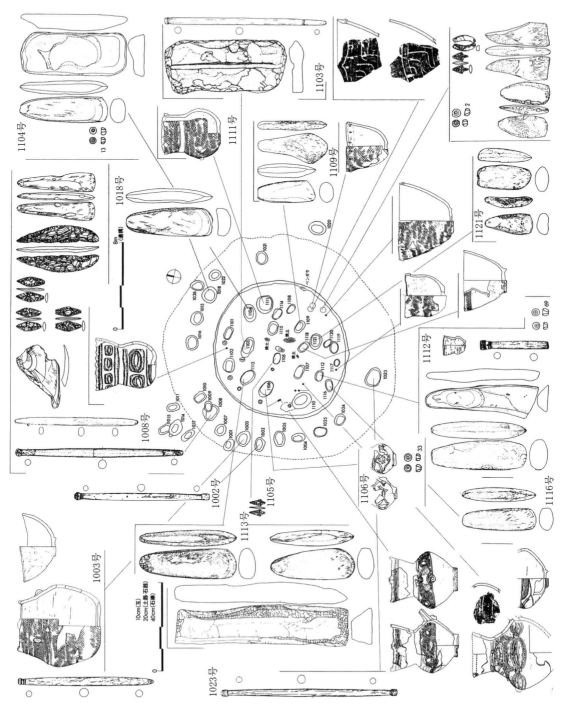

図185　第1号竪穴式集団墓の土坑墓と出土遺物（配置図）

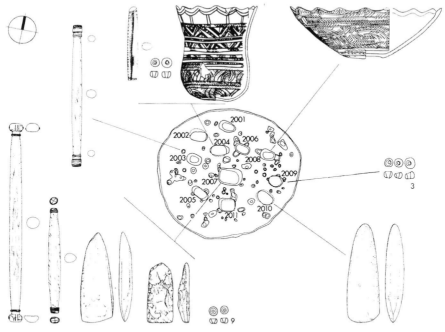

図186　第2号竪穴式集団墓の土坑墓と出土遺物（配置図）

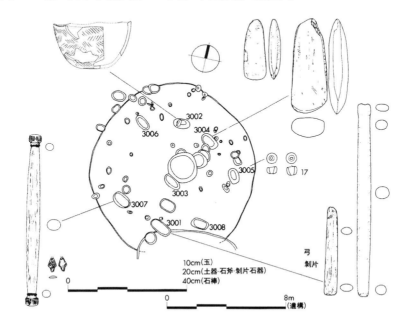

図187　第3号竪穴式集団墓の土坑墓と出土遺物（配置図）

礫が伴う第1107号、黒漆塗木器(椀?)が伴う第1111号のみである。これらとはやや様相を異にしているのが竪穴外の土坑墓群で、石棒をともなう例が多数を占めている。第1008号では、石棒2点(75.3cm、55.6cm)が、石斧、石槍3点、細形ナイフ(搔器?)とともに、第1002号、第1003号、第1024号のそれぞれで石棒1点が検出されている。第1024号の石棒は、79.1cmと、本遺跡中最長の例である。他に、第1018号で石斧1点が検出されている。

　第2号竪穴式集団墓では、竪穴の中心に位置する第2007号で石斧2点、玉9点とともに石棒2点が検出されている。同じく、第2003号と第2004号で石棒が検出されているが、両者において出土状況は異なる。すなわち、前者が遺体の胸に抱かれるようにあったのに対し、後者は土坑墓の壙口、地上標識とも言うべき礫群の直下に広口壺形土器とともに置かれていた。後者につき、やや異例と言えよう。この他、第2009号で玉、第2010号で石斧が単独で検出されている。さらに、第3号竪穴式集団墓についても、ベンガラが撒布された土坑墓5基のうちの4基に副葬品がみられ、石棒を含むなど似たような様相を呈している。第3001号において床面から石棒2点(うち1点は欠損品)と覆土中から漆塗り弓・剥片石器7点が、また第3007号において床面から石棒と石鏃が検出されている。この他、第3004号で2点の石斧が、第3005号で17点の小玉が伴う。

　副葬品がこれらに限定されていたとみなすには注意を要するが、これら副葬品は柏木B遺跡の集団の実態を解き明かす上での貴重な手掛かりとなろう。ここではその他の属性など不足を補いつつさらなるアプローチを後に試みる。

＜地上標識＞

　本遺跡の竪穴式集団墓におけるもっともユニークな様相として、床面上に残されていた地上標識(墓標)があげられる。

　竪穴式集団墓の廃棄後、引き抜かれたり、横倒しにされたり、原位置を離れたものも少なくないが、土坑墓の周囲、あるいは壙口に多数の礫や礫群が出土している。しかも多くが、土坑墓の周囲に検出された付属小ピットと関係することも調べられている。図188・189は、その小ピットの状態に合わせて当時の様子を再現したものであるが、いずれも礫の下底面と柱穴や窪みの底面が一致した例である。柱穴の中には、廃棄後に横倒しにされた標柱が口を塞ぎ、空洞として残されていた例も少なくない。第1号竪穴式集団墓の場合、床面上に長さ190cm、幅23cmの柱状節理の角柱礫(安山岩)と445個の拳大以上の大きな円礫(主に安山岩)が出土した。そして、連続して墓壙内に落ちこむやや小型の円礫295個をあわせると、円礫は実に740個にのぼる。第2号竪穴式集団墓の場合は、角柱礫、もしくは人頭大以上の大きな円礫に限られ、その数も52個と少ないが、配置上の基本は第1号と共通している。これらの礫が雑然と置かれたものではなくそれぞれ地上標識として一定の決まりをもって置かれていたとみなせよう。

　第1号竪穴式集団墓の竪穴内の土坑墓群は、地上標識の異なるものがおよそ墓域を分け合って分布する。大きくは2群、詳しくは3群に大別できる(図181-1)。ひとつは、1端(必ず西北位置)ないし両端に、角柱礫、もしくはそれに関係する立石用の柱穴を有する土坑墓群である。この種をA

1 全景（南東より）

2 全景（北西より）

3 第1113号土坑墓の地上標識（近景、南より）

4 再現された地上標識のまわりに立つ調査員など

図188　第1号竪穴式集団墓の完掘後に再現された地上標識

1　第2003号土坑墓(手前)と第2009号土坑墓(奥)他の地上標識(西より)

2　第2003号(手前)と第2006号土坑墓(奥)他(西より)

3　第2008号土坑墓(東より)

4　全景(南より)

図189　第2号竪穴式集団墓の完掘後に再現された地上標識

様式と名付けた。竪穴のおよそ西部に集中している。なお第1107号については、角柱礫用の付属ピットもみられず、帰属の確定にやや難があるが、第1112号、及び第1116号とともにB様式の様相とはより異なることからA様式とみなした。他は、いわゆる配石墓と呼ぶに相応しい円礫を配置・集積した土坑墓群である。B様式と名付けた。およそ東部に集中する。なおB様式は、さらに大型の円礫を立石として使用する一群とやや小型の円礫を多数配した積石墓と称すべき一群とがあり、前者をB1様式、後者をB2様式として細分した。前者の典型例が、第1111号のように土坑墓の肩口周囲をめぐる環状列石に似たタイプで、後者の例は、第1119～第1121号を中心とした多数の小型の円礫を壙口に積み重ねたタイプである。ただし、円礫を用いている点では共通するが、B1・B2様式と分けた中にも、第1108号・第1114号・第1115号のように墓壙の中央に大型の円礫を立て置いたり集石した例がそれぞれにあり、B1様式とB2様式の境界を截然と区分けするのは難しい。

　小礫を集中させた積石墓タイプは検出されていないが、第2号竪穴式集団墓においても、第1号竪穴式集団墓と似たような埋葬上の「規制」が支配していた様子が理解される（図182-2）。およそ、角柱礫、もしくは立石用の柱穴をもつ一群（A様式）と、環状列石にも似た円礫による立石をもつ一群（B様式）が、西北と東南に対置する。第3号竪穴式集団墓については、後の時代の遺構と重複し詳細不明であるが、礫が残されておらず、また付属の柱穴を思わせる確かな痕跡も検出されていないことから、第1号・第2号竪穴式集団墓とはやや異なる構造をもっていた可能性が考慮される。

　なお、第1号竪穴式集団墓の竪穴外に地上標識が存在したかどうかについては、上部の削平、あるいは二次堆積層でもある周堤上に立地する条件などを考慮すると判断が難しい。しかし、第1001号、第1007号、第1011号に大きな礫が遺存していた状況からすると、何らかの地上標識が機能していた可能性は高い。ここでは、集中する土坑墓の配置、ベンガラ撒布、副葬品の様相などを考慮し、仮に「C様式」とした（図182-1）。

　ところで、一般に構築時期が同じ土器型式の場合であっても、複数の土坑墓が平面的に重複し、一方の壁を大きく損壊させるというケースは決して少なくない。しかし、第1号竪穴式集団墓、及び第2号竪穴式集団墓の場合、限られた広がりの竪穴ながら、壙口付近の壁面のごく一部を接した第1号の第1119号と第1120号の例を除き、重なりあう土坑墓は皆無である。集団墓の築造以降、廃絶されるまで、地上標識がその役割、機能を充分に発揮した確かな証と言えよう。では、そもそも標識の入手は、どのように行われていたのか。

　遺跡の西方およそ25kmに、漁川の水源である漁岳、そしてその手前に恵庭岳（標高1320m）が並ぶ。恵庭岳は第四紀の活火山としてよく知られているが、その基盤をなすのが変質安山岩で、あちこちに柱状節理の絶壁、露頭を見ることができるという。およそ4万年前、支笏火山の噴火で大規模な火砕流が発生し、大量の火山灰からなる溶結凝灰岩を堆積した後にラルマナイ川や漁川などの浸食によって現在の地形が形成されたと考えられている。遺跡で用いられた原礫は、この付近から搬入されたものと推定される。遺跡からは、直線でおよそ12.5kmの距離にあたる。一方の円礫に

ついては、数10cmもある大きな円礫が多数含まれており、これまた漁川、あるいは茂漁川の上流域から搬入したものとみられる。千歳市や苫小牧市、恵庭市に竪穴式集団墓が集中して分布する理由、とりわけ恵庭市柏木B遺跡の竪穴式集団墓に大量の角柱礫が利用された理由として礫材産地が背後に控えていたことがあげられよう。地上標識に用いられたこれらの大量の礫の入手と搬入は、竪穴式集団墓の構築以上に困難な重労働であったことと予想され、世帯を超えた協働作業の成果であることは想像に難くない。

2　竪穴式集団墓に葬られた人びと

1）屈葬された被葬者たち

　柏木B遺跡の竪穴式集団墓で検出された土坑墓について、長さ、幅、深さなどの属性をみてきたが、長さは、主に被葬者の年齢、身長、遺体の埋葬姿勢に左右されるであろう。

　頭部の位置を伝える歯など若干の痕跡を除くと、遺体の姿勢を窺うことのできる例は発見されなかったが、土坑墓の大きさから推して、屈葬をもって行われていたとみなされる。先に示した長径は、いずれも土坑墓の壙口での計測値で、遺体が安置される壙底面ではその数値のおよそ8割弱に相当する。この大きさでの成人の伸展葬による埋葬はおよそ不可能であったと言えよう。

　ちなみに、他の遺跡の竪穴式集団墓において埋葬姿勢が判明している例を列記すると、以下のとおりである。

　美沢1遺跡の土坑墓4基からなるJX-2号で伸展葬1例と屈葬1例、同じく17基からなるJX-3号で伸展葬1例と屈葬1例、18基からなるJX-4号で伸展葬10例と屈葬1例、10基からなるKX-1号で屈葬1例、2基からなる美々4遺跡のX-1号で伸展葬1例と屈葬1例、同じく22基からなるX-2号で伸展葬11例と屈葬1例、1基のみのX-4号で伸展葬1例、5基からなるX-6号で屈葬3例、4基からなるX-5号で伸展葬の可能性あり1例、9基からなるBS-1号で伸展葬5例＋可能性あり3例、4基からなるBS-2号で伸展葬の可能性あり4例、22基からなるBS-3号で伸展葬1例、末広遺跡の9基からなるⅡK-1号で伸展葬可能性あり1例、キウス4遺跡の14基からなるX-10号で伸展葬5例＋可能性あり1例と屈葬2例、1基からなるX-11号で伸展葬1例、2基からなるX-12号で伸展葬1例と屈葬1例、2基からなるX-12号で伸展葬1例、1基からなるX-13号で伸展葬1例、3基からなるX-15号で伸展葬3例、1基からなるX-14号で伸展葬1例、5基からなるX-17号で伸展葬1例と屈葬1例、4基からなるX-α号で伸展葬4例が報告されている。

　これらのうち、人骨が残り伸展葬が明確にされている例は28例（可能性ありを含めると58例）で、長径200cmを超す例がほとんどである。それを下回る例は6例、160cm以下ではわずか1例に過ぎない。ちなみに、その最小の例は長径145.4cmである。

　同一の竪穴式集団墓においても伸展葬と屈葬の両方がみられる例があり、単純な大きさでの比較はできないが、先述したとおり、柏木B遺跡においては伸展葬による埋葬は行われておらず、屈葬が一般的であったと判断したが、おおむね妥当と言えよう。

　壙底面に残された歯などの痕跡は、いずれも壙内の西方に位置する。すなわち

土坑墓の方位は、頭位との関係で有意と言えよう。

2) 単葬墓・合葬墓に埋納された被葬者たちの社会的つながり

　土坑墓の幅の違いは、時に遺体数に関連する属性である。柏木B遺跡においては、歯など遺体のわずかな痕跡ながら、被葬者2体が同時に同一土坑墓に埋葬された例が確認されている。平面形状において円形に近い楕円形を呈する第1号竪穴式集団墓の竪穴内の第1111号がその好例である。

　その他、2体の合葬墓例は、第1113号（幅100cm）で、また第2号竪穴式集団墓では第2002号土坑墓（幅70cm）、第2004号土坑墓（幅72cm）、第2007号土坑墓（幅118cm）で確認されている。この合葬墓の例を考慮すると、第1号竪穴式集団墓の竪穴内には少なくとも23人、また竪穴外には24人、第2号竪穴式集団墓の竪穴内には14人、おそらくはそれを上回る遺体が埋葬されていたと推定できる。特に、確かな2体合葬の例が11基の土坑墓中に3例も含まれるという第2号竪穴式集団墓での多さが注目される。この2体合葬の契機が、事故・災害・病気などにおける同時死亡とするのがもっとも明解であるが、冬季を含む異なる時期の死亡、そして雪解けを待っての遺体の一括処理なども考慮される。こうした複数遺体の合葬墓の多さは、竪穴式集団墓の特徴のひとつで、先に紹介した他の遺跡の例からも追認できよう。

　仮に屈葬とすると、土坑墓の大半を占める大型、及び中型の土坑墓がおよそ成人のものとみなして問題なかろう。しかし、小型の土坑墓、とりわけ第1117号（68cm）、第1020号（85cm）についてはその大きさから小児、幼児の埋葬も想定される。竪穴式集団墓の中に、成人とともに小児・幼児の遺体が含まれていた可能性は高い。

　柏木B遺跡での発見後、次々と明らかとなった竪穴式集団墓をみると、運良く保存良好の人骨が残されていた土坑墓が20基を数えている。そのひとつ、美沢1遺跡JX-4号の104号土坑墓では2体のうち1体が成人、他の1体が少年、また106号では2体の内の1体が未成年の思春期、107号で成年女性と小児の2体、110号で3体が成年男性、小児、若年と報告されており、少なからず小児が含まれていたことが知られる。土坑墓の規格からの不確かな予測ではあるが、柏木B遺跡の竪穴式集団墓に小児の存在を想定することは、あながち的外れとは言えまい。

　複数遺体の埋葬が判明している合葬墓では、2体合葬の例が多数を占めている。また、キウス4遺跡X-10号竪穴式集団墓のGP-1008号では4体、美沢1遺跡JX-4号竪穴式集団墓の110号土坑墓と美々4遺跡X-2号竪穴式集団墓のX-215号土坑墓では3体の合葬も報告されている。注目されるのは、美沢1遺跡の他、多くの竪穴式集団墓において男女両性の埋葬例が報告されている点であり、竪穴式集団墓が男女いずれか、特定の性と結びつくことは無かった、と結論できよう。しかも、キウス4遺跡X-10号竪穴式集団墓のGP-1002号土坑墓では男女2体の合葬が確認されており、同一土坑墓内に男女が一緒に埋葬されるケースもあったことが知られる。むしろ成人での同性同志の例がない。少ない例で即断はできないが、男女二人の成人例が含まれる、あるいは成人と小児の合葬例がみられるなど、性別・年齢が判明している事実から推すと、

それら被葬者の関係も、血縁的なつながりをもった親族関係を想定するのがごく自然と言えよう。

　残念ながら、人骨をもって具体的に性別・年齢などを知る術のない柏木B遺跡においては、残された副葬品こそが貴重な手掛かりである。それのみでの推定も実際には難しい。副葬品と被葬者の間柄を推察するためにも、まずもって性別・年齢が具体的に明らかにされている他遺跡の竪穴式集団墓の土坑墓例が参考となろう。

　美沢1遺跡JX-3号竪穴式集団墓の124号土坑墓では男性的成年の頭部の下から玉が、JX-4号土坑墓の104号土坑墓では成年男性と少年の遺体の上下にそれぞれ2個の石斧が、同じく107号では女性的成年と小児とともに貝輪5点が、109号で成年男性と小児、若年者とともに石斧2点が、117号で壮年女性と石斧2点が、美々4遺跡X-2号竪穴式集団墓のX-208号土坑墓で成年男性と石棒、X-219号で女性？と櫛2点が、同じくBS-3号竪穴式集団墓のP-14号土坑墓で成年男性と漆塗り弓が伴っている。この限りでは、漆塗り弓と玉が男性、貝輪と櫛が女性を指示するが、石斧は両性を指示する、という関係性が知られる。

　出土品が被葬者によって生前使用されていた着装品や道具である可能性が高いとすると、漆塗り弓や貝輪、漆器（椀？）の理解はともかく、両性を指示する石斧、男性のみを指示する玉を一般的な傾向とするには無理があろう。斧がそもそも男性の用いる道具とすると、女性の墓での副葬例は性別原理を超えた特別な事情があったとみなすことができようし、男性を指示する玉も、本例のみをもって女性がまったく関係しないとするには難があり、一般には両性に結び付く属性とみられる。

　これらを参考にしつつ、柏木B遺跡の竪穴式集団墓に埋葬された人々がどのような集団で構成されていたのか、副葬品から推察してみたい。

　先に紹介したとおり、第1号竪穴式集団墓の竪穴内では、副葬品を伴う例のうち、石棒を伴う第1103号（他に漆塗り弓、石斧原材各1点）と第1112号（他に石斧、棒状円礫片各1点と小玉64点、ミニチュアの鉢形土器）、石斧を伴う第1104号（他に石斧用原材、小玉13個）、第1109号（2点）、第1116号（1点）、第1120号（2点）、石斧様板状礫を伴う第1107号、石鏃を伴う第1105号のいずれもが男性で、わずかに小玉30点と鮫歯（頭飾り）を伴う第1106号が女性と想定できよう。この他、漆器（椀？）を伴う2体合葬の第1111号と石斧3点を伴う2体合葬の第1113号が成人の男女、もしくは成人と小児などが考慮される。

　では竪穴外の場合はどうか。副葬品を伴う例はわずか5基と少ないにも関わらず、4基から石棒が検出されており、欠損品を含めてわずか2例の竪穴内とは様相の違いが際立っている。石棒2点が石斧、石槍3点、石製ナイフ（掻器？）とともに検出されている第1008号では、完全な形の石棒から成人と小児の2体合葬も考慮されるが、少なくとも男性ひとりの存在は疑いなかろう。この他、第1002号、1003号、1024号で石棒を伴うが、この竪穴外の埋葬墓群に石棒を抱く男性がなぜ集中するのか、A様式の埋葬区の地位を継承する特別な事情を考慮せざるをえない。結局、石斧を伴う第1018号も含めて、竪穴外、すなわち周堤上の副葬品を伴う5基は、いずれも男性と推定される。

一方の第2号竪穴式集団墓では、11基中、ベンガラが撒布された例が9基で、副葬品はその5基に認められた。中心に位置する第2007号で、石棒2点とともに石斧2点、玉9点が検出されている。痕跡的ながら頭骨や歯の位置を示す様子から2体の合葬と調べられているが、石棒2点はそれぞれの頭の位置、土坑墓の壁に立てかけられるように置かれていた。また、石斧2点はその一方の石棒を根元で支えるように置かれ、玉は4点と5点のかたまりが、左右別々に床に置かれており、石棒の性的属性を考慮すると、しかも同性同志がないとすれば、石棒の持ち主である男性1人と女性もしくは小児の合葬と想定できる。すなわち、石棒2点も独りの男性の所有物である可能性が高い。

　さらに、第2003号と第2004号で石棒が検出されている。出土状況はそれぞれ異なり、石棒の機能の相違を示唆している。すなわち、前者はこれまでと同様に壙底面からの出土で、男性の所有物と想定できよう。しかし、頭骸の痕跡から2体の埋葬とみなされている後者の場合、石棒は、壙口の礫群直下、広口壺形土器とともに置かれていたもので、被葬者の所有物というより葬儀を執り行う者、男性？の所有物とみられ、少なくとも被葬者のひとりに、床面出土の小玉11点の所有者、女性が含まれる可能性が高い。表面の点刻、線刻が欠損後に刻まれた短い石棒という点でもやや異質である。結果として、ここでは男女2体の合葬、もしくは女性と小児と推定される。

　この他、玉を伴う第2009号の女性、石斧を伴う第2010号の男性が加わり、第2号竪穴式集団墓での被葬者たちも、男女両性の混合とみなして問題はなかろう。

　第3号竪穴式集団墓についても、確認された土坑墓8基のうち副葬品が検出されたのは4基である。2基の土坑墓に石棒が伴い、これまでと似たような傾向を示している。第3001号において床面から石棒2点（うち1点欠損品）、覆土中から漆塗り弓・剥片石器7点が、また第3007号で床面から石棒・石鏃が検出され、いずれの被葬者も男性と推定される。17点の小玉を伴う第3005号については女性とみられる。

　以上をまとめると、被葬者たちの最少人数を推計できる。第1号竪穴式集団墓の竪穴内での被葬者は、男性10人、女性4人、性別不明10人、竪穴外が男性5人、女性もしくは小児1人、性別不明18人、第2号竪穴式集団墓が、男性5人、女性4人、性別不明5人、第3号竪穴式集団墓が、男性2人、女性1人、性別不明5人である。

3）土坑墓の構築過程

　埋葬前の土坑墓の掘削、そして埋葬後の掘削土の埋め戻し作業を経て近接する土坑墓間で埋土・被覆土が重なり合うことも起こり、結果として、土坑墓同志の構築時期の違い、すなわち互いの新旧関係が理解できる例もある。土坑墓の具体的な構築過程の究明は、被葬者集団の組織解明にあたって重要な作業となることから、筆者らは、土坑墓の掘削時にもたらされた排土の重なりなどに注目しつつ発掘を進めた。具体的には、竪穴床面上に想定される土坑墓の所在、あるいは掘り込み面を正確に、また出来る限り早く把握するように箸や細いボーリング棒なども使用しながら慎重に進め、およそ土坑墓の存在が想定できた段階で、床面上の土坑墓周囲の土壌を少しでも残すよう留意した。土坑墓発掘の最終段階に、

図190　土坑墓形成過程の調査(第1号竪穴式集団墓)

互いの土坑墓間に断面観察用の細いトレンチを設け、排土、埋土の重複関係、すなわち土坑墓の新旧関係の理解に努めた。図190は、第1号竪穴式集団墓内での土坑墓間の土層の堆積状況を精査している様子である。

互いの土坑墓が重複していない分だけ判定の難しさは否定できないが、ベンガラ層の切りあい関係、礫群の位置関係なども加味しつつ行われた。

図181には、第1号竪穴式集団墓と第2号竪穴式集団墓の竪穴内の土坑墓群について、明らかにされた土坑墓同士の新旧関係を矢印(→)をもって示した。第3号竪穴式集団墓については、他の時期の住居址や土坑墓、柱穴様ピットなどが複雑に重なり合い、判断に足る証拠が得られなかった。

第1号竪穴式集団墓　図181-1に示したとおりあたかも竪穴内を4つに分割したかのような北西部、北東部、南西部、南東部の4ブロックで、土坑墓群の構築過程が把握されている。北西部と南西部のブロックがおおよそ角柱礫の地上標識を特徴とするA様式に、北東ブロックがB1様式に、そして南東ブロックはB2様式に対応するが、残念ながらごく一部を除き互いのブロックを越えての新旧関係までは把握されていない。しかし、埋葬区内での構築過程がおよそ把握された、と言えよう。

その北西ブロックでは、小型ながら竪穴の中心部に位置する第1105号の構築に始まったとみられる。次いで、竪穴の西壁近く、角柱礫製の立石が横倒しの状態で残されていた第1113号へと進み、その後順次、ジグザグに北方へと展開したとみられる。また、南西ブロックでは、本ブロックで中心的位置を占める南壁近くの大型土坑墓第1110号の設営に先んじて、竪穴西壁寄りの第1006号、竪穴中心寄りのやや小型の第1107号が作られたとみられるが。ただし、第1006号と第1107との順位は正確には特定されていない。第1007号を起点に、一方は大型の第1110号へ、また一方は、南西ブロックとして小型の第1112号→第1116号へと南壁に向かって展開したことが知られる。同じく南東ブロックのB2様式では、中央に近い第1118号と第1120号が構築された後、両者の空間を利用して第1121号、そして第1120号の南に隣接して第1119号が築

かれている。東部のB1様式に相当する北東ブロックでは、一部不確かな順序も含むが、北壁に近い第1004号を先駆けとして大きく「の」の字状に展開したかのごとくに最大で、楕円形の第1111号が続き、さらに第1108号→?第1109号→?第1115号→第1114号へと築かれる。

　竪穴外の周堤上で検出された土坑墓については、土坑墓の掘りこみ面が二次堆積層の盛土上にあることから竪穴造営後に作られたものであることは間違いないものの、竪穴内の土坑墓それぞれとの時間的先後関係は判定できない。盛土上の土坑墓の新旧関係が調べられたのは西側のブロックに限られ、おおよそ第1005号を中心に順序よく作られていったことが想定された。すなわち、第1005号を起点として一方は南の第1004号へ、逆に第1002号から第1003号→第1001号→第1007号→第1008号—第1009号—第1010号へと、順次、北方へと展開したものとみられる。ただし、やや複雑な出土状況から推して断定は難しい。

　ところで、竪穴外の東南部分には土坑墓がまったく発見されておらず、竪穴式集団墓への入口部と考えられた。

第2号竪穴式集団墓　竪穴床面から土坑墓群に関連する角柱礫3本を含む52個の大型礫が発見されており、土坑墓を除いた空間を満たす。それらは、それぞれ土坑墓の長軸線上、もしくは土坑墓を取りまくように設けられた地上標識であり、それらが機能したためか、土坑墓の重複例は皆無である。土坑墓は、概して南から南東にかけて大型の土坑墓、北から北西にかけて小型の土坑墓が位置する傾向を読み取ることができる。土坑墓群の配列からみると、特大の第2007号土坑墓が、明らかに中心的な位置を占めており、中央土坑墓構築の要請に伴い本竪穴が築かれたと推察される。残念ながら、中央土坑墓がいつの段階に構築されたか、また周囲の土坑墓との先後関係がどうかなど、肝心の中央土坑墓の位置づけが充分に究められていない。

　図181-2に示したとおり、部分的ではあるが、その周辺に位置する土坑墓同志で新旧関係が判明している。すなわち、北壁に近い第2001号が作られた後に、西隣の第2002号へと進み、次いで東南方の第2004号が続く。また、その隣の第2006号が作られ、後に西壁近くの第2008号へと続く。その後の詳細な展開は不明であるが、西側に並ぶ第2009号が作られ、次いで第2010号へと続く。平面形が隅丸方形とも言える、中央墓壙をやや小型化したような第2011号土坑墓が、西に隣接しており、それを起点に西隣りの第2005号が築かれたものとみられる。要するに、中央墓壙の構築を契機として竪穴が作られ、周囲の第2001号、第2009号、第2011号を起点におよそ時計まわりに作られていったように推察される。

4）埋葬区

　これまで紹介してきたように、第1号竪穴式集団墓、第2号竪穴式集団墓は、規模の違いこそあるが、地上標識（墓標）を伴う土坑墓群が多数を占め、しかも同じ二種の地上標識で構成される極めて特徴的な様相を呈している。竪穴の構築自体が、被葬者の埋葬場所をあらかじめ定める、あるいは他の集団から区別する意味合いをもっていたように、同一集団墓の被葬者にあっても地上標識の相違をもってさらに細分される人間関係が成立していたことを物語ってい

る。すなわち、同じ竪穴内において墓域がさらに分割され、小さな単位集団ごとに埋葬されるシステム、あるいはその場が用意されていたと理解できよう。死者を葬るためのこの小さな単位の領域を「埋葬区」と呼ぶ（木村1981）。埋葬区の象徴とも言うべき地上標識がそもそもの役割を果たし、限られた広さの中でも首尾よく墓の造営が進行した。

第1号竪穴式集団墓　角柱礫を地上標識としたA様式の埋葬区と円礫を地上標識としたB様式の埋葬区が竪穴内を二分し、およそ東西に対峙する。またB様式の埋葬区は、B1様式とB2様式とにおよそ南北に細分される（図181-1）。

10基の土坑墓が占有するA様式の埋葬区は、不確かな第1107号、円礫による第1112号と第1116号を除き、角柱礫の地上標識、あるいはそのための付属ピットを残している。加えて、長大な楕円形タイプの土坑墓、副葬品の質量、ベンガラの高い撒布率など存在感は際立っている。

第1113号土坑墓に、横倒しの柱状節理の角柱礫が残されていた。その長さは190cmと、遺跡から数多く出土した角柱礫の中でも最大である。当時の立石の状態に復すると、およそ140cmが地上に顔を出す計算となる（図188）。なお柱穴の遺存状況からは、竪穴式集団墓の廃棄後しばらくは角柱礫が立ち続け、樽前a火山灰の降灰前には人の手で引き抜かれたことが窺える。その他、角柱礫は残されていないが、第1102号、第1106号、第1110号の各土坑墓の西方部に立石用付属ピットが存在し、比較的近年に引き抜かれた様子が調べられている。

副葬品から推して、本埋葬区は、少なくとも男性6人、女性2人、性別不明者3人の構成とみられる。ここでも血縁的つながりをもった親族関係が想定できよう。後に触れるが、この場合、一般に言われる世帯ではなく、より大きな単位集団が想定される。

瀬川拓郎は、「土籠においては幼児埋葬（少なくとも小児まで含む可能性もある）は、特殊な場合を除いて除外されていた」とみなす（瀬川1980）。関連して、鈴木素行もそれを追認し、「集団の成員と認めないことは、その認定に関する集団の規制があることを意味する。集団の統率者には、成員の認定をはじめとする通過儀礼の管理、執行者としての性格も与えておきたい」と、集団の規制と統率者の具体的役割をも想定した（鈴木2005）。先に紹介したとおり、美沢1遺跡JX-4号の104号、106号、107号、110号の各合葬墓でその存在が報告されており、特殊である理由の説明なくしては事実として否定されよう。

ところで、埋葬区の中で、第1105号土坑墓がおよそ中心に位置する。一部に新旧関係の不明なものもあり断定は難しいが、本土坑墓がもっとも早くに築かれ、同じ埋葬区内の北西の土坑墓群、南西の土坑墓群へと増築が続いたように推定される。特に重要なのは、この第1105号土坑墓が竪穴全体の中央に位置し、他の埋葬区の土坑墓群を含めても、最初に作られた土坑墓である可能性が高いことである。言い換えると、第1105号土坑墓の被葬者である男性の死を機会に新設された本竪穴の基礎を築く土坑墓とみなすことができよう。一方で、土坑墓は小さく（長径105cm）、副葬品もわずかに有茎石鏃1点と乏しく、埋葬区の集団を代表する人物とみなすに充分な状況証拠が得

られているとは言い難い。

　むしろA埋葬区では、より有力な人物のものとみなしうる長大な土坑墓が竪穴の西壁にそって並んでいる。すなわち、最長の角柱礫を有し、石斧3点を伴う第1113号の男性二人、もしくは石棒と漆塗り弓、石斧原材を合わせもつ第1103号の男性、本州から搬入されたとみられる翡翠製の小玉30点と鮫歯を保有する第1106号の女性が候補者としてあげられる、なかでも、呪具、あるいは奢侈品とも言うべき石棒と漆塗り弓を保有する第1103号土坑墓の被葬者は、埋葬区を代表する中央土坑墓の被葬者からの後継者であろうか、特別な才能を発揮しつつ集団の統率に当っていたものと推察される。

　第1112号と第1116号は、これまでの一群からやや離れて南に位置するとともに、柱状節理の角柱礫に代って、細長の大きな円礫を土坑墓の西端に立て置いた例である。礫を環状にめぐらす、あるいは中央に多数の礫を配するB様式の土坑墓群から区別したが、なかでも第1112号は、小型の土坑墓ながら、ミニチュア土器、石斧、石斧様棒状礫、小玉64点（翡翠製）とともに石棒を伴い、副葬品の質量において存在感を示している。石棒、搬入品とみられる翡翠製の装身具は、呪具と結びついた特別の役割を想起させる。ただし、珍しく欠損した石棒がどのような意味をもつのか、仮に供献用とすれば、第1103号の近縁者、あるいは女性の関わりなども想起される。

　円礫を地上標識に用いるB埋葬区は、6基の土坑墓からなるB1様式の埋葬区と5基の土坑墓からなるB2様式の埋葬区を含む。礫の移動なども考慮され、領域を截然と区分するのは難しいが、大きな礫を壙口周囲にめぐらした2体合葬の大型の第1111号土坑墓を中心とする北の土坑墓群、小型の円礫を多数積み重ねた第1119号・第1121号を中心とする南の土坑墓群である。

　B1様式の埋葬区は、2体合葬のうち少なくとも1体が女性とみられる第1111号が一見中心的な位置を占めつつも、ここでの構築過程は、先述したとおり男性とみられる北端の第1104号が先で、それを起点に南西、南東の二方向に南下したことが観察されている。ベンガラの撒布は、すべての土坑墓にみられ、その撒布率はA様式の埋葬区より高い。しかも第1109号、第1114号を除き2層に及ぶ入念さも指摘できる。

　しかし、副葬品を伴う土坑墓は、奢侈品ともいうべき黒漆塗り木器（椀？）を伴う第1111号、石斧と小玉13点（翡翠製）を伴う第1104号、石斧2点を伴う第1109号のわずか3基と少ない。質量に格差を含むものもあるが、際だつ存在とまでは言い難い。ここでの集団は少なくとも男性3人、女性1人、性別不明3人から構成されていたと想定される。

　B2様式の埋葬区は、大型の円礫を土坑墓の周囲に配し、そのサークル内部に多数の小型の円礫を積み重ねた第1119号と第1121号が位置する。実際には、墓壙の壙口に大型の礫群を配しただけの土坑墓群が4基と多数を占め、しかもその第1118号、第1120号が積石墓に先んじて築かれていたことが判明している。円礫が第1120号土坑墓をも覆うが、第1119号や第1121号のように墓壙内に多数の小礫が沈み込むことはなく、本来の地上標識である大型の礫を除くいずれの礫も第1119号と第1121号土坑墓に連なる礫であることが調べられている。要するに、当初はB1様式に共通する土坑墓がこの埋葬区にまで及び、後に積石墓が構築されたと見られる。ベンガラ撒布は5

基中3基であるが、副葬品を伴う例は1基と少ない。本埋葬区の構成は、石斧を伴う第1120号の男性に、少なくとも性別不明の4人が加わる。

　第1号竪穴式集団墓に限り、竪穴外にも土坑墓が広がる。その数はあわせて23基、うち18基の土坑墓が周堤上をおよそ環状にめぐり、5基が周堤の外に点在する。周堤上、周堤外のそれぞれ1例を除くと、土坑墓同志が重複する例はなく、竪穴内から連なる特徴のひとつである。計画性を維持し続けた理由としては、ごく短期間に土坑墓群が設けられたこと、もしくは何らかの地上標識が存在していたことが推察される。周囲に残された大きな礫や副葬品の様相などを考慮すると、地上標識にこそその理由があったとみられる。残念ながら、耕作のための礫の除去や周堤そのものが二次堆積層からなることも影響して、どのような地上標識で、竪穴内の地上標識とどう関係するかなど詳細は不明である。

　周堤上の土坑墓群は、竪穴内の分割線と周堤上の空白部を考慮すると、5～6群に細分可能であり、入り口部とみられる東南部の空白部を境におよそ西と東とに大別できる（図181-1）。西の1群は、12基の土坑墓が互いに近接し、およそ規則的に並ぶ。開きスペースの多い東の一群は5基がまとまって北に位置し、1基が南に少し離れてある。ここでは、とりあえず竪穴内の埋葬区と区別し、西の一群をC1様式、東の一群をC2様式と呼ぶ（図181-1）。

　周堤上の土坑墓群がどの段階に作られ、竪穴内の土坑墓群とどのような関係にあるかなど未解明な点が多いが、重複することなく竪穴の周囲をめぐる点はもちろん、細長い楕円形タイプの土坑墓に代表されるような形状的類似、W-10～30°-Nに集中する長軸方位、特に西側のC1様式の土坑墓群に集中してみられるベンガラの撒布など、竪穴内の土坑墓群に類似する様相こそが、竪穴内の土坑墓群に働いていた規制が竪穴外の土坑墓群にも機能していた結果であることを窺わせる。竪穴式集団墓の廃棄後に移住してきた人びとが、無造作にこの場を利用したというような偶然の所産でないことは明白であろう。

　もちろん、平面形が幅広の楕円形を呈する土坑墓や長軸方位が大きく北へ、あるいは南へとずれる土坑墓も少なくなく、また西側の一群を除くとベンガラの撒布率が低く、竪穴内の土坑墓群と一律に扱うことはできない。

　ここで注目されるのは副葬品で、石棒を伴う土坑墓が周堤上のC1様式の土坑墓群に4基含まれ、竪穴内の出土量を上回っている。第1008号で、石斧、石槍3点、石製ナイフとともに石棒2点が伴出し、第1002号、第1003号、第1024号のそれぞれに石棒が出土している。竪穴内のA様式の埋葬区に石棒がみられる様相と対応しており、同一の集団が埋葬域を竪穴内のみならずに周堤上にまで拡大させていた、と言えよう。

　なお、周堤上に作られ、副葬品として石棒を伴う例が、美々4遺跡BS-3号竪穴式集団墓のP-22号土坑墓で知られている（北海道埋蔵文化財センター1981）。また、時期が異なるものとして区別されているが、P-376号土坑墓もX-2号竪穴式集団墓に関するものであろう（北海道埋蔵文化財センター1983）。ここでは、小玉38点（翡翠製3点、蛇紋岩製35点）、鮫歯、土製品とともに壙底面から検出されている。柏木B遺跡のように4基が集中する例はないが、同じよう

な構造を持つものとして注目される。竪穴式集団墓の時期の問題については、後に検討する。

C1様式の埋葬区では、石棒を有する土坑墓4基の被葬者が男性、他の12基が性別不詳、C2様式の埋葬区では、男性とみられる石斧を伴う第1108号を除き、6基が性別不詳という構成になる。なお石棒2点が伴う第1008号は、2体合葬も考慮される。

第2号竪穴式集団墓　先述のとおり、地上標識にかかわる大きな礫や付属ピット、そして浅い皿状の窪みが土坑墓の周辺に多数残されていたこともあって、形成過程の詳細など未解明な点も少なくないが、柱状節理の角柱礫および細長い大型の円礫を東西の両端に立てる土坑墓群（A様式の埋葬区）が竪穴の西側に、大型の円礫をサークル状にめぐらす土坑墓群（B様式）が東側におおよそ分かれて位置する。同時に、第1号竪穴式集団墓で区分された両様式の地上標識も、ここでは一部融合、混合したかのような様相が注意される。

検出された土坑墓11基の中でひときわ大きい第2007号土坑墓が、竪穴の中心に位置し、竪穴の構築にあわせて最初に築かれた土坑墓とみられているが、断定までには至っていない。仮に他の土坑墓よりも遅れる場合でも、そのスペースがあらかじめ確保されるほどに被葬者の社会的地位の高さは否定し難く、中央土坑墓と呼ぶに相応しい。2体の合葬ながら、石斧2点、翡翠製小玉9点（4点と5点の2組）とともに石棒2点を伴う副葬品の豊かさからも追認できよう。土坑墓の西端に深い角柱礫用の柱穴が検出されており、地上標識による帰属はA様式を基本とするが、あわせて皿状のピットが土坑墓の周囲から検出されており、大型の円礫が置かれていた痕跡とみられる。すなわち、第1号竪穴式集団墓でのB1様式の要素も兼ね備えていることから、ここでの石棒2本を所有する男性の被葬者が、B様式の埋葬区をも束ねる竪穴全体の象徴的リーダーであった可能性も考慮される。

この他、角柱礫を地上標識としたA様式の土坑墓は、第2001号、第2003号、第2005号などいずれも西側に位置している。このうち第2005号のように東端の標識のみ細長の大きな円礫で代替した例もみられる。また、当時の標識がすでに失われ、柱穴の形状をもってA様式と確認した例もあるが、柱穴が西端のみの例（第2004号）や東端のみの例（第2002号）などA様式とした中にも種々の変異が含まれる。中でも、大型の円礫を環状にめぐらすB1様式を組み合わせた例（第2003号）、墓壙上部に円礫を集積するB2様式を組み合わせた例（第2004号）が注意される。

この第2003号と第2004号からも石棒が検出されている。両者とも、柱状節理の角柱礫を伴うA様式の埋葬区に所属し、A様式の埋葬区に属する集団において石棒が継承されていたことを示している。厳密には、A様式の角柱礫の地上標識を基本としながらもB1様式の特徴を兼ね備えた土坑墓のみにみられる点、すなわち融合的な地上標識を有する土坑墓にのみみられる事実が重要である。第2003号が、第2007号と同様にB1様式を兼ね備えた例、第2004号がB2様式とも言うべき積石を壙口に配した例である。第2004号の場合、礫群直下からの出土という点で他例の副葬品とは異なり、むしろ葬送儀礼に用いられたもので、あるいは2体合葬のうちの翡翠製小玉の副葬にか

かわる女性に添えられた可能性も考慮される。いずれにせよ、それらが第2007号の石棒の所有者とごく近縁な関係にあったことは想像に難くない。

A様式の埋葬区での被葬者は、少なくとも集団の有力者とみられる2人を含む男性3人、女性2人、女性もしくは小児1人、性別不詳が2人からなる。

一方、B様式の埋葬区では、中央土坑墓の第2007号の周囲に4基が位置する。それぞれの土坑墓には大型の円礫、もしくは皿状の付属ピットが取り巻くように検出されている。このうち第2008号がやや異色である。周囲の付属ピットに規則的な配置が認められず、土坑墓の東西の肩口に立て置いたひと際大きい扁平な円礫2個が検出されていることから、むしろA様式の地上標識とみなすべきかもしれない。すなわち、B様式の埋葬区に混在するA様式の土坑墓である。

B様式の埋葬区での被葬者は、少なくとも石斧を伴う男性（第2010号）、小玉を伴う女性（第2009号）に、性別不詳の2人を加えた構成となる。

第3号竪穴式集団墓　面積においておよそ第1号集団墓に匹敵する第3号竪穴式集団墓でも、土坑墓8基のうち角柱礫が壙口から出土している第3002号、西端に小ピットが検出されている第3001号の例などから似たような「地上標識」と「埋葬区」の存在が想定できるが、異なる時代の遺構が重複し、実態は不明である。また、第3001号で石棒2点・漆塗り弓、第3007号で石棒・石鏃が副葬品として検出されており、石棒を伴う土坑墓がおよそ西半に位置する点では第1号、第2号竪穴式集団墓と類似するが、南に偏る点でやや様相を異にする。この他、第3002号での小型鉢形土器、第3004号で石斧、第3005号で小玉16点（翡翠製）が出土し、ここでの被葬者の構成は、少なくとも男性3人、女性2人、性別不詳3人を想定できる。

5）地上標識と竪穴に示される差異

発掘当初から、土坑墓に付設された地上標識が、竪穴内部で大きく二分、細かくは三分されること、それらが埋葬区として帰属集団の相違を反映したものであろうという見通しを明らかにしてきた。これらの調査と分析結果を踏まえて、林謙作、春成秀爾らによる集団論が展開されてきたことはよく知られていよう（林1983、春成1983）。そのごく一端を紹介すると、林は、「ひとつひとつのグループは実はひとつの世帯をあらわしている」とするのに対し、春成は、筆者らの埋葬区A様式とB様式について、「一方がその土地の出身者、他方が他集団からの婚入者である」と推定する。

これらについては、成人男女、あるいは女性と小児が同じ土坑墓に合葬されている例が少なくないこと、あるいはそれぞれの埋葬区が性別不詳の例を除き、男性と女性が一定程度の割合で構成されており、しかも複数の呪具に関係した被葬者を含むことなどから比較的大きな親族組織を想定できそうである。竪穴の背後には、林の言う世帯ではなく、より大きな集団からなる二つのグループが関与していたものとみられるが、春成が考える「出身者」と「婚入者」との区分原理の適用も難しい。集団関係については、後にあらためて触れたい。

なお、柏木B遺跡の発掘後、竪穴が土坑墓で埋め尽くされることなく途中で廃棄

されたらしい美沢1遺跡JX-1号、JX-2号、KX-1号など、また竪穴内が土坑墓で満たされる場合でも、縄文時代晩期初頭の大洞B式土器相当の土坑墓群が混在するらしい美沢1遺跡JX-3号の例などが明らかにされ、地上標識の違いも、時代の異なる集団によるたまたまの利用が含まれており、竪穴式集団墓での集団構成を論ずる際には後に付加された土坑墓群は区別されるべきとの考えが示されている。具体的には、矢吹俊男が、長楕円形から円形に近い楕円形への土坑墓の平面形状の変化、さらに角柱礫から環状列石、積み石へと展開する地上標識の変遷に基づき、竪穴式集団墓に関係する土坑墓群は筆者らが言うA様式のみとし、B様式、特にB2様式は竪穴式集団墓と異なる時代のものと結論づけた（矢吹1984）。

　多様な地上標識を有する柏木B遺跡にこそ深くかかわる問題提起でもあり、その及ぶ範囲について若干の検討を加えておく必要があろう。これまでのところ、矢吹の変遷観が通説として認められたとするにはなお時期尚早であろう。少なくとも、柏木B遺跡の竪穴式集団墓の土坑墓群には該当しない。例えば積石墓は、縄文時代後期中葉以前にもしばしばみられるもので、必ずしも縄文時代晩期初頭に限定されるものではない。しかも、柏木B遺跡での発掘所見からしても、合理的理解とは言い難い。例えば、第1113号土坑墓の角柱礫（A様式）の出土状況を示すと、図89-2、図103、図104-1・3で明らかなように、角柱礫は、竪穴内に自然堆積層の黒色土が10cm弱ほど堆積した頃に引き抜かれたことを示しているが、その根元に位置する柱穴は、間層もなく直接に当時の床面から穿たれている。

すなわち、竪穴が作られてほどなく設けられた土坑墓とみなせよう。一方、第1111号土坑墓の肩口を環状にめぐる礫群（B1様式）の出土状況を示すと、図89-3、図100、図101-1～3で明らかなように、礫群の多くが、床面上に直接に置かれており、ここでも竪穴の構築後さほど時間を置かずに土坑墓・配石が設けられたと理解できよう。さらに問題の第1119号、第1121号の壙口に積み重ねられた礫群（B2様式）の出土状況を示すと、図89-4、図109、図111-1・2で明らかなように、多くが床面上に置かれており、同じくさほどの時間的経過を考えることは難しい。一部、床面上、礫下にローム混じりの黒色土を挟みやや浮いた状態の礫もみられるが、ここでの間層は自然堆積層ではなく、土坑墓掘削時の掘上げ土である。

　要するに、竪穴式集団墓の使用期間中、床面の清掃が行われていた可能性を考慮したとしても、B様式の土坑墓の構築までに長期に及ぶ休止期、あるいは土器型式が他型式へと変遷するほどの大きな時間的空白を考慮することは難しい。何よりも、美沢1遺跡のJX-3号例にみられるようなより後出の遺物は、柏木B遺跡の土坑墓や周辺からは検出されていない。例えば玉類は、柏木B遺跡の竪穴式集団墓の土坑墓の場合、いずれも翡翠製の小玉であるが、美沢1遺跡JX-3号の該当の土坑墓の場合、カンラン岩製もしくは蛇紋岩製の小玉が多数含まれており、むしろ翡翠製は含まれないか少ない。

　また、美沢1遺跡の土坑墓に副葬されていた漆塗り櫛は、柏木B遺跡第Ⅱ地点の土坑墓ではともかく、竪穴式集団墓からは一切検出されていない。もちろん、柏木B遺跡の竪穴式集団墓に伴う土器は、いずれも縄文時代後期後葉の堂林式土器で、美沢1

遺跡のような縄文時代晩期初頭の大洞B式土器に相当する土器が共伴する例は知られていない。

第1号と第2号の二つの竪穴式集団墓に、それぞれ地上標識を異にするA様式とB様式がおよそ東西に分かれて位置することが判明しているが、より詳細には、この複数の竪穴式集団墓や埋葬区が、単一集団によって時期をずらしながら設営、使用され続けた結果を反映したものか、あるいは複数の集団によって同時に設営、使用され続けた結果を反映したものか、さらなる回答が求められている。

これまで断片的に触れてきたとおり、単一集団によって使われ続け、竪穴内が土坑墓で順次満杯になっていたものでないことは明白である。言い換えると、第1号竪穴式集団墓のA様式の埋葬区が満たされた後にB様式による隣の埋葬区が使われ、その満杯をもって第2号竪穴式集団墓に移り、再びA様式が甦り、その後B様式へと続いたという単線的な進展とするには、地上標識の諸相からしても無理があろう。すなわち、第1号竪穴式集団墓のA様式→B（B1・B2）様式→第2号竪穴式集団墓のA様式→B様式という変遷では合理性を欠き、認め難い。その変遷パターンを読み解くには、少なくとも2つ以上の集団の関与をもってのみ可能であろう。同じく図式化すると、第1号竪穴式集団墓A様式・第2号竪穴式集団墓A様式→第1号竪穴式集団墓B様式・第2号竪穴式集団墓B様式、もしくは第1号竪穴式集団墓A様式・第1号竪穴式集団墓B様式→第2号竪穴式集団墓A様式・第2号竪穴式集団墓B様式という様式の出現・変遷プロセスのいずれかをもって、しかも最少限、2つの単位集団の集合をもって初めて説明可能となろう。

この時代、複数集団の協働作業によって竪穴式集団墓が構築され、関係者の死に際し単位集団ごとに割り当てられた竪穴内のそれぞれの埋葬区で土坑墓が掘られ、遺体の埋葬が繰り返された、とみるのが妥当であろう。

問題は、春成が指摘するように、出自の異なる2つの集団による埋葬が単に第1号竪穴式集団墓が満たされ、次いで第2号竪穴式集団墓へと展開した（春成は、第2号から第1号の変遷を考慮する）のか、あるいは二つの竪穴式集団墓が併存する状況下で、より多くの集団が関与しつつ、それぞれに割り当てられた埋葬区で土坑墓が満たされていったのか、その解答が求められよう。

なお確証は得られていないが、埋葬区内の構成を出自の異なる婚入者も混えたひとつの親族集団とみなしてきた関係でより後者に可能性が強いと言えよう。第1号竪穴式集団墓と第2号竪穴式集団墓のそれぞれに大きくはA様式とB様式の埋葬区が存在するものの、第2号竪穴式集団墓の埋葬区では、A様式にB様式が付加されるなど、第1号竪穴式集団墓とは異なる独自の様相も認められている。第1号竪穴式集団墓、第2号竪穴式集団墓が併存し、集団墓を担う互いに自立した少なくとも4集団以上によって共用されたものと仮定できよう。

ちなみに、キウス周堤墓群やキウス4遺跡の多数の竪穴式集団墓が、単一の集団によって残されたとするには想定される存続期間があまりにも短く、むしろ複数基が組み合わさっての集積と考える方が自然であり、盛土遺構の規模の大きさにも相応しい。よって、柏木B遺跡での見通しもあながち的はずれとも言えなかろう。な

お、B1様式とB2様式、さらにはC様式の埋葬区がそもそもの親族集団とどうかかわるか、即断できる状況にはないが、出自の異同が関係しているように推察される。特に、C様式は石棒を継承する集団としてA様式の埋葬区と深く結びついていたことは想像に難くない。

6) 石棒と中央墓壙の被葬者たち

柏木B遺跡の竪穴式集団墓から出土した石棒は、本州にみられるような太形タイプの石棒、時に地面に立て置かれた地上標識ともみられる巨大な石棒とは異なり、いずれもが携行に容易な北海道に特徴的な細形タイプである。

端部が欠損した1例を含めて計14本の石棒が土坑墓から出土している(図192-1～14)が、これまでのところ1つの遺跡でこれほど多くの石棒が出土した例は他にない。竪穴式集団墓の例に限ると、かつて河野広道が調査した斜里町朱円栗沢遺跡A号竪穴式集団墓で3本(図200)、大場利夫らの調査による国史跡・キウス周堤墓群で1本、また柏木B遺跡の調査後、その存在が明らかにされていった美沢1遺跡JX-3号竪穴式集団墓(図204)の竪穴内土坑墓から3本(P-104・P-105・P-120号土坑墓に各1本、図194-1～3)、美々4遺跡X-2号竪穴式集団墓(図213)の竪穴内外の土坑墓から2本(X-208号・P-376号土坑墓に各1本、図194-7・10)、同遺跡X-3号竪穴式集団墓(図214)の竪穴内の土坑墓から2本(X-302号・X-310号土坑墓に各1本、図194-8・9)、同遺跡BS-3号竪穴式集団墓の竪穴外土坑墓(図203)から1本(P-22号土坑墓、図194-6)、同遺跡BS-5号周溝式単一墓(図203)の土坑墓から2本(図195-4・5)が発見されているのみで、計14本は柏木B遺跡と同数、いかに、柏木B遺跡が特別な地位を占めているかが推察できよう。しかも、欠損品1本(図191-7)、再利用品?1本(図192-9)、未完成品?1本(同図13)を除くと、いずれも完形品である。

柏木B遺跡の石棒(図192)は、他遺跡の例(図195)に比較すると、総じて大型(長身)である。第1024号出土の79cmを最長に、60cmを超える例が7本と半数を占める。一方の美沢1遺跡と美々4遺跡の10本のうち、60cmを超すものがわずか2本のみで柏木B遺跡での大型の傾向は認められよう。

形状においては、両端に把頭(把手)部が作られた「両頭タイプ」(図191-1・5・8・9・10・11・14)、1端にのみ作られた「単頭タイプ」(同図2・3・6・12)、把頭部が作られずに両端が先細りの「無頭タイプ」(同図4)に大別できる。

両頭タイプながら把頭部の形状が両端で異なる例(同図1)、単頭タイプながらもう一方の端に1条の溝をもって尖端部を区画しあたかも両頭タイプに似せたような例(同図6)、端部の破損、もしくは意図的に端部を打ち欠いた後に、再度線刻をもって簡単な把頭部を作りだしたとみられる例(同図9)など、さらなる細分も可能である。

図192に、それら石棒端部のみの拡大写真を示したが、把頭部に注目すると、単に台形状に作り出されただけの装飾の施されていない例(図192-1・5・6)、環状にめぐる平行凹線と縦位の短刻で装飾された例(同図7・8・11)、皮を巻き付けたような帯状文が把頭部全体に施された例(同図3)、側縁に二つの耳を作り出し人の頭部を表現したとみられる例(同図1・10)、刻線

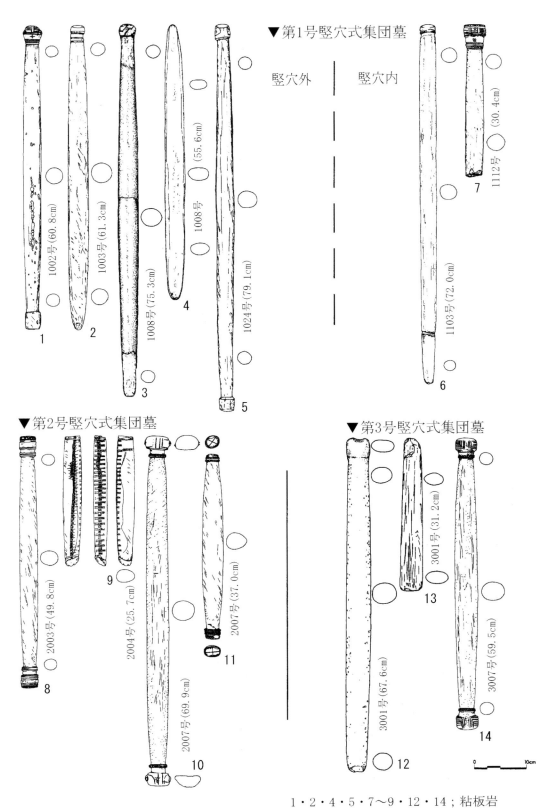

図191 柏木B遺跡の竪穴式集団墓出土の石棒

1・2・4・5・7〜9・12・14；粘板岩
3；緑色片岩、6；黒色片岩、10；安山岩

石棒（図27）を好例として、大勢としては小型化の道を辿るものと理解される。断面の扁平な石刀タイプも出現する。組成に示される若干のヴァリエーションも、時代を越えて受け継がれる石棒特有の属性、伝世品ならではの様相とみなすこともできよう。石棒の機能にかかわって注目すべき傾向が、形状、大きさ、装飾などに一つとして同じものがないという点である。しかも、遺跡には、石材や残片など石棒の製作を裏付ける遺物が一切検出されておらず、被葬者みずからが生前に遺跡で製作したものとは考え難い。石材入手から製作までを担う特別な場、それをなりわいとする工人集団が他に存在した可能性の高いことを示唆している。被葬者は、仕上げられた石棒をどのようにして入手したのか。

いずれにせよ、その貴重な石棒を所有できるのは極めて限られた人物であったことを石棒の出土状況そのものが証明しているし、それを所有できた人物が、生前、集団の統率に大きな役割を果たしていたであろうことも想像に難くない。

かつて乾芳宏は、「環状土籬」（竪穴式集団墓）の中央土坑墓に葬られた人物が「共同体内部における重要な役割」をはたす「集団内の統率的人物、首長」であるとし、「環状土籬は、各首長を中心とした集団構成で、同一集団における首長の交代ごとにそれぞれ作られた」と推定した（乾1981）。集団構成の基本的理解に相違はみられるが、春成秀爾も、中央土坑墓の同じような機能、位置づけを明らかにしている（春成1983）。

先に紹介したとおり、柏木B遺跡でも、新たな竪穴式集団墓の構築が中央土坑墓の人物の死を機会に行われたとみられているが、とりわけ第2号竪穴式集団墓第2007号土坑墓での2体合葬の被葬者に、集団をまとめる有力者、しかも呪具としての石棒の所有者、すなわち超自然的世界と交信する予知能力に長けた呪術者（シャーマン）としての身分をも兼ね備えた人物が含まれているとみなした。土坑墓の大きさ、墓標・副葬品などいずれも際立っている。

第1号竪穴式集団墓においても、第1105号が中央土坑墓の位置を占め、その被葬者である男性の死をもって竪穴が築造されたと推定された。しかも、絶大なる力を裏付ける確かな証拠は得られてはいないが、石

図193 陸前高田市板橋山遺跡出土の人面付き土偶（熊谷賢氏提供）

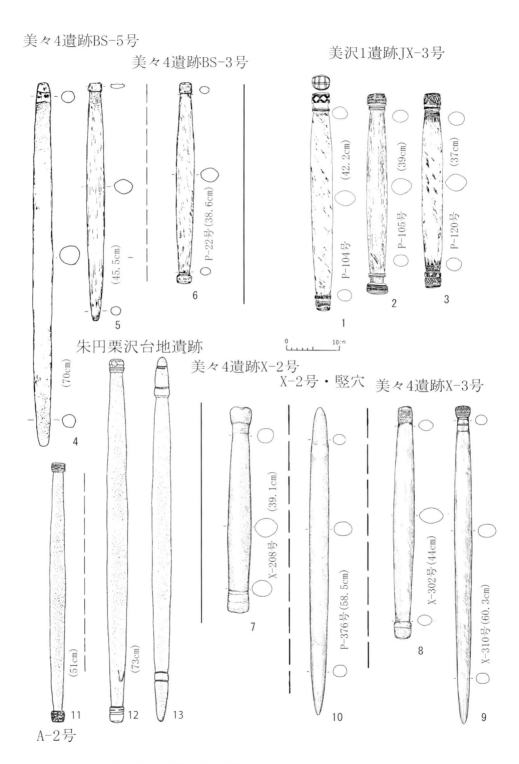

図194 美沢1遺跡、及び美々4遺跡出土の石棒

棒や漆塗り弓を有する実質的リーダーにふさわしい人物の埋葬（第1103号土坑墓）に先駆けて中央に埋葬される優位性を考慮すると、第1105号土坑墓の被葬者が然るべき有力者、すなわち最小の親族組織を示す単位集団（A様式）での有力者であることは想像に難くない。

この場合、それぞれに認められる多様性こそが、統率者と呪術者が互いに助け合う関係、さらには埋葬区に相当する基礎的な単位集団同士、あるいは竪穴式集団墓2基によって統合される連合集団が、役割を補完し合う協働社会の姿を反映しているとも理解できよう。

柏木B遺跡の調査後、数多くの類例が蓄積されており、竪穴式集団墓の中央土坑墓の被葬者を等しくムラの「首長」とするには難しいが、緩やかな階層差をかかえる集団の統率者、もしくは呪術者が埋葬区や竪穴集団墓ごとに葬られていたとみて間違いなかろう。

注目すべきは、中央土坑墓と石棒を所有する被葬者との結びつきが必ずしも強いとは言えない事実である。むしろ、極めて珍しい。柏木B遺跡第2号竪穴式集団墓の他には、わずか美々4遺跡BS-5号周溝式単一墓のP-1号土坑墓の2本をあげることができるのみである。中央土坑墓の性格についてはあらためて考察するが、集団の統率が、稀に石棒を有する人物に委ねられることがあったらしいもののそれを常態とみなすのは難しい。また、石棒を有する土坑墓が同じ埋葬区内に、あるいは埋葬区を越えて複数基存在する例があり、複数のシャーマンらしき人物がリーダーを助けるべく社会秩序の維持に貢献していたことも理解される、こうした複数のシャーマンの存在はシベリア・極東の少数民族の中にもよく知られている（煎本編2002他）。

現在、石棒の表面に残る痕跡の分析を進めている途中にあるが、その一端を本書中のコラムに紹介した（296～299頁）。分析者の言う「第3の磨耗」が、使用者、おそらくはシャーマンの所作を示す有力な証拠となるに違いない。

ところで、多数の竪穴式集団墓の調査が行われたキウス4遺跡では、石棒を伴う土坑墓は1例も発見されていない。先に紹介した編年案のとおりとすると、竪穴式集団墓築造の多くの時代（少なくとも第Ⅰ～Ⅲ群の時期）、石棒が利用されることはなかったこととなる。類例が少なく即断できる状況にはないが、キウス4遺跡には、石棒を用いる人物が存在しなかったのか、石棒による特別な祭儀がなかったのか、それを扱う人物の死がたまたま生じなかったのか、さらには、呪具・祭具としての石棒を用いうる人物が他の遺跡でどのようにして登場したのかなど興味ある課題が残されている。

今後の課題は多いが、これまでのところ、柏木B遺跡の例が石棒の出現期の様相を示すものとして、重要な位置を占めている。

かつて文化人類学者の大林太良は、東アジアに伝わる神話を通して、王権のシンボルが刀剣であった時代に先んじ、弓矢をシンボルとする時代が東アジアに共通してあったことを説いている（大林1995）が、王権すらも成立していない縄文時代の狩猟社会において、希少財の漆塗り弓ともども、指揮棒や笏のような祭具、石棒が、集団の結束に大きな役割を果たしていたであろうことは動かし難い事実と言えよう。

COLUMN
柏木B遺跡出土石棒の使用痕分析

　使用痕分析とは、考古学的資料の特別な一種、痕跡の研究とされている。痕跡は、自然物、人工物とを問わず、遺物の表面上に識別可能な特殊な起伏の変化として現れる。もちろん、それのみを手に取ることのできる物体でも物質でもない。痕跡の分析とは、表面の形状、より正確には表面の様相にかかわる判定と言えようが、何も変化していない当初の形状と、様々な実験を繰り返しながら痕跡研究者みずからが積み上げてきた痕跡のモデルとを比較することによって表面の起伏を認識（判定）することが可能となる。

　人間の活動に伴って記される痕跡は、製作痕、使用痕、そして目的的な使用というよりも偶発的、無意識のうちに刻まれる磨耗の3種を区別することができる。ここでは、後者を第3の磨耗と称する。

　製作痕とは、対象物の形の修正・加工を目的として施された熟練製作者の意図的かつ制御された作用によるものである。このような痕跡に当てはまるのは、割り（剥離）や切削の痕（削片のネガティブとポジティブ）、敲打、研磨、穿孔などの痕である。製作痕の形や大きさは、製作者によって決定される。なぜならこれらの痕跡を作るのは製作者の作業の目的だからである。

　使用痕（磨耗、利用）とは、道具の作動部分において、その使用の過程で記された磨耗などすべての痕のことである。このようなタイプの痕跡はその道具を使用する人間の意図と関わりなく生ずる。これらの痕跡は道具を「正常に」使用する過程で「自然に」形成される。このような痕跡にあてはまるのは、一定の組み合わせを有する様々な磨耗群である。例えば、作動部が摩滅したり、丸みを帯びたり、研磨されたり、剥離やひび、引っかき傷などが残される。使用痕の形や大きさは製作者の意図と直接には関わりがない。もちろん、製作者はこれらの痕跡が生ずるのを避けることもできない。使用痕の発達とは、多くの場合道具の機能部分が鈍くなることである。

　第3の磨耗は、道具に限らず各種の生活用具の表面に、技術的な過程（道具の使用）や道具の機能部などに関わりなく現れる磨耗のことである。人間の日常の振る舞いの中には、意図的あるいは非意図的な様々な動作を含むが、その際、人間と関り合う道具や物品の表面は、打撃や圧力、摩滅、引っかき傷などにさらされる。例えば、石製や鉄製の道具ですら運搬の過程で他のものと接触し、その表面にはこすり痕や引っかき傷が生ずる。また、装身具の表面や、机、皿、小箱などの表面、道具の柄などに現れるこすり痕、あるいはコンピュータ・ディスク（CD／DVD）などの表面に残される傷やメガネのレンズについた引っ掻き傷など身の周りの例を想像するのは容易であろう。このような偶発的な広い意味での磨耗は、遠い過去に限らず、現在に及ぶ例もあろう。

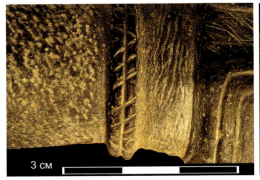
1　第3007号土坑墓出土の石棒(1)

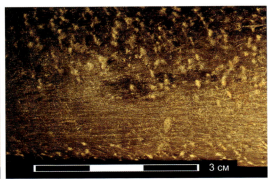
2　第3007号土坑墓出土の石棒(2)

3　第1003号土坑墓出土の石棒(1)

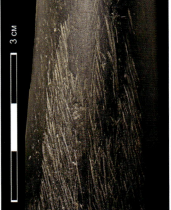
4　第1003号土坑墓出土の石棒(2)

5　第1008号土坑墓出土の石棒

6　第2003号土坑墓出土の石棒

7　第2005号土坑墓出土の石棒

別図8　石棒に残された製作痕・使用痕

今回、ごく短い時間ながら恵庭市柏木B遺跡の竪穴式集団墓から出土した石棒を観察する機会に恵まれた。観察は、主に顕微鏡Olympus X-TR（斜光、最大倍率×100）を使用して行ったが、あわせて石棒表面のいくつかの部分でアセトンフイルムを使用し、痕跡のコピーを行った。近い将来に、より高い倍率の光学顕微鏡を用いてこれらフイルムを精査し、より詳しい痕跡研究の成果を公表できるものと期待している。今回は、低倍率ながらも得られた興味ある所見のいくつかを簡単に紹介したい。

　石棒を道具として使用したという明らかな痕跡を見つけることはできなかった。一方、石棒の初期の製作過程を示す痕跡も見られなかった。つまり、そもそもの素材の形状、あるいはどのような方法でこれら石棒の全体形が作り出されたかを具体的に示すことはできない。われわれが手に入れることができたのは、十分に石棒の形に仕上がった後に生じた痕跡である。
　製作痕について言えることは、製作が敲打と研磨とを組み合わせて行われたということである。表面の研磨は、多くの場合敲打の後に行われている。また、石棒把頭部の装飾的模様、あるいは一部にみられる石棒体部の装飾は、石製の道具を用いて切削、敲打などの方法で刻まれたものである。
　製作の仕上げにかかわる痕跡の他に、分析研究の過程で明らかにされた痕跡は、第3の磨耗である。この痕跡は、今回調査したすべての石棒で見られた。いくつかの例では、その磨耗は石棒中央部の表面には見られず、むしろ研磨、あるいは敲打によって磨耗が消されている。すべての石棒の端部には、このタイプの磨耗が見られる。さらに言えば、まさにこの把頭部で特に発達している様相が見られるのである。
　興味深いのは、石棒の表面で観察できる様々な製作痕と第3の磨耗の痕跡が、同時に生じたものでないことで、多くの場合それらの新旧関係を明らかにすることはさほど難しくはない。別の言い方をすれば、痕跡の生成順序を判定することができる、つまり石棒の表面の様々な変化についての、ある意味での層序（層位的関係）を観察することができるのである。
　痕跡の生成順序には、いくつかのバリエーションが見られる。第3007号土坑墓出土の石棒では、第3の磨耗が顕著に認められる。この磨耗は「やわらかく」研磨の表面を覆い、特に石棒把頭部の表面、彫刻模様の大きな起伏の凸部ににぶい光沢として留められる（写真1）。さらに、体部側縁では同じようによく発達した磨耗が、部分的な敲打痕を覆い、しばしば研磨痕によって消されている（写真2）。つまり、敲打痕で覆われた石棒の表面に第3の磨耗が発達するほど長い時間使用され、その後手前側縁部から研磨され始めたという証拠である。
　さらによりはっきりした痕跡の変化が見られるのが、第1003号出土の石棒で、第3の磨耗が把頭部で粗い装飾的模様に刻まれている（写真3）。この石棒の体部側縁はまず滑らかな研磨で平らにされた後、第3の磨耗で覆われ、次に荒い研磨の斜めの線でそれらは消されている（写真4）。つまり、この石棒は敲打痕の名残を小さく残しているが、体部側縁表面と端部は十分に細かな加工で平らにされ、（その状態で）何らかの使用によって非常に強く磨耗され、そ

の後、再び荒い研磨材で磨かれ始めた。

　第1008号出土の石棒の体部表面には細かな敲打痕が広く見られるが、それらをもって平らにされている。激しく磨耗し表面の上に施されたものである（写真5）。石棒表面に敲打加工の後につけられた激しい磨耗の痕は見られない。

　第2003号出土の石棒の体部表面には、二度目の研磨後に生じた激しい第3の磨耗痕が見られる（写真6）。

　両端部に模様のある第2005号出土の石棒は側縁部表面が滑らかに平らにされるほどの激しい第3の磨耗痕を持つ。この石棒の両端ともに打ち欠きにより欠損している。破断面におよそ平行して、石棒を横切る深い刻み目の痕がある。また、それと交錯するような角度で横の刻み目も施されているが、石棒端部の破砕の前と後に付けられた可能性がある。

　打ち欠かれた石棒の両端破断面、その前後につけられた短い刻み目を覆う激しい第3の磨耗痕がよくみえる（写真7）。つまり、この石棒は両端が破壊され、破断面に刻み目を入れた後に、何らかの形で激しく使用されたということが理解される。

　今回の観察のまとめとして、柏木B遺跡より出土した石棒の表面観察で明らかになった痕跡の推移を通して、これらの石棒が十分に完成した形の状態で、道具の直接的機能と結びつかない（これまでのところ充分に確定できないという意味で）、しかし石棒の端部と体部側縁に激しい第3の磨耗痕を生じさせるほどの方法で石棒が扱われたものと断定できる。端部が打ち欠きされた1例を除き、石棒は、土坑墓に埋納される前の「日常に用いられていた」期間、石棒の両端に新たな加工が施されることがなかったためか、この部位に第3の磨耗が特に発達しているのである。石棒の体部側縁は、ある期間継続的に使用された後、定期的に調整加工が加えられた。敲打によって、あるいは研磨によって、またはその両方によって加工された後、再び何らかの方法をもって使用された。

　第2003号出土の石棒は、そもそも小型扁平であった可能性が高いが、一方で端部、体部側縁に追加加工される石棒の中でもっとも進んだ例と見なすことも可能であろう。

　いずれにせよ、端部と体部側縁の表面に残る第3の磨耗痕の特徴はすべての石棒に共通し、この激しい磨耗痕は手で握る、あるいは他の様々な動作、特別な扱い方によって生じた磨耗痕とよく似ている（硬い表面への引っ掻き傷、打撃、へこみ）。つまり、これはそもそも石棒表面の起伏を柔らかく包む弱い研磨で、より硬い物質との接触痕との組み合わせをもって示される。既に述べたように、この痕跡に関するより正確な記述のためには光学顕微鏡での観察が不可欠である。このタイプの痕跡の特徴と発生理由を解明するためには、出土石棒と同種の石材から作った石棒のレプリカによる一連の実験研究も重要であり、あらためて報告したい。

E. Girya（エフゲニー・ギリヤ）記
ロシア科学アカデミー
サンクト・ペテルブルグ
物質文化史研究所

第4章
竪穴式集団墓の
成立と崩壊
―石棒集団から赤い漆塗り帯集団へ―

I 「環状石籬」と「環状土籬」

1 研究史

　縄文時代にあっても極めて特異な構造を有する、ここで「竪穴式集団墓」と名付けた共同墓地は、近年では「周堤墓」と呼ばれることが多い。先述したとおり、千歳市キウス周堤墓群の周囲を取り囲む異様なほどの土塁の巨大さをもって国の史跡指定に際し「周堤墓」と呼ばれたからである。それまでは、「環状土籬（どり）」と呼ばれてきた。言うまでもなく、その「環状土籬」は、「環状石籬（せきり）」に因んで命名されたものである。環状石籬、あるいは環状土籬の名称の由来も含めて、これまでの研究史を簡単に振り返ってみたい。

1）「環状石籬」の発見

　「環状石籬」の名は、明治・大正期にかけて繰り広げられた「日本人種」起源論争の一方を代表する「コロポックル説」の発案者で、札幌農学校（現北海道大学）を卒業した後、やがて東京大学の教授へと進む渡瀬荘三郎が、1886（明治19）年3月、『人類学会報告』第2号に発表した論考「北海道後志国に存する環状石籬の遺跡」において用いたのがそもそものはじまりである。「後志国忍路村の後蘭島川の支流に沿い、三笠山の麓」に発見された遺跡を、「印度地方、パレスチーン、英国其他諸地方に存するサークル　ヲブ　ストーンス（假に之を環状の石籬と譯す）と同種類の者なるべし」とし、日本で初めて発見されたストーンサークルについて「環状石籬」と訳して紹介した。なお、「籬」は、竹や木などで作られた目の粗い垣根をさすとされ、訳語の適切性を欠くこともあって、今日では、「環状列石」、あるいは「ストーンサークル」として一般に広く用いられている。

　同じ論考には、その環状石籬の発見のいきさつについて触れられているが、そもそもは札幌農学校第一期生の友人、田内捨六によりもたらされた情報である。田内自身も、札幌在住の発見者から聞いたとあるが、早速に現地を視察したのか、「其数総て二箇所、一つは形大にして一つは稍小なり」、「大なる者は三笠山の麓に在り、小なる者は稍此上に位す」、また小例は、「旧状を失い、中心に五六片の石」、「大例は、天然石（山石）の楕円形に列なる、南北に長く20間、東西15間、石の高さ1尺～4尺、西方に入り口と覚しき四尺程の隙間」があると、当時の現況が詳しく報告されている。また実際に十坪ほどを発掘し、「籬内の地質（層）は、黒土一寸、下層は赤土」をなし、「何らの遺物が得られなかった」こと、「1ケ所に浜石（1寸～4寸大）が一層をなし、敷き詰められていた」ことがあわせ紹介されている。

　図195-2は、渡瀬が描いたここでいう大なる例であるが、今に伝えられる忍路環

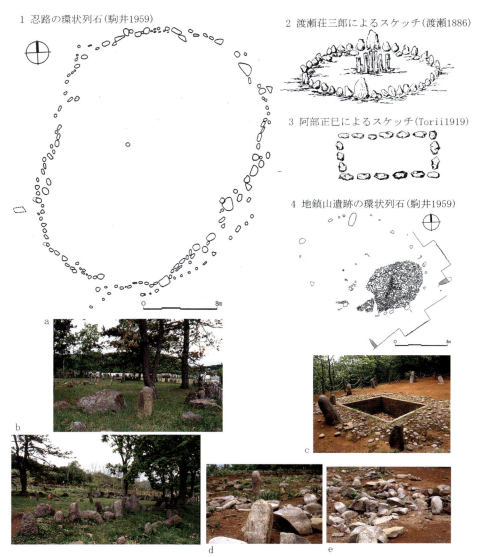

図195 北海道の環状列石(1)――忍路遺跡の環状列石(1・2・a・b)、付・地鎮山遺跡(3・4・c)と西崎山遺跡の配石墓(d・e)

列石である。大きさ30〜120cmもある自然礫を長径36m、短径16.2mの楕円形にめぐらす様子を表現したものである。参考までに、東京大学文学部教授の駒井和愛著『音江―北海道環状列石の研究』(1959年、慶友社)に所収された「忍路(三笠山)」の環状列石」の図をあわせ示した(図195-1)が、発見前、発見後の手直しなどもあって往時の様子を正確に理解することは難しい。いずれにせよ、かつて1mほどの割石が中央に数個立ち並び、その周囲を大きな礫100個以上がめぐる典型的な環状列石であったことは想像に難くない。

また、渡瀬は、インド南部の例、「村

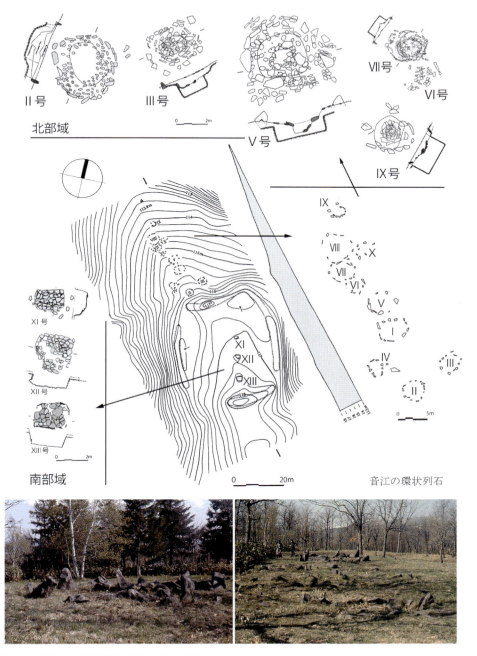

図196 北海道の環状列石(2)―音江遺跡

神を表すべき一石片を取て中心据え置き、（巨石を以て）其周囲を繞らす」例を紹介しつつ、「田内氏は発掘中何等の器物遺骨等を得ざりとの事なれば、恐くは拝神場の遺跡ならん」と推察し、機能にかかわる今後の究明に期待をかけている。

これに先んじ渡瀬は、同じ『人類学会報告』第1号にしたためた自身の論考「札幌近傍ピット其他古跡ノ事」の中で、竪穴住居や出土土器・石斧、「手宮彫刻」などはコロポックルによって残されたものであるという見解を表明している。日本での人類学会の創設者としてもよく知られる坪井正五郎が、直ちに賛意を表し、「日本人種」論争へと研究を大きく導くことになるのであるが、こうした事情も重なって、「環状石籬」を含む北海道の考古学的遺跡や遺物が全国的注目を浴びることとなる。まもなくして、日本で二番目の新たな「環状石籬」の発見が報告される。

札幌市域（旧豊平川流域）にくぼみをそのまま残す擦文時代の大量の竪穴住居跡の詳細な分布図を作製した先進的業績で知られる高畑宣一が、1894（明治27）年、『東京人類学会雑誌』第103号に論考「石狩川沿岸穴居人種遺跡」を発表し、深川市音江環状列石の発見のいきさつを紹介している。

「空知郡ヲキリカップ川以西道路ヲ距ル数丁ニシテ山アリ、山巓環状石籬十一個アリ、石籬ノ内部大石ノ埋蔵セラレテ発掘容易ナラス、石籬ヲ倒サントセシモ深ク埋モレ動カス、石籬ノ高キハ三尺、低キハ一尺以内ニシテ直径一丈三尺五寸ナリヌ、他ノ石籬中ニ周囲三八时及四一时ノ柏樹石籬ヲ咬ミ生長スルアリ山上眺望絶佳山麓ヨリ石狩川マテ相距ル近キハ六七丁ニ過ギザルベシ、故ニ地勢上ヨリ観察スレバ頗ル要地ヲ占メ此地方ノ咽喉トモ稱スベキ所ナレド、或ハ祭祀ノタメニ使用セシヤモ不知山麓ニ於テ土器破片ヲ採集ス」とある。

また、北海道史編纂の先駆的業績を残し、考古学研究と遺跡保護の礎を築いたことで著名な河野常吉が、高畑宣一とのまじわりを物語るかのように、1899（明治32）年、音江環状列石に関して同じような記載を残している。『北海道教育雑誌』第78号〜第81号に掲載された論考「北海道先史時代の遺跡遺物並に人種」においてであるが、「環状石籬とは石を建て並べて円形に造りたる籬にして、円の直径は凡二三間とす。石狩国空知郡音江字ヲキリカップの西、道路を距る数町の丘上に此類の石籬十余個あり。其石の高さは一尺乃至三尺にして、深く地に埋もれて容易に之れを抜き取ること能はず。又石籬の内部は大石を埋めありて是れ亦容易に発掘する能はず。此外石籬の存在するは後志国忍路村、同国岩内郡岩内市街各々一ケ処なり。尚他処にも今後発見せらるることあらん」と、大きさ30〜90cmの礫を3.6〜5.4mの円形に建て並べる構造を解説しつつ、今後いっそう類例が増加するという見通しを明らかにしている。また、その機能について言及し、「環状石籬は何の為めに設けしや、或は祭儀に用ひしものならんとの説あれど、十分の調査を遂げたる後にあらざれば之れを詳にすること能はず」と、なお今後の課題であることを示した。

1918（大正7）年、河野と同僚で当時北海道庁嘱託の身分にあった阿部正巳も、『人類学雑誌』第33巻第1号に公表された論考「石狩国の環状石籬」の中で、音江環状列石について前年に行った自らの調査を踏まえて詳しく紹介している。その折には、4

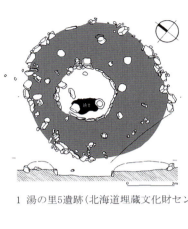

1 湯の里5遺跡（北海道埋蔵文化財センター1985）

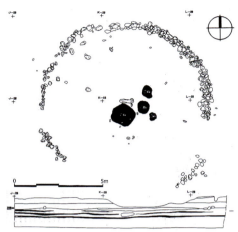

2 オクシベツ川遺跡（小林他1980）

3 鷲ノ木遺跡（高杉他2008）

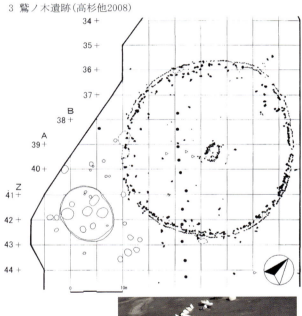

（写真・1984年筆者撮影）

図197　北海道の環状列石(3)―湯の里5遺跡・オクシベツ川遺跡・鷲ノ木遺跡

基の発掘も行っている。遺跡は、「石狩国空知郡音江村字オキリカブ稲見山に位置するが、稲見山は、国道傍に突出せる長き丘陵で、国道上三百乃至三百五十尺、長さ七八百間、南方は小沢を隔てて高山脈に接続、北方に石狩川を望む。北端山上に十五六の石籠があり、大なるもの径三間、小なるもの約一間。石は、天然の安山岩。扁平、且つ大なるものを周囲に半分位づつ埋め環状に建て並ぶ。隙間に小なる石を」置くが、うち「中小4～5個を発掘」した結果、周囲の石は深く埋めれるも、内外の石は扁平なるものを敷き並べたるものを以て深からず。その石の下は軽石混りの赤土。何等の材料をも発見せず」、よって「忍路の石籠と同じく、墳墓にあらざること明白なり」と結論する。

しかし、音江環状列石については、戦後の1952(昭和27)年、1953(昭和28)年、1955(昭和30)年、1956(昭和31)年、先に紹介した東京大学考古学研究室の駒井和愛によって本格的な発掘調査が実施され、いずれも列石の下位に墓壙の存在が明らかにされている（図196）。北海道にその存在が知られるようになった「巨石記念物」の総合的学術調査を目指したひとつとして音江の環状列石が選ばれたものであるが、すでに礫群が取り除かれ詳細不明になっているものを除き、北側では立石が径2～5mのおよそ環状に立ち並ぶ10基の環状列石とその下位に径1～2m、深さ1mほどの隅丸方形の墓壙が確認された。また東西・南北30m前後の方形の盛土に囲まれた南側からは、立石などの上部構造がたまたま失われたか、本来なかったか未定ながら底面に扁平な板状礫を敷き詰めた長径2m、短径1.5m、深さ70cmほどの墓壙3基が確認された（図196）。第Ⅴ号例のようにケールン状に500個の礫を積み重ねた例、第Ⅱ号例のように200個以上の川原石を配した例などがみられる。

また南の例は、墓壙の底面に礫を敷く点で北の様式と異なっており、第ⅩⅠ号例では東西2m、南北1.5mの広さの中に厚さ5cm、大きさ30～50cmほどの板状礫が30個ほど敷き詰められている。また第ⅩⅢ号例ではさらに大きな礫が用いられ、大きさ80cmほどの大礫も含まれる。副葬品は総じて少ないが、翡翠製の小玉や黒曜石製の石鏃、硬質頁岩製のつまみ付きナイフ、土器片、樹皮様の紐が巻きつけられた朱漆塗り弓などの副葬品が壙底面に置かれていた。駒井は、翡翠製小玉23個、有茎石鏃13個、漆塗り弓が出土した第ⅩⅠ号例のように南側の墓壙に副葬品が多く、配石の様式の違うことなどから、南北での環状列石に時間差があることを考慮し、南の土塁に囲まれた環状列石の時代がわずかに下るとみなした。

いずれにせよ、環状列石の中にも墓地、墓壙としての性格を兼ね備えたものが含まれることが判明した。あわせて、これらの副葬品や出土した土器から、縄文時代後期前半に属するものであることも調べられた。

北海道各地に調査が進展するにつれ、環状列石に関する類例も急増し、小樽・余市地域、倶知安・ニセコ地域、旭川・深川周辺地域、斜里・知床地域と飛び地的様相を示しながらも、北海道全域に分布することが知られるに至っている。

1952(昭和27)年に発見された旭川市近郊の神居山中腹、標高213mの平坦面に所在するストーンサークルもその好例のひとつ

で、発見後すぐに調査が行われている。しかしその実態が詳しく理解されるのは、1990（平成2）年に行われた試掘調査後である。神居古潭5遺跡、同6遺跡の2か所を含み、前者で、配石の様子が調べられ、大型の板状礫を隙間なく立て並べたり大型の棒状礫をめぐらしたものなど大きく10群の配石が存在する様子が明らかにされている。配石下の調査は行われていないが、土器片や石器など若干の出土遺物から縄文時代後期の墓壙が存在するとみられている。

津軽海峡に臨む上磯郡知内町湯の里5遺跡では、径6.5mと径2.9mの円環状に配石をめぐらす、小型ながらこれまでにないユニークな二重構造のストーンサークルが明らかにされている（図197-1、北海道埋蔵文化財センター1985b）。中央部に焼土が検出されているが、ここでは土坑墓の存在は確認されていない。

斜里町市街地の東方6km、オクシベツ川がオホーツク海に注ぐ河口手前で海別川と合流する付近、両河川に挟まれた砂丘上にオクシベツ川遺跡があり、1977・78（昭和52・53）年に行われた発掘調査で、ストーンサークルが発見されている（図197-2、小林他1980）。サークル内のほぼ中心部に長さ73cm、幅30cmの最大の礫が横たわり、大きさ15～40cmほどの礫群がその外側、およそ径10mの環状にめぐる。外周部の礫は、小さいものも含めて248点を数える。そもそもは中心に立石を据えそのまわりに数個の礫を巡らした「ミニストーンサークル」を単位とし、時に配石の一部を共有しながら環帯状に連ねた構造と調査者は推定する。中心部の大きな礫付近にベンガラの集中、焼土、木炭が発見された以外、焼土中にヒグマの末節骨、基節骨、エゾシカ、オオカミ、そして海獣骨の小片が含まれるだけで、墓壙など遺構らしきものは認められず、祭祀を目的としたものとみなされている。

さらに注目を浴びたのが、2003（平成15）年になってその存在が明らかになった森町鷲ノ木遺跡（旧・鷲の木5遺跡）の環状列石である（藤田2004、八重柏編2005、高橋他2008）。今から2,750年ほど前（Ko-f）、あるいは1,700年前の火山灰堆積物（Ko-e）、そして山体の大爆発を伴ったとされる1,640（寛永17）年にもたらされた降下軽石堆積物（Ko-d）など相次ぐ駒ヶ岳噴火によってもたらされた堆積物が厚く覆い、およそ当時の様相をそのまま残す希有な例である。

遺跡は、噴火湾岸の森町市街地の西方およそ4km、標高70mの舌状台地上に位置し、環状の列石が二重構造をなす。中心に長軸およそ4m、短軸およそ2.5mの長楕円形の周囲をめぐる50個ほどの礫群が位置し、その外周を500個ほどの礫群が二重にめぐる北海道で最大のストーンサークルである（図197-3）。楕円形の外周をめぐる二連の礫群のうち外帯は、長軸およそ37m、短軸およそ34m、内帯は長軸およそ35.5m、短軸およそ33mをはかるが、しばしば外帯と内帯をつなぐように交差する礫群が位置している。そもそもの礫群が方形構造の礫群をなし、それらが連接してひと連なりに成った可能性も考慮される。

礫群の構造にかかわる詳細な分析は今なお続けられているが、列石を構築する以前に、あらかじめ台地を広く削平されたことが指摘されている。環状列石は、縄文時代後期前葉とみなされている。

さらに注目すべきは、環状列石に近接して、大小10基の土坑墓が納められた「竪穴

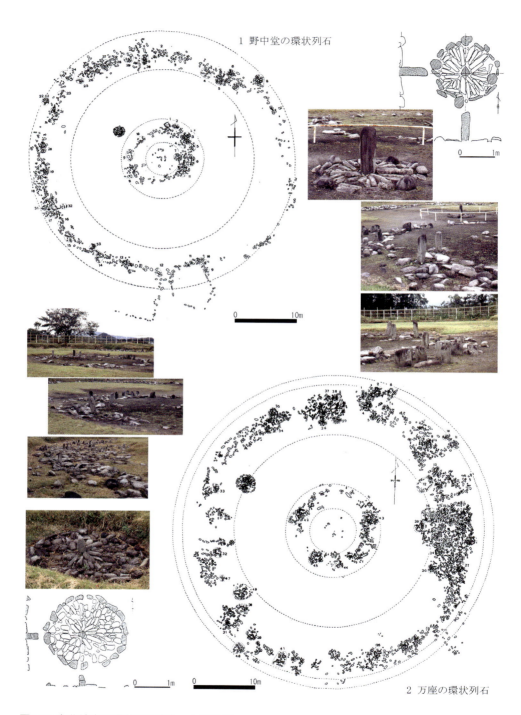

図198 東北地方の環状列石(1)―大湯遺跡
(実測図は文化財保護委員会1953より、写真に付き1975年筆者撮影)

式集団墓」とみられるものが検出されており（図197-3図中の左下、図209）、出土土器から同じ時期に造成されたものと考えられている。これについては、後にあらためて紹介するが、「環状石籬」と「環状土籬」がいかなる関係にあったのか、古くて新しい課題が示されており、今後の研究の進展があらためて注目される。

さて、巨大な環状列石は本州の東北地方北部に集中分布しているが、1931（昭和6）年に発見された秋田県鹿角市十和田の大湯環状列石が良く知られていよう（文化財保護委員会1953、富樫1995）（図198）。130mの距離をおいて東西に築かれた野中堂環状列石と万座環状列石の二つ環状列石からなる。その規模は、野中堂環状列石が径44m、万座環状列石が径52mで、万座にやや大きい。径40〜50mの外帯と径10〜15mの内帯の二重にめぐる配石群、しかもそれぞれの環状の配石群も、実際には、中心に立石を置き、その周囲を取り囲むように細長い礫が放射状に並べ置かれ、さらにそのまわりを三重、四重に礫群が取り囲む「日時計型」を好例として、100基以上の配石

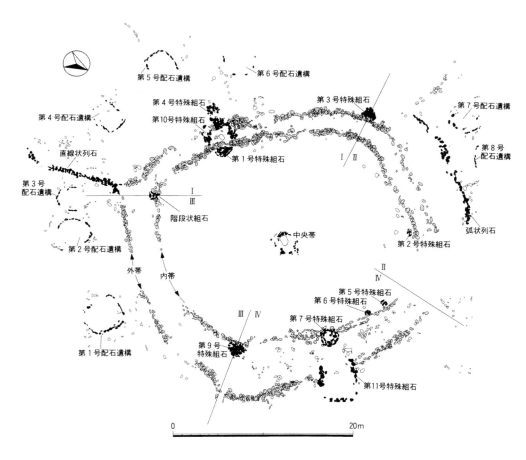

図199 東北地方の環状列石(2)—小牧野遺跡（青森県教育委員会1999）

遺構が集合して作られており、互いの構造はよく似ている。

　大湯環状列石の場合、これまでの調査で、配石の下位に土坑墓が確認されており、配石墓の集合と見られている。また、周囲に掘立柱の建物跡、土坑、貯蔵穴などの遺構がめぐる事実も新たに調べられている。二つの環状列石は、ほぼ同時期に作られたものとみられているが、ほとんどの礫は、石英閃緑玢岩で、大湯の東方7〜8kmにある安久谷川から運ばれたものと推定されている。富樫泰時は、環状列石の下部に土坑墓が存在し、列石そのものが墓であるものを「大湯万座型」とする（富樫1997）。

　またもうひとつ、1989（平成元）年にその構造の一端が明かされ、その後のさらなる調査で全貌が調べられた青森市野沢の小牧野の環状列石は、その規模の大きさはもちろん、大湯と異なる構造をなす点で注目を集めている（図199、青森市教委1996・1999）。荒川と内川に刻まれた標高140〜150mの舌状台地に立地する遺跡は、丘陵斜面を削り取った土で高度の低い南側に盛土しながら平坦面を作りだし、その上に配石群を巡らしたものである。直径35mの外帯、29mの内帯、そして2.5mの中央帯の3重構造をなすのに加えて、その外側をさらに弧状の列石や小さな単位の環状列石がめぐる複雑な構造をもち、しかも外帯、内帯、中央帯、さらにはその周囲に展開する環状列石の平面形は円形というよりも隅丸方形に近い形状をなす点で特徴がある。

　使用された礫は、2,300個ほどが数えられているが、配石群の集合とみられている点では、大湯と同じであるが、小判型の縦位の礫の間に数個の礫が横位に積み重ねられる「小牧野」式配石などの礫群が環状に巡る構造や土坑墓を伴わない囲いだけの構造的特徴を示すことから、富樫は、「大湯万座型」と区別し、「小牧野型」の環状列石と呼ぶ。縄文時代後期前半とされており、その築造に要した時間は墓壙を伴う大湯環状列石より短期間であったとみられている。

　以上、「環状石籬」の研究史に関する主な事例を紹介してきたが、諸外国でのストーンサークルに類似した遺構が日本（北海道）にも存在することに着目し、その「ストーンサークル」を「環状石籬」と訳したことからこの種の研究が始まったと言えよう。しかし今でこそ、難解な「環状石籬」を用いることはなくなり、代わって「環状列石」や「ストーンサークル」、「配石墓」、「積石墓」などが適宜使い分けられている。この種の遺構にみられる構造の多様性の故、用語に統一性を欠く感も否めないが、明らかに土坑墓と結びついている例とストーンサークルと呼ぶに相応しい土坑墓と直接関係しない単一の構造物の例とが含まれている。自然礫を利用し、多くの労力を要した特別な人為的構築物である点で共通するものの、その機能において両者は区別される。

2）「環状土籬」の発見

　本書での主題である「環状土籬」についてであるが、1948（昭和23）年、知床半島の付け根にあたるオクシベツ川左岸の標高15mほどの斜里町栗沢台地で、径30m、高さ50cmほどの土堤に囲まれた内部に「ストーンサークル」が発見され、1948年と1949年にかけて河野広道によって発掘調査が行われた。その詳細が、1950（昭和25）年に刊行された『斜里町史』に報告されてい

るが、この時に明らかにされた遺構群に対し「環状土籬」なる用語が初めて用いられた。

「環状土籬とは、環状に周らされた人工の土堤であって、先史時代遺跡としては北海道以外に未だ発見されたことのない珍しいものである。これは恐らく大形ストーンサークルの変形で、大形の石の少ない地方で石を周らす代りに土を掘り下げて土堤を築いたものであろう」と、その構造や出自に対しひとつの見通しを示す貴重な記録である。

詳しくは、斜里町内の朱円西区栗沢台地上に、「栗沢土器人のストーンサークル式墳墓」が知られており、二個の低い「環状土籬（環状の土堤）」の中に発見された「小形ストーンサークル（環状石籬）群」の各々が、一つずつの「墳墓の地上構築物」である、とした（図200）。

そして具体的に、「朱円環状土籬の東方のもの（B号土籬）は、径三二米余の円形で、その中央部に一個のストーンサークルがある。西方の環状土籬（A号土籬）は径約二八米で、その内側の東半部に少なくとも二〇以上の小形ストーンサークルがあったと思われるが、開墾の際に多数の石を搬出してしまったので、表土を比較的厚く被っていた少数のものがほぼ原形を残していた」、「小形ストーンサークルの形は、円形・楕円形乃至長方形で、その最大のものは、長径六米九〇糎に達するが、最少のものは二米内外」、「各々の小形ストーンサークルの下には一つずつの墓壙」があり、「墓壙の深さは一米三〇糎乃至二米二〇糎、広さは最大のものが長径三米二八糎、短径一米三二糎、最少のものが長径八三糎、短径六〇糎で」、「小形の墓では、一壙に一体を葬ったものと考えられるが、大形のものには三体以上の合葬がみられ」、「一般に土葬であるが、A号土籬第一三号のみは火葬後の骨片を埋葬してあった」という。また、「壙底には例外なくベンガラをしいてあり、その厚さが五糎に及ぶものもみられ」、「副葬品としては栗沢式土器・土製の鈴・土版・円形の大型紡錘車様の垂飾品と思われる土製品・漆器の残片・両頭の大型石棒・磨製石斧・打製石皮剥・石鏃・玉類（ヒスイ・滑石・蛇紋岩・石英その他）、黒焼のドングリ」が検出され、火葬人骨に伴った「アツシ様織物片」の出土も注意されている。

河野は、出土した土器をもって「栗沢式土器」を設定し、「大陸土器のあるものにも似た処がある」が、「北海道西南部から奥羽北部にかけて分布している野幌-亀ヶ岡式系統の一型式をなす」とし、ここでのストーンサークルが縄文時代後期末から晩期初頭の時期のものとみなした。一方で、墓によってストーンサークルの規模に大小の差があり、副葬品の種類、有無に著しい差異があることから、「階級の存在又は社会的分業の発生を示しているものと考えられる」とし、「大形石棒はシャーマンの使用品と思われるが、当時は恐らく大陸的シャーマニズムの爛熟期にあったものと想像される」と結び、今日の研究にも通ずる問題提起を行っている。

ただし河野は、ここでの成果を踏まえて「北海道のストーンサークルは総て斜里町同様石器時代の墳墓であることが確証された」とするが、ストーンサークルについては、先の新たな発見例にあるとおり一元的に理解することはできないのが実情である。また「環状土籬」が「大形ストー

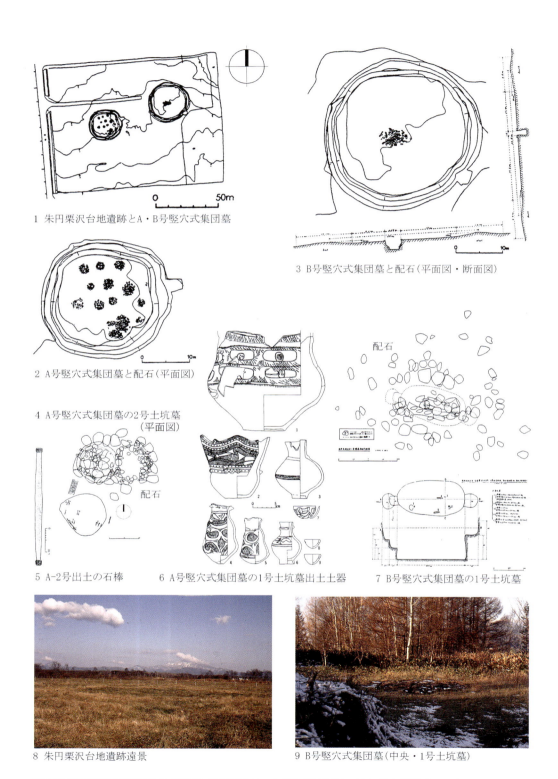

1 朱円栗沢台地遺跡とA・B号竪穴式集団墓
2 A号竪穴式集団墓と配石（平面図）
3 B号竪穴式集団墓と配石（平面図・断面図）
4 A号竪穴式集団墓の2号土坑墓（平面図）
5 A-2号出土の石棒
6 A号竪穴式集団墓の1号土坑墓出土土器
7 B号竪穴式集団墓の1号土坑墓
8 朱円栗沢台地遺跡遠景
9 B号竪穴式集団墓（中央・1号土坑墓）

図200 斜里町朱円栗沢台地の竪穴式集団墓（1〜7；宇田川編1981，日本考古学協会1999）

ンサークル」の変形とみなされたことにより、結果として「環状土籬」そのものの本格的解明にはその後しばらく時間を要することとなる。

3) キウスの「チャシ」

「環状土籬」の研究史において極めて特異な位置を占めてきたのが、筆者らの柏木B遺跡での発掘まで、結局はアイヌの「チャシ」「土砦」の理解を完全に払拭することもできずにいた「キウス周堤墓群（竪穴式集団墓）」である。特大の5基の土塁が相接して連なる「キウス周堤墓群」については、早くから人びとの注目を集め、河野常吉、阿部正巳、鳥居龍蔵、原田二郎、河野広道、新岡武彦、大場利夫ら多くの研究者による記述が今に残されるが、人々の伝承を乗り越え、本格的解明が始まるのはようやく近年になってからのことである。

1917（大正6）年、先述の阿部正巳が、音江の環状列石の発掘調査（8月）に先駆けて4月にキウスを踏査したことが、1919（大正8）年に刊行された『人類学雑誌』第34巻第10号中の自身の論稿「北海道の土城」から知ることができる。同じ北海道庁の松坂修吾技手を従えての調査で、松坂が測量にあたり、発掘など考古学的調査はもっぱら阿部が従事したことから、ここでの「キウスの遺跡略図」、そして翌年の『北海道史附録地図』に掲載された土城の様子を示す地形図が松坂の手になることが知られる（図201-b）。

阿部は記す。「キウス土城の形状は円形に囲みたる土塁五個より成り、其中大小二個は東西に相接触して存在し、他の三個は其北方に一列に相接触して、且つ前者を擁護するが如く位置す、前二塁との距離は五六間あり其中の二個に土塁上に浅き出入口を設くるものあり、各塁何れも正円形にして、其内径最大なるものは、三八間、最少なるものは二一間、土塁の高さは最高のものは塁内一丈五尺、最低のものは約二尺あり、其中二個は塁内を常地より深く掘下ぐ、且つ北方三個中の中央のものは、斯く掘下ぐたる上に、内底の周囲に小壕を繞せり、塁外には総て壕を設けず、此地方は樽前噴火の為深さ数尺の火山灰地なるに係らず、規模整然たる原形を存す、（中略）。」「此土城に付きては、口碑文献の伝ふるものなく、只地方民は「チャシコツ」と呼び来たりしのみ」、（中略）。「此規模整然たる遺址は、余に頗る快観を與へたるものありしが、何者の構築に成りしやに付きては却て判断に苦めり、斯る地に和人が築城せりとは想像し得べからず、又古来和人に斯る築城法あるを聞かず、次にアイヌの「チャシ」とは異なる處あり、依て先づ遺物に由りて之が推定を下さんと欲し土城の内外を捜索したるも、此地方一面指頭大の火山灰の堆積地にして、遺物は埋滅したるものか、一物も発見せず、依て更に発掘を試みて包含物並に其包含層に由りて此土城の築造年代を推定せんと欲し、北方に連接せる三類中の中央に位せるものの中心部の発掘に着手す、約九尺四方を掘り下げ深さ九尺に至りて止む、其結果は何等の包含層を発見せず、従て築造年代を概測し得る憑據を発見すること能はざりき」と続く。発掘を行ったにもかかわらず、これらの土塁の製作年代に関する確かな証拠を得ることができなかったことが記されている。注目すべきは、「環状石籬」とともに、この「土城」もまた「アイヌ」の「チャシ」では

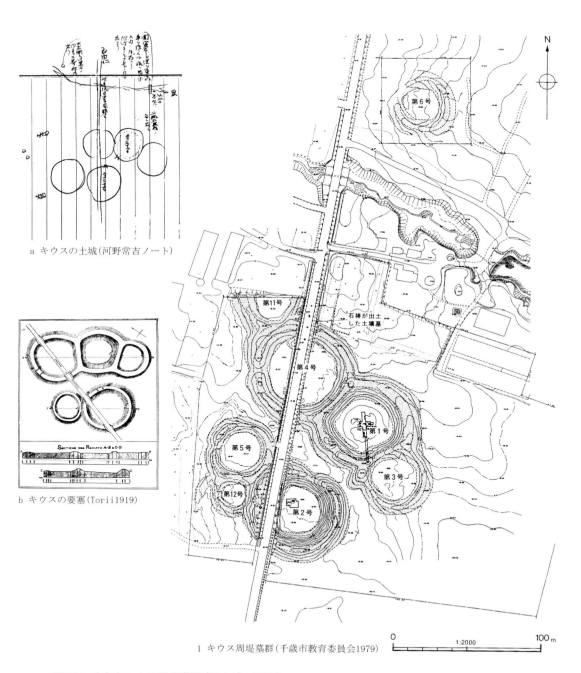

a キウスの土城(河野常吉ノート)

b キウスの要塞(Torii1919)

1 キウス周堤墓群(千歳市教育委員会1979)

図201 千歳市キウス周堤墓群(旧土城・要塞)

なく、「亜細亜大陸」に関係するものであることを強調する点であろう。

ところで、「キウスのチャシ」については、阿部の踏査に先んじて、河野常吉が、早くも1901（明治34）年に新保清次郎の妻なるアイヌの話として、あるいは野村恭三郎からその所在を伝え聞いたとして記録に残している（宇田川校註1981）。

「キウシの竪穴　キウシ川の（ママ）にて、道路側に大なる竪穴数個あり、其中の一個は、道路其中央を貫けり、皆丸形にて直径は十間以上もあり」と記される。道路の貫く竪穴が一基としていることからすると、この段階では自らが現地に足を延ばしていなかったように推察されるが、その後の1917（大正6）年には、実地調査の成果とも言える竪穴の配置図を添え、あらためてアイヌの「チャシ」を紹介している（図201-a）。

「キウス　「アイヌ」の話に、何人の作りしものなるや知らず。昔、石狩「アイヌ」寄せ来り、此「チャシ」に隠れ居て、千歳を襲ひしが、打破りたり。石狩「アイヌ」はシクバイより逃げたり」（石山七三郎談）、「キウスの「チャシ」は、千歳「アイヌ」の作りしものなり。「アイヌ」が二派に分かれ相争ひしが、「キウス」の方は負けて他に逃れ去れり（樺太へ追遣られし歟）」（神保福治談）との記述がみられるが、情報収集に際して巨大な竪穴の製作者が誰であるかが大きな関心事であったことが窺えよう。「アイヌのチャシ」とは異なるとみる阿部に対し、河野によるアイヌの「チャシ」としての紹介はもっぱら地域の人々の伝承によるものであるが、当時の「日本人種」起源論争に関る貴重な情報であったことは理解できよう。

1919（大正8）年には、北東アジアを始め周辺諸外国を自ら訪ね歩き、最新の確かな考古学的知見を蓄積しつつあった鳥居龍蔵により、「キウスの土城」がツングースの遺跡として紹介されている。ちなみに、先述のとおりこの鳥居の論稿に掲載された「キウスの要塞」は阿部に同行して測量を行った松坂の作製によるものである（図201-b）。

1930（昭和5）年に、「旧土人遺跡・キウスのチャシ」として内務省所管の史蹟名勝天然記念物保存法の仮指定制度の適応を受けることとなったが、「チャシ」、「土城」、「要塞」など機能をめぐる確かな解答も得られないまま、皮肉にも旧称が表立った議論や研究の対象から遠ざける効果をもたらし、その存在感を失っていった。

なお、1935（昭和10）年には、原田二郎が千歳神社社司近藤義雄の案内で調査し、測量図などとともに詳細な観察記録を残しているが、土塁によって作られた構造がそもそもチャシとしての防御的性格に乏しい点に着目したものであり、土塁に入り込んだ動物を捕獲する施設という新たな結論に至る。しかしながら、これまでの議論の問題点を鋭く突き、極めて重要な視点が提示されたものの、自らの関心の範囲にとどまり、地下に埋もれる構造にまでは思いが至らなかったと言えよう。

そして、「キウスのチャシ」は、朱円栗沢の「環状土籬」の研究を引き継ぐものとしてあらためて注目を集める。奇しくも朱円栗沢の環状土籬の発掘調査を行った河野広道が、翌年の1950（昭和25）年に、「キウスのチャシ」の南方300mの畑から発見された立石（長さ167cm、幅70cmの角型の輝石安山岩）に注目し、発掘したことによる。

この時の詳細は報告されていないが、新たにその存在が判明した土壘(第7号土壘と名付けられる)の中心付近から1基の土坑墓が発掘されたことが伝えられている(大場・石川1967)。

1963(昭和38)年より4カ年間、千歳市教育委員会から管内の遺跡の調査を委嘱された北海道大学の大場利夫と小学校校長の石川徹が、1964(昭和39)年と1965(昭和40)年に、第1号環状土壘と第2号環状土壘の発掘調査を行っている。その調査報告書は、『千歳遺跡』として1967(昭和42)年に刊行されているが、この段階で「チャシ」や「土城」をはじめ、「要塞」、「土壘」、「竪穴」など様々な名称で表現されてきたキウスの遺構群について、「環状土壘」なる用語で表記された点が特筆されよう。それまで一群の5基のみが周知されてきたが、それらから南西方およそ600mに耕作ですでに土壘は失われているらしい3基、また南西方200mと北東方200mほどに土壘を残す2基の所在が新たに明らかにされ、それぞれ土壘番号が付されるとともに、土壘の失われた3基を除き、測量調査により規模の詳細が調べられた。

南北の径53m、東西の径55m、土壘の平均的高さ1.3m、土壘幅平均5m、中央部の地表と土壘の比高0.93～2.88mを測る第1号環状土壘では、遺構の中央部から土壘を南北に貫く幅1～2m、長さ30mのトレンチと中央部の東西に幅1～3m、長さ11mのトレンチを設けて発掘が行われた結果(図202-1参照)、5基の土坑墓の存在が突き止められた。いずれも第1層(表土、10cm)、第2層(樽前b火山灰、30～35cm)、第3層(黒色土、8～12cm)、第4層(樽前c火山灰、8～13cm)、第5層(黒色土、8～9cm)、第6層(樽前d火山灰、1.2～1.4m)、第7層(茶褐色粘土の恵庭a層と続く堆積層中の第5層中、もしくは第6層上面で確認されており、この構築年代が樽前c火山灰の降灰以前、出土土器から縄文時代晩期初頭と判定された。

報告書によると、発見された墓壙は、第1号が以前の撹乱を受けているが概ね長径2m、深さ30cm、第2号が長径1.16m、短径0.8mの楕円形プランで、深さ60cm、第3号が径0.85mの円形プランで、深さ60cm、第4号は長径1m短径0.46mの楕円形プランで、深さ60cm、第5号は長径1.1m、短径0.67mの楕円形プランで、深さ60cmの規模である。楕円形プランの例では、長軸が北西－南東、もしくは東－西を示し、第3号の墓壙外部の東側に2個の柱穴(直径20～30cm、深さ50cm)が、また第4号には中心部に長さ62cm、幅12～18cm、厚さ7.5cm砂岩製の立石が発見されており、立石を伴う土坑墓の存在が突き止められた。

同じように、径50m、高さ4m、幅およそ15mの土壘をめぐらした深さ4mの第2号環状土壘については、およそ南北に走る国道によって二分されており、土壘の断面により堆積状態が詳しく観察されている。第1層(表土、10～15cm)、第2層(樽前a火山灰、30～35cm)、第3層(黒色土、10～20cm)、第4層(茶褐色火山灰、8～10cm)、第5層(人工的堆積土、下層の黄褐色火山礫と黒土との混土、210cm)、第6層(黒色土、10～20cm)、第7層(黄褐色火山灰礫-樽前d火山灰)と続き、土壘は第5層よりなり、高さ2.1m、幅13.5mの規模と見られている。

竪穴の中央やや北寄りに南北5m、東西7mの発掘区を設けて行われたが、そこで

は第1層(表土、10cm)、第2層(樽前a火山灰、35cm)、第3層(黒色土、30cm)、第4層(樽前d火山灰)と続き、発掘区の中央付近から第4層を掘り下げた長径108cm、短径97cm、東－西に長軸をもつ楕円形プランの土坑墓が検出されている。深さ25cm、底面にベンガラが敷き詰められ、石鏃1点が検出されている。また、墓壙周辺には長さ50～100cm、幅20～50cm、厚さ5～20cmの8個の安山岩の板状礫が配されていた。

それぞれの土坑墓周辺から出土した深鉢、浅鉢、壺形、注口などの土器片は、斜行縄文や羽状縄文を地文とし、沈線文と刻文、磨消縄文による組み合わせ文様、三叉状文、突瘤文などを特徴とすることから、環状土籬群の北西方500mで発掘された住居址出土の土器と同じ時期の仮称キウスⅠ式土器で、関東の安行Ⅲa式に相当するとされた。

近年明らかにされている環状土籬内の土坑墓の深さと比較すると、残念ながら、墓壙の発掘はいずれも途中で終り、墓壙底面まで達していなかったものと推定される。あるいは、時期の異なる新期の土坑墓の可能性も残されている。詳細な調査結果が示されたにもかかわらず、環状石籬との違いが明確に示されず、何よりも土塁と土坑墓の分析結果が広く周知されることがなかったためか、一方で「土城」としての行政的扱いがそのまま継続した。キウスでの大場らの発掘調査で、明確な竪穴構造の確認が果たされなかったことが唯一惜しまれる点であるが、その後10余年の空白期間を置きながらも、柏木B遺跡の発掘調査において環状石籬(環状列石、ストーンサークル)と区別される環状土籬の全体構造の解明が進み、しかも機が熟したかのように美沢川1遺跡、美々4・5遺跡、末広遺跡、丸子山遺跡、キウス4遺跡、伊茶仁ふ化場第1遺跡、伊茶仁チシネ第3竪穴群遺跡など相次ぐ環状土籬(竪穴式集団墓)の発見と発掘が幸いし、キウス「環状土籬群」の編年的位置、その構造と社会的機能などをめぐり再び注目をあびることとなった。

II 竪穴式集団墓の成立と崩壊

　かつて乾芳宏は、「環状土籬」(本書で言う竪穴式集団墓)の研究史について言及し、キウス環状土籬がチャシとして周知されていた段階の第Ⅰ期、河野広道、そして大場利夫・石川徹による発掘調査でもたらされた新たな成果を踏まえて、阿部義平、大塚和義、大谷敏三らによる縄文時代の葬制研究へと進展した第Ⅱ期、柏木B遺跡での「環状土籬」の全面発掘を端緒とする縄文時代の社会組織の復元を目指す研究動向が将来された第Ⅲ期とに区分した(乾1981)。朱円栗沢台地遺跡、キウス遺跡の調査をもって再構築された研究史を的確に整理、紹介しているが、キウス4遺跡の発掘調査をもって集落全体での位置づけに具体的な見通しが示されつつあるその後の第Ⅳ期を加えることが可能であろう。

　しかし一方で、調査事例が急増する好条件に恵まれながらも、成立から終焉までの竪穴式集団墓の変遷に関わる多くの課題が充分に解明されないまま残されているというのも実情であろう。その原因のひとつとして、年代の決め手となる竪穴内、あるいは土坑墓内出土の遺物が必ずしも多くないことがあげられる。また、径1mほどの小型のものから径20mをはるかに超す特大のものまで遺構の規模、そして形状の多様さが関係していよう。紙数の都合で、竪穴ひとつひとつの年代決定、あるいはそれぞれの竪穴内での土坑墓群の形成過程の詳細にまで言及することはできないが、成立から終焉に至る歴史的経緯についていくらか考察を深めてみたい。

1　竪穴式集団墓の広がり

　竪穴式集団墓がどのような広がりを有していたのか、まずもって関係する遺跡の概要を紹介したい。なお一部省略したものもあるが、遺跡の位置については図1をあわせ参照されたい。また、遺跡ごとの竪穴式集団墓、土坑墓の一覧を巻末の付表に示した。

1) 道央部
千歳市、国史跡・キウス周堤墓群(図201、大谷1978)

　前節の研究史の中でも紹介した竪穴式集団墓が集中分布する本遺跡は、JR千歳線千歳駅の北東方およそ8.5kmに位置する。北海道を東西に二分する石狩低地帯の中ほど、その東縁に沿って南北に走る馬追丘陵の緩やかな斜面裾部の平坦地に立地する。標高20m前後である。繰り返しになるが、史跡名にある「周堤墓」は、環状土籬と同じで、本書では「竪穴式集団墓」を用いている。当初、竪穴式集団墓は14基とされていたが、その後の調査により8〜10号が次に紹介するキウス4遺跡の範囲に含まれるとみられ、現在では10基とされている。小

さいものでも、排土（周堤）の広がりが30
m、竪穴径16m（12号）、大きいものでは排
土の広がり75m、竪穴径45m、現地表面で
の竪穴内と周堤頂部との比高2.6m（4号）、
あるいは排土の広がり75m、竪穴径32m、
比高5.4m（2号）を測る。多くの類例が蓄積
されている今日にあっても、その大きさは
特筆される。これまでに調査されたのは、
1号竪穴式集団墓の一部で行われた土坑墓5
基と2号竪穴式集団墓の一部で行われた土
坑墓1基のみで、残念ながら構造のほとん
どが未解明である。竪穴掘削に伴う推定土
量に比し竪穴中心部と周堤頂部との比高が
あまりにも大きく、構造の理解にやや不自
然さを残しているという指摘は先に記した
とおりである。規模の大きさはともかく、
当時の竪穴の深さや周堤部の高さ、収めら
れた土坑墓の数など今後いっそうの解明が
期待される。

千歳市、キウス4遺跡（図202・205・206・
210、北海道埋蔵文化財センター1997、
1998、1999a・b、2000a・b、2001a・b、
2003a・b）

　キウス4遺跡は、国史跡・キウス周堤墓
群の南方およそ600mの至近距離にあり、
同じ馬追丘陵の西斜面、標高にして9～
19mの緩斜面裾部に立地する。現在、石狩
川の支流・千歳川の流れを残すだけとなっ
ているが、かつては縄文海進以降に取り残
された長都沼や馬追沼などの湖沼地帯が遺
跡の西側に広がり、つい近年までは、遺跡
の南方およそ100mにキウス川、西方およ
そ100mにオルイカ川が流れていたことが
知られている。密集する竪穴式集団墓の様
相において国指定史跡・キウス周堤墓群と
一連の遺跡群をなしているが、独立丘上の
丸子山遺跡も本遺跡の南方1.5kmに位置す
る。

　旧石器時代以来の文化層が重複する多層
遺跡であるが、縄文時代後期後葉を主体と
した大規模な集落遺跡である。東西に走る
北側、南側の2本の盛土遺構が中央の空間
を囲うように展開し、その西側を中心に
建物址266基、反対の東側に竪穴式集団墓
20基が連なる。また、竪穴式集団墓に属さ
ない土坑墓群が南北盛土間、あるいは東側
の竪穴式集団墓群の周辺などに分布する。
遺構としては、この他に焼土（遺跡全体で
5,721カ所）、杭列、水場遺構なども確認さ
れている。

　竪穴式集団墓は、20基の存在が確認さ
れ、うち16基の調査が行われている。ただ
し、発掘が一部に止まった例も含まれる。

　放射性炭素年代から、台地上にこの時
期の建物などが造営され始めたのは3,400
年前、盛土遺構が形成されたのが3,350～
3,100年前、竪穴式集団墓が構築されたの
が3,300～3,100年前、集落が衰退するのが
3,100年前頃と示されている。

千歳市、丸子山遺跡（千歳市教育委員会
1994）

　遺跡は、馬追丘陵の西側の裾部に残さ
れた標高およそ22mの独立丘陵上に立地す
る。畑地造成により低地帯のかつての景観
をみることはできないが、独立丘の長軸方
向はほぼオルイカ川と平行し、その左岸に
相当する。低地部との比高はおよそ10m。
旧石器時代、縄文時代の文化層が重層する
遺跡の広がりはおよそ250m×120mで、南
北に並ぶ竪穴式集団墓2基が検出されてい
る。中央に土坑墓1基のみが確認された1号
は、4基の土坑墓からなる2号より直径にし

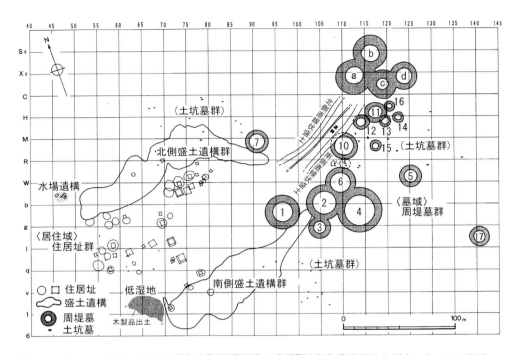

図202　キウス4遺跡における縄文時代後期後葉の遺構群(北海道埋蔵文化財センター2000より)

て5mほど大きい18mを測ることを考慮すると、単一墓の様相を示しつつも、実際には途中で廃棄された集団墓とみなすことができよう。

千歳市、末広遺跡(千歳市教育委員会1981・1982)

　支笏湖に水源を発した千歳川は、東から北へと流れを変えつつ千歳市街地を横断し、やがて石狩川と合流し、日本海へと注ぐ。遺跡は、JR千歳線千歳駅の北東方およそ1.5km、千歳市街地の東北端に位置し、千歳川が作りだした河岸段丘の左岸に立地する。標高13.5m、千歳川との比高3mほどである。上層の擦文時代の住居址などによって多くが削平され、旧状を良く残していたとは言えないが、樽前c層(Ta-c)下のⅡ黒層より、竪穴式集団墓3基の存在が確認された。全掘されたⅡK-1竪穴式集団墓からは9基、ⅡK-2竪穴式集団墓から10基の土坑墓、およそ半分が発掘されたⅡK-3竪穴式集団墓から1基の土坑墓が検出されている。わずかながらではあるが、竪穴床面、土坑墓の壙口付近から、縄文地に弧線文、その連結部に貼瘤文を付した球形胴部、細口を特徴とする注口形土器、縄文地に平行沈線文と突瘤文を施文した深鉢形土器の伴出が確かめられている。

千歳市、美々4遺跡(図203、北海道埋蔵文化財センター1981・1984・1986)

　美沢川左岸の標高25mほどの台地に所在する。石狩低地帯の南部、広大な勇払湿原の中を通って太平洋岸に流れ出る小さな河川が多くの支流を形成しているが、遺跡の西方およそ1kmに発した美沢川は南下しな

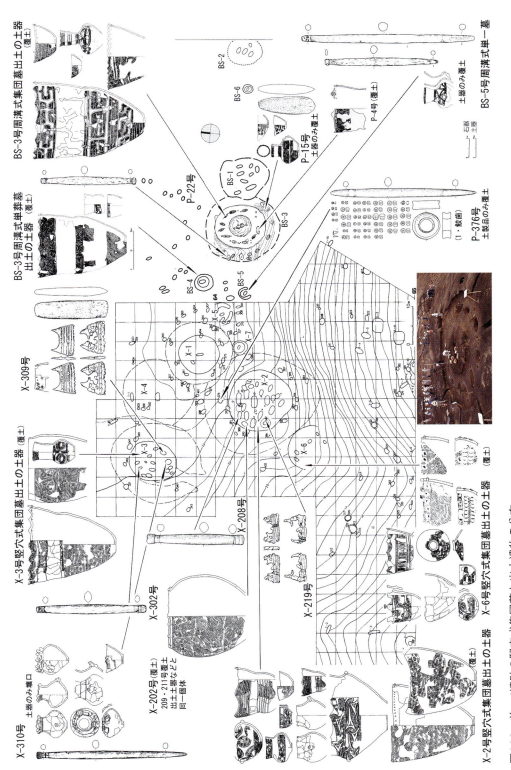

図203 美々4遺跡の竪穴式集団墓と出土遺物の分布

第4章 竪穴式集団墓の成立と崩壊―石棒集団から赤い漆塗り帯集団へ―｜329

がらやがて本流の美々川へと合流し、ウトナイ湖、勇払川を経て太平洋へと注ぐ。その美沢川が作りだした低位段丘の両岸裾部に多くの遺跡が残されている。距離にして1kmほどの範囲に、南より美沢1遺跡、美々6遺跡、美々7遺跡、美々5遺跡、美々4遺跡、美々9遺跡などが連なる。

竪穴式集団墓の存在は、柏木B遺跡調査の直後、美沢1遺跡、そして本遺跡で相次いで明らかにされたが、典型的な竪穴式集団墓6基(X-1〜6号及びX-9号、BS-1・2号、うちX-4号は1基のみの途中廃棄?)の他に、中央部に中央土坑墓のための高まりを残し、溝で周囲を深く掘り窪めた周溝タイプ(X-7号、BS-3〜6号)、また明らかに単一墓とみなしうる小型タイプ(X-7、BS-4〜6号)も並存し、柏木B遺跡と異なる様相として注目された。

BS-3号では中央に1基、周溝に10基、周堤上に9基の土坑墓が検出されており、竪穴式と周溝式で構造は異なるが、周堤上にまで土坑墓がめぐる点で柏木B遺跡1号竪穴式集団墓に共通する。周溝墓、及び単一墓が分布域のおよそ中ほどに位置し、共伴する土器などから竪穴式よりも後出する時期のものとみなされているが、詳しくは後に考察する。

X-9号の903号・904号土坑墓内に炭化した樹皮が残されており、木製の標柱の一部とみなされている。903号土坑墓の放射性炭素年代が3,180±90yBPと示されており、キウス4遺跡での測定年代の範囲に収まっている。903号土坑墓中から縄文地に弧線文、突瘤文が施文された深鉢(Ⅳ群c類土器、すなわち堂林式土器)とともにⅤ群c類土器が出土しているが、混入とみなされている。

千歳市、美々5遺跡(北海道教育委員会1979)

美々4遺跡と同様に、美沢川左岸、標高25mの台地が連なる南向きのかなり急な斜面に立地し、美々4遺跡の東方に隣接する。縄文時代の各時代の文化層が重層する多層遺跡であるが、Ⅱ黒層で竪穴式集団墓1基、その内部から2基の土坑墓の存在が確認されている。

苫小牧市、美沢1遺跡(図204、207、北海道埋文センター1979、1981)

美沢川の右岸、標高20〜30mの台地から北側斜面の下位にかけて立地し、美々4遺跡、美々5遺跡の南方対岸にあたる。竪穴式集団墓6基の検出が報告されているが、1基については土坑墓が存在せず、竪穴構築後、利用されずに廃棄されたとされる。JX-1号で2基、JX-2号で4基、JX-3号で17基、JX-1号で18基、KX-1号で10基の土坑墓を数える。竪穴床面、土坑墓の壙口付近から出土した土器から、およそ堂林式土器の時期のものと推定される。

JX-3号の土坑墓の多くに標柱用ピットが長軸両端、もしくは1端の外側に設けられているのに対し、JX-4号では土坑墓内部に木製の標柱とみられる痕跡を残す例が多く、時期差、もしくは集団の相違を推察させる。ともあれ、キウス4遺跡や国指定史跡・キウス周堤墓群、美々4遺跡とともに、竪穴式集団墓が集中する遺跡のひとつである。

恵庭市、西島松5遺跡(北海道埋蔵文化財センター、土肥他2008)

支笏湖に水源を発した千歳川は、恵庭市域で西から東に低地帯を横切る漁川、その

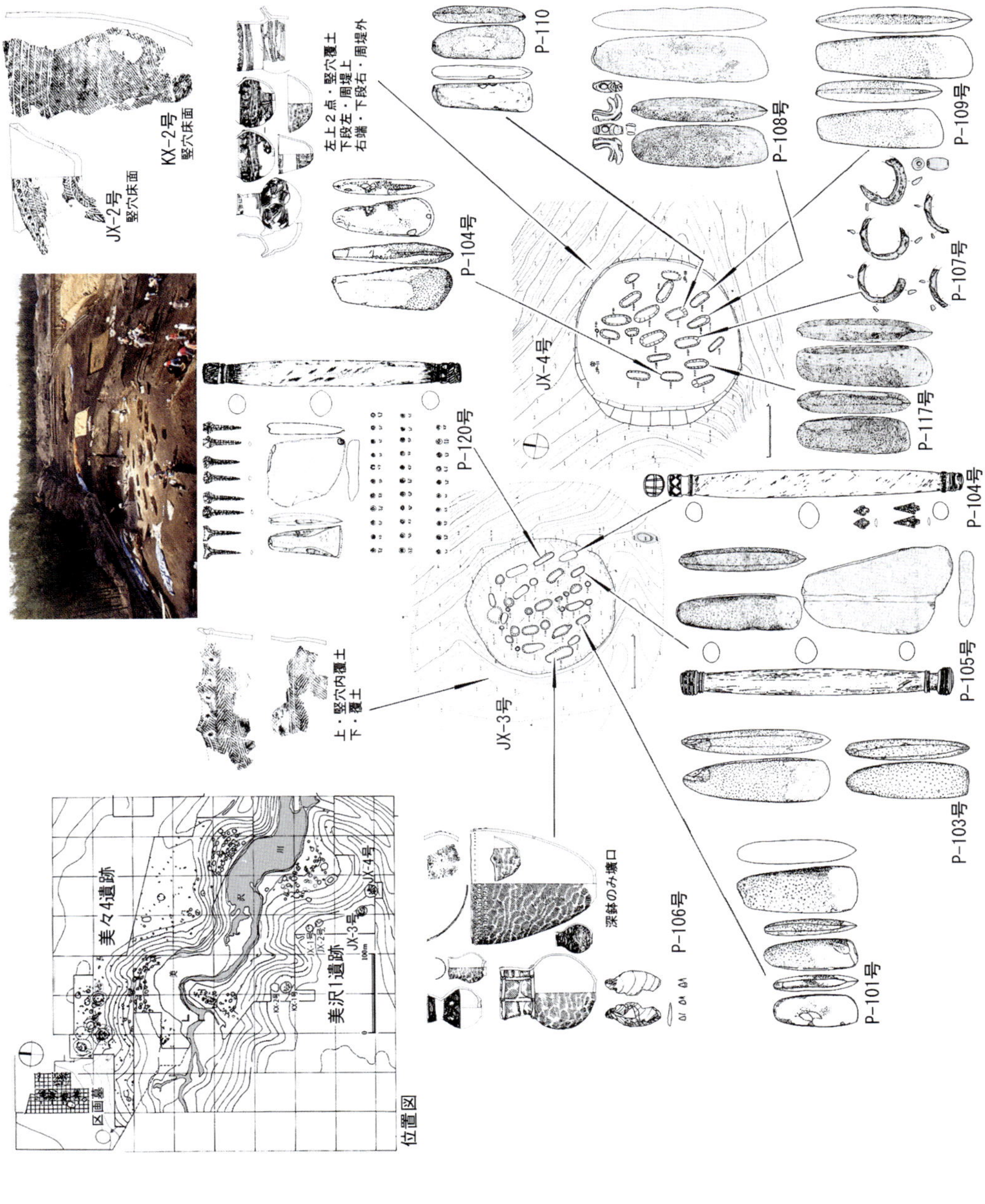

図204 美沢1遺跡の竪穴式集団墓―JX3号とJX4号における土坑墓配置図、及び出土遺物

第4章 竪穴式集団墓の成立と崩壊―石棒集団から赤い漆塗り帯集団へ―

支流の茂漁川、柏木川など多くの河水を集めながら流れ下る。遺跡は、柏木川とその支流キトウシュメナイ川に挟まれた標高28mの低位段丘上に立地する。JR千歳線恵み野駅の北西方およそ約800mに位置する。縄文時代後期から晩期にかけての土坑墓多数とともに、竪穴式集団墓3基の存在が明らかにされ、それぞれ14基、4基、3基の土坑墓が関係すると見られている。同じ恵庭市の柏木B遺跡に対比可能であるが、カリンバ遺跡の様相をもあわせもった遺跡である。

恵庭市、カリンバ遺跡（上屋編2003a・2004）

本書で紹介した国史跡・カリンバ遺跡（旧名・カリンバ3遺跡）からも、範囲確認調査の折に直径およそ8mの竪穴式集団墓の1基が確認され、床面より角柱礫1本と土坑墓1基が検出されている（上屋編2003b、2004）。なお多くの竪穴式集団墓の存在が予想されているが、詳細は不明である。

芦別市、野花南遺跡（佐藤・長谷山2002）

石狩低地帯東側の中ほど、石狩川の支流の空知川が作りだした河岸段丘の左岸に立地する。標高119mを数える。2基の竪穴式集団墓の存在、そして1号、2号ともに配石、積石を有する土坑墓の存在が調べられているが、なお未調査で詳細は不明である。

2）道東部

斜里町、朱円栗沢台地遺跡（図200、河野広道1955）

すでに研究史の中で紹介したとおり、河野広道による1948年、1949年の調査によって2基（東方のA号：径28m、西方のB号：径32m）の竪穴式集団墓が明らかにされ、報告に際し低い環状の土堤を巡らす様子から「環状土籬」の名が初めて用いられた遺跡として良く知られている。しかも、A号が20基以上の「小ストーンサークル」群、B号が1.65mの板状の石と80個を超える大きな円礫を積んだ1基の「ストーンサークル」から成ることから、「環状土籬」は「環状石籬」の変形とみなされた。

A-2号土坑墓からは、人骨片とともに漆器2点（含む櫛？）・漆器片、玉10点、石鏃、鮫歯の副葬品、A-13号土坑墓では火葬された人骨片と付着したアッシ様織物片などが検出されている。B-1号土坑墓は、長径229cm、短径130cm、深さ201cmで、3体の埋葬が確認されている。A-1号土坑墓などから発見された三叉文や貼瘤文を特徴とする鉢形、壺形、異形土器などは、縄文晩期初頭の栗沢式土器として早くから型式設定されてきた。

標津町、伊茶仁ふ化場第1遺跡（椙田他1979）

大場利夫による1963年の調査で存在が予想されていたものの、その後所在不明となっていたが、航空写真により場所が特定され（木村1984）、標茶町教育委員会による発掘調査で正式に特定された。北海道の東端、標津湿原の湖沼地帯を蛇行しながら大小多くの河川がおよそ西から東へと流れ、やがて根室海峡へと流れ出るが、遺跡は、伊茶仁川の支流アッチャウス川左岸、標高14mほどの細長い台地の末端に立地する。標津町市街の北西方3.5kmほど、海岸線に並行して走る国道244号線からは500mほどの内陸にある。1978年に竪穴式集団墓の一

部が発掘調査され、中央（1号）と南側（2号）に2基の土坑墓の存在が明らかにされている。1号土坑墓では、ベンガラの撒布に加えて動物の皮が敷かれていたことが確認されている。この他、竪穴式集団墓1基の存在も指摘されている。周辺から堂林式土器が出土し、竪穴式集団墓の時期もその時期と見られている。

標津町、伊茶仁チシネ第3竪穴群遺跡（椙田1985・1998）

1984年、標津町教育委員会の調査により竪穴式集団墓5基が確認されている。伊茶仁川の支流アッチャウス川左岸に高さ1〜2mの低い段丘が形成されているが、遺跡は、その低位段丘崖に位置し、1997年に4号についてのみ一部が発掘され、3基の土坑墓の所在が突き止められている。長径190cm、短径26cmを測る細長、大型の土坑墓で、壙口両端に地上標識用とみられる付属ピットの例も確認されており、道東部での埋葬様式も、基本的には道央部に共通するものとみて大過なかろう。

標津町、国史跡指定・伊茶仁カリカリウス川遺跡第1地点（椙田1996）

遺跡は、標津町市街から北西方およそ3.5kmに位置する。伊茶仁川およびその支流のポー川は、標津郡標津町字川北付近に源を発し、標津町内の山野・湿地帯を細かく蛇行しながら、標津町伊茶仁で合流し、下流200mほどで根室海峡に注ぐが、その両河川に挟まれた標高20mの台地上に遺跡が立地する。台地縁辺部を中心に縄文時代早期から紀元後およそ7世紀以降のトビニタイ文化期や擦文文化期などの竪穴住居址2,500基が現存する日本最大の集落遺跡である。あわせて径10mほどの大きな円形竪穴式集団墓2基が確認されている。なお未調査のため詳細は不明であるが、標津ポー川史跡自然公園の一部として一般公開されている。

標津町、無名川遺跡

竪穴式集団墓とみなされる遺構が1基想定されているが、詳細不明である。

やや不確定なものや部分的調査にとどまっている例も少なくないが、柏木B遺跡を含めて16遺跡で80基の竪穴式集団墓、そして307基の土坑墓が検出されている。北海道に広く分布するとみられるが、その大半が道央部のいわゆる石狩低地帯、とりわけ恵庭、千歳、苫小牧市域に集中する。また、不連続ながら道東部にひとつのまとまりが認められる。これまでのところ、東北から北海道一円に広がりをみせる前時代の環状列石とは異なり、竪穴式集団墓が東北地方、渡島半島部に及んだ証拠はなく、北海道の地方的様相とみなすことができる。

ところで、竪穴構造に着目し「竪穴式集団墓」として総称してきたが、実際にはその変形が少なからず存在する。時折省略し、竪穴式集団墓をもって代表させることはあるが、正確に表記すると以下のとおり整理できよう。

竪穴式集団墓：

柏木B遺跡1号、同2号、同3号、同4号？、同5号？、西島松1号、同2号、同3号、美沢1遺跡JX-1号、同JX-2号、同JX-3号、同JX-4号、同KX-1号、美々4遺跡X-1号、同X-2号、同X-3号、同X-4号？、同X-6

号、同X-9号、同BS-1号、同BS-2号、美々5遺跡BX-1号、末広遺跡ⅡK-1号、同ⅡK-2号、同ⅡK-3号？、丸子山遺跡1号？、同2号、キウス4遺跡X-10号、同X-11号？、同X-12号、同X-13号？、同14号？、同X-15号、同X-17号、同X-α号、キウス周堤墓群1号、同2号？、野花南遺跡1号？、同2号？、朱円栗沢A号、同B号？、伊茶仁ふ化場第1遺跡1号、

周溝式集団墓：
　　美々4遺跡X-5号、同BS-3号
周溝式単一墓：
　　美々4遺跡X-7号、同BS-4号、同BS-5号、同BS-6号

　なおキウス4遺跡のX-13号・14号は、竪穴径6～7m、中央土坑墓1基のみの発見に止まり、単一墓の可能性も皆無とは言えないが、同じ規模で3基の土坑墓が検出されている同遺跡X-15号の例を考慮し、そもそもは集団墓として用意されたものと判断した。同様に、竪穴式集団墓中の？は、土坑墓1基のみの発見であるが、集団墓を想定しての表記である。ちなみに、「単葬墓」とせず「単一墓」としたのは、ひとつの土坑墓にも2体合葬の例があるからである。丸子山1号や朱円栗沢B号などを好例として、よりいっそう大きな竪穴規模を有しながらも土坑墓1基のみの例が少数ながら知られている。集団墓の構築後、何らかの理由で途中廃棄されたものとして、やはり集団墓として扱った。

　また、周溝式としたものの中に、周溝が一部口を開いて馬蹄形を呈する例が同じ美々4遺跡で知られているが、報告書による限りでは、遺構が、斜面上、あるいは傾斜地への変換点付近で発見されており、崩落などによる遺構の一部損壊を考慮し周溝式として一括した。

2　竪穴式集団墓の成立

　80基をはるかに超す竪穴式集団墓の存在を予想できるまでに調査は進展しているが、それらの構築、利用が1時期に限られたものでないことは多くの研究者が指摘するところである。土器型式で言うと、堂林式土器の時期を主体に、その起源はエリモB式土器の時期にまで遡り、その終末は御殿山式・栗沢式土器の時期にまで利用が及ぶことが想定される。注目すべきは、キウス4遺跡、美々4遺跡、美沢1遺跡、柏木B遺跡、そして朱円栗沢台地遺跡の成果である。なかでもキウス4遺跡は、竪穴式集団墓が同じ縄文時代後期後葉の多様な遺構群と関連する様子が明かにされ、しかも遺構や文化層が層位的に把握された例として貴重である。

　およそ東西に「ハ」の字状に伸びる2本の盛土遺構（直線距離で北側の長さ175m、幅37m、南側の長さ162m、幅45m）、盛土遺構の南西出口を塞ぐように密集する柱穴群（住居用、推定266軒以上）、杭列、水場遺構、ハの字状の盛土遺構の根元に連なる北東部の回廊様盛土、そして周辺の竪穴式集団墓（報告書での周堤墓）群、その他土坑墓群、フラスコ状ピットなどから成る（図202）。もちろん、これら遺構群の時期別組成や展開についてなお詳細が明らかにされているとは言い難いが、大略、次のように解析されている。

　樽前c降下軽石堆積物（Ta-c、300～500yBC降下）のⅣ層下、黒色腐植土のⅤ層

（「第Ⅱ黒色土」相当）中に盛土遺構の堆積層が含まれ、「南側盛土遺構」R地区の例でみると、長さ95m、幅48m、最大層厚0.8mを測り、上位でおおよそ9つのブロック、下位で上位から連続する2つを含めて5つのブロックにより構成されるという（北海道埋蔵文化財センター2003）。また、北側の「盛土遺構」のおよそ中心部に相当するF・G地区を例にすると、細かくは22層、大きくは3層に分層されている。すなわち、下層がエリモB式から堂林式の古い刻みをもつ土器の段階、中層が突瘤文、沈線文をもつ堂林式土器の新しい段階、上層が堂林式土器の新しい段階から御殿山式土器など後期の最終末に位置づけられ、盛土遺構の造営期間は堂林式土器の存続期間とほとんど一致するという（北海道埋蔵文化財センター2001、土肥2001）。

　特に竪穴式集団墓群については、20基の調査結果をもとに、国史跡・キウス周堤墓群を含めて大きく5群、細かくは7群に分けられ、次第に大型化していく過程が考察されている（北海道埋蔵文化財センター2000a・2003b）。竪穴式集団墓の分析に当たった藤原秀樹によると、具体的には第Ⅰ群にキウス4遺跡X-12・13・14（以上Ⅰ群a類）、15・16号（以上Ⅰ群b類）、第Ⅱ群に竪穴径10〜14mのキウス4遺跡X-3・5・7・11・17・c号、第Ⅲ群に竪穴径16〜19mのキウス4遺跡X-6・10・a・d号（以上Ⅲ群a類）、X-1・2・b号（以上Ⅲ群b類）、第Ⅳ群に竪穴径25〜30mのキウス4遺跡X-4号、キウス周堤墓群3・5・6・7〜11号、第5群に竪穴径32〜45mのキウス周堤墓群遺跡2・4号が属し、およそ第1群から第5群へと順次変遷するという（藤原2000・2003）。

　出土器の編年的位置づけ、そしてそれら構築時の排土の被覆と層位的関係に関する観察所見を基礎に、竪穴構造の規模の違い、土坑墓の形状や墓標の違い、ベンガラ撒布や副葬品の有無などを加味しつつ導き出された見通しである。

　図205・206・210は、以上のような編年案にならい集団墓別に重要と思われる情報を抜粋・配置したものである。図205は最古のグループとみなされている竪穴径6〜7mの小型の竪穴式集団墓Ⅰ群である。竪穴の深さは4〜24cmと浅く、周堤も幅2m前後、厚さ7〜16cmで未だ不明瞭とされる。機能上の注目すべき特徴として、土坑墓がわずか1〜3基と少ない点があげられよう。なかでもⅠ群a類は、墓標や副葬品、ベンガラ撒布も認められず、本類を最古段階に位置づける理由でもある。

　また、X-15号に作られた土坑墓のひとつ、BP-1503号土坑墓で、内部の長軸両端に木柱痕が確認されており、壙底面から副葬品とみられる漆器片も検出されている。藤原がⅠ群の中でもより後出のⅠ群b類土坑墓とみなす理由でもある。長径190cm弱、幅73cm、深さ125cm弱、Ⅰ群に属する土坑墓6基の平均的大きさであるが、いずれも狭長で深い形状を呈し、中には長径2mを超す例も3基含まれており、すでに竪穴式集団墓の土坑墓に通有な形態的特性を兼ね備えている。

　時期決定に大きな拠りどころになったのは、おそらく出土した土器であろう。図205に示したように、口縁部や口頸部などをめぐる刻み目文、突瘤文、地文としての羽状縄文と磨消文の組み合わせなどを特徴とする深鉢形土器や浅鉢形土器が、X-12号、及びX-14号から検出されており、盛土遺構の下位層相当の土器を含んでいる。

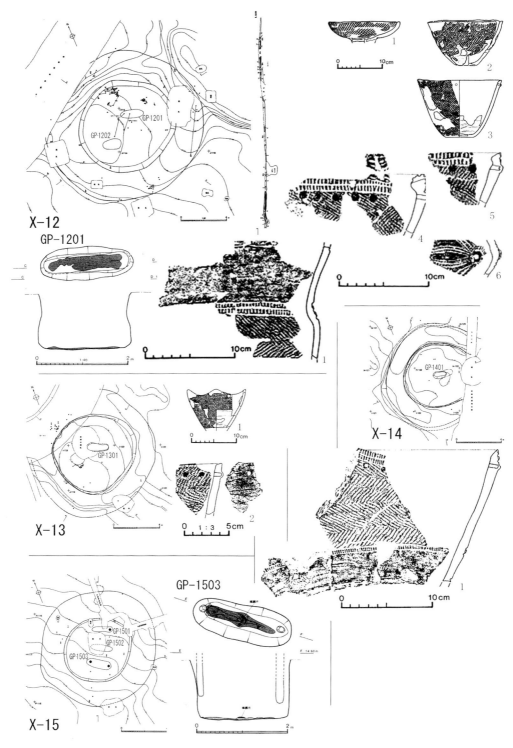

図205 キウス4遺跡の竪穴式集団墓と土坑墓・出土遺物(1)

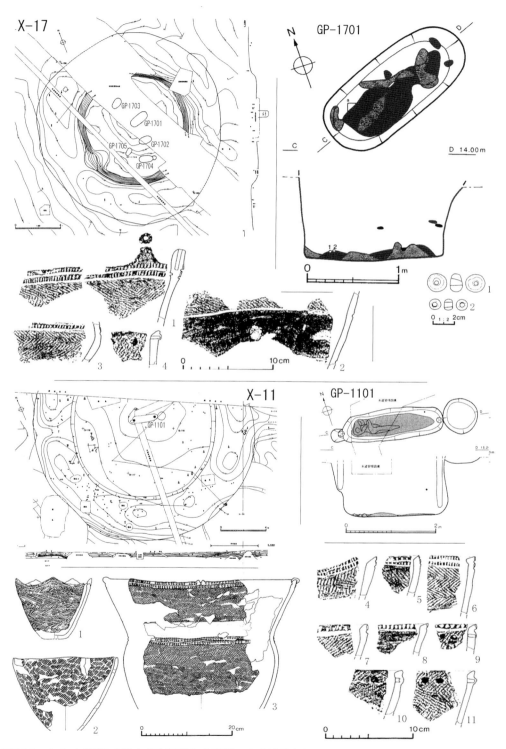

図206 キウス4遺跡の竪穴式集団墓と土坑墓・出土遺物(2)

報告では、Ⅳ群c類土器（堂林土器）の中でも古手のものとみなされているが、口縁部太めの刻み目文と突瘤文、頸部の無文帯、胴上部から折れ曲がり強く外半する器形などの特徴を考慮すると、むしろ堂林式土器というよりもエリモB式土器に対比可能である。仮にこれらが竪穴式集団墓に伴うものとなれば本群が竪穴式集団墓の最古段階に編年されることについて問題はない。ただし、図205に示したX-12号の床面から出土した台付き鉢（1）を除き、いずれも床面より上位の覆土、包含層（Ⅴa層など）、さらには周堤部からの出土で、厳密には遺構との伴出関係を特定できない。X-12号の同一個体とみられている土器片4・6などは周堤部Ⅴb層と包含層Ⅴa層からの出土資料、X-14号の1は竪穴内覆土（床面よりかなり上位）・包含層出土土器片の接合資料で、同じくX-12号のGP-1201の大きな土器片も、土坑墓内の覆土4層から出土した1点の土器片と周堤部床面から出土した土器片12点の接合資料で、報告書の記載にあるとおり土坑墓との関係までは特定できない（北海道埋蔵文化財センター2000、74頁）。

　X-12号の台付き鉢（1）、及びX-13号の浅鉢（1）は、床面やⅤa層下部から1個体分がまとまって出土した土器で、いずれも縄文のみの、大きく開く浅い鉢部、5単位のやや大きな波状口縁など文様や器形上の特徴から先述のものとは区別される可能性もあり、これらはエリモB式土器の時期よりやや遅れる可能性が考慮される。いずれにせよ、エリモB式土器より古い鉤間式土器の時期にまで遡るものではなかろう。

　同じような問題点は、竪穴式集団墓Ⅱ群とされるX-17号、X-11号（図206）においても指摘できる。Ⅳ群c類土器の古手で、同一個体とみられているX-17号の同図1～3の土器片、同じく刻み目を特徴とする胴部で折り返し口縁に向かって強く外反するX-11号の同図3の鉢形土器、あるいは4～6の土器片も、周堤中、包含層Ⅴa層、周堤部の風倒木痕からの出土であり、厳密には竪穴式集団墓の時期を特定できる資料ではない。周堤部の重複によって、X-12号、及びX-13号の竪穴構築がX-11号の竪穴構築時期より古いとされてはいるが、どれほどの期間存在したのか、しかも複数基が並存する期間がなかったのか、利用の実際まではなお解明されていない。

　藤原は、「一世帯の墓地として成立し、大型化し複数世帯の墓地になった」と解説する（藤原2003）。仮に竪穴式集団墓（藤原の言う周堤墓）Ⅰ群、Ⅱ群が、それぞれエリモB式土器、堂林式土器の古相土器（筆者が仮称するキウス式土器）の時期に位置づけられる埋葬様式で、小型から大型へと変遷する進化プロセスがおおよそ追認されるとしても、単線的な理解では解き明かせない課題も少なくない。まずもって、竪穴式集団墓の起源をめぐる問題があげられよう。

　竪穴式集団墓の変遷に関連し、その源流についても、藤原は具体的に言及している（藤原2000・2003・2007他）が、例えば、「近年道南部を中心に縄文時代後期前葉から中葉にかけての配石遺構や環状列石の報告が増加しているが、それでも周堤墓の分布域と重なることはない。（中略）、墓域の立地や墓域と集落との位置関係からも環状列石・配石遺構と周堤墓との直接的関係は疑問である」とし、「環状列石と周堤墓では構築時期や分布に大きな差異が見られ

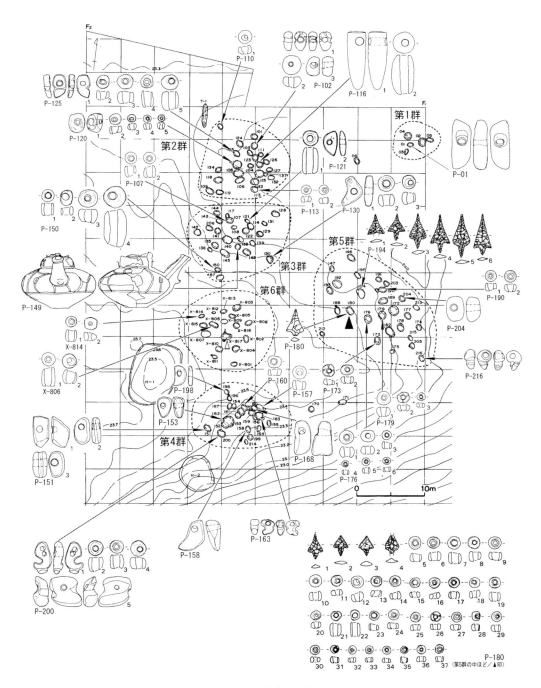

図207　美々4遺跡の縄文時代後期中葉の土坑墓(区画墓B)と出土遺物

ること、初期の周堤墓では配石がほとんど見られず、夙に関連性が指摘される配石や積み石のある朱円周堤墓群や柏木B遺跡のものは後半期もしくは終末期の周堤墓であることからも、両者の関連性や系統関係については今のところあまり強調できない」(藤原2003)と説く。函館市石倉貝塚の環状盛土遺構と周堤墓の共通性を指摘する小杉康の見解(小杉2000)、秋田県伊勢堂岱の環状列石と朱円との配石の形態的類似性を強調し、竪穴式集団墓の起源とする今村啓爾の見解(今村2002)などにあらためて反論したものであるが、結果として大塚和義(1979)や春成秀爾(1983)らの「住居モデル」の考えに基礎を置いていることが窺える(藤原1999c・2007)。要するに、「一住居内に住んでいた者(＝世帯)の墓地として構築された」竪穴式集団墓であって、環状列石の系譜を引くことはないとする。その可否はひとまず置くとして、竪穴式集団墓の系譜、あるいは環状列石と竪穴式集団墓とのつながりを考えるうえで、美々4遺跡の「区画墓B」の理解は欠かせない。

美々4遺跡の1984年の発掘調査において、明瞭な竪穴を形成してはいないが、台地縁辺に近い平坦部から124基の墓が、ほとんどが重複することなく、しかも6つのグループに分かれて位置することが明らかにされた(図207、北海道埋蔵文化財センター1985a)。グループごとの土坑墓の内訳は、第1群が4基、第2群が24基、第3群が25基、第4群が20基、第5群が27基、第6群が17基、その他が7基で、径10m前後の空間にそれぞれが配置されている。

青柳文吉は、竪穴によって墓域が設けられたものを「区画墓C」、周溝によるものを「区画墓M」(規模などからM1とM2に細分)と称する一方で、ここでの土坑墓群にも区画作業が介在していると理解し、「区画墓B」と呼称した(青柳1985)。特に、第4群、第5群、第6群は、Ta-c層除去後の段階で、墓域を窺わせるおよそ円形のくぼみが認められ、第6群の周囲には幅数mの広がりで高さ20cmほどの盛土の存在も観察されたという。また、第2、3、4群の位置するところの黒色土(Ⅱ黒層)は周辺部と比較して薄く、遺構の掘り込み面はTa-d1層の直上に、うち第3群の土坑墓の中には掘り込み面がさらに下位のTa-d1面にあった例も含まれており、意識的な墓域設定の痕跡とみなされている。

土坑墓の規格は、長軸長100cm前後、幅およそ0.5～1m、深さおよそ70～100cm。楕円形もしくは円形の平面形プランを呈し、長軸方位はN-3～115°-Wの範囲にややばらつくもののグループごとに比較的まとまる傾向を示している。断片的ながら、第2群の10基、第3群の6基、第4群の4基、第5群の8基、第6群の3基で人骨の痕跡が残され、それぞれ4基、1基、2基、5基、2基につき屈葬による埋葬と判明している。また、第6群のX-810土坑墓では横臥屈葬、第3群のP-150号土坑墓の例では蹲葬が具体的に想定されており、第3群のP-140土坑墓と第5群のP-194土坑墓では2体の合葬が報告されている。

ベンガラの撒布は確認されておらず、副葬品、着装品が添えられた土坑墓も総数33基に過ぎない。その多くは玉類で、しかも1点、あるいは2・3点の例が24基と多数を占める。石鏃の副葬例もわずか3基と少ない。その中では、石鏃4点、小型丸玉など玉類33点と、比較的まとまった副葬品を伴う第5群のP-180号土坑墓が異色である。

少ない副葬品のために土坑墓群の年代を特定することは難しいが、第3群土坑墓群中のP-149号土坑墓の覆土Ⅰ層(壙口)からⅣ群b類土器(船泊上層式、手稲式、鮋間式土器)に属する手稲式土器の注口形土器(図207)、同じ墓壙群中のP-129号土坑墓の覆土Ⅰ層からⅣ群b類土器片129点、第4群土坑墓群中のP-163号土坑墓の覆土Ⅰ層からⅣ群b類土器の浅鉢が、第5群土坑墓群中のP-178号土坑墓覆土Ⅰ～Ⅲ層からⅣ群b類土器が出土しており、およそ後期中葉の時期に相当する。玉類99点のうち翡翠製が91点を占める傾向とも符合する。なお、第6群土坑墓群中のX-808土坑墓のように、壙口にⅣ群b類土器片110点が集中しながらも、覆土からⅣ群c類土器片39点、Ⅴ群c類土器片139点が出土し、Ⅳ群b類土器の時期より後出の可能性をもつものも含まれており、すべてを同時期のものとみなすことはできないが、圧倒的多数が重複することもなく一定のまとまりを保っている様相こそが重要であり、何らかの規制が働き続けた、あるいは標識が機能し続けた結果を示すものであろう。環状列石・配石墓と竪穴式集団墓の時代を橋渡しする墓制として注目される。ちなみに藤原は、環状列石と竪穴式集団墓の間に断絶を認め、系統的なつながりを否定する根拠の一つに、竪穴式集団墓の前半期、さらにはその前に位置づけられる美々4遺跡の土坑墓群の段階に配石や積石を用いた葬制のないことを指摘するが、美々4遺跡の土坑墓群には土坑墓の壙口付近に礫を利用したものが少なからず存在する。図208のX-817号土坑墓の例は、大きな礫を壙口に環状にめぐらした礫利用の例である。

　これまでのところ資料不足は否めないが、土坑墓の両サイドに礫を配した例など、礫利用の例は他にも知られており、縄文時代後期前葉の環状列石以来の伝統的な地上標識の一つのタイプとみなすべきものであろう。柏木B遺跡でのB埋葬区を特色づけるのが、このタイプで、第1号竪穴式集団墓の第1108号土坑墓はその典型例である。同様の地上標識は、さらに後期終末期の御殿山式土器の時代、そしてその後の時代にまで引き継がれており、集団の出自や系統を象徴する普遍的な地上標識ともみなせよう。

　竪穴式集団墓は、地形を大きく改変し冥界への圏域を内外に明示する縄文時代にあってもユニークな、視点を変えると典型的な埋葬施設で、中には集団の力を総動員しての協働作業によって構築されたとされる巨大な例も含まれる。それ故でもあろうが、本州の縄文時代にみられる「廃屋墓」から始まった、あるいは竪穴住居をモデル

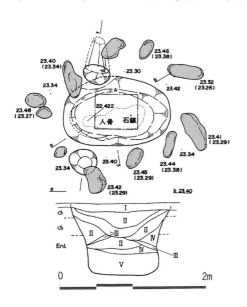

図208　美々4遺跡の縄文時代後期中葉の土坑墓群中の817号土坑墓

とした小型のものから次第に大型化していったという発展的イメージは一見説得的である。しかし、廃屋の利用を確証する柱穴や炉跡など旧住居の痕跡をとどめた例は未だ知られていない。また、キウス4遺跡では竪穴式集団墓や盛土遺構と同じ時期の大量の建物群が検出されているが、深さ50～80cmもあるような主柱穴、出入り口ピット、炉址など住居構造に匹敵する特別な付属施設が初期の竪穴式集団墓に検出された例はない。また、竪穴式集団墓が竪穴住居を模して作られたことを裏付ける特別な企画性が捉えられているわけでもない。

地下に竪穴を掘るという点での共通性のみをもって竪穴住居に関連づけるよりも、ここで重視すべきは、地面を大きく窪ませ、その排土を周辺に置き土坑墓群を他から画する作業が美々4遺跡で確認されているという事実であり、本格的な竪穴構造へと連なる基礎的な他界観、相似た埋葬儀礼として認められよう。むしろ課題とすべきは、竪穴式集団墓の成立期とされる時期に、構成員分の単一墓・集団墓多数も築かれていたものの、たまたま2・3基が発見されているに過ぎないのか、社会の構成員の一人、二人だけが他者から分離された特別な埋葬施設であるのか、あるいは急速に社会が分立、小規模化し土坑墓や埋葬地が急減した結果を反映しているのか、など社会の実相と竪穴式集団墓の社会的機能に迫る視点であろう。

急速に社会が分散、小規模化する中で、特定の人物を埋葬するために築かれた施設と推定するが、なお多くの情報を必要としており、キウス4遺跡における小型の竪穴式集団墓Ⅰ群のみをもって当時の埋葬様式を即断するのは難しい。

他方、竪穴式集団墓の直接的起源が、縄文時代後期前葉の環状列石の時代にまで遡る可能性の強いことも知られる。道南部の森町鷲ノ木遺跡での「竪穴墓域」の発見である。

鷲ノ木遺跡の竪穴式集団墓（図197-3、209）

縄文時代後期前葉の国指定史跡として知られる鷲ノ木遺跡の環状列石については、先に紹介したが、遺跡は、JR函館本線森駅の西南西方およそ2.4km、噴火湾より1kmほど内陸の道央自動車道と交差する付近に位置し、桂川支流の上毛無沢川と下毛無沢川に挟まれた標高70mほどの舌状台地上に立地する。

「竪穴墓域」は、環状列石の南側およそ5mの位置に並存して検出されている（藤田2004、高杉他2008）。径11.6×9.2m、深さ9～22cm、不整ながらおよそ円形の大きな竪穴の中に、7基の土坑墓と4基の小型ピットが確認されている。土坑墓は、平面形はおよそ円形、もしくは楕円形を呈し、4基が長径193～238cmと長大である。深さも、50cm以下の2基を含みながらも80～96cmと概して深い。人骨の痕跡は確認されていないが、土坑墓内の堆積層状態からいずれもが埋葬用の墓穴とみなされている。

小ピットは、やや大きめで深さがないことから、墓標用の杭穴とは言い難い。一方で住居用の柱穴とも異なり、炉跡なども見られないことから、本竪穴は、当初から集団墓として計画、構築されたものとみなされ、「竪穴墓域」と名付けられた。竪穴内、及び土坑墓の覆土から、波状、鋸歯状、矢羽状などの沈線文と磨消縄文を組み合わせた入組文主体の土器が出土してお

り、道南部では縄文時代後期前葉の白坂3式土器に相当する（図209）。「竪穴墓域」はもちろん、環状列石もあわせて同時期の所産とされた。

なお、報告者は、周堤が顕著でないことから縄文時代後期後葉の周堤墓（竪穴式集団墓）と区別し、「竪穴墓域」と称しているが、後期後葉の竪穴式集団墓にも周堤の明瞭でないものが多数含まれており、区別する意味はさほどない。また、土坑墓の形状や規格での相違、副葬品の有無も、時代の推移を考慮すると両者を分ける絶対的な指標とまでは言えない。いずれにせよ、作りだした大きな竪穴内に土坑墓を配する原形が、環状列石の時代にすでに出現していた事実は動かし難い。

3 地形図と排土の堆積状況から読み解く竪穴式集団墓の大型化

あらためて紹介するまでもなかろうが、竪穴式集団墓の大型化を読み取る見解は、キウス周堤墓群（図201）を扱った大谷敏三によってひと足早く提示されていた（大谷1978・1983）。キウス周堤墓群の国史跡指定へ向けて実施された測量調査の後、新たに確認された11号と12号を含めて竪穴式集団墓（周堤墓）同士の周堤部の重なり具合などを検討した大谷が、12号（竪穴径推定16m）→5号（竪穴径推定28m）→2号（竪穴径推定32m）、また11号（竪穴径推定25m）→4号（竪穴径推定45m）→1号（竪穴径推定17m）←3号（竪穴径推定30m）という構築過程を導き出し、結果として竪穴式集団墓の大型化を説いたのが始まりである。

その後、キウス4遺跡における竪穴式集団墓群の発掘調査を通して、竪穴式集団墓Ⅰ群からⅤ群への大型化の変遷過程が考察されたことについては先述したとおりであるが、大谷の見通しがあらためて追認された結果でもある。藤原の分類に従えば、大谷の12→5→2号の構築順は、藤原の周堤墓分類のⅢ群→Ⅳ群→Ⅴ群に、また大谷の11→4→1→3号群の構築順は、藤原のⅣ群→Ⅴ群→Ⅲ群→Ⅳ群となり、一部異なるところもみられるが、Ⅲ群→Ⅳ群→Ⅴ群と規模が拡大する基本的傾向に変わりがない、とされる。

しかしながら、遺跡・遺構の形状、埋没過程に関わる体験的知識などを拠りどころにして、図201の地形測量図を丹念に読み解いていくと、これまでに示されてきた構築順とは異なる展開も想定可能のように思われる。すなわち、竪穴集団墓の竪穴、いわゆる墓域の円形範囲を掘り下げつつ排土を周囲に積み上げていくとして、キウス周堤墓群のように近接して築かれる場合、後に作られる竪穴式集団墓の排土は以前に作られた周堤上にのせられるととも

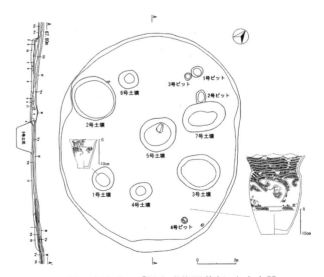

図209　鷲ノ木遺跡の「竪穴式集団墓」と出土土器

に、次第にその量を増す過程で周堤を超えて隣りの竪穴式集団墓の内部にまで及ぶことが推定される。結果として、以前に仕上げられた、しかも円環状を呈する周堤はその形を崩し、やがて方形に近づくと予想される。1号はまさにその好例で、左右両者の竪穴式集団墓の造成時に寄せられた排土で四角形に変形した様相を呈している。

　そうした視点からそれぞれの関係を分析すると、第11号（排土広がり径45m、竪穴径推定25m）←第4号（排土広がり径75m、竪穴径推定45m）←第1号（排土広がり径37m、竪穴径推定17m）→第3号（排土広がり径50m、竪穴径推定30m）、第2号（排土広がり径75m、竪穴径推定32m）→第5号（排土広がり径47m、竪穴径推定28m）→第12号（排土広がり径30m、竪穴径推定16m）という変遷が推察できる。とりわけ、後者の一群については大谷によって示されたものとまったく逆の順序が推定され、一方の前者についても、1号の築造後に左右に展開するという順序が想定可能で、単純な大型化とまでは言い切れない。もちろん、地形図や表面観察のみをもって断定することはできない。

　いずれにせよ、竪穴式集団墓の大型化の象徴は、国史跡・キウス周堤墓群であり、そのイメージがもたらす「巨大さ」にあることは間違いないが、断片的ながら初めての発掘調査が実施された第1号竪穴式集団墓と第2号竪穴式集団墓の発掘調査の結果が影響している。直接には、出土土器の評価に関わる問題でもある。特に、第1号竪穴式集団墓第3号土坑墓の覆土から出土した曲線文の多用により三叉文風の文様が器面を飾る深鉢形土器、第2号土坑墓から出土した爪形文や沈線文、三叉文風の文様、貼瘤のある土器片などが、「三ツ谷1類土器」、あるいは御殿山式土器に比定でき、しかも隣接する包含地と一体の遺跡群と理解され、ここでの不足を補うものとみなされた。結果として、キウス周堤墓群がこれまでの大型化の到達点、すなわちキウス4遺跡X-10～17号竪穴式集団墓より新しく（藤原2003）、竪穴式集団墓の退潮期の所産であると判断された（大谷2010）。

　しかしながら、第1号竪穴式集団墓の覆土、あるいは土坑墓の周辺からはそれらよりも古相の堂林式土器も出土している。遺構と出土土器との共伴関係はもちろん、土坑墓の深さ60cmが象徴するように、調査不十分で、竪穴式集団墓の実態もほとんどが未解明と言えよう。時期決定に、キウス周堤墓群から北西方500mも離れた包含地との対比に大きく依拠している点も、飛躍があろう。現状において、竪穴式集団墓の最末期の様相とみなすには難しく、周堤の規模や竪穴の深さなどの実態解明も含めて、キウス周堤墓群でのいっそうの調査は欠かせない。

　柏木B遺跡の場合、第1号で竪穴径12.6m、土坑墓数22基、同じく第2号で竪穴径9.9m、土坑墓数11基、構築順が1号→2号ながら2基1対のものとみなしたが、キウス4遺跡での藤原の分類に従うと、両者ともⅠ群もしくはⅡ群に属することになろう。しかし、Ⅲ群とされるキウス4遺跡X-10号竪穴式集団墓（竪穴径16.6m）の規模を下回っているが、構築時期をそれより前のものと見なすことはできない。堂林式土器の時期に編年づけられることについては既に触れてきたが、柏木B遺跡の例が、仮により後出の三ツ谷式土器の時期とみなす見解に従えば、むしろ「小型化」となり、

「大型化」を基準とした時期区分がさほどの意味を有していないことが分かろう。

竪穴式集団墓のもう一つの密集地である美沢川流域遺跡群については、竪穴式集団墓の終末期に関連して重要である。発見当初、大沼忠春が主に土器編年から竪穴式集団墓類似遺構BX-1号（竪穴径6.2m）・JX-1号（同8.8m）・JX-2号（同9m）→竪穴式集団墓JX-3号（同13.2m）・JX-4号（同14.4m）・KX-1号（同12.35m）という変遷案（大沼1979）、また乾芳宏が一部手直ししてのJX-1・2号→KX-1号→JX-3→JX-4号という変遷案（乾1981）を提示しているが、いずれも大型化の流れを基本としたものである。

しかしその後、重複関係を示す竪穴式集団墓の類例の増加があって、矢吹俊男・野中一宏によって「竪穴規模・墓壙数は構築順とは関係ない」との見解（矢吹・野中1985）が示され、ひとまずの結論とされた。こうした美沢川流域の事情に対しても、大型化を説く立場からは、このような不揃いも「キウス周堤墓群」同様に、複数がまとまり近接して構築されたために既存の竪穴式集団墓との関係で制約を受け、規模拡大を妨げられた結果であるとの解釈が加えられているが、先述したとおり単線的な理解から当時の社会を扱う限界が示されているとも言えよう。

あわせて14基が集中して発見された美々4遺跡（図203）では、円形に掘り下げられた大きな竪穴床面に土坑墓を配した竪穴式集団墓に加えて、環状、あるいは馬蹄形の溝をめぐらし、その中央部、もしくは溝内に土坑墓を配した例が発見され、注目された。先の分類に従えば、8基の竪穴式集団墓とともに、2基の周溝式集団墓、4基の周溝式単一墓が含まれる。竪穴式集団墓の変形タイプというべき周溝式は、大型のBS-3号を除くと、そもそも個人もしくは極めて限られた複数の人物のために築かれた最小グループである。

青柳がそれらを総称して区画墓と名付けたことはすでに紹介したが、形状の違いから9基の墓をもつBS-1号や22基の墓をもつX-2号など竪穴内に土坑墓が設けられた区画墓C類と、他のドーナツ形の溝に囲まれた高まりに土坑墓が設けられた区画墓M類とに大別し、さらに後者につき、ドーナツ形の溝に囲まれた中央の高まりに1基とその溝内に9基の墓がめぐるBS-3号を区画墓M1類と、それを小型にしたタイプで中央に1基の墓をもつX-7号などを区画墓M2類とに細分した（青柳1985）。

すなわち、区画墓C類はここでいう竪穴式集団墓で、区画墓M類は周溝式集団墓・単一墓である。そして、M1類のBS-3号の周堤がC類のBS-1号の一部を覆っており、また、M2類のX-7号がC類のX-2号の周堤を切って作られている調査所見にもとづき、区画墓C→区画墓M1→区画墓M2と変遷するとみなした。要するに、竪穴式集団墓が古く、周溝式が新しく、中でも小型のそれが最末期に編年されている。ここでの形状的変遷が終末期の様相の一端を示すものであることに異論はないが、実際には多様な組み合わせ、あるいは複雑な変遷も想定されている。集団墓の終末の様相については、後にあらためて触れる。

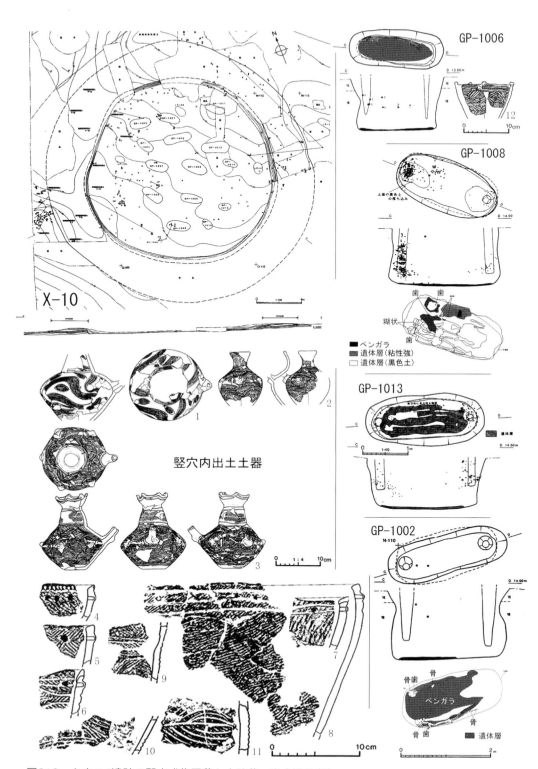

図210 キウス4遺跡の竪穴式集団墓と土坑墓・出土遺物(2)

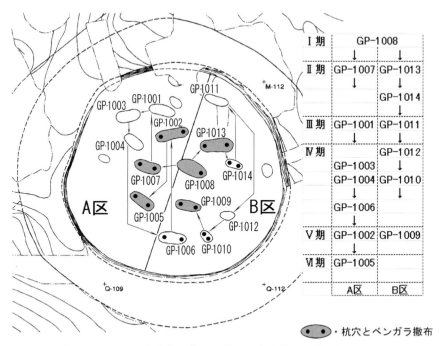

図211　キウス4遺跡・X-10号竪穴式集団墓の埋葬区と土坑墓の形成過程

4　埋葬区と埋葬様式

　キウス4遺跡において大型タイプの全体が調査されたのは、Ⅲ群のX-10号竪穴式集団墓などごくわずかであるが、竪穴式集団墓の性格にかかわる興味ある事実が明らかにされている（図210）。竪穴径16.6m、土坑墓数14基、これまでのⅡ群に比べ竪穴規模の拡大、土坑墓数の増加は認められよう。土坑墓14基のうち、8基で遺体の様子が調べられており、中央土坑墓とも言うべきGP-1008号で折重なる人骨4体が確認されている。ここでの特徴的様相のひとつであるが、追葬によらず、同時埋葬された合葬墓である。この他、GP-1002号土坑墓も2体合葬の例である。6基で伸展葬、2基で屈葬と両者が混在し、頭位はいずれも西にある。9基の土坑墓につき、内部の両端または一端に木柱痕が存在し、うち6基にベンガラの撒布が確認されている。

　本格的な竪穴を用意し、入念な送りの儀も整い、なおかつ地上標識を立てるまでに進化した段階の集団墓であるにもかかわらず、副葬品らしきものは無いか稀である。GP-1006号の覆土中から出土した漆塗り櫛片とGP-1013号の床面から出土した弓？らしきもののみである。一般に櫛は、この時期の竪穴式集団墓に副葬されることがなく、覆土中ということも考慮すると遺物の攪乱、もしくは土坑墓、竪穴式集団墓が、予想時期よりさらに下って利用されたことを示唆している。

　竪穴床面から出土した土器は、沈線文と磨消縄文による帯状文、貼瘤文などを特徴とする注口形土器（図210-1）、あるいは口縁部をめぐる突瘤文と沈線文を特徴とする

鉢形土器(同8)である。また、羽状縄文と矢羽状沈線文、切出し状の口唇部と口縁に5単位の突起を有するGP-1006号土坑墓出土の浅鉢形土器(同12)が、土坑墓に伴う数少ない土器である。これらは、竪穴式集団墓の時期を指示する貴重な資料と言えようが、堂林式土器に属し、少なくともエリモB式土器より後出する一群であることは間違いない。この他、周堤、もしくは周堤外からの出土とされる曲線文、磨消縄文、貼瘤文からなる文様と最大幅を下位にもち、大きく張り出す胴部、細長く伸びる口頸部などを特徴とする同図3、やや球形の胴部と短頸を特徴とする同図2なども堂林式土器の古手とみられているが、似たような土器が盛土遺構の上位、下位のいずれの文化層からも出土しており、堂林式土器の細分までは難しい。

　注目すべき研究のひとつに、キウス4遺跡X-10号竪穴式集団墓を取り上げた佐藤剛の分析的研究があげられる(佐藤2000)。土坑墓間の掘り上げ土の重複によって明らかにされている新旧関係を基礎に、墓壙確認時の土壌環境の相違や墓壙の規格などを加味しつつ、その集団構成と構築過程を推察したものである(図211)。

　すなわち、掘り上げ土の重複関係からは、GP-1001→GP-1002(伸展葬)、GP-1008(伸展葬)→GP-1002(伸展葬)、GP-1008(伸展葬)→GP-1012(屈葬)→GP-1010(屈葬)→GP-1006→GP-1009(伸展葬)、GP-1013(伸展葬)→GP-1011(伸展葬)→GP-1002(伸展葬)、GP-1013(伸展葬)→GP-1014(伸展葬)→GP-1012という構築順が調べられている。しかもそれらには、土坑墓の落ち込みがⅣ層を取り除いた時点のVa層(黒色土)で確認されたA(GP-1002・GP-1005・GP1009・GP1010・GP-1012)、Va層を掘り下げる途中、パミスを混入した黒褐色土のまとまりで確認されたB(GP-1003・GP-1004・GP-1006・GP-1008・GP1011)、竪穴床面まで掘り下げてなお輪郭不明ながらやや明るめの黒褐色土で確認されたC(GP-1001)、同じくパミス混じりの暗褐色土のまとまりで確認されたD(GP-1007・GP-1013・GP-1014)の4タイプが含まれており、土坑墓覆土にV層(黒色土)を含まないほど古い、さらには確認の遅い(難しい)ものほど古いという仮定に基づき、土坑墓の構築はD→C→B→Aの順で続いたものとみなされた。

　4体合葬で最大の土坑墓であるGP-1008については、埋葬時期こそ他の土坑墓より遅れるものの「最初の墓壙」という意識があったとし構築順のⅠ期に位置づけられているが、中央土坑墓としての存在を重視したからであろう。また、その後のD→C→B→Aの変遷に関連し、東西に二分されたA区とB区との間をおよそ交互に場所を移しながら構築されていった関係が結論として導き出されている。GP-1005については、東西の対応関係が認められないことから最後のⅥ期に設定されている。

　竪穴墓域が二分されるという研究は、柏木B遺跡の竪穴式集団墓に、地上標識の様式差から大きくは2群、細かくは3群に区分される「埋葬区」が存在していたであろうことを推察し、あわせて中央土坑墓の役割を考察したことに始まる(木村編1981他、図181参照)。特に、2号竪穴式集団墓の中央に位置するひときわ大きな第2007号土坑墓について、石棒・石斧・翡翠製玉という稀少な副葬品を有していることなどから二つの埋葬区を統率するに相応しい被葬者と

みなした。柏木B遺跡での竪穴墓域にみられる複数の埋葬区について、春成秀爾や林謙作が詳しく分析している（春成1983、林1983）。しかし林が細分した埋葬区を世帯に関わるものとみなすのに対し、春成は、美沢1遺跡のJX-3号、JX-4号、KX-1号、美々4遺跡のBS-3号などでの区分を試みつつ、「竪穴住居のまとまりに相当するグループは具現されていない」とし、見解が分かれている。先に紹介したとおり、ここでは、世帯とは異なるより大きな親族集団を想定したが、二分される墓域も、一部に異なる時期の継続的利用のケースが含まれており、時間の経過にともなう利用形式の多様化も考慮される。

5　竪穴式集団墓の構築と中央土坑墓の被葬者たち

　墓域の中央を意識して設けられたと思われる土坑墓は、柏木B遺跡以外でも数多くの類例をあげることができる。

　美沢1遺跡（図204）でJX-1号（竪穴径8.8m、土坑墓数2基）のP-101号、JX-2号（竪穴径9m、土坑墓数4基）のP-104号（伸展葬）、JX-3号（竪穴径13.2m、土坑墓数17基）のP-109号、JX-4号（竪穴径14.4m、土坑墓数18基）のP-113号（伸展葬）、美々4遺跡（図203）でX-1号（竪穴径9.9m、土坑墓数2基）のP-102号伸展葬）、X-2号（竪穴径16.9m、土坑墓数22基）のP-213号（伸展葬）、X-3号（竪穴径11.3m、土坑墓数14基）のP-306号（石斧1点）、X-4号（竪穴径11m、土坑墓数1基）のP-401号（伸展葬）、X-5号（溝外径5.5m、土坑墓数4基）のP-501号、X-7号（溝外径3.8m、土坑墓数1基）のP-701号、X-9号（竪穴径11m、土坑墓数5基）のP-901号（伸展葬）、BS-3号（竪穴径12m、土坑墓数22基）のP-14号（伸展葬、漆塗り弓）、BS-4号（溝外径4.6m）のP-1号、BS-5号（溝外径3.3m）のP-1号（石棒2本、覆土より注口土器）、BS-6号（溝外径2.6m）のP-1号、美々5遺跡でBX-1号（竪穴径4.7m、土坑墓数2基）のBP-1号、末広遺跡でⅡK-1号（竪穴径17m、土坑墓数9基）のP-1号（伸展葬）、丸子山遺跡で1号（竪穴径17.9m、土坑墓数1基）のP-1号（赤漆塗り弓・翡翠製玉）が該当しよう。

　また、これまでの紹介と一部重複するがキウス4遺跡（図205・206・210）でもX-10号（竪穴径16.6m、土坑墓数14基）のGP-1008号（伸展葬4体）の他、X-11号（竪穴径12.6m、土坑墓数1基）のGP-1101号（伸展葬）、X-13号（竪穴径6.9m、土坑墓数1基）のGP-1301号（伸展葬）、X-14号（竪穴径6m、土坑墓数1基）のGP-1401号（屈葬）、X-15号（竪穴径6m、土坑墓数3基）のGP-1502号（伸展葬）、X-17号（竪穴径9.5m、土坑墓数5基）のGP-1701号（伸展葬、翡翠製玉2点）を上げることができ、

　柏木B遺跡例も加えて総数26基を数える。調査によっておよそ全体像が把握できる竪穴式集団墓は43基であるが、中央土坑墓として識別できるものはその半数以上に及ぶ。間接的ではあるが、竪穴式集団墓の構築はその被葬者の動静が深く関与していたことを裏付けている。

　図212は、中央土坑墓の存在する例について、その規模の大きさと土坑墓数の相関を示したものであるが、竪穴の床面が土坑墓で満たされていないものが目立って多い。特に、柏木B遺跡の2号と似たような径10m前後の中型の竪穴式集団墓、あるいは径5m前後の小型の竪穴式集団墓（含む周

溝墓)に著しいが、より大型の例でも土坑墓1基のみの例が少なからず存在する。当初から1基のみを想定し構築したためか、空域の少ない最小の周溝墓である。美々4遺跡のBS-4号・BS-5号・BS-6号(図203)、逆に柏木B遺跡の第1号(図182他)や美沢1遺跡のJX-3号・JX-4号(図204)、美々4遺跡のX-2号(図203)、先のキウス4遺跡のX-10号(図210)など予定の墓域が数多くの土坑墓で満たされた例もあるが、多くは、集団墓として準備されたにもかかわらず土坑墓で満たされることなく途中で廃棄された結果を示す。

それにも関わらず中央土坑墓が存在する。結局は、中央土坑墓に葬られるべき被葬者が竪穴式集団墓の新築に大きな役割を果たしていたこと、関連してあの世の世界を共にすべき人々の場もその動静に左右されていた関係を物語るものであり、然るべき埋葬区に特約される埋葬原理の理解が当時の社会構造解明に欠かすことのできない要素であることがあらためて認識される。ここでは多くを言及することはできないが、いかなる理由で竪穴式集団墓は途中廃棄されたかを究めることが喫緊の課題であろう。

中央土坑墓の地位を端的に表現した例としては、竪穴式集団墓の末期とされる美々4遺跡BS-3号をあげることができよう(図203)。周囲を幅2.5～3.5mの溝状に20cmほど深く掘り下げて中央にマウンド状の高まりを残し、そのマウンドに中央土坑墓を配した大型の周溝式集団墓である。BS-3号は、そもそもの構造において中央土坑墓を他から隔絶するよう築かれた典型例であい。ここでは、中央土坑墓に加えて、溝内に10基、またその溝外の周縁に10基の土坑

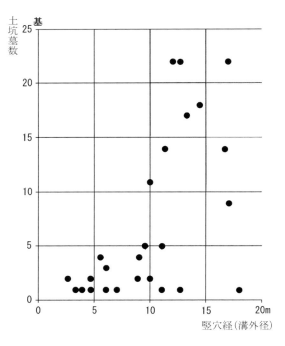

図212　中央土坑墓を有する竪穴式集団墓
(含む周溝式・単一墓)の規格と土坑墓数の
相関グラフ

墓が配置されている。中央、溝部、周縁部という構造部にあわせた区分原理までは推定可能であるが、柏木B遺跡例のような地上標識で東西に二分する埋葬区の存在までは解析できない。しかし、中央土坑墓の存在に加えて、2基を除く周溝内の土坑墓7基の両端外部に円礫や角柱礫の標識を立て置くための小さな付属ピットが設けられており、柏木B遺跡との類似も少なくない。また、中央土坑墓と周溝内のP-9号土坑墓に漆塗り弓、溝外のP-21号に石棒が副葬されており、土坑墓の大きな規格ともども土坑墓群内での上位の関係を示唆している。末広遺跡のⅡK-1号などでも、明確な溝部、外部周縁をめぐる土坑墓は認められていないが、中央部の低い高まりに土坑墓1基が配されている。

ところで、これまでに列記してきた中央土坑墓は、主に位置的属性をもって判定したものであるが、奢侈品、あるいは大量の品々の副葬など他を差異化するに相応しい様相を備えた例が目立って多いわけではない。土坑墓の規模でひときわ大きな例もみられるが、副葬品を伴う例は、美々4遺跡のBS-3号の他、同遺跡BS-5号のP-1号（石棒2本、図203）、X-3号のX-306号（石斧1点）、キウス4遺跡X-17号のGP-1701号（翡翠製玉2点、図206）、丸子山遺跡1号のP-1号（赤漆塗り弓・翡翠製玉）、そして柏木B遺跡第1号の1105号（石鏃、図182）、同2号の2007号（石棒2点、石斧2点、翡翠製玉4点、図182）の7例に過ぎない。

　また、中央土坑墓に限らず並存する土坑墓群に等しく副葬品を伴わない事例も少なくなく、伴う場合でも中央土坑墓ではなく、中央からはずれた土坑墓の例に多い傾向が見受けられる。藤原秀樹が、「他の墓壙との格差は認められない」とし、「中央墓壙の被葬者は、同一周堤墓を墓域とする複数世帯において、何らかの結束となる人物ではあったが、首長とするほど隔絶した存在ではなかったと推測できる」と説く（藤原2007）理由にもなっている。果たしてそうであろうか。

　被葬者が集団の統率者とすれば、生前の権威を示す特別な副葬品が遺体に添えられると考えるのが自然であろう。しかし、キウス4遺跡では、竪穴式集団墓成立当初、ごく限られた1～3人の埋葬のための特別な墓域として作られ始めたように、副葬品の有無にかかわらず、特別な墓域に、しかもその中央に位置する特別な土坑墓に葬られることそのものが、他者と区分けする大きな役割を果たしていたとみなすこともでき

よう。中央土坑墓を他から分ける典型例として美々4遺跡BS-3号を紹介したが、ここではその地位を象徴する稀少な漆塗り弓が出土している。リーダーの在り方も、権威的な出自と優れた統治能力を兼ね備えるが故にムラをひとりで治めるケース、集団の統率を役割とするリーダーと優れた予知的能力を発揮しつつ超宇宙的世界を説く呪術師の複数人が役割を分担し、時に協働しながらムラを治めるケースなども予想されるが、柏木B遺跡の場合、1号竪穴式集団墓が後者、2号竪穴式集団墓が前者と想定することもできよう。

　竪穴式集団墓の規模の大小にかかわらず、土坑墓が1基、あるいは少数に止まる例が多い事実を繰り返し指摘してきたが、途中での廃棄は、統率者や呪術者の死はもちろん、集団が居住地・埋葬地を他に移した、あるいは竪穴式集団墓を擁する集団が途絶えた、他に糾合されたなど変動する当時の社会情勢を反映したものとみられる。

　キウス4遺跡の編年に基づき竪穴墓域の拡大化傾向が理解されているが、構成員の規模の変動にあわせて進められる一方で、移動、統合など集団の行動パターンに適う複数施設の利用も考慮する必要があろう。例えば、先に示した美々4遺跡の「区画墓B」に似た土坑墓群や異なる竪穴式集団墓との共用、使い分けが行われていた可能性が高い。遺跡内に散在する土坑墓群や複数の竪穴式集団墓相互の関係性など今後の解明があらためて注目される。

　竪穴式集団墓が対をなす関係を柏木B遺跡において想定してきたが、美沢1遺跡や美々4遺跡などにおいても想定されている（図203）。美々4遺跡では、竪穴墓域を構築する際にもたらされる排土の被覆関係か

ら、X-4→X-1号、X-4→X-3号の新旧関係を基礎に、土坑墓の長軸方位の相違などを考慮しつつX-3号とX-1号、X-4号とX-2号とそれぞれ対をなすとみられている。複数の竪穴式集団墓が互いに補完し合う関係である。視点を変えると、伸展葬による土坑墓が主体をなすX-2・4号から屈葬による土坑墓が主体をなすX-1・3号へと変遷していた関係が理解できよう。

6 伸展葬から屈葬への変遷

　人骨が良好に保存されていた土坑墓は決して多くはない。これまでにもキウス4遺跡X-10号の土坑墓や中央土坑墓など幸運な例の一部を紹介してきたが、骨格一部、遺体層からの推定も含めると計80基ほどを数える。それによって、竪穴式集団墓（含む周溝墓）には、伸展葬と屈葬の両様式が含まれていることが判明している。

　土坑墓の規格、特に壙口の長軸上での長さをみると、伸展葬例を160cm以上、屈葬例をそれ以下とにおよそ区分けでき、遺体の保存されていない土坑墓についての傾向も読みとることが可能である。ただし、14基の土坑墓のうち6基が伸展葬、2基が屈葬とみなされたキウス4遺跡X-10号の例でも、遺体層から伸展葬とされるGP-1014の長径が130cnと小さく、未成人・小児などの埋葬と想定される例も含まれる。また、美々4遺跡のBS-1号では不明を除き9体中8体、BS-2号では4体中4体が伸展葬とみなされたが、それらの5体、3体が160cmを大きく下回る。集団構成の違いによる数値上の誤差もあり、先の基準をもって断定することはできない。ともあれ、伸展葬と判断された中に200cm以上を測る例が多数あり、竪穴式集団墓の特徴的な様相のひとつである。あるいは、美沢川流域、千歳川上流域の地域的様相の可能性も考慮される。

　そもそも伸展葬と屈葬という埋葬様式の相違は、被葬者の帰属、身分の差などを反映したものか、単に時間的変遷を示しているのか、注目すべき課題であるが、現状においては後者の見方、すなわち伸展葬から屈葬への変遷とみなすのが有力とされる。変遷の大筋としては大過ないものと思われるが、被葬者の出自に関係する可能性も秘められており、今後ますますの解明が期待される。

　先に、14基の土坑墓からなるキウス4遺跡X-10号（図210・211）の例をあげ、9基の土坑墓から人骨が検出され、7基で伸展葬、2基が屈葬と判明していることを紹介した。伸展葬の例には、4体（GP-1108）と2体（GP-1013）の合葬例が含まれているので、遺体数としては伸展葬11体、屈葬2体となる。覆土の被覆関係などから想定されている土坑墓の構築順（図211）の一部に、中央土坑墓とも言えるGP-1008（伸展葬）から始まって、GP-1012（屈葬）→GP-1010（屈葬）→GP1006→GP1009（伸展葬）へと続く変遷が示されているが、数少ない屈葬による埋葬が、Ⅰ～Ⅶ期に分けられたⅣ期に介在し、伸展葬から屈葬への単純な変遷でもなかったことが示されている。土坑墓の時期を特定できる遺物がほとんどみられない中、わずかにGP-1006号の覆土中より漆塗り櫛の一部が検出されており、伸展葬が堂林式土器の時期を経てなお存続した可能性も残されている。

　同じキウス4遺跡のX-12号（図205）では、GP-1201号が伸展葬、GP-1202号が屈葬、X-17号（図204）ではGP-1701号が伸展

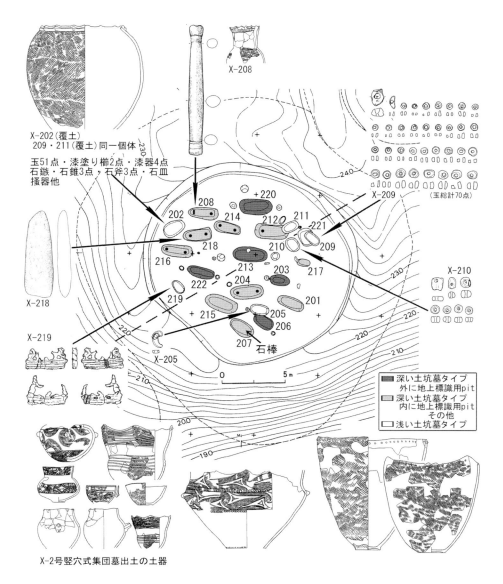

図213 美々4遺跡X-2号竪穴式集団墓の土坑墓群

葬、GP-1703号が屈葬（蹲葬）と両様式の並存が確認されている。屈葬の例は、小型であることや遺体層の状態から判断されているが、特にX-17号については、ベンガラの散布や翡翠製玉の副葬など他の土坑墓に共通し、同時期のものとみて間違いない。この他、美沢1遺跡では、JX-3号墓（図204）、JX-4号（図204）、KX-1号竪穴式集団墓でも両様式の並存が知られている。土坑墓の大きさから推定した例を含めると、両様式の並存例はかなりの数にのぼる。

伸展葬から屈葬への変遷を基本としながらも、その境界を截然と区分することはできない。互いに並存しながらやがて終末を

迎える。時に、両様式の違いは被葬者の年齢や身分、出自の違いを反映している可能性も高い。これがひとまずの結論であるが、キウス4遺跡X-10号と並んで貴重な例が美々4遺跡のX-2号で明らかになっている。これについては、竪穴式集団墓の地上標識、あるいは終末の問題とも関係しており、次に扱うこととしたい。

7　地上標識と竪穴式集団墓の終焉

　美々4遺跡においてもっとも土坑墓数の多いのがX-2号竪穴式集団墓である（図213）。竪穴の規模においては、キウス4遺跡のX-10号と同規模である。地形の傾斜に関係してか、北壁は高さ1.2mを測るが、斜面縁辺部にかかる南側は不明瞭である。自然崩落の可能性も考慮される。また、北側の床面がEn-a（恵庭a降下軽石層）中に作られているのに対し、南半の竪穴面は貼り床されていたという。

　竪穴内は22基の土坑墓で満たされている。平面形が長楕円形を呈し、底面はSpf-1（支笏軽石流堆積物）中に及ぶ深さ1mほどの一群（201・203・204・206・207・208・212・213・214・215・216・217・218・220・222号の15基）と、楕円形を呈し、En-aにとどまる浅い一群（202・205・209〜211・219・221号の7基）とに二分され、竪穴式集団墓に関係するのが前者で、掘り込み面が竪穴の覆土中にある後者は、竪穴式集団墓の廃棄後に設けられた一群とみなされている（北海道埋蔵文化財センター1984）。

　人骨は、痕跡を含めて20基の土坑墓で確認されており、その多くが深さ1m以上の深い土坑墓、前者のグループに属する。そのうち埋葬姿勢が判明しているのは14基で、13基が伸展葬、残り1基は屈葬である。215号土坑墓は3体（伸展葬）、207号・212号土坑墓が2体（伸展葬）の合葬例である。215号土坑墓の場合、2体が通常の西頭位で、1体が東頭位という珍しい例である。

　この他、中央土坑墓とも言うべきひときわ大きな213号土坑墓（長径270cm、短径120cm）や長さ1mもある大きな板状の角柱礫を覆土中に残した208号土坑墓なども伸展葬の例である。唯一屈葬とみなされたのは203号土坑墓である。わずか1例ではあるが、ここでも伸展葬と屈葬とが並存する。一方の浅い土坑墓のグループは、埋葬姿勢までは確認されていないが、最大の202号土坑墓で径も120cmであることから屈葬と推定されよう。

　副葬品（図213）では、前者のグループが207号で石棒2点、208号で石棒1点、218号で石斧2点と石棒・石斧に限られるのに対し、後者のグループは202号で玉51点、石錐3点、石斧3点、漆塗り櫛2点、漆器4点、石鏃・掻器・石皿各1点、205号で勾玉1点、鮫歯2点、209号で玉70点、210号で玉7点、環状漆器2点、板状漆器1点、219号で漆塗り櫛2点、221号で玉77点、掻器・石鏃各1点、環状漆器2点と種類・数量ともに豊富で、傾向を異にしている。後者に伴う玉類の大半が蛇紋岩製で、翡翠製は含まれていない。しかも漆塗り櫛・環状漆器など漆製品を伴うことからも、後者が前者より時期が下ることは追認できよう。

　本竪穴式集団墓において中央に位置するのが、X-213号土坑墓で、前者の深い土坑墓群の一員である。墓壙上面での長径

270cm、幅120cm、深さ160cmを測る。やや左肩を下にした側臥傾向の伸展葬、遺体の周囲にほぼ方形の黒い輪郭が残存していたとあり、棺など特別な埋納も考慮される。構築過程が解明されておらず、また副葬品もみられず断定には至らないが、ひときわ大きな土坑墓、周囲の土坑墓の配置などを考慮すると本竪穴構築の契機をもたらした土坑墓、すなわち最初に設けられた土坑墓と推定される。仮に他の土坑墓に後続するとしても、中央土坑墓としての地位は動かし難い。比較的広い空間に大きな土坑墓とその外部両端に設けられた深さ80cmほどもある付属ピットは、柏木B遺跡の標識をも凌ぐ典型的なA様式の土坑墓であり、副葬品がなくともその存在感は際立っている。

中央土坑墓と同じA様式の標識を有する土坑墓は、203・206・220・222号が相当し、中央土坑墓からやや離れて取り囲むように散在する。

注目すべき様相は、同じ前者のグループに属しながらも地上標識の異なる小集団が存在することである。すなわち、土坑墓の長軸上の外部両端に石柱を立てたと見られる付属ピットを伴うA様式の土坑墓群に対し、土坑墓内部の両端、稀に一端に木柱を立てたとみられる柱穴痕を残す土坑墓群である。前者を、柏木B遺跡例に倣いA様式と呼んだが、後者を新たにW様式と名付ける。両者は、互いに混在しながら竪穴内に広く分布する。W様式は、204・208・212・214・216号土坑墓が該当し、あたかもA様式の空き領域を縫うかのように位置する。

図213に示すとおり、中央土坑墓の213号を基点として便宜的に竪穴内を二分した場合、A様式が北と南に2基ずつ、W様式が北に5基、南に1基（他に、標柱未確認例4基）という配置になり、およそ北と南に対称的な分布を示す。結果として、柏木B遺跡での地上標識の分布とは異なるが、埋葬区を交互に行き交う秩序、すなわちキウス4遺跡X-10号において佐藤がみたような構築過程を想定することも可能であろう。

なお、208号土坑墓では、土坑墓内の東端に木柱痕が確認され、一方の西端近くに立てたとみられる長さ1mの板状礫が土坑墓内から発見されている。地上標識の違いを重視するならば、本例はA・W両様式の折衷様式、あるいは融合様式とでも言うべき例であろう。

要するに、X-2号竪穴式集団墓と直接関係するとみなされている深い土坑墓の一群も、柏木B遺跡同様に異なる地上標識を備えた土坑墓からなることが知られる。また、単に異なる様式のものが並存するだけではなく、時に融合した新たな様式をも生み出し、仲間に組み込む仕組みが理解される。時代的な差として見られがちな地上標識の違いも、その内実は身分や出自の違いを象徴するもので、本来的機能の理解こそが重要であることを示唆している。

キウス4遺跡X-10号竪穴式集団墓と同様、柏木B遺跡とは異なる地上標識に関係したここでの埋葬原理は、変化しつつある時代の社会の多様な様相を反映したものとして注目される。もちろん、標識の差が時代的変遷を映し出す事実も否定できない。図205・206・210・211・213・214には、地上標識に関わる情報を適宜加筆しているが、藤原のキウス4遺跡の竪穴式集団墓の変遷案に従うと、Ⅰ群b類の段階で土坑墓内の端部に木柱を立てるタイプが初現す

る。X-15号のGP-1501とGP-1503でその痕跡が検出されている（図205）。

　次のⅡ群も、木柱痕のみられない竪穴式集団墓もあるが、X-17号（GP-1701）で同じような木柱痕が確認されている（図206）。続くⅢ群に至り、木柱による地上標識が広く普及するらしく、キウス4遺跡X-10号例では大多数の土坑墓に存在が知られている（図210・211）。しかし、次のⅣ群の段階になると、一転して地上標識の様式が変化し、土坑墓の外部両端に立石用の小さなピットをもつ土坑墓、あるいは角柱礫・円礫を伴う土坑墓が急増する。

　こうした変遷史に基づくと、美々4遺跡のX-2号は、Ⅲ群とⅣ群にまたがる位置に比定されることになる。柏木B遺跡の竪穴式集団墓は、美々4遺跡のX-2号の石柱をもつグループと同じステージに位置するとみられるが、複雑な集団関係をどのように解析するか、なお課題は残されている。

　ちなみに、浅い土坑墓のグループの一部を除き、土坑墓は重複していない。その重複しない関係こそが、標識の種別に関わりなく何らかの標識や規制が長期間にわたって機能していた結果を裏付けている。201号や215号、そして石棒が副葬されていた207号のように地上標識の痕跡が残されていない例も、正確にはその痕跡を確認できないだけのことであり、何らかの地上標識が存在していたとみなすのが妥当であろう。竪穴式集団墓の成立過程に関わって重要な美々4遺跡の124基の土坑墓が6群に分かれて集中分布する「区画墓B」を先に紹介したが、土坑墓同志が切り合う関係は10基にも満たない（図207）。早くから、何らかの地上標識が存在していたことを推察する理由である。

　地上標識に関わってさらに注目すべき例が、X-2号の中心から北西方35mほどの距離に中心をもつX-3号竪穴式集団墓である（図214）。長径11.3m、短径9.5m、竪穴構築時の地表からの深さおよそ65cm、やや細長の円形プランを呈する竪穴に14基の土坑墓が検出されている。幅4〜5mに広がる周堤の厚さは、最大で25cmに過ぎない。

　X-2号と同様に、土坑墓の確認状況、土坑墓の形態、副葬品などから大きく北半部に位置する301〜307号土坑墓群と、南半部に位置する308〜314号土坑墓群とに区分されている。前者は、土坑墓の構築が竪穴床面から行われていたのに対し、後者はおよそ覆土が堆積しつつある時期に行われていたとされ、竪穴式集団墓に関係するものは前者とされた。

　竪穴覆土から出土した土器の中に、波状口縁・切出し状口唇下をめぐる突瘤文と磨消縄文、刺突文を組み合わせた深鉢形土器、口唇下に付された貼瘤文とハの字状短刻列の充填された帯状文を口頸部・胴部にめぐらせた長頸壺が含まれ（図214）、やはり突瘤文のある鉢形土器片が306号土坑墓の覆土中から出土しており、北半部の土坑墓群はおよそ同じ時期の所産とみられる。キウス4遺跡盛土遺構の上層や柏木B遺跡竪穴式集団墓出土の堂林式土器に対比可能であろう。

　一方の南群については、310号の壙口付近から出土した多量の土器に示されるように、注口形土器を含む器形の特徴、口縁部の貼瘤文と胴上部にみられる三叉文など文様的特徴から御殿山（Ⅰ）式土器の時期に対比されるもので、前者より後出することは間違いない。

　副葬品では、北半部に位置する土坑墓

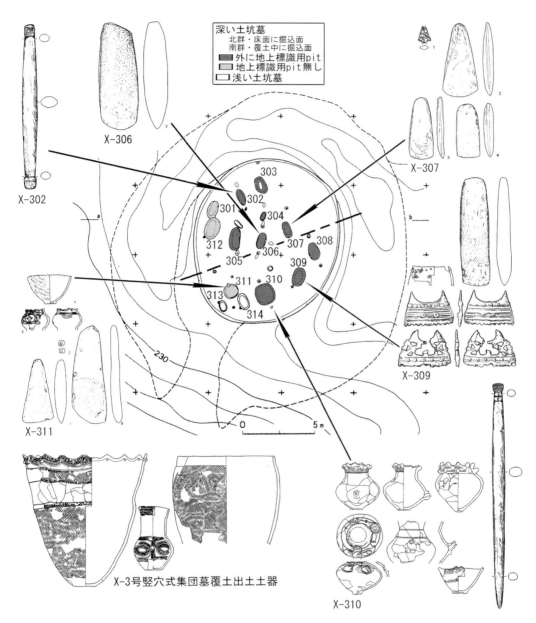

図214　美々4遺跡X-3号竪穴式集団墓の土坑墓群と地上標識

群のうち302号で石棒1点、306号で石斧1点、307号で石鏃1点・石斧3点、南半部に位置する土坑墓群のうち309号で漆塗り櫛2点、310号で石棒・漆器1点、311号で石斧2点・玉1点・環状の漆器がみられる。南のグループのみ漆塗り櫛や環帯状漆器など漆製品が伴う事実は、北のグループより新しいとみなす編年的見通しにも符合する。問題は、まったく無関係な二つのグループによるたまたまの利用に過ぎないのか、である。

　柏木B遺跡での体験からすると、竪穴面が必ずしも水平に保たれているとは限らない。しかも竪穴式集団墓の性格からして同一グループの土坑墓群が同一面で一斉に作られたとは考え難い。それぞれ若干の時間差を持ちながら作られたことを示す土壌の汚染が竪穴内を複雑に覆うのが通常であろう。ここでは、墓壙の掘り込み面をもって二つのグループに区分されているが、多少の時間的不連続を含みながらも、長期に及ぶ竪穴式集団墓の使用こそがむしろ実態に近いと思われる。

　土坑墓の重複、あるいは標識や遺物での明瞭な違いがない限り、堆積土の状況のみでの時期区分は難しい。地上標識に注目すると、中央土坑墓の306号を始めとした北のグループは立石用の小さなピットを土坑墓の外部両端に付属する。木柱タイプではないが、柏木B遺跡の第1号竪穴式集団墓と同様、埋葬区でのひとつの様相を残している。時に付属ピットが1端のみの例、ピットに代わって大きな礫が残される例が含まれるのも同様である。

　一方、竪穴式集団墓と関係ないとされている南の土坑墓群をみると、309・310・311号ともに同様の小ピットを備えるA様式の一群である。土坑墓の規模、深さともに北群と大きな差異はなく、他の浅い傾向と明らかに異なる。総じて深い。310号のやや幅広の楕円形プランも2体合葬に由来するものであろう。

　要するに、ふたつの土坑墓群のあいだには土器型式の違いから想定される時間的隔たりが予想されているが、竪穴式集団墓を構築した集団が、一度使用を休止して、他の地に居住地を移し、その後再びこの地に戻り竪穴式集団墓を利用し始めたことが想定できるのである。当然ながら、地上標識に象徴される埋葬儀礼を保持し続けた集団と言えよう。

　地上標識の類似のみをもって系統関係を安易に論ずるには多少の無理もあるが、竪穴内に設けられた土坑墓の上部構造がその後の埋土によって覆いつくされる前、旧状を比較的良く残す時期の帰還であったことはほぼ間違いない。しかも、ある程度の休止期間を置きながらも地上標識にかかわる埋葬原理を守り続けたことが知られる。また、このような再利用の例は、美々4遺跡のX-2号やX-3号の例に止まらない。まったく異なる集団が、墓域の空スペースをたまたま利用したという推定こそが現実的ではない。

終章
変動しつつある社会をまとめる
石棒の持ち主と
女性シャーマンの登場

環状列石から竪穴式集団墓へ

　縄文時代後期前葉の鷲ノ木遺跡（図197-3）において、祭祀を執り行う場としての大量の礫を環状に配した環状列石と死者を葬る場としての埋葬施設、「竪穴墓域」が隣接して発見された。これまでのところ、両者が組み合わさって発見された北海道で唯一の例である。配石下に土坑墓は発見されておらず、環状列石と「竪穴墓域」の両者が空間的配置を異にする葬祭分離タイプの施設群と言えよう。もちろん、両者を接近させることで一体的に社会的機能を果たそうという、そもそもの意図はうかがえる。同じような環状列石は、忍路環状列石（図195）など北海道の東西に分布しており、埋葬施設の実態がなお不明ながら、鷲の木遺跡と同じ葬祭分離タイプが広く波及していたとみられる。

　同じ縄文時代後期前葉の東北地方では、秋田県の大湯環状列石（図198）に代表される葬祭一致の統合タイプと青森県の小牧野環状列石（図199）に代表される葬祭分離の独立タイプとが並存する。環状列石の全体形状や配石法などから「大湯型」、「小牧野型」と区別されることもある（富樫1995）が、機能上の相違を含むものかどうかが注目される。近年、小牧野遺跡での新たな調査で、環状列石に隣接し、特に東部地域の周辺に土坑墓群の広がりが明らかにされている（青森市教育委員会2006、青森県2013）が、構造上、両者が重複、一体化することはなく、葬祭分離タイプという理解に大きな変更はなさそうである。鷲ノ木遺跡の施設は、小牧野型などと同様、それぞれの主体域を分け合う広義での葬祭分離タイプの系統を引き継ぐものとみなされよう。

　北海道では、その後の後期後葉に至ると、中央に広い空間を有する典型的な環状列石がすっかり影を潜める。変わって、葬儀の場に祭祀の場としての社会的機能を取り込んだとも言えそうな葬祭一体型の施設、竪穴式集団墓が独自の発展を遂げる。環状列石、竪穴式集団墓ともにおよそ北海道に広く認められるものの、環状列石がやや分散的であるのに対し、竪穴式集団墓が道央部に集中する傾向はやや異なる。石狩低地帯に67基の竪穴式集団墓が密集し、その地域性を代表する大規模なキウス周堤墓群のような例も現れる。

　竪穴式集団墓の構築は、大量の礫の運搬などそれまでの祭祀場の構築に費やされていた労力を葬儀場、すなわち竪穴式集団墓の築造と葬儀の執行に振り向けた結果とも表現できそうであるが、そのような習俗にかかわる大きな転換がどのようにしてなされたのか、充分に解説できる状況にはない。しかし、担い手の入れ替わりなどという劇的な転換ではなかろう。暫時進行した土器型式の変遷、文化圏の変動が、その関係をよく表している。すなわち、堀之内・加曾利B式など本州系の土器の影響が広く北海道を覆う後期前葉～中葉を経て、形勢は次第に流動化し、やがて後葉に至り在地の突瘤文土器と磨消縄文・帯状文・短刻列・貼り瘤などを特徴とする本州系の土器との型式的融合が果たされる。むしろ、在地系の突瘤文土器は、東北地方にまで範囲を広げている。竪穴式集団墓が東北地方にまで及んだ形跡はないが、石狩低地帯に集結した人々の生活圏の中で築き上げられた葬送儀礼の世界は、はるか道東の端にまで及ぶこととなる。

　ちなみに、拠点的集落とも言うべきキウ

ス4遺跡や柏木B遺跡では、「盛土遺構」に囲まれた空間、通称・中央広場などに多数の柱穴と焼土が検出されている。ここでは木柱のまわりに焚火が燃やされ、集落の組織あげての祭祀が執り行われていたとみられる。一方、土器や石器などを用いて執り行われたとみられる竪穴式集団墓の祭祀は、肉体の残る竪穴式集団墓に目に見えない祖霊を迎え入れるための親族らによる祈りであったであろうことは想像に難くない。

竪穴式集団墓の構造と規格

　縄文時代後期後葉の時代を象徴する竪穴式集団墓、かつて環状土籬と呼ばれ、今日では周堤墓とも呼ばれるこの集団墓が広く注目される理由は、その計画性と巨大さにあろう。なかでも、墓制史に異彩を放つのがそのユニークな計画性である。大きな円形の竪穴を掘り、その床面に、地下深く掘られた多数の土坑墓が整然と並ぶ。柏木B遺跡の調査を機に、多くの類例が蓄積され、若干の変種を含みながらも、地上標識ごとに葬られた秩序の一端を読み解くことが可能となっている。

　初期の段階では土坑墓数が少なく、竪穴式集団墓に内在する秩序や規制を正確に理解することは難しいが、幸い、竪穴規模が大きく、しかも多くの土坑墓で満たされる例が増加する頃、すなわち仮称・キウス(下層)式土器、阿部編年でいう堂林式土器古段階、キウス4遺跡での分類によると竪穴式集団墓第Ⅲ群の時期以降、その一端を読み取ることが可能となる。特にキウス4遺跡X-10号や柏木B遺跡第1号・第2号の例などから、竪穴内に大きくは二つに区分される埋葬区とそれに連なる複数の集団の存在、さらに竪穴式集団墓2基1対を基礎とする連合組織、すなわち4集団が単位となるひとつの小さな「ムラ」を形作っていたらしいことが想定された。また、さらなる構成員の増加が、複数の連合組織を生み出し、より大きな「ムラ」を編成していたことも予測されている。

　その中に適宜、石棒や漆塗り弓などを保有する統率者や呪術者とみられる有力者が存在し、組織をまとめる中核的役割を担っていたものと理解された。もちろん、一律に解釈できない例も少なくなく、多くは今後の解明に待たなければならないが、研究での関心事は、竪穴式集団墓を生み出した集団の構成や縄文時代後期後葉の社会構造の問題へと広がっている。現状で言えることは、それらが一挙に拡大したものでないことである。

　巨大さを象徴する典型例は、キウス周堤墓群(図201)のひとつの第2号であるが、円形プランの周堤内径(竪穴径?)32m、周堤外径(排土の広がり)75m、現地表面での竪穴内と周堤上の比高5.4mを測り、最大の規模を誇る。大谷敏三は、竪穴の床面は当時の地表下2m、その掘削土で積み上げられた竪穴の外側をめぐる周堤の推定土量は2,780〜3,380㎥にもなり、竪穴の築造が25人がかりの123日を要する大土木事業であったと解析する(大谷2010)。少しばかりの疑問を記せば、竪穴床面は真に身の丈以上もある地下深くに設けられていたのであろうか。

　仮に事実とすると、死者の遺族・親族・仲間たちが遺体をそのような深い竪穴床面にどのようにして運び下ろしたのか、あるいはそのために階段でも築かれていたので

あろうか。これまでのところ、そのような構造をうかがわせる痕跡も確認されていない。構造をめぐってなお多くの謎が頭を過ぎる。

また、大土木工事で築かれた竪穴式集団墓の巨大さなどを通して、「キウスムラがもっとも繁栄した時代」、「安定した社会」、「竪穴（住居）も幾重にも建て替えられ」て「安定的な発展」を遂げていたという理解が示されている（大谷2010）が、単に「安定的な発展」、「竪穴式集団墓のストレートな大型化」とは異なる複雑な展開も予想されることを先の章に記した。

キウス4遺跡では、密集する竪穴式集団墓とともに、中央広場を囲むように長さ150m超、最大幅40mほどの帯状の2列の盛土遺構や住居址とみられる建物址124軒、高床式掘立柱建物跡21軒を含む100軒ほどの建物跡、焼土群、貯蔵用フラスコ状ピットを含む土坑、水場遺構など拠点的集落と呼ぶにも相応しい各種の関連施設が明らかにされている（図202）。この限りでは、「安定的な発展」の評価もあながち的外れとは言えない。

注目すべきは、竪穴式集団墓22基（一部推定）のうちこれまでにおよそ8基が調査されているが、竪穴内の墓域が土坑墓でおよそ満たされた例はX-10号（図210）のみで、いくらかそれに近い小型のX-15号（図205）を含めてもわずか2基に過ぎない点である。中央土坑墓1基のみが作られていたX-11号（図206）を始め、広く空域を残したままに途中で廃棄された不自然な例が多数を占めている。ちなみに、調査された8基の竪穴式集団墓の総床面積（およそ540㎡）、及び被葬者の総数（少なくとも35人）を基礎に、同様の充足率、占有率と仮定し、未調査の竪穴式集団墓も含めた全体の被葬者数を推計すると、22基の推定床面積およそ2,560㎡の墓域に総勢165人が埋葬されていたという数字が導き出される。もちろん大雑把な推算で、議論の方向を決定づけるまでには至らぬが、土器型式で3型式の変遷を含むとされる竪穴式集団墓の存続期間中に葬られた人数としてはいかにも少なく、想定されている住居址の数とも符合しない。

さらに問題は、竪穴式集団墓に多くの空域を残すという様相が単にキウス4遺跡に限られたことではないという事情である。図212に示したように、大型、中型、小型に関わらず、土坑墓4基以下の例が半数以上を占め、丸子山遺跡1号など中央土坑墓1基のみの例も数多くみられる。

集団の規模、あるいは埋葬予定者の収容数を想定しつつ多くの人力を投入して築きあげられたはずの計画的な竪穴式集団墓の利用が途中で中断、廃棄されるケースが目立って多いという実情こそが、社会の変動が大きかったことを図らずも物語っている。集団間の離合集散を予想する理由のひとつであり、サケ漁を主とした河川漁撈を営む「定着社会」という理解のみで測れることのできない人々の大きな動きや生業での多様な様相もあらためて考慮する必要があろう。時代も遺構の種類もやや異なるが、谷口康浩（2004）が、本州の縄文時代前期、中期に出現する環状集落の歴史について触れる中で、「発達と解消を繰り返す点滅的な過程」がみられることを指摘するように、竪穴式集団墓の発展過程の中にもまさに似たような「発達と解消を繰り返す点滅的な過程」が含まれているものと理解される。

集団の統率者・呪術者たち

　鷲ノ木遺跡の「竪穴墓域」を除くと、美々4遺跡の「区画墓B」を基礎に、やがて次の時代、すなわちおよそエリモB式土器の時期に「竪穴式集団墓」が成立するとみられている。キウス4遺跡の竪穴式集団墓1群であるが、その規格は小型で、以後の大型化の始まりとされる。しかし、この時期の竪穴式集団墓に埋葬された人物はいずれも1～3人である。直前の「区画墓B」の6群、124基の土坑墓群から発展したという考えに従うと、直前の集団構成に比較して1～3人はあまりにも少ない。気候の寒冷化を控えて、集団が分散し、規模を急激に縮小させた可能性も皆無とは言えないが、それを支持する状況証拠も見当たらない。むしろ、竪穴式集団墓を構築するためのそれ相応の労力が費やされている実情を考慮すると、結局は、多数の構成員の中から選ばれた一部の人々のみが埋葬されたとみなすのが適切であろう。とすると、その他の構成員は、例えばより大きな竪穴式集団墓、あるいは遺跡内の他の場所、その他遺跡から離れた新たな移住地などで埋葬されたということになるが、いずれも予想可能である。

　その見通しを裏付ける確かな事例が、キウス4遺跡で報告されている（藤原2003）。これまでのところ、竪穴式集団墓との具体的かかわりまでは把握されていないが、ほぼ同じ時期とされるおよそ50基の「墓壙群」が、竪穴式集団墓群や大きく「ハ」の字状に広がる盛土遺構の周囲で検出されている。途中での廃棄率の高い以後の2～4群の時期も合わせて、竪穴式集団墓での埋葬とは別に、周囲の「墓壙群」などに埋葬される人物がいたことを示す貴重な例である。さらに遺跡を越えての大きな広がり、住み分けなども推定可能である。

　同じ「ムラ」の中に、竪穴式集団墓に埋葬される人々とそうでない人々がいたことは、ほぼ動かし難い。さらに、同じ竪穴式集団墓に埋葬される人々の間でも、同じ埋葬区に埋葬される人々とそうでない人々がいる。土坑墓のすべてに何らかの標識（墓標）が設けられていたと思われるが、墓標の種類（木製・石製、あるいは柱状礫、円礫など）や形状（角柱礫、積石・配石など）の違いによって死後の取り扱いが区分け、差異化されていた様相の一端が理解されている。また、副葬品の種類や量のみをもって即断できぬことはしばしば触れてきたが、およそ中央に位置する人々が顕在化し、希少財、奢侈品とみなされる特殊な用具・装身具・呪具などを所有する、あるいは埋葬区の要衝の地を占める例が顕著に表れてくる。

　竪穴式集団墓の築造そのものが、人々を分ける社会的営為で、性別や年齢などの自然な区分以外の社会が作りだした階層差の一端を反映したものとみなしうる。もちろん、それらの区分原理、あるいは境界がそれほど明瞭でないものも含まれていることを考慮すると、その階層化も緩やかに進行したものと推測される。

　ところで、キウス4遺跡の初期の竪穴式集団墓1群について、埋葬された1～3人が選ばれた一部の人物であるとまでは言えるものの、X-15号を除き副葬品がまったく出土しておらず、その確かな地位を究めることはできない。X-15号も、腰付近にわずか漆膜片が検出されたのみである。以後の竪穴式集団墓2～5群についても、総じ

て副葬品の伴出例が少なく、キウス4遺跡の一般的な特徴とみなすこともできる。例えば、本州から持ち込まれたとみられる翡翠製玉類でみると、調査された竪穴式集団墓8基から検出された土坑墓は31基で、うち翡翠製玉類が副葬されていたのはわずか2基の土坑墓で、計8点を数えるのみである。

　13基中、7基の配石墓から合わせて57点の翡翠製玉が出土した深川市音江の環状列石の例や、129基中、29基の土坑墓群から合わせて97点が出土した美々4遺跡の「区画墓B」の例が示すように、奢侈品、希少財とでも言うべき翡翠製玉類の副葬はこれらの時代から続く慣習である。しかし、竪穴式集団墓が数多く集中する遺跡としては、件数・数量ともに著しく少ない。それを欠く理由としては、竪穴式集団墓の「成立期」、一時的にも翡翠製玉類の入手が制限されたか途絶えた、あるいは翡翠製玉類の取り扱いに関わる習慣に変化が起きたなどが考えられるが、本州との交流を物語るイノシシの飼育や祭祀への活用が注意されているキウス4遺跡（高橋・太子2001、高橋・山崎・太子2003他）で、本州からの翡翠製玉類のみ搬入されなくなったとは考えにくく、より前者のケースが該当するものと推察される。例えば、東北アジアのニヴフやウィルタなどの民族例に、母親の装身具などが娘に引き継がれるという慣習も知られている（岸上2002）。時に、墓に納められた副葬品の相違が集団間での社会的地位を直ちに示さない場合もあることを示す、参考例であろう。

　一方、編年的に新しく位置づけられる土坑墓に副葬品の種類・数量ともに増加する傾向が認められ、総じて、時代とともに厚葬化している。また、竪穴内の土坑墓の多寡にかかわらず、中央に配置される土坑墓が増加する。

　千歳市の丸子山遺跡のように、わずかに中央の1基の土坑墓が構築された後、広い空域を残したまま竪穴式集団墓の利用をやめた例が多くの遺跡で知られている。統率者や呪術者の死にともなう新たなリーダーの交替が想定されるし、統率者や呪術者の死に終わらず、それまでの集団が他の集団に糾合されるなど、途中廃棄の背後に潜む社会的変動も想定可能である。

　末広遺跡のⅡK-2号の例のように、竪穴内には10基の土坑墓がおおよそ円環状に配置されながらも、肝心の中央土坑墓を欠き、中央に広い空域が残されたままの例もみられる。時に中央土坑墓の埋葬予定者の死と関わりなくその縁者たちの死をもって竪穴の構築、利用が続く場合もあったことを示す例であろう。この場合でも、中央土坑墓に葬られるべき人物が存在しての竪穴構築という基本原理は貫かれている。中央土坑墓に葬られる被葬者の役割の大きさ、特別な地位は動かし難い。

　類例が多いとは言えないが、中央土坑墓の中に、特別な地位を窺い知ることのできる漆塗り弓や石棒を有した例が含まれる。

　柏木B遺跡の例でみてきたように、竪穴式集団墓内で被葬者が増加する一方で、石棒を伴う土坑墓が現れる。石棒を伴う数少ない土坑墓が大型で、竪穴中央に位置する例があるなど副葬品としての石棒が特別な役割を果たしていたことが理解される。石棒を有する被葬者は、一般に男性とみられており、加えて生前、集団での中心的役割を担う人物、おそらくは呪術者、時に集団の統率者をも兼ねることのあった人物と想

定してきたが、親族を基礎とした小規模な連合組織がより確かな階層社会へと向かう発展途上の社会、あるいは離合集散を繰り返す変動の大きな社会でのまとめ役として威力・呪力を発揮する人物であったに違いない。いずれにせよ、一部欠損品の例外を除き、石棒の完成品が副葬される特別な取り扱いに象徴されるごとく、個人所有物として呪具を使いこなす有力者、おそらくはシャーマンが、その存在感を強めていたことは間違いなかろう。

竪穴式集団墓の変容と終焉

次いで、竪穴式集団墓の終末の様相に焦点をあてると、美々4遺跡で、竪穴式の伝統が変容し、周溝式の集団墓が出現して、独自の展開をすることが示されている（北海道埋蔵文化財センター1981）。すでに紹介したとおり、互いに接した周溝式の集団墓BS-3号が竪穴式の集団墓BS-1号の裾部を切って作られ、しかも同じ周溝式の構造を持ちながらも小型の単一墓X-7号が竪穴式集団墓のX-2号の周堤を切って作られていることが調べられており、その切り合い関係からBS-1号・X-2号→BS-3号→X-7号へと変遷すると結論されている。厳密には、周溝式集団墓が古く、周溝式単一墓が新しいとする先後関係までは確定されていないが、長期にわたって続いた竪穴式集団墓から周溝構造によって同じ墓域内を中央土坑墓とその他を二分する周溝式集団墓が成立し、さらに他の被葬者の埋葬地を違えて中央土坑墓のみを独立させた小型の周溝式単一墓が作られるようになった、とみなすのが適切と言えよう。これまでのところ美々4遺跡に限られるが、BS-4号周溝式単一墓（外径4.62m）、BS-5号周溝式単一墓（外径3.26m）、BS-6号周溝式単一墓（外径2.63m）、X-7号周溝式単一墓（外径3.82m）が相当する。それぞれ周溝をもって隔てられた唯一の土坑墓、P-1号を中央に配する周溝墓であるが、BS-5号周溝式単一墓のP-1号土坑墓からは石棒2本（図194-4・5）と漆器が出土しており、周溝式単一墓の被葬者の地位を象徴する例と言えよう。

当然ながら、この被葬者以外の成員は、他に設けられていたであろう土坑墓群に埋葬されていたと想定できるが、これまでのところ実態はなお不明である。出土土器からは、堂林式土器の直後に編年づけられる「三ツ谷Ⅰ類土器」、広義には「三ツ谷式土器併行期」に相当する時期とみられる。

同じ頃、柏木B遺跡においても新たな展開が理解されている。すなわち、第Ⅱ地点においてのことであるが、竪穴式集団墓の伝統を引き継ぎながらも集団の大きな改組によって引き起こされたとみられる新たな埋葬様式、環状群集墓が構築される。

第Ⅱ地点の環状群集墓（図153）についてはⅢ章で詳しく紹介したが、その中核をなすのが小型で円形の径およそ4mの竪穴に土坑墓（436号）1基を収めた竪穴式単一墓である。竪穴はもちろん、竪穴内部の土坑墓の周囲に立ち並ぶ大型の板状・柱状節理の角礫・円礫による地上標識、また土坑墓の壙口に積み重ねられた大小多数の礫群に構造上の特徴がある。美々4遺跡の周溝式単一墓と同様、竪穴の構造や地上標識における石材の利用法など竪穴式集団墓の伝統を受け継ぐ埋葬施設である。ただし、美々4遺跡の場合は集団墓が密集する同じ領域に位置するが、柏木B遺跡では、竪穴式集団墓の区域から一定の距離をもって隔てら

れ、同時期の小型の土坑墓多数とともに群集墓をなす。それらの全体構造は、祭祀をも執り行う中央広場を取り囲むように連なる環帯状を呈することから、環状群集墓と称した。この436号土坑墓が配された竪穴式単一墓は台地の南部、東南隅から北西部に向かって列状に並ぶ18基の土坑墓群（図154）の東南端付近に位置する。

436号土坑墓は、長径138×短径125×竪穴床面からの深さ78cm、他の土坑墓に比べひと際大きくて深い。厚いベンガラ層に覆われた遺体層に歯などの痕跡が残され、2体の合葬であることが確認されている。有茎石鏃、櫛、そして弓とみられる2点の漆器片が出土しており、漆塗り弓？を有するひとりが男性、漆塗り櫛？を有する残りのひとりが女性と推定される。埋葬施設の特異な構造、そして希少財とも言うべき漆塗り弓の副葬などからここでの被葬者が集団をまとめる有力者である可能性は高い。

その竪穴式単一墓を挟んで広がる他の土坑墓は、壙口に大きな円礫や板状礫、角柱礫を配したいわゆる配石墓、積石墓の構造をとる例が多く、美々4遺跡X-2号、X-3号で考察したように、竪穴式集団墓の伝統を引き継ぐ埋葬様式とみなせよう。とりわけ、地上標識における連続性は否定できない。要するに、竪穴構造から解き放たれ、それぞれが独立した土坑墓に埋葬される関係へと変遷するのであるが、墓制に示される構造改革にも似た新たな展開も、集団の劇的な交替を伴ってのことではなかったものと理解される。

ここで注目すべきは、比較的保存状態の良好な南の「列状群集墓」を例にすると、竪穴式集団墓の土坑墓群に比べて、副葬品の種類・数量ともに増加している点である。石棒を好例として柏木B遺跡の竪穴式集団墓での副葬品についても指摘できる傾向ではあったが、その傾向はよりいっそう顕著となる。とりわけ、漆塗り櫛をはじめとした漆器の種類・数量に著しい。一方で、材質が翡翠製から急速に蛇紋岩製や橄欖岩製などに置き換わるが、玉類についても該当する。その画期は、堂林式土器の終末とそれ以後の境界に求められよう。ここでの18基のうち、副葬品を有しない土坑墓はわずか4基で、いずれもが何らかの副葬品を伴い、副葬品の出現率はこれまでになく高い。しかも、半数の9基から櫛、耳飾り、飾玉、弓、漆器片など漆器類が出土し、特に4基の土坑墓から櫛が7点出土している。柏木B遺跡の竪穴式集団墓においてはいっさい出土することのなかった櫛であるが、次期の副葬品を特色づけている。関連して、翡翠製こそ含まれていないが、7基から玉類がまとまって出土している。櫛などの漆器類や玉類などの装身具から推して、18基のうち少なくとも10基の土坑墓に女性が埋葬されていた可能性が高い。一定の墓域の中で女性が一群をなすこと自体、これまでには見られなかった様相である。その増加する副葬品の内訳をみると、多くが女性の装身具類で占められており、多副葬品の傾向が強まるのも、集団の中で女性の果たす役割が高まりつつあったことを示すものと言えよう。しかも、極めて高度な技術を要する漆工技術の獲得と身体装飾への利用の高まりは、組織再編を背景とした呪術、あるいは祖先崇拝など信仰の世界と少なからず結びついて進行したものと推察される。

なお、竪穴式集団墓から出土した極めて珍しい例として、美々4遺跡X-2号、X-3号

の漆塗り櫛を先に紹介したが、いずれも新規に作られた土坑墓からの出土で、時期的には柏木B遺跡第Ⅱ地点の環状群集墓と同じ時期にあたる。

竪穴式単一墓の436号土坑墓に埋葬された2人の被葬者のうちの主役は、漆塗り弓を所有する男性と推定したが、手厚いベンガラや副葬品などにみられる葬送の様子から女性が主役とみなす可能性も残されている。景観的な様相からのやや主観的な判断ではあるが、ここでは、女性の墓が集中する区域での特別な才能を発揮できる有力者、女性のシャーマンの存在を推定しておきたい。

石棒に象徴される男性中心の社会の中に女性シャーマンが登場し、大きく変わりつつある社会をいっそう予感させる事例が、柏木B遺跡から3kmほど離れたカリンバ遺跡で明らかにされている。ほぼ同じ時代、鮮やかな紅色、ピンク色、橙色、黒色に彩られた頭飾り、櫛、耳飾り、胸飾り、腕飾り、腰飾り、そして連珠の首飾りに包まれた女性シャーマンの登場である。

カリンバ遺跡の合葬墓に眠る女性シャーマン

柏木B遺跡や美々4遺跡、キウス4遺跡などの竪穴式集団墓の分析から、縄文時代後期後葉に緩やかながら階層化社会への歩みがあったこと、男性シャーマンの登場とその役割が大きくなっていったことを想定しつつ、一方で繰り返される集団の離合集散の中で男性シャーマンの役割が流動化する様相もあわせ考察した。あらかじめ定められた中央土坑墓や副葬品などの分析を通して導かれた結論である。

さらに時代が進み、階層化が端的に表れるのがカリンバ遺跡の合葬墓であろう。当時でも高価な装身具であったと思われる漆製品には希少財としてのいっそうの価値も与えられていた。その櫛や腕輪をつけて埋葬された人と、そうではない人々がいた。柏木B遺跡第Ⅱ地点の環状群集墓の一角、台地の南端に並ぶ墓域に葬られた人々と、それらをもたない北側の土坑墓群の人々との間には明らかな違いがある。

カリンバ遺跡は、墓域全体が調査されていないためなお不明な点も少なくないが、試掘調査で推定されている径60mほどの墓域全体の西端に合葬墓群を含んだ群集墓が存在する。南端と西端という違いはあるものの、どちらも群集墓のなかでよく似た位置関係を見出すことができる。柏木B遺跡第Ⅱ地点ともども、墓地内で身分・地位の高い人たちの場所があらかじめ設定されていた可能性が考えられる。

身分・地位の違いによる差別化が図られたことを示す大型の30号合葬墓と、同じく大型に掘られた118・119・123号合葬墓は、他の単葬墓と異なり、ひときわ大きく、墓穴を掘るのにも相当な労働力を必要としたはずである。生産物の搾取など極端な経済的格差の想定には無理もあるが、疑いなく被葬者の所有を物語る数々の装身具、しかも他を圧倒する色鮮やかな漆塗り製装身具は所有者の上位の身分を表す何物にも代えがたき品々と言えよう。片鱗ながら、世襲的な関係も読み取ることも可能であろう。

カリンバ遺跡の合葬墓に埋葬された人は、階層化社会が定着していた時代、もっとも上位の階層にあった人物ということができ、しかも4基の合葬墓が構築時期を違

えて残されたものと推定された。すなわち、上位階層にあった人物が4世代にわたって埋葬され続けた墓域であることを示唆している。

　合葬墓とその周辺の土坑墓は、副葬品の分析からほぼ男女同数が埋葬されていたものとみられるが、男性の土坑墓に納められていた副葬品は、小型ながら柏木B遺跡と同様の石棒の他に、同じ男性用装身具とみられる玉と腕輪にほぼ限定される。それに対し、女性だけが埋葬されたとみられる3基の合葬墓（118・119・123号）からは、櫛や頭飾り、首飾り、腕飾り、胸飾り、腰飾りなどの漆塗り製品、玉類が大量に出土しており、装身具の種類、量ともに男性を圧倒している。

　縄文時代後期後葉の竪穴式集団墓の副葬品は、石棒や石斧、漆塗り弓など、主に男性や狩猟を象徴する品々であった。しかし、後期末葉の第Ⅱ地点の環状群集墓やカリンバ遺跡の群集墓では一変して女性を象徴する装身具が多数出土するようになる。漆製品の製作・加工技術の発達とそれを支える女性たち、そして櫛や腕輪などで身体を飾りたてる女性たちが大きな役割を担っていたからにほかならない。何よりも、身体を色鮮やかに装飾する新たな精神文化の開花であり、女性の身体を飾って葬る社会への移行、この精神文化の展開が自らの社会的地位を向上させ、女性シャーマンの登場をもたらしたものと推察される。

　恵庭市内にある同時期の西島松5遺跡においても、櫛や腕輪、玉、鮫歯など多くの装身具が土坑墓から出土しており、同じような様相が周辺にも及んでいたことも理解される。竪穴式集団墓の廃絶以降、一般的な葬制となりつつあったことが窺えるが、その背景には、大規模な竪穴式集団墓の築造にかかわる男性的労働をまとめるリーダーによる社会が、何らかの理由で行き詰まり、代って女性が重要な役割を担う時代へと推移していったことによるものとみられるが、カリンバ遺跡の3基の合葬墓（118・119・123号）はその象徴的な位置を占めるものと言えよう。

　118号と123号合葬墓では墓の中央に漆塗り帯と、漆塗りではないが、鮫の歯を多数つけた帯を巻いた人がいた。また、119号合葬墓の一人は、漆塗り帯を巻いて埋葬されていた。これらの人物こそが、女性シャーマンであろう。シャーマンとなるべき人は、ある程度の年配者であると予想されるが、123号合葬墓のように、頭部の飾りがまったくない、あったとしても漆製品で飾られていない例こそ、より年長の優れた女性シャーマンであったのであろうか。

　大勢の人々がひとつの土坑墓に合葬された理由としては、しばしば紹介してきたように、ウイルスなどによる病気や突然の事故で同時に命を失った複数の人々を埋葬した、冬期間に亡くなった人々を他施設に仮安置した後、雪解けを待って一括埋葬した、長期間開口した土坑墓に死亡時期の異なる人々を順次埋葬していった（追葬、もしくは時差合葬）、さらには特殊な葬制として有力者の死に殉じた人々をまとめて埋葬した殉葬など、いろいろな事態が想定される。ただし、室内での発掘調査時の詳細に及ぶ観察結果から、いずれも同時埋葬されたものであることが突き止められており、追葬についてのみ否定されることを繰り返し明らかにしてきた（上屋編2003、木村2003、上屋・木村2014）。

　ちなみに、釧路市幣舞遺跡など北海道東

部の縄文時代晩期後葉〜続縄文時代前期初頭に編年される土坑墓が、追葬（時差埋葬）を示唆する例としてしばしば取り上げられる。特に、釧路市幣舞遺跡では96基の土坑墓から良好に保存されていた人骨多数が検出され、座葬を主とする遺体の埋納状況や埋葬様式が詳しく調べられている（石川1996・1999、高山1999他）。特に、平面形が方形・円形の底面上に残された壁際をめぐる柱穴群と解剖学的位置を失った頭蓋骨など人骨の遺存状態が注意された。結果として、遺体埋納後、木柱をもって支えられる壙口を塞ぐ木造の上屋構造が推定され、土坑墓内に土壌が埋め戻される前に遺体の腐敗分解が進んだものと判断された。関連して、遺体の埋納後しばらくの期間、土壙墓が開口したまま過ごす「殯様式」としても注目された（豊原2004）。

そこでの所見を拠りどころに、カリンバ遺跡の合葬墓も、数年〜10年ほどの長期にわたって開口状態の土坑墓に数体の遺体が順次埋葬されていったという「時差埋葬（追葬）」とする解釈が示されている（青野2012・2013）が、出土状況で明らかなようにその可能性は皆無である。詳しくは上屋・木村2014に譲るとして、久保寺逸彦が記した貴重な論考「アイヌの死および葬制」（久保寺1969）は、幣舞遺跡における埋葬様式の理解を深めるうえでも、またカリンバ遺跡の合葬墓をめぐる議論の拡散を防ぐためにも有用、かつ示唆に富む内容が含まれており、そのごく一部を紹介したい。

幣舞遺跡の土坑墓に認められた柱穴や周溝について、筆者のひとり木村は、標柱、あるいは霊魂を抜くための杭穴・溝とも考えていたが、久保寺が、名取武光の論文「噴火湾の埋葬」から「旭川での埋葬の所作と手順」について抜粋し、「遺体の埋葬に際して、墓壙の底には土の寝床（トイソッキ）と称して、死者の病気の時に用いた着物を敷いて床を造り、棒先で墓壙を所々突いて排水孔を造る。これが出来上がると、二人の男子が担ぎ棒の両端を持って死体を墓穴に入れる」という記載を残している。底面に残された柱穴様ピットのすべてが、屋根を覆うための柱穴とも限らぬことを示唆するものである。また久保寺は、村尾元長『アイヌ風俗略志』（明治25年、北海道同盟訳館）に記載されている、土坑墓の構築から遺体の埋葬までのひとつの例を紹介している。

「穴は深さ1.2m縦1.5m（死体により長短あり）横90cm（地方に由り同じからず）、北首東首等地方に依り同一ならず。穴を蓋ふに柴薪（さいしん）等を積み、僅かに土を振掛け置けり。故に狐狼の害を蒙らざるは稀にして、旅中原野に人骨の雨曝しになれる者を認むるは、概ねアイヌの骸骨なり」とある。別な例として、割板で口を塞いだ後、土をうずたかく盛り上げた例も紹介する。茣蓙（キナ）で包まれた屍が土坑墓の中に埋納された後、割板で墓壙を塞ぎその上に土を被せる結果、一時的にせよ遺体が覆土で直接覆われることのない空隙が生じ、遺体の腐朽によって頭蓋骨など骨格の位置を変えることもあったことが理解される。しかしこの空隙も、墓壙を開口しつつ別の遺体を次々と追葬するための処置ではない。

さらに次に紹介する久保寺の一文は、時代は異なるものの、カリンバ遺跡の合葬墓を考えるうえでもっとも注目すべき記載である。土坑墓の構築に際して、「出掛ける前に、掘るべき墓壙の大きさを知るため、死者の身長胸囲などを計ってお

く。‥‥墓坑が大きすぎると、誰かがまた近く後から入る死者が出るし、小さすぎてもいけないという」とある。

　沖縄の例などに、死後ただちに仮埋葬（一次埋葬）した墓穴から数年後に遺体を掘り出し、洗骨して本埋葬する例が良く知られているが、一次埋葬地と二次埋葬地を持たずしての大きな墓穴での追葬の可能性は極めて低く、幣舞遺跡の合葬墓においてもその確証は得られていない。また、シベリアでしばしばみられる棺や小屋を樹上に引き上げて行われる樹上葬も、半ば放置された状態で進行する。

　ちなみに、ひとつの土坑墓に多数の人骨を埋葬した例として、茨城県取手市中妻貝塚のA土坑墓と愛知県渥美町伊川津貝塚の6号土坑墓が特に注目されている。中妻遺跡のA土坑墓では、100体ほどの人骨が数えられている。土坑墓の規格は、平面形が円形で、直径およそ200cm、深さおよそ120cmを測る。7人以上の合葬が想定されている長径およそ2.5m、深さ1mを測るカリンバ遺跡の30号合葬墓に比べて、やや小型であるにもかかわらず、異常なほどに人骨数の多いことが理解できよう。集積していた人骨は、上層の2体を除き、頭骨のみ、あるいは四肢骨のみバラバラの状態に置かれていたという。上層の2体についても、頭蓋骨と脊椎骨など上半身がおよそ解剖学的位置を保っていたものの、下肢骨などが遊離していたことが報告されており、風葬されていた一次埋葬地から回収され、本墓壙に一括埋葬されたものとみられる。カリンバ遺跡での同時埋葬とする結論は、遺体層や副葬品の配置の様子、覆土の堆積状態などの詳細な観察に基づく判断で、仮に、久保寺の記載にあるような土坑墓が割板などで蓋がされていたとしても、10年ほどの開口状態を想定することはおよそ不可能である。

　いずれにせよ、カリンバ遺跡に葬られた各合葬墓の一人のシャーマンを除く他の被葬者たちも、シャーマンと同時に埋葬された人々であることはほぼ疑いない。しかも、各合葬墓に埋葬されたシャーマンの役割とその存在の大きさを考えるとき、「殉葬」による死がもっとも合理的な理由として考慮する必要がありそうである。殉葬の風習については、縄文時代の日本列島で行われていたかどうか確実な事例が知られていない中、これまでその判断を慎重に控えてきたが、多数の櫛や腕輪などで飾りたてられた人々は、シャーマンの死に際してみずから進んで殉じて埋葬された「殉死者」であったと考えるのも的外れとは言えまい。絶大な権力者、というよりも超宇宙世界を知り尽くす特別な呪力を兼ね備えた宗教的為政者とでも言うべきか、その人物の死に際して、特別な埋葬様式の「殉葬」が執り行われた可能性について、今後さらに注視していきたい。

　縄文時代後期末葉のカリンバ遺跡で、呪術を司る女性シャーマンが中核的役割を担う階層化社会が、およそ100年にわたって続いたものと想定される。

「階層化社会」

　かつて林謙作は、筆者らが調査した柏木B遺跡の竪穴式集団墓を主に取り上げ、縄文社会が階層社会かどうかを問うた（林1998）。墓標・顔料の撒布・副葬品の有無と数量などを分析し、いずれもが「社会的地位内の階層化の指標」とはならず、縄文

社会が「財貨・名誉など、有形・無形の社会的財産」を不平等に分配するような「階層社会」ではなかったと結論する。すなわち、「客観的」な評価基準のない、「貴族」・「平民」・「奴隷」という「階層」化までには至っていない縄文社会であるとした。埋葬区の被葬者集団を世帯とみなしている点、埋葬施設を「竪穴式集団墓」のみと理解しているらしい点、石棒の有無や墓標の違いなど各種の差異を過少評価している点など、筆者らとの見解の相違も含まれていたが、従来の「階層」概念の曖昧さを払拭する理解として注目を集めた。

しかし近年になり、「階層社会」の存在を説く多くの見解が提示されている。山田康弘は、論考「縄文時代における階層性と社会構造─研究史的理解と現状」（山田2010）の中で、特にカリンバ遺跡（カリンバ3遺跡に同じ）について、特定の埋葬小群の中に「他とは異なった埋葬形態を示し、多種・多様かつ多量の装身具・副葬品をもつ人々が集中する」、すなわち「特定集団の分離」という状況が「社会的価値が不平等に分配され、それが制度化されていた」ことを示すもので、「何らかの成層化」が存在していた可能性のあることを説いている。一部条件付きながらも、「階層社会」が存在したことを考察したものである。

また坂口　隆は、竪穴式集団墓の出現当初の墓地間での階層化（差異）が、竪穴式集団墓の大型化に伴い、高い地位と低い地位の世帯間に強い階層分化をもたらし、共同墓地の集中するキウス、キウス4遺跡、美々4遺跡、美沢1遺跡、柏木B遺跡は、「彼らが強力で高位の集団（筆者註・エリートクラス）であった」ことを想定している（Sakaguchi 2011）。

断定するまでにはなお多くの課題が残されているであろうが、拠点的な集落が出現する一方で、離合集散を繰り返す社会情勢の中から集団を一体化させるための仕組み、階層社会が誕生した可能性は極めて高い。変動する社会の直接的な要因を寒冷気候に求める「環境決定論」的な考えはとらないが、様々な環境に適応できる能力を高めてきた人類、社会組織の柔軟な対応をもって応答した結果であり、宗教的指導者の存在が重要な役割を果たしたものと推察される。

しばしば、階層化の始まりが縄文時代晩期後葉〜続縄文時代の多副葬墓をもって説かれるが、墓に収められた石鏃がいかに大量であろうと、いくらか石器製作の技術を持っているものであれば、その製作はさほど難しくはない。むしろ、同時期の土坑墓から大量に出土する外来品としての琥珀や橄欖岩製の大量の玉類こそが他を圧倒しており、装身具の所有者はやはり女性であろう。樹木を育て、生漆を入手し、様々な加工を加えて作り上げる各種の漆器は技術の高さを象徴するもので希少財、奢侈品としての価値、あるいはそれがもたらす社会的役割は、続縄文時代の装身具類のそれをはるかに凌ぐものと言えよう。その製作についても、カリンバ遺跡の低湿地部で行われていたことが、確かな出土品をもって推定されている。やや飛躍のそしりも免れないが、やがて、ここでの多様な色の世界が、七色十三階（647年）など冠位制定という日本の古代社会の制度へと結びついていくようにも想像される。

筆者らがシャーマンと推定するカリンバ遺跡の女性の登場と役割こそ、今後いっそう注目が集まるものと期待する。

謝　辞

　カリンバ遺跡での多数遺体合葬墓の発掘から数えると早や17年、柏木B遺跡の竪穴式集団墓の発掘からは39年、また恵庭市での本格的な発掘調査の端緒となったカリンバ遺跡の発見から41年と、多くの時間が過ぎ去った。両遺跡が、縄文時代の墓制史の研究においてひとつの時代を築き上げてきたことは良く知られていよう。目を見張るような遺物・遺構、計り知れないほどの新たな知見は本書にも示したとおりである。結果として、他地域での研究を触発し、この分野での急速な進展が果たされてきたが、柏木B遺跡、カリンバ遺跡の両遺跡が指し示す歴史的世界は今なお色あせていない。本書は、これまでの報告と一部重複するところもあるが、あらためて特異性の再認識、再評価を目指したものである。なお構成上、国史跡として今後いっそうの活用が期待されているカリンバ遺跡に大いなる願いを込め、色彩の世界をまずもって提示した。この恵庭市の貴重な二つの遺跡をあわせて1冊の書物にまとめてはどうか、というどちらともなくの発案で、この本作りが始まったのであるが、柏木B遺跡が調査終了とともにすっかり姿を消したこともあり、北海道独特の縄文社会、花開いた高度な漆工技術を広く世界に発信し、読者に縄文時代のすばらしさ、縄文時代を生きた人々の世界観や色彩造形の豊かさなどを肌で感じていただきたいという思いからである。

　そもそも筆者らの考古学的調査は、恵庭市が、著者のひとりである木村の母親の生まれ育ったゆかりの地であったこと、しかもカリンバ遺跡（旧称・城遺跡）の当時の地主が遠戚で、その畑地から採集された土器片などが寄せられたことに始まる。木村が勤務する札幌大学は、専門講座を有しないにもかかわらず道内はもちろん、遠く鹿児島県、そして佐賀県、島根県、神奈川県、青森県など全国各地から考古学を学ぼうという学生たちで賑わっていたが、彼らの指導を兼ね、恵庭市の歴史づくり、文化財保護に力を注ぐこととし、早速に現地を訪ね、彼らとともに発掘調査を行うべく決断した。筆者のひとり上屋は、鹿児島県出身で、多くの考古学徒を輩出した出水高校の恩師・池水寛治の薫陶宜しく、調査の進行にその技量を発揮した。

　しかし、カリンバ遺跡の発掘に着手し、これからという矢先、恵庭市教育委員会から柏木B遺跡の緊急発掘調査の依頼が飛び込み、ここでの調査の中断を余儀なくされた。しかも柏木B遺跡の調査では、竪穴式集団墓の検出という思いがけない展開の一方、示された当初の計画とは異なり、遺跡の範囲が残された地形全体に広がるという極めて過酷な事態に遭遇する。行政発掘が普通になった今日では考えられない昼夜を問わずの作業、大学と現場、宿舎の間を慌

ただしく往復する難事業であった。多くの成果をあげ、まがりなりにも責任を果たすことができたのは、恵庭市教育委員会の関係者や多くの作業員たちの助力があったこともちろんであるが、学業よりも発掘調査の優先を厭わなかった学生たちの積極的な協力があったからである。彼らの多くは、卒業後、この貴重な経験を活かし教育委員会や博物館でそれぞれ活躍していくこととなるが、著者のひとり上屋も、恵庭市の職員として恵庭でのわれわれの調査の端緒となったカリンバ遺跡の発掘調査をはじめ、恵庭市の文化財行政の一翼をになうこととなった。紙数の都合で、学生のひとりひとりを銘記することはできないが、夭逝した佐賀県出身の野中一宏が、柏木B遺跡での体験と生来の器用さを活かし、美沢川流域の竪穴式集団墓の検出に牽引的役割を果たしたことはよく知られていよう。生前の功労を称え、あらためて哀悼の意を表したい。

☆　　　☆　　　☆

1999年の夏、カリンバ遺跡でもっとも大型の30号合葬墓が発見され、その後、晩秋になって3基の合葬墓が相次いで出現した。ベンガラを敷き詰めた深い墓の底から、赤色に染まるように、赤、朱、ピンクの漆塗り櫛や腕輪、腰飾り帯などが出土した。

折しも、北海道は冬に近づき、地面の凍結を心配しなければならない季節になっていた。デリケートな漆製品をまもるために、そのまま埋めて来春まで待つか、永久に現地保存する道はあるか、われわれに重い課題が突き付けられた。結局、本書中で紹介したように、118号、119号、123号の3基を現地から切り離し、凍結を心配しないですむ室内調査へと切り替えることにしたのである。

縄文時代の遺構を遺跡から切り取るという経験は、柏木B遺跡でも行っていた。違っていたのは、切り取った墓を室内に運び込み、考古学的調査を継続したことである。室内調査のメリットは、天気や時間に関係なく調査ができる以外にいくつもあるが、照明器具で照らしながら検出作業を行った結果、墓の底一面に拡がる布目痕を発見したことはここでの調査を象徴する一番の成果であろう。壙底面に敷いたと思われる布や着ていた服の布目が、細かな編み目で残されていたのである。器具で光線をあてながら調査しなければ確認できなかったに違いなく、実体として存在しない布の痕跡のため、経験したことのない難しい調査を強いられた。正直なところ、半信半疑のまま調査を終えたのであるが、意外にも数年後、恵庭市内の柏木川4遺跡から、縄文時代後期中葉に作られた編布が非常に良

い状態で、しかも広範囲から発見された。カリンバ遺跡の合葬墓では腐食して繊維が消え去り、土の表面に布目の形だけが残されていたのと違い、誰もがそれとわかる実物として見つかったのである。

柏木川4遺跡の布は、編み方が複雑なものも含まれている。カリンバ遺跡の頃にも製作技術が伝えられていたとすれば、我々が思いもつかない高度な作り方で布を作り、衣服を仕立てていた可能性がある。それらの状況証拠をまじえながら想定復原した合葬墓の6人の女性が着ている衣服と刺繍模様の図は、櫛や腕輪の飾り方だけではない、縄文時代の豊かな服飾文化をイメージするうえで大いに役立つものと期待する。

ところで、多種多様の漆塗り装身具は、カリンバ遺跡や柏木B遺跡第Ⅱ地点、同じ恵庭市内の西島松5遺跡からも多量に出土している。ここ恵庭の地から漆塗り装身具が集中的に出土しているのは紛れもない事実である。石狩低地帯南部における縄文社会の特殊性を考えなくてはならないにしても、どの遺跡も小河川の近くにあることは暗示的である。これからは自然・地理的な環境要件についても視野に入れて考えていく必要があろう。

この時期の生活実態はよくわかっていない。カリンバ遺跡では、史跡指定に向けて実施した周辺区域での調査によって、旧カリンバ川に面した低地帯から貯蔵穴、柱穴、焼土が検出され、居住域であったことを示す数々の遺構を確認した。同じ区域からベンガラを精製したと思われる台石や赤い顔料が検出され、漆製品そのものも確認されている。

漆製品の製作工程のうち、最終段階の乾燥には湿度の高さが必要とされているように、湿潤な川の環境を当時の人々が選んでいたのかもしれない。漆塗り装身具を製作する集団、あるいは集落は、そのような場所だったといえ、カリンバ遺跡や柏木B遺跡のその時期の墓域が一段高い段丘上にあることもそれを物語るかのようである。漆製品製作地と集落の立地は、今後の研究課題のひとつでもある。

☆　　　☆　　　☆

先にも記したように、本書は研究の書であるが、木村英明先生と私(上屋)とが取り組んできた発掘の記録でもある。実際に作業を始めてから完成までに3年の歳月が流れた。後半の2年間、私はたまたま発掘の仕事を引き受け、故郷の鹿児島に帰らざるをえないこととなり、北海道と鹿児島とに分かれての作業、実質的には木村先生による編集作業が続いた。

振り返ると、先生は、自らが発見したカリンバ遺跡（旧称・城遺跡）で擦文時代初

頭の住居址を発掘され、貴重な研究フィールドとして継続的な調査を進められていた。途中、柏木B遺跡の発掘調査の依頼が飛び込み、現在では考えられない極めて困難な発掘調査を4年間にわたって担当された。私も先生に誘われて2年目からこの調査に参加することになったが、そもそも私が北海道で興味をもっていたのは旧石器時代であったので、縄文時代の遺跡の調査は予想外、初めての経験と言っても良かった。第Ⅱ地点環状群集墓の調査では、縄文時代後期末の静内（現新ひだか町）御殿山遺跡以来という漆塗りの櫛が副葬された土坑墓の調査を体験させていただいた。傾斜の強い、しかも円礫を多数伴う墓穴の位置を正確に把握するのは難しかったが、この時の経験は翌年の第2号竪穴式集団墓を始め、次々と続く恵庭市での貴重な発掘調査で大いに役立った。

　柏木B遺跡での調査からちょうど20年後、カリンバ遺跡の緊急発掘に直面する。先生は、それまでの調査の継続を考慮し、私が調査を担当するよう強く望んでおられていた。幸い、教育委員会の配慮により私が担当者として従事することとなったが、調査指導者としての先生ともども、漆製品の大量副葬と合葬墓の発見という歴史的瞬間に立ち会うことができたのは何よりの幸運であった。柏木B遺跡の環状群集墓と竪穴式集団墓の発見、加えてカリンバ遺跡の合葬墓の発見はまさしく運命的なめぐり合わせとしか言いようがない。

　ところで、本書作成のそもそもの契機は柏木B遺跡の調査報告書にまで遡る。日本で初めて構造の全体が詳らかにされた竪穴式集団墓を主な内容とする報告書で、450頁を超す膨大なものではあったが、先生にとって満足いくものではなかった。限られた期間、予算での報告書刊行のために、成果のいくらも発表できていなかったという先生の考え、思いは、私にもよく理解できていた。

　私が恵庭市役所を定年退職する年になり、柏木B遺跡の竪穴式集団墓・環状群集墓にカリンバ遺跡の集団墓を加えて改めて本に書き記したい、という積年の思いが電話で寄せられた。私はすぐに賛同し、二人の協働による本書の作成が始まった。作業を開始してからさらに相当の時日が経過し、しかも予定の頁数をはるかに超えるものとなったが、これまで溜めてこられた竪穴式集団墓などに対する先生の考えを多くの角度から文字にされた結果だと思う。とは言え、先生の性格からして、多くのデータが蓄積されている今日、これで十分と考えている訳ではないことも承知している。

　ともあれ本書の刊行をもって、筆者の一人上屋はあらためて大きな財産を得ることができた。まずもって感謝すべきは、恩師で、尊敬する考古学者木村英明である。著

者同志の内輪の話となってしまったが、あえてつけ加えさせていただいた。

☆　　　☆　　　☆

　1999年秋から2001年の夏にかけて、マスコミを始め、市民から注目を集める中、カリンバ川のほとりの野外から、一転して都会の街中へとフィールドが移った。
　この間、柏木B遺跡の調査も含めて、実に多くの方々に助言と協力をいただいた。本来であればそのすべての方々を明記し感謝の意を表したいところであるが、調査経緯とともに詳しく記したそれぞれの本報告書（木村編1981、上屋編2003a・2003b・2004）を参照していただくことし、ここでは割愛した。
　とは言え、合葬墓の切り取り作業では（独）奈良国立文化財センターの埋蔵文化財センター長であった澤田正昭さんと、実際に切り取って奈良や埼玉まで運んで下さった近畿ウレタン工業、合葬墓の保護と漆製品の保存事務で協力していただいた文化庁（当時）の岡村道雄、土肥孝の両技官、埼玉県川口市内で実施した室内調査では、室内調査直後の平成14年にお亡くなりになった国立歴史民俗博物館の佐原眞館長には、大変なお世話をいただいたことを明記しておきたい。
　また、室内調査の場所を提供していただいた（株）東都文化財保存研究所の朝重嘉朗社長と夫人の嘉子さんをはじめ、社員の方々には漆製品の保存に多くの時間をさいて協力していただいた。記して感謝申し上げたい。また、北海道立開拓記念館（現北海道博物館）の小林幸雄学芸員には両遺跡出土の漆製品の保存や製作技術についてご教示いただいた。さらに、平成17年にカリンバ遺跡が国の史跡指定を受けるまで、多くの指導をしていただいた北海道教育委員会の関係各位、範囲確認のための調査をともに行った元同僚の松谷純一、森秀之、長町彰弘の各氏、漆製品の検出に大きな役割を果たした佐藤幾子氏らの協力なくして史跡カリンバ遺跡の誕生はなかったとも言えよう。また本書の作成に際し、石棒の使用痕研究についての一文を寄稿いただいたロシア科学アカデミーサンクト・ペテルブルグ物質文化史研究所評議員のEvgenii Girya氏、文献の検索で青森県外ヶ浜町教育委員会の駒田透、美幌町教育委員会の八重樫誠、東京都埋蔵文化財センターの大西雅也、堀恭介、今井恵昭の諸氏の協力をいただいた。網走市立博物館館長の米村衛、岩手県陸前高田市立博物館学芸員の熊谷賢の両氏からは貴重な写真や図の提供をいただいた。この他、チエコ共和国のイラストレーターLibor Balakに図の借用を、同じくイラストレーターの木村麻維氏に図の一部の作成と表紙カバーの装丁をお願いし

大変お世話になった。記して、感謝申し上げたい。ちなみに、本書に用いた写真は、特に断わりがない限り、筆者らの撮影による。

　発掘調査、整理作業、そして本書作成を通して上屋厚子と木村アヤ子から特別な支援があったことも付記せねばならない。

　最後になるが、本書の製作を模索しはじめてから完成まで、根気よく付き合っていただいた（株）北海道機関紙印刷所の大矢謙次氏、刊行を快くお引き受けいただき、適切な助言・指導をいただいた（株）同成社の佐藤涼子社長には、深く感謝申し上げたい。

上屋　眞一
木村　英明

付表・竪穴式集団墓（含む周溝墓）と土坑墓一覧

1. 恵庭市柏木B遺跡

第1号竪穴式集団墓：竪穴長径12.6m、短径11.60m、竪穴深さ0.42－0.3m、排土広がり長径21.0m、同短径20.4m、排土厚さ0.15－0.45m、床面積110.44㎡

土坑墓番号	墓壙上面の規格(cm) 長さ	幅	面積	深さ	標柱（もしくは類似痕） 墓壙内	墓壙外	長軸方位	墓壙口	覆土中	ベンガラ	遺体	姿勢	副葬品 底面	備考
竪穴外1001	124	77	0.81	73	中央に礫2		W-21.1°-N							人頭大以上の円礫と柱状円礫
1002	132	78	0.85	35			W-15°-S			ベンガラ			石棒	石棒、長軸線に平行、北寄り
1003	147	117	1.38	80			W-10.8°-N	壺・鉢		ベンガラ			石棒	
1004	122	78	0.78	57			W-69.1°-N			ベンガラ				
1005	141	92	1.14	37			W-19.9°-S		底面近くに大型板状礫2					
1007	113	96	0.87	59			W-17°-N			ベンガラ				
1008	156	103	1.4	41			W-19°-N						石棒2、石斧、石槍3、細形ナイフ	
1009	97	70	0.55	50			W-19.9°-S							
1010	114	87	0.87	41			W-33.1°-N	大型礫2						円礫、本来直立
1011	118	75	0.71	75			W-63.1°-N			ベンガラ				
1012	134	60	0.68	63			W-38°-N							
1013	134	114	1.21	47			W-3.1°-N	円礫2						
1014	130	108	1.16	45			W-19.1°-N							
1015	143	80	0.97	51			W-47.5°-N						石斧（東南東墓壙際に立位）	
1016	135	115	1.22	31			W-1.6°-N							
1018	146	126	1.54	58			W-22.9°-N							
1020	162	127	1.59	47			W-87.1°-N						石棒片	
1021	127	106	1.07	53			W-15.4°-S							
1022	111	94	0.83	55			W-49.1°-N							広口壺
1023	178	130	1.89	61		礫3(肩口)	W-8.1°-N				頭部痕跡	北西頭位		立石抜き取り
1024	113	90	0.84	34			W-18.6°-N						石棒・石斧原材、漆塗り弓	
1025	117	91	0.9	16	円礫5		W-75.6°-N				歯の痕跡	西頭位	石斧・短細形礫、丸玉13	
1026	125	93	0.94	39			W-78.6°-N						有茎石鏃	立石抜き取り
竪穴内1101	127	65	0.72	105	立石用ピット		W-15.5°-N						小型丸玉30、鮫歯（頭部）	北頭頂部
1102	132	97	1.08	92	立石用ピット		W-13.5°-N				歯の痕跡		板状小礫	
1103	195	95	1.45	126	両端ピット		W-11.5°-N							北西部壙口から肩口に大型円礫3、小型円礫2
1104	168	107	1.45	105			W-26°-S						石礫2	本墓壙、竪穴床面のベンガラを切る
1105	105	61	0.56	106	両端ピット		W-6.5°-N	人面付き注口土器						立石より角礫破砕片多数、中央を窄せた貼り幅
1106	165	97	1.04	116	礫3(肩口)		W-28.5°-N			ベンガラ	歯の痕跡	2体合葬	黒漆塗り櫛?	壙口土器中央置ボタン状突起
1107	139	71	0.83	115			W-17.5°-N			ベンガラ	歯の痕跡		小型付き注口土器	
1108	101	56	0.46	105			W-30.5°-N	北部の肩口に大型礫		ベンガラ				
1109	124	65	0.71	107			W-27.5°-N	付近竪穴床面に朱、注口土器4		ベンガラ	歯の痕跡			
1110	182	133	1.99	124	立石用ピット		W-38.5°-N	大型円礫放射状、注口土器	ベンガラ					
1111	173	148	2.04	116			W-26.5°-S			ベンガラ	歯の痕跡?	2体合葬	石棒片・石斧、細長の円礫、小型の丸玉64、ミニチュア土器	
1112	98	68	0.54	108			W-18.5°-N			ベンガラ	歯の痕跡	2体合葬	石斧3	
1113	159	100	1.26	122	立石ピット		W-29°-N-S			ベンガラ				立石は柱状節理の安山岩角礫
1114	111	73	0.66	71			W-25°-N	肩口に大型円礫2						
1115	133	93	0.97	100	大型円礫3		W-1.5°-N							

土坑墓番号	長さ	幅	面積	深さ	長軸方向	墓壙外	墓壙内	壙口	覆土中	ベンガラ	遺体	墓壙姿勢	底面副葬品	備考
1116	113	66	0.62	84	W-22°-S			壙口と周辺に大型礫4					石斧1	
1117	68	53	0.29	67	W-5°-S									
1118	117	66	0.67	95	W-39.5°-N			壙口に礫9、礫上に浅鉢式土器		ベンガラ				中心小型、周囲大型
1119	106	73	0.64	85	W-5.5°-S			壙口に多量の礫	壙内にも礫77	ベンガラ				
1020	85	49	0.38	97	W-38°-N					ベンガラ			石斧2	床面計368
1121	145	104	1.99	93	W-13°-S		立石、礫	壙口に多量の礫	壙内にも礫218					中心小型、全体を大型
第2号竪穴式集団墓：竪穴長径9.84m、同短径9.04m、竪穴深さ0.15～0.25m、床面積66.56㎡													床面より角柱円礫3本、大型円礫52点	
2001	118	70	0.68	80	W-6.8°-N	付属ピット3								付属ピットは墓壙の長軸線上
2002	116	70	0.67	109	W-3.2°-S			東磐壙口に大型円礫1			歯の痕跡	2体合葬		頭位は西
2003	105	78	0.69	92	W-9.3°-N	立石とピット2				ベンガラ				立石は柱状節理の安山岩角礫
2004	132	72	0.79	103	W-13.2°-S			礫19個、下に広口壷、石棒	ベンガラ	ベンガラ	歯の痕跡	2体合葬	礫製小玉11	広口壷1101号類似、石棒に点線刻
2005	127	56	0.63	120	W-30.3°-N	立石とピット		大きな円礫4、皿状ピット7		ベンガラ				立石は柱状節理の安山岩角礫
2006	106	69	0.62	118	W-12.8°-N					ベンガラ				
2007	163	118	1.7	103	W-2.8°-N					ベンガラ	頭骨と歯		石斧2（耳付1）、石斧2、小玉4と5	
2008	102	68	0.64	104	W-0.8°-N					ベンガラ	歯の痕跡	2体合葬		
2009	98	79	0.62	103	W-8.8°-N	立石とピット				ベンガラ	歯の痕跡		中はどピット10と立石6	皿状ピット10と立石6
2010	116	79	0.73	110	W-25.3°-N	ピットと円礫				ベンガラ	歯の痕跡		石斧	皿状ピット4と円礫3
2011	114	92	0.91	102	W-13.2°-S	ピットと円礫				ベンガラ				大型円礫5とピット11
第3号竪穴式集団墓：竪穴長径11.64m、同短径11.16m、竪穴深さ0.05～0.10m、床面積101.04㎡														
3001	149	74	0.95	110	W-18.8°-N				覆土中ほどに深鉢1号					
3002	112	67	0.61	95	W-16.3°-N			浅鉢形土器、板状土器の角礫		ベンガラ				使用痕、調整痕ある剝片7、壙底面に石棒2点
3003	130	75	0.74	57	W-45.3°-N	長さ推定				ベンガラ				土器の下位西北部に
3004	127	77	0.81	95	W-45.8°-N					ベンガラ			石斧2	長径は推定、一部、他土壙墓と切り合い
3005	104	69	0.58	75	W-76.8°-N					ベンガラ			小型丸玉17	
3006	118	63	0.58	80	W-49.8°-N					ベンガラ				
3007	129	87	0.91	112	W-39.3°-N					ベンガラ			石棒、有茎石鏃	
3008	115	65	0.66	78	W-18.8°-N									
第4号竪穴式集団墓：規格など詳細不明														
321	141	90		92										
322	115	66		70				礫						
324	145	88		114		長さ推定								
325	115	77		76										
329	121	59		67										
331	106	68		106										
334	177	174		103										
第5号竪穴式集団墓：規格など詳細不明														
364	114	67		80										
365	133	74		64				礫下に注口土器						
369	182	170		108									石斧2点	

2. 恵庭市西島松5遺跡

3基の竪穴式集団墓の存在が推定されているが、耕作などにより削平され、竪穴の形状など詳細不明

1号竪穴式集団墓 推定 竪穴径7.5m、排土広がり12.6m

土坑墓番号	長さ	幅	面積	深さ	長軸方向	標柱 墓壙外	標柱 墓壙内	壙口	覆土中	ベンガラ	遺体	姿勢	副葬品	備考
557	78	42		(42)	N-79.5°-W	付属ピット3		鉢形土器						
558	70	46		(41)	N-58°-W				小型深鉢形土器					
559	83	62		(60)	N-63.5°-W	立石ピット2			土器片	ベンガラ				
560	100	68		(73)	N-66°-E				土器片	ベンガラ				
561	107	46		(32)	N-64°-W	立石ピット								
562	79	60		(59)	N-82.5°-E				土器片	ベンガラ				
563	(71)	66		(53)	N-76°-E				土器片	ベンガラ				
747	113	78		(34)	N-36°-W				土器片					
748	106	62		(68)	N-79°-W	立石ピット				ベンガラ				
749	92	64		(62)	N-29°-W	ピットと円礫				ベンガラ				
750	68	54		(40)	N-59°-W	ピットと円礫		注口形土器、深鉢形土器、漆片						
751	95	64		(72)	N-49°-W									
754	60	(50)		(42)	N-43°-W				土器片				翡翠製小玉4点	
758	100	(70)		(51)	N-80°-E								翡翠製小玉	

2号竪穴式集団墓 推定 竪穴径5m、排土広がり9m

土坑墓番号	長さ	幅	面積	深さ	長軸方向	標柱 墓壙外	標柱 墓壙内	壙口	覆土中	ベンガラ	遺体	姿勢	副葬品	備考
600	(102)	58		(72)	N-75°-W									
756	100	62		70	N-75°-W								石斧	
759	86	55		(47)	N-84.5°-W									
835	(104)	72		(68)	N-76°-W									

3号竪穴式集団墓 推定 竪穴径9m、排土広がり14〜15m

土坑墓番号	長さ	幅	面積	深さ	長軸方向	標柱 墓壙外	標柱 墓壙内	壙口	覆土中	ベンガラ	遺体	姿勢	副葬品	備考
689	136	94		(41)	N-58.5°-W						下肢骨	屈葬	石棒、石鏃、漆製品(皮膜)	
690	175	88		(48)	N-65°-W									
691	186	72		(52)	N-80°-W						人骨	伸展葬		

3. 恵庭市カリンバ3遺跡 未完掘 竪穴径8m、竪穴内床面より安山岩製の角柱礫、土坑墓1基

4. 古小牧市美沢川1遺跡

JX-1号竪穴式集団墓、竪穴長径8.8m、同短径8.1m、同厚さ0.4m、竪穴深さ0.4m、排土広がり長径15.3m、同短径13.0m、同埋さ0.02m、竪穴床面:IV群c類土器片84点、IV群b類土器片6点。

土坑墓番号	長さ	幅	面積	深さ	長軸方向	標柱 墓壙外	標柱 墓壙内	壙口	覆土中	ベンガラ	遺体	姿勢	副葬品	備考
101	216	68		116	N-67°-W				礫		人骨			頭位は西北西
102	150	64		134	N-74°-W									

JX-2号竪穴式集団墓、竪穴長径9.0m、同短径8.7m、同埋さ0.2m、排土広がり長径14.0m、同短径13.3m、竪穴床面:IV群c類土器片33点、同b類2点。

土坑墓番号	長さ	幅	面積	深さ	長軸方向	標柱 墓壙外	標柱 墓壙内	壙口	覆土中	ベンガラ	遺体	姿勢	副葬品	備考
101	130	62		134	N-17°-W								石棒、石鏃、漆製品(皮膜)	頭位は北西
102	160	70		120	N-56°-W									
103	152	60		86	N-57°-W						人骨			頭位は北西
104	215	50		130	N-41°-W									

JX-3号竪穴式集団墓、竪穴長径13.2m、同短径12.3m、同深さ0.82m、排土広がり長径15.3m、同厚さ13.0m、排土広がりIV群c類土器片7点。床面に同IV群規中に同143点。

土坑墓番号	長さ	幅	面積	深さ	長軸方向	標柱 墓壙外	標柱 墓壙内	壙口	覆土中	ベンガラ	遺体	姿勢	副葬品	備考
101	131	66		96	N-79.5°-W				上部ベンガラ		頭骨一部			
102	170	72		120	N-58°-W	付属ピット両端				ベンガラ				
103	130	86		117	N-63.5°-W	付属ピット両端			漆器片	ベンガラ	歯の一部			頭位は北西、付属ピット中に白器
104	167	72		112	N-66°-E				礫3、石鏃	ベンガラ	人骨		頭骨2個 石棒	頭位は北西、周壁ピット中に白器、成年

付表・竪穴式集団墓（含む周溝墓）と土坑墓一覧 | 381

土坑墓番号	墓壙上面の規格(cm) 長さ	幅	面積	深さ	長軸方位	標柱もしくは類似痕 墓壙外	墓壙内	壙口	覆土中	ベンガラ	遺体	姿勢	墓壙底面 副葬品	備考
105	178	72		125	N-64°-W			礫2		ベンガラ	人骨	屈葬	石棒、石斧3	屈葬は頭部と胸骨の位置から推定、頭位は北西
106	266	105		75	N-82.5°-E			Ⅳ群c類土器片122点(深鉢)		ベンガラ			漆塗り2,Ⅳ群c類土器片285点	北半の底面に重4と残鉢1個体
107	210	90		127	N-76°-E	付属ピット両端				ベンガラ	白歯			
109	170	93		145	N-36°-W	付属ピット両端				ベンガラ	頭骨痕跡			
111	203	70		100	N-79°-W	付属ピット		漆塗片		ベンガラ	人骨	伸展葬		頭位は北西、北東隅際に頭骨、下顎、肋骨、椎骨他、壮年
112	206	86		121	N-29°-W	付属ピット		扁平柱状礫		ベンガラ	歯のみ南側		側ома沿って黒色漆塗り弓本	頭位は南？
113	150	89		137	N-59°-W	付属ピット両端		赤漆塗り弓		ベンガラ	人骨			頭位は北·北西
115	174	73		143	N-49°-W					ベンガラ	頭の一部		頭部2個	
119	134	68		124	N-43°-W			礫、赤漆塗りベンガラ		ベンガラ	頭の一部		石鏃	頭位は北西、成年
120	200	65		119	N-80°-E					ベンガラ	頭の一部		黒漆塗弓片、石斧、石斧2、玉、石錐4	頭位は北·北西
121	148	62						ベンガラ		ベンガラ	頭の一部		石斧2点	頭位は北西
124	130	61		103						ベンガラ	頭の一部		頭部の下に玉	
130	108	64		104		付属ピット両端				ベンガラ				頭位は北西、成年、男性的

JX-4号竪穴式集団墓、竪穴長径14.4m、整短径14.23m、同深さ2.0m、掛土広がり長径25.53m、同短径23.4m、同厚さ0.65m。

土坑墓番号	長さ	幅	面積	深さ	長軸方位	墓壙外	墓壙内	壙口	覆土中	ベンガラ	遺体	姿勢	副葬品	備考
101	264	102		152	N-11°-W						頭の痕跡			頭位は北
102	128	77		125	N-32°-W						頭の痕跡			頭位は北
104	202	80		132	N-3°-W						人骨2体	伸展葬	遺体下に1,それぞれ2個	頭位は北、成年男性(壮年から熟年初期)と少年
105	168	80		106	N-8°-E						頭部			頭位は北
106	221	90		150	N-44°-W						人骨2体	伸展葬	土器片(北東端と中央部北東隅付近に散在)	合葬、頭部、北西端と中央部北東隅沿い、未成熟の思春期頃
107	230	94		153	N-19°-W						人骨2体	伸展葬	貝輪5点	合葬、頭部、成年(女性的)と小児
108	213	84		136	N-30°-W						頭部			頭位は北、成年
109	199	88		138	N-50°-W						頭部と脚部	伸展葬		頭位は北、成年
110	185	93		142	N-30°-W						人骨3体	屈葬	石斧2(東側人骨)	頭骨、四肢骨、頭位は北、成年男性、小児、別の若年(四肢骨)
111	205	72		128	N-28°-W						頭部			頭位は北、未成熟の思春期頃
112	206	84		122	N-1°-W						頭部と脚部	伸展葬		頭位は北、成年
113	240	117		135	N-28°-W						人骨	伸展葬		西側によっては全身、頭位は北、成年
114	240	100		120	N-67°-W						人骨	伸展葬		西側によって、頭位は西、成年
115	127	94		83	N-24°-W						頭部			頭側の痕跡が北寄近く
116	241	111		134	N-32°-W						人骨	伸展葬		横臥で側面は東向き、頭位は北、成年男性、壮年
117	213	78		136	N-10°-W						人骨	伸展葬	石斧2点	横臥で側面は西向き、頭位は北·北西、壮年女性
119	179	64		99	N-57°-W						人骨	伸展葬		横臥で側面は西向き、頭位は北·北西
120	204	59		160	N-14°-W						人骨	伸展葬		頭位は北·北西、熟年、男性的

KX-1号竪穴式集団墓、竪穴長径12.35m、同短径11.8m、同深さ0.26m、掛土広がり長径25.53m、同短径23.4m、同厚さ0.1m、床面より Ⅳ群c類土器片15点、床面付近の覆土よりまとまった同土器片(深鉢)。

土坑墓番号	長さ	幅	面積	深さ	長軸方位	墓壙外	墓壙内	壙口	覆土中	ベンガラ	遺体	姿勢	副葬品	備考
101	185	74		148	N-46°-W						頭部痕跡、歯			頭位は北·北西
102	230	78		153	N-46°-W					ベンガラ				
103	190	84		140	N-71°-W						頭部片			頭位は北·北西
104	200	76		140	N-37°-W					ベンガラ	痕跡			
105	152	122		98	N-68°-W					ベンガラ	歯2か所	屈葬		中央部と北西側2か所
106	210	72		120	N-53°-W					ベンガラ	歯			頭位は北·北西？ 比較的若い年輪
107	167	60		90	N-70°-W					ベンガラ				頭位は北·北西、熟年、男性的

土坑墓番号	墓壙上面の規格 (cm)			長軸方位	標柱(もしくは類似壙)		壙口	覆土中	墓壙底面		姿勢	副葬品	備考
	長さ	幅	深さ		墓壙外	墓壙内			ベンガラ	遺体			
108	148	63	125	N-85°-E					ベンガラ	頭部			頭位は西
109	173	67	130	N-73°-W						頭部			頭位は北西, 成人男性
110	130	60	92	N-65°-W					ベンガラ	人骨痕跡		石鏃5	中央部から西寄りに

KX-2号, 土壙墓なし

5千歳市美々4遺跡

X-1号竪穴式集団墓, 竪穴長径9.9m, 同短径9.55m, 同深さ0.45m, 排土広がり長径16.4m, 同短径16.1m, 同厚さ0.45m

X-101	117	65	102	N-37°-W					ベンガラ	痕跡	屈葬		頭位は西
X-102	175	55	163	N-12°-W					ベンガラ	頭部他	伸展葬		頭位は北

X-2号竪穴式集団墓, 竪穴長径16.9m, 同短径16.9m, 同深さ1.3m, 排土広がり長径29.0m, 同短径26.5m, 同厚さ0.6m, 長楕円形で底面をSpf-1層中にある深いタイプ(201,203,204,206~208,212~218,220,222)と小型で楕円形, 底面をEn-a層中にある浅いタイプに二分可

X-201	216	95	130	N-72°-W				V群a類土器片238点(鹸地)	ベンガラ	頭部と上半	伸展葬	櫛・玉一連(蛇紋岩)	
X-202	150	95	45	N-131°-W	小ピット				ベンガラ	頭骨と歯	屈葬	ドリル	頭位は西の左肩下の側臥
X-203	255	115	105	N-84°-W	小ピット			V群a類土器片・下部に軟歯	ベンガラ	人骨	伸展葬	勾玉(Ser)	
X-204	140	95	135	N-114°-W	小ピット2				ベンガラ	人骨	伸展葬		頭位は北西
X-205	170	95	50	N-85°-W	小ピット				ベンガラ	人骨2体	伸展葬	石棒2本	合葬 頭位は北西
X-206	200	115	110	N-52°-W	小ピット				ベンガラ	人骨	伸展葬	石棒	頭位は西
X-207	235	95	150	N-61°-W		石鏃			ベンガラ	人骨	伸展葬	玉70点(うち蛇紋岩67点, 城砥1点), 覆土中の鉢形土器1点	合葬 頭位は西, X-211, 盛土撃P-334と同一個体
X-208	135	78	33	N-63°-W			1m程の角住壙, IV群a類土器片		ベンガラ	人骨	伸展葬		
X-209	125	110	65	N-40°-W	小ピット		IV群a類土器片堅地覆土下部			痕跡した一部		環状漆器2, 板状の漆器・玉75(Ser)	
X-210	140	80	45	N-50°-W			V群a類土器片			痕跡			
X-211	255	125	130	N-91°-W			小ピットにIV群cV群a類土器片多数		ベンガラ	人骨2体	伸展葬		合葬 頭位は西, やや左肩下の側臥?, 遺体周囲に方形の輪郭
X-212	270	120	160	N-93°-W	小ピット両端				ベンガラ	人骨	伸展葬		頭部, 頭位は北西
X-213	210	90	135	N-83°-W		杭痕(両端)			ベンガラ	人骨3体	伸展葬		合葬 うち2体が頭位は西, 1体が頭位は東
X-214	260	125	155	N-75°-W					ベンガラ	頭部	伸展葬		頭位は西
X-215	235	95	145	N-93°-W					ベンガラ	遺体痕跡	伸展葬		頭位は西
X-216	100	60	105	N-82°-W		礫			ベンガラ	遺体痕跡			
X-217	220	85	140	N-109°-W	小ピット・礫				ベンガラ	頭部痕跡	屈葬	石斧2点	
X-218	125	75	65	N-38°-W	小ピット・礫		ベンガラ		ベンガラ	頭部痕跡	屈葬	石斧	
X-219	210		137	N-95°-W	小ピット両端		ベンガラ		ベンガラ	頭部一部	伸展葬	櫛2点	
X-220	255	132	57	N-22°-W					ベンガラ	人骨	伸展葬		頭部, 頭位は西
X-221	150	120		N-28°-W	小ピットと礫				ベンガラ	遺体痕跡	伸展葬	環状の漆器, 石棒・玉77点	合葬?
X-222	215	95	160	N-81°-W	小ピット両端				ベンガラ	頭部痕跡	伸展葬		頭位は西

X-3号竪穴式集団墓, 竪穴長径11.26m, 同短径9.5m, 同深さ0.65m, 排土広がり長径24.8m, 同短径20.0m, 同厚さ0.25m, 北半部の土壙墓の時期, 南半部はその後のものとみなす

X-301	129	70	125	N-7°-W					ベンガラ	頭部痕跡	屈葬		頭位は北
X-302	120	58	117	N-34°-W					ベンガラ	頭部痕跡	屈葬	石斧2点	頭位は北西
X-303	125	80	120	N-35°-W					ベンガラ	頭部痕跡	屈葬	石斧	頭位は北西
X-304	65	37	85	N-7°-W					ベンガラ	頭部痕跡			頭位は北西
X-305	160	67	110	N-3°-W			覆土にIV群c類土器		ベンガラ	頭部痕跡			頭位は北
X-306	117	62	130	N-0°-W					ベンガラ	遺体痕跡		石斧1点	頭位は北西
X-307	110	60	110	N-28°-W			覆土にIV群c類土器		ベンガラ	頭部痕跡		石斧3点, 石鏃	頭位は北西
X-308	130	85	95	N-27°-W					ベンガラ	頭部痕跡			頭位は北西

土坑墓番号	墓壙上面の規格 (cm)			長軸方位	標柱(もしくは類似痕)		壙口	覆土中		遺体	墓壙 姿勢	底面 副葬品	備考
	長さ	幅面積	深さ		墓壙外	墓壙内							
X-309	135	85	110	N-14°-W	小ピット両端		多量のV群a類土器片(鉢)		ベンガラ	頭部痕跡		石斧1点,北隅に漆塗り櫛2点重複、	頭位は北東
X-310	150	125	95	N-36°-W	小ピット両端		多量のVa土器片(注口,浅鉢)		ベンガラ			石棒1点,漆器1点	合葬?
X-311	110	103	95	円形	小ピット両端,礫		礫下に完形のVa土器(浅鉢)		ベンガラ			環状の漆器2点,石斧2点,玉1点	合葬?
X-312	156	100	100	N-2°-W					ベンガラ				頭位は北
X-313	85	75	50	N-57°-W	小ピット								
X-314	120	80	60	N-31°-W	小ピット								
X-4号竪穴式集団墓、竪穴長径11.0m、同短径10.0m、排土広がり(推定)長径18.0m													
X-401	202	86	153	N-83°-W					ベンガラ		伸展葬		頭位は北西
X-5号周溝式集団墓.外形5.5m、溝幅0.65~1m,周溝に関係するのはV-501とV-503で、他は周溝使用済み後のもの。覆土よりIV群c類土器片													
X-501	123	62	66	N-26°-W				IV群b類土器片		頭部痕跡と礫			頭位は北西
X-502	150	62	60	N-74°-W				IV群b類土器片			伸展葬?		頭位は北西
X-503	84	42	100	N-27°-W									周溝中
X-504	106	54	40	N-70°-W									周溝中
X-6号竪穴式集団墓、竪穴長径11.0m、同短径10.0m、同短径0.42m、同深さ0.15m、盛土なし、竪穴覆土中よりIV群c類・V群a類土器片													
X-601	108	87	66	N-58°-E					ベンガラ	人骨	屈葬		頭位は北西
X-602	123	59	78	N-26°-E							屈葬		頭部を車嚢容にこした側臥
X-603	110	64	49	N-69°-W				IV群b類土器片		頭部痕跡	屈葬	土器片IVc6点	頭位は北西
X-604	85	61	87	N-66°-E				IV群b類土器片				V群a類土器(小型壷形)	頭位は北西
X-605	82	58	65	N-31°-E					ベンガラ	頭部痕跡	伸展葬		頭位は北東
X-7号周溝単一墓、溝外径3.82×3.73m、溝の深さ0.15m、溝の幅0.25m													
X-701	120	63	73	N-87°-W				IV群b類・V群a類土器片					
X-9号竪穴式集団墓、竪穴径11m、深さ0.15~0.2m、竪穴覆土よりIV群c類土器片													
X-901	205	65	130	N-59°-W	小ピット両端				ベンガラ	頭部一部	伸展葬?		頭位は北西
X-902	245	100	120	N-46.5°-W	小ピット両端					頭部痕跡	伸展葬?		頭位は北西
X-903	205	80	145	N-39°-W	小ピット両端				ベンガラ	頭部一部	伸展葬?		頭位は北西
X-904	210	65	130	N-57.5°-W	小ピット両端	小ピット			ベンガラ	人骨	伸展葬?		頭位は北西
X-905	155	55	110	N-45°-W				IV群b類・V群a類土器片			伸展葬		頭位は西~北
BS-1号竪穴式集団墓、竪穴長径12.0m、同短径11.5m、同深さ0.1m、台地縁辺部													
P-1	140	72.7	139.3	N-102°-W					ベンガラ		伸展葬?		
P-2	121.2	78.7	78.7	N-52°-W							伸展葬?		
P-3	212.1	72.7	121.2	N-39°-W							伸展葬?		
P-4	272.7	96.9	139.3	N-33°-W		小ピット					伸展葬?		
P-5	145.4	66.6	127.2	N-1°-W		礫2					伸展葬?		
P-6	115.1	54.5	78.7	N-72°-W		礫			ベンガラ		伸展葬		
P-7	151.5	60.6	109	N-25°-W							伸展葬		
P-8	133.3	72.7	84.8	N-80°-W					ベンガラ		伸展葬		
P-9	175.7	96.9	139.3	N-31°-W					ベンガラ		伸展葬		
BS-2号竪穴式集団墓、竪穴長径11.6m、同短径9.7m													
P-1	133.3	66.6	84.8								伸展葬?		
P-2	181.8	78.7	84.8								伸展葬?		

付表・竪穴式集団墓（含む周溝墓）と土坑墓一覧

土坑墓番号	長さ	幅	面積	深さ	長軸方位	墓壙外	墓壙内	壙口	覆土中	ベンガラ	遺体	姿勢	墓壙底面 副葬品	備考
P-3	136.3	72.7		84.8							人骨	伸展葬？		
P-4	133.3	72.7			Sep-90							伸展葬？		
BS-3号周溝式集団墓、竪穴径12.0m(短径10.6m)、同深さ0.3～0.5m、中央に中央土坑墓用のマウンド、排土広がり長径2.0m(短径18.5m)、同厚さ0.1～0.2m、中央に中央土坑墓用のマウンド、排土広がり長径2.0m(短径18.5m)、同厚さ0.1～0.2m、溝幅2.5～3.5m、BS-1と接し、BS-3より古い、周溝内よりⅣ群c類(堂林式)土器													
P-1	103	60.6		78.7	N-0°-W	小ピット両端								
P-2	133.3	69.6		115.1	N-0°-W	小ピット両端		勾玉						周壙内にⅣC類土器(堂林)
P-3	115.1	66.6		139.3	N-57°-W	小ピット両端		ベンガラ、Ⅳ群c類土器片339点(鉢)		ベンガラ				
P-4	193.9	84.8		109	N-99°-W	小ピット		Ⅳ群c類、Ⅴ群土器片						
P-5	115.1	54.5		103	N-20°-W		礫							
P-6	175.7	63.6		121.2	N-23°-W	小ピット両端		Ⅳ群c類土器片						P-16土坑墓と重複
P-7	127.2	60.6		96.9	N-16°-E	小ピット								
P-8	78.7	48.4		90.9	N-30°-W	小ピット両端								
P-9	163.6	48.4		96.9	N-0°-W	小ピット両端							漆塗り弓、石鏃、石斧	
P-10	100	48.4		109	N-53°-W	小ピット両端								
P-14	206	72.7		109	N-26°-W					ベンガラ		伸展葬	漆塗り弓	中央土坑墓、成年男性
P-11	96.9	60.6		54.5	N-101°-W									周堤上
P-12	136.3	69.6		78.7	N-70°-W									周堤上
P-13	151.5	90.9		48.4	N-101°-W									周堤上
P-15	157.5	109		78.7	N-18°-E								石斧	周堤上
P-17	90.9	60.6		72.7	N-63°-W								フレーク	周堤上
P-18	109	72.7		24.2	N-17°-W									周堤上
P-19	103	84.8		42.4	N-47°-W								石棒	周堤上
P-20	96.9	72.7		72.7	N-45°-W									周堤上
P-21	109	60.6		30.3	N-59°-W									周堤上
P-22	127.2	84.8		72.7	N-90°-W									周堤上
BS-4号周溝式単葬墓、BS-3の西、溝(1.2～1.7m)、外径(4.62m)、溝より3個体の土器(BS-3と同時期)													
P-1	127.2	72.7		103	N-32°-W									
BS-5号周溝式単葬墓、BS-4の南、馬蹄形の溝、外径3.26m													
P-1	115.1	66.6		109	N-75.5°-W								石棒2本、土器Ⅳ群c(注口形土器)	土器は溝から
BS-6号周溝式単葬墓、溝(30～40cm)、外径2.63m													
P-1	75.7	57.5		78.7	N-63°-W									柱穴様
6.千歳市美々5遺跡													
BX-1号竪穴式集団墓、竪穴長径6.2m、同短径4.73m、同深さ0.4～0.5m、排土広がり長径6.62m、同短径5.38m、同厚さ0.4～0.6m													
BP-1	96	67		74										
BP-4	179	87		106								頭部片		
7.千歳市末広遺跡													
ⅡK-1号竪穴式集団墓、竪穴径17.0m、同深さ0.4～0.5m、排土広がり径31.0m、同厚さ0.4～0.6m													
P-1	173	86		109	N-50°-W							伸展葬？		竪穴構築前の後期中葉の土坑墓を切って作る
P-2	150	92		114	N-76°-W					ベンガラ				
P-3	144	61		80	N-59°-W									
P-4	187	79		112	N-83°-W									

土坑墓番号	墓壙上面の規格 (cm)				標柱(もしくは類似壙)		覆土中	壙口	墓壙姿体	墓壙底面	副葬品	備考
	長さ	幅	面積	深さ	長軸方位	墓壙外	墓壙内					
P-5	144	114		103	N-60°-W							
P-6	103	84		113	N-28°-W							頭位は北西
P-7	183	93		121	N-86°-W			ベンガラ				
P-8	154	69		90	N-10°-W							
P-9	195	78		105	N-81°-W			ベンガラ				

ⅢK-2号竪穴式集団墓、竪穴径15.0m、同深さ0.2m、排土広がり径25.0m、同厚さ0.1〜0.17m

	長さ	幅	面積	深さ	長軸方位	墓壙外	墓壙内	覆土中	壙口	姿体	底面	備考
P-1	250	168		118	N-40°-W			ベンガラ			土器1	周堤の堆積上下に後期中葉土器 深鉢縄文地に沈線、口縁に突瘤
P-2	213	95		118	N-52°-W							
P-3	110	69		88	N-65°-W							
P-4	118	57		60	N-67°-W						玉2	
P-5	125	67		84	N-76°-W			ベンガラ	歯			東南頭位?
P-6	130	67		87	N-43°-W			ベンガラ	歯		石斧2	東南頭位?
P-7	165	82		77	N-65°-W							
P-8	288	82		83	N-57°-W			ベンガラ				
P-9	198	77		121	N-24°-W			ベンガラ				
P-10	119	57		107	N-81°-W							

ⅢK-3号竪穴式集団墓半分、竪穴径15.0m、同深さ0.05m、排土広がり径28.0m、同厚さ0.2m

| P-1 | 130 | 65 | | 83 | N-77°-W | | | | | | | |

8.千歳市丸子山遺跡

1号竪穴式集団墓、竪穴径17.9m、同深さ0.6m、排土広がり径26m、同厚さ0.5m

	長さ	幅	面積	深さ	長軸方位	墓壙外	墓壙内	覆土中	壙口	姿体	底面	備考
P-1	248	104		109		木柱 倒立の130×16cmの角柱礫						

2号竪穴式集団墓、竪穴径13.0m、同深さ0.25m、排土広がり径18.0m、同厚さ0.15m

P-1	200	80		93		柱		ベンガラ				
P-2	250	110		105							緑翠製玉1点	
P-3	213	85		110							赤漆塗り号	
P-4	215	55		110								

9.千歳市キウス4遺跡

X-1号竪穴式集団墓、竪穴径19m、同深さ0.5m、排土広がり径32m、同厚さ0.2m、高さ10〜20cmの中央マウンド、マウンド部を除く竪穴床面にバス混じりの腐植土を被覆？、床面に破砕礫と接触土器片、未完掘
X-2号竪穴式集団墓、外径31m、内径19m、比高0.7m
X-3号竪穴式集団墓、外径19m、内径10m、比高0.6m
X-4式竪穴式集団墓、外径41m、内径27m、比高0.6m
X-5号竪穴式集団墓、外径20m、内径14m、比高0.6m
X-6号竪穴式集団墓、外径28m、内径17m、比高0.5m
X-7号竪穴式集団墓、外径20m、内径13m、比高0.5m
X-8号竪穴式集団墓、耕作や心土破砕ではほとんど原形を維持していない
X-9号竪穴式集団墓、耕作や心土破砕ではほとんど原形を維持していない
X-10号竪穴式集団墓、竪穴長径16.56m、同短径15.16m、排土広がり長径23.38m、同厚径0.31m、周堤上に注口、床面中央に突瘤文あると深鉢、いずれもⅣ群堂林式期

XP-1	172	90		110〜								
GP-1001	196	91		105	N-57°-W		大い木柱痕?	ベンガラ	人骨2体	伸展葬		
GP-1002	266	91		152	N-89°-W							男・女性、腰に右肩を預けた側臥位、顔北向き、推定150cm

土坑墓番号	墓壙上面の規格(cm)				標柱(もしくは類似の標識)		覆土中	墓壙底面				備考
	長さ	幅	面積	深さ	長軸方位	墓壙外	墓壙内		ベンガラ	遺体	姿勢	副葬品	
GP-1003	186	106		103	N-76°-W								
GP-1004	169	94		108	N-33°-W			Ⅳ群b類					
GP-1005	206	98		139	N-37°-W	竪穴床に近口	両端に木柱痕		ベンガラ				Ⅳ群b類破片8点(覆土と床面の破片接合)、早期土器片
GP-1006	210	88		124	N-66°-W		両端に木柱痕	漆塗り鉢・小型鉢の破片					
GP-1007	212	98		134	N-53°-W		両端に木柱痕		ベンガラ				
GP-1008	253	119		134	N-48°-W		両端に木柱痕		ベンガラ	人骨4体	伸展葬		同時合葬、156cm、147cm、頭位は西、顔は北向き
GP-1009	197	81		124	N-60°-W		両端に木柱痕			人骨1体	伸展葬		壁に石屑を寄せた側臥位、頭位は西、顔北向き
GP-1010	105	75		104	N-30°-W			土器Ⅳ群c類片			屈葬		頭位は西
GP-1011	182	64		76	N-52°-W						伸展葬?		頭位は西
GP-1012	110	62		104	N-68°-W		西端に木柱痕?				伸展葬		頭位は西
GP-1013	260	115		116	N-74°-W		両端に木柱痕		ベンガラ	人骨1体	伸展葬	弓?	頭位は西、顔北向き
GP-1014	130	64		107	N-56°-W		東端に木柱痕			人骨1体	屈葬		
X-11号竪穴式集団墓、竪穴径12.56m、竪穴深さ0.14〜0.38m、排土広がり径20.45m、同厚さ0.14m。一部欠損。西側などよりX-13と重複。X-12、南側でX-13と重複。X-11はそれらより新しい。床面などよりⅣ群c類土器片321点、未完掘。													
GP-1101	222	72		132	N-89°-W	両端にピット					伸展葬		
X-12号竪穴式集団墓、竪穴長径8.64m、竪穴短径8.0m、同深さ0.16〜0.24m、同厚さ13.28m、同厚さ0.16m。東外縁部はX-11と、北西の周堤部は盛状盛土と南側直線状盛土が重複、X-12が古く、南側直線状盛土とⅣ群c類土器片321点、未完掘。													
GP-1201	205	77		131	N-73°-W	柱穴痕					屈葬		
GP-1202	173	101		104	N-81°-W								
X-13号竪穴式集団墓、竪穴長径6.89m、竪穴短径6.48m、同深さ0.1〜0.2m、排土広がり長径11.48m、排土広がり短径10.44m、同厚さ0.0m。X-11より古い、床面より早期土器片と後期土器片													
GP-1301	193	64		126	N-71°-W								西側から頭部片、中から大日歯5本。壮年女性、頭位は西
X-14号竪穴式集団墓、竪穴径6.0m、同深さ0.10m、排土広がり径10.08m、同厚さ0.0m													
GP-1401	123	65		102	N-80°-W						屈葬		頭部痕跡、頭位は西
X-15号竪穴式集団墓、竪穴長径6.04m、竪穴短径5.4m、同深さ0.07m、排土広がり長径10.84m、排土広がり短径9.84m、同厚さ0.07m													
GP-1501	188	54		133	N-78°-W	柱穴痕					伸展葬	Ⅳ群c類土器片11点	
GP-1502	200	65		129	N-76°-W								
GP-1503	222	85		140	N-64°-W	柱穴痕				人骨片状		漆膜(腰付近)	頭骨、背骨、大腿骨痕跡
X-16号竪穴式集団墓、竪穴径5.5m、排土広がり径9.44m、同短径8.5m、X-14と同規模の径10m程度													
X-17号竪穴式集団墓、竪穴長径9.44m、同短径8.68m、同深さ0.26〜0.48m、排土広がり長径17.82m、同短径16.25m、同厚さ0.2〜0.25m。中央の径5mの範囲に20〜25cmの高まり、周堤部でⅣ群c類土器片20点、同一個体													
GP-1701	177	79		85	N-112°-W							礫製玉2点	壙底面四側から、1点のみ両面穿孔、糸魚川産
GP-1702	115	67		119	N-94°-W				ベンガラ		伸展葬		ベンガラ2層
GP-1703	104	66		91	N-126°-W				ベンガラ		蹲葬	緑色泥岩製石斧、刃部斜め	ベンガラ北
GP-1704	124	68		95	N-108°-W				ベンガラ		伸展葬	石鏃11点、破片2点	頭位は西、Ob.は赤井川4、十勝3、赤石山2、鷹巣1、不明1
GP-1705	77	46		72	N-127°-W						(伸展葬側)	礫製玉5点、(壙底面東側)	2点以外の玉は糸魚川産、被葬者は非成人?
X-α号竪穴式集団墓、竪穴径11.7m、X-10の南側、LP-11・12−8−7													
LP-7	140	63		90	N-91°-W					人骨片	伸展葬		頭位は西、顔北向き
LP-8	198	77		112	N-89°-W						伸展葬		頭位は西
LP-11	184	53		86	N-100°-W		両端に木柱痕				伸展葬		頭位は西
LP-12	197	52		110	N-85°-W						伸展葬		頭位は西、顔南向き
X-b号竪穴式集団墓、竪穴長径16.5m、同短径15.5m、同深さ0.26〜0.11m、排土広がり28.5m													
X-c号竪穴式集団墓、竪穴長径17.9m、同短径15.8m、同深さ0.26〜0m、排土広がり33.85m													
X-α号竪穴式集団墓、竪穴径10.0m、同短径8.9m、同深さ0.38〜0.07m、排土広がり27.5m													

土坑墓番号	墓壙上面の規格(cm)				標柱(もしくは類似値)		墳口	覆土 中	墓壙 体	底面 姿勢	副葬品	備考
	長さ	幅	深さ	面積	長軸方向	墓壙外 墓壙内		ベンガラ 遺体				

土坑墓番号	内容
X-a号竪穴式集団墓 竪穴長径16.0m、同深0.4m、排土広がり25.0m	
10国史跡キウス周堤墓群(概報)、一部につき発掘、多くは未発掘	
1号竪穴式集団墓 竪穴長径17m、同短径16m、排土広がり長径75m、同短径65m。竪穴内地表と周堤地表との比高2m、土坑墓5基(116×80×60、86×85×60、100×46×60、110×67×60cm)、4号壙口付近に立石(62×18×7.5cm)	
2号竪穴式集団墓 竪穴径32m、排土広がり50m。竪穴内地表と周堤地表との比高5.4m、配石あり、土坑墓1基(長軸108cm、短径97cm)	
3号竪穴式集団墓 竪穴径30m、排土広がり50m。竪穴内地表と周堤地表との比高2.6m、周堤外に石棒	
4号竪穴式集団墓 竪穴径45m、排土広がり長径75m。竪穴内地表と周堤地表との比高0.9m	
5号竪穴式集団墓 竪穴径28m、同短径26m、排土広がり長径47m。竪穴内地表と周堤地表との比高1m	
6号竪穴式集団墓 竪穴径25m、同短径22m、排土広がり長径45m。竪穴内地表と周堤地表との比高0.9m	
7号竪穴式集団墓 竪穴径28m、排土広がり長径45m。竪穴内地表と同堤地表の比高1.3m	
8号竪穴式集団墓 排土広がり径18m	角柱確検出
9号竪穴式集団墓 排土広がり径30m	キウス4遺跡に相当?
10号竪穴式集団墓 竪穴広がり径20m	キウス4遺跡に相当?
11号竪穴式集団墓 竪穴径25m、排土広がり径45m。竪穴内地表と同堤地表との比高0.7m	キウス4遺跡に相当?
12号竪穴式集団墓 竪穴径16m、排土広がり径30m。竪穴内地表と同堤地表との比高0.7m	
13号竪穴式集団墓 竪穴径25m	現在、オルイカ遺跡
11.芦別市野花南遺跡	
1号竪穴式集団墓 竪穴外径23.4m、内堤16.7m、周堤と内外の比高32~50cm、配石(人頭大の円礫約20個)	
2号竪穴式集団墓(窪みのみで詳細不明)、推定外径11.4m、竪穴深さ5~12cm	
12.斜里町朱円東台地遺跡	
A号竪穴式集団墓 竪穴径28m径ほど、開墾により原形をとどめるものは少ないが、東半部に配石群20基以上、通常、礫群の下部に土坑墓 A-2号2.98×2.05mに礫群、その西側下に土坑墓(長軸229cm、短軸106cm、配石あり)、3体合葬	
B号竪穴式集団墓 竪穴径32m余 中央に土坑墓1基。墓壙を覆うように1.5mの板状の礫が人頭大の礫の多数の磧があろ、最少の土坑墓(径1.45m、深さ1.5m、最大の土坑墓83×60cm、最大3.28×1.32m、深さ1.3~2.2m)	
13.標津町伊茶仁チシネ第3竪穴群遺跡 5基の竪穴集団墓2基の可能性 うち3基につき墓を確認 壙口の長軸両端に住穴をもった土坑墓1基(長径90cm、短径26cm)を確認	
14.標津町伊茶仁化場第1遺跡 5基の竪穴集団墓2基の可能性 うち1基につき部分的な調査、中央部に1基、南部に1基の土坑墓を確認	
15.標津町カリカリウス遺跡 竪穴式集団墓3基	
16.標津町無名川遺跡	
参考・茶町、鷺ノ木遺跡(12基、竪穴墓域、うち1基は全面調査、1基は一部のみ検出	
1号竪穴、竪穴長径11.64m、短径9.2m、深さ9~22cm、長軸方位N-72°-W、土壙7基、小ピット4基	

	長さ	幅	深さ	面積	長軸方向
1号土壙	125	114	80		N-43.5°-W
2号土壙	238	223	91		N-69°-E
3号土壙	220	192	94		N-23°-E
4号土壙	115	95	38		N-2°-W
5号土壙	193	174	81		N-13°-W
6号土壙	104	98	49		N-18°-E
7号土壙	223	150	96		N-2°-W

引用・参考文献

青野友哉2012「縄文時代後期における多数合葬墓の埋葬課程」『考古学研究』59-3、47〜67、考古学研究会
　　　　　2013『墓の社会的機能の考古学』、同成社
青柳文吉1984「美々4遺跡における区画墓の変遷について」『美沢川流域の遺跡群』Ⅷ、207〜213、（財）北海道埋蔵文化
　　　　　財センター
青森市教育委員会1996『小牧野遺跡発掘調査報告書』（青森市埋蔵文化財調査報告書30）
青森市教育委員会1999『小牧野遺跡発掘調査報告書』Ⅳ（青森市埋蔵文化財調査報告書45）
青森市教育委員会2006『小牧野遺跡発掘調査報告書』Ⅸ（青森市埋蔵文化財調査報告書85）
安孫子昭二1981「瘤付土器」『縄文文化の研究』4、143〜156、雄山閣出版
　　　　　　1989「瘤付土器様式」『縄文土器大観』4、291〜294、小学館
阿部明義2003a「自然科学的分析・鑑定から」『キウス4遺跡（10）』（北海道埋蔵文化財センター調査報告書187）、
　　　　　60〜64、（財）北海道埋蔵文化財センター
　　　　　2003b「キウス4遺跡における縄文時代後期後半の土器編年」『キウス4遺跡（10）』北海道、埋蔵文化財センター
　　　　　調査報告書187）、91〜96、（財）北海道埋蔵文化財センター
阿部正己1918「北海道のチャシ」『人類学雑誌』33-3、66〜80、東京人類学会
　　　　1919「北海道の土城」『人類学雑誌』34-10、325〜331、東京人類学会
阿部義平1983「配石」『縄文文化の研究』9、32〜45、雄山閣出版
荒川隆史編2004『青田遺跡』（新潟県埋蔵文化財調査報告書133）、新潟県埋蔵文化財調査事業団
飯塚俊男編2000『縄文うるしの世界』、青木書店
石川　朗1999「まとめ」『釧路市幣舞遺跡調査報告書』Ⅳ、241〜253、釧路市埋蔵文化財センター
石川　徹1969「北海道千歳市キウス環状土籬外縁部墳墓について」『北海道考古学』5、37〜39、北海道考古学会
石坂俊郎・藤沼昌泰編2004『後谷遺跡　第4次・第5次発掘調査報告書』（第1分冊）、桶川市教育委員会
乾　芳宏1981「美沢川流域の環状土籬群」『北海道考古学』17、25〜35、北海道考古学会
乾　芳宏編2003『安芸遺跡』、余市町教育委員会
伊庭　功他1997「粟津湖底第3貝塚」『粟津湖底遺跡』Ⅰ、滋賀県文化財保護協会
今井富士雄・磯崎正彦1968「十腰内達跡」『岩木山』、316〜388、岩木山刊行会
今村啓爾2002『縄文の豊かさと限界』（日本史リブレット2）、山川出版社
煎本　孝編2002『東北アジア諸民族の文化動態』、北海道大学図書刊行会
宇田川洋（校註）1981『河野常吉ノート』1、157・160他、北海道出版企画センター
宇部則保・小久保拓也他2002『是川中居遺跡』1（八戸市内発掘調査報告書15）、八戸市教育委員会
上屋眞一2005「恵庭市柏木B遺跡・カリンバ3遺跡の玉」『日本玉文化研究会第3回北海道大会研究発表要旨・資料集』、
　　　　　28〜36、日本玉文化研究会
上屋眞一2006「北海道の漆製品」『縄文時代の装身具　平成18年度環日本海交流史研究集会発表要旨・資料集』、
　　　　　81〜93、（財）石川県埋蔵文化財センター
上屋眞一 2011「木製ドリルによる日高ヒスイの穿孔実験」『北海道の文化』83、67〜76、海道文化財保護協会
上屋真一・清水徳郎1980『北海道恵庭市柏木B遺跡（第三次）』、北海道恵庭市教育委員会
上屋真一・佐藤幾子2000「恵庭市カリンバ3遺跡の装身具」『考古学ジャーナル』466、17〜20、ニューサイエンス社
上屋眞一編2003a『カリンバ3遺跡(1)』恵庭市教育委員会
上屋眞一編2003b『カリンバ3遺跡(2)』恵庭市教育委員会
上屋眞一編2004『カリンバ3遺跡(3)』、恵庭市教育委員会
上屋眞一編2011『ユカンボシE12・E13遺跡』、恵庭市教育委員会
上屋真一・木村英明2014「北海道恵庭市カリンバ遺跡の大型合葬墓と埋葬様式―「多数合葬墓」をめぐる青野論文へ
　　　　　の回答」『考古学研究』60-4、21〜42、考古学研究会
恵庭市郷土資料館2007『図録カリンバ3遺跡』、恵庭市教育委員会

江原　英編1998『寺野東遺跡』(栃木県埋蔵文化財調査報告208集)、栃木県教育委員会
大島直行1999「墓と墓地構造―北海道」『季刊考古学』69、50～54、雄山閣出版
大谷敏三1975「北海道縄文後晩期における墓制について(1)」『先史』9、73～102、駒沢大学考古学研究会
　　　　　1978「「環状土籬」について」『考古学ジャーナル』156、7～11、ニューサイエンス社
　　　　　1983「環状土籬」『縄文文化の研究』9　、46～56、雄山閣出版
　　　　　2010『北の縄文人の祭儀場』(シリーズ・考古学を学ぶ74)、新泉社
大塚和義1964「北海道の墓址」『物質文化』3、43～57、物質文化研究会
　　　　　1967「縄文時代の葬制」『史苑』27-3、18～41、立教大学史学会
　　　　　1979「縄文時代の葬制」『日本考古学を学ぶ』3、36～56、有斐閣選書
大沼忠春1979「北海道美沢川流域の遺跡群」『日本考古学協会第45回総会発表要旨』、5～6、日本考古学協会
　　　　　1994「北海道・御殿山遺跡」『季刊考古学』48、51～53、雄山閣出版
大野憲司他1994『東北横断自動車道秋田線発掘調査報告書ⅩⅦ－虫内Ⅲ遺跡』、秋田県教育委員会
大場利夫・扇谷昌康1953『エリモ遺跡』
大場利夫・石川　徹1967『千歳遺跡』、千歳市教育委員会
大場利夫・渡辺兼庸1966「北海道爾志群三ツ谷貝塚」『考古学雑誌』51-4、13～27、日本考古学会
大場利夫・重松和男1977「北海道後志支庁余市町西崎山遺跡4区調査報告」『北海道考古学』13、13～25、北海道
　　　　　　　　　　　考古学会
大林太良1995『北の神々、南の英雄―列島のフォークロア』、小学館
岡田文男・成瀬正和・中川正人1992「松原内湖遺跡出土漆塗木製品の材質と技法」『松原内湖遺跡発掘調査報告書
　　　　　　　　　　　(木製品)』、65～75、滋賀県教育委員会
岡田文男・成瀬正和2000「戸平川遺跡出土漆器の塗膜構造調査」『戸平川遺跡』(秋田県文化財調査報告書
　　　　　　　　　　　294)、189～196、秋田県教育委員会
岡村道雄1993「埋葬にかかわる遺跡の出土状況からみた縄文時代の墓葬例」『論苑考古学』(坪井清足さん古稀を
　　　　　　　　祝う会編)、47～119、天山舎
小野昌子2005「北海道出土玉の原石供給地　日高ヒスイ」『日本玉文化研究会第3回北海道大会研究発表会資料』、別添
小野裕進1992「北限のうるし樹林」『続網走百話―秘められたる庶民の歴史』、28～30、網走市教育委員会
金山哲哉編2004『田鶴浜町三引遺跡Ⅲ(下層編)』、石川県教育委員会・(財)石川県埋蔵文化財センター
葛西　励1971「青森市周辺の後期縄文土器(1)」『うとう』76、18～22、青森郷土会
　　　　　1972「青森市周辺の後期縄文土器(2)」『うとう』78、40～44、青森郷土会
　　　　　1974「青森市周辺の後期縄文土器(3)」『うとう』80、42～47、青森郷土会
　　　　　1975「青森市周辺の後期縄文土器(4)」『うとう』81、20～23、青森郷土会
　　　　　1976「青森市周辺の後期縄文土器(5)」『うとう』82、27～30、青森郷土会
　　　　　1983「縄文時代中期・後期・晩期(葬制の変遷)」『青森県の考古学』(橘善光編)、212～300、青森大学出版局
葛西智義1994「縄文時代後半期」『北海道考古学』30、21～27、北海道考古学会
加藤邦雄1980「縄文文化後期、晩期」『北海道考古学講座』、107～125、みやま書房
　　　　　1992「墓制論(北海道を中心に)」『縄文時代』3、196～199、縄文文化研究会
金子昭彦1991「大洞B2式の磨消縄文について(上)－東北地方北部を中心として－」『研究紀要』ⅩⅠ、1～60、岩手県文
　　　　　　　化振興事業団埋蔵文化財センター
　　　　　1991「大洞B2式の磨消縄文について(中)－東北地方北部を中心として－」『研究紀要』ⅩⅡ、1～44、岩手県文
　　　　　　　化振興事業団埋蔵文化財センター
　　　　　1991「大洞B2式の磨消縄文について(下)－東北地方北部を中心として－」『研究紀要』ⅩⅢ、1～52、岩手県文
　　　　　　　化振興事業団埋蔵文化財センター
　　　　　1994a「東北地方北半部における縄文時代後期中葉の土器」『研究紀要』ⅩⅣ、1～34、岩手県文化振興事業団
　　　　　　　埋蔵文化財センター
　　　　　1994b「十腰内Ⅲ式とⅣ式の境界」『岩手考古学』6、1～22、岩手考古学会

2005「階層化社会と亀ヶ岡文化の墓—東北地方北部における縄文時代晩期の墓」『日本考古学』19、1〜28、日本考古学協会
川上淳・豊原熙司編1989『初田牛20遺跡発掘調査報告書』、根室市教育委員会
岸上伸啓2002「北東アジア沿岸地域の諸民族における社会構造の比較研究試論」『東北アジア諸民族の文化動態』、505〜544、北海道図書刊行会
木村尚俊1984「周堤墓」『北海道の研究』1、251〜288、清文堂
木村英明1977「北海道恵庭市柏木B遺跡発見の「環状土籬」」『どるめん』15、105〜107
　　　1978「環状土籬について—特に北海道恵庭市柏木B遺跡の調査を中心に」『日本考古学協会総会研究発表要旨』44、8〜11、日本考古学協会
　　　1985「柏木B遺跡」『探訪縄文の遺跡』(東日本編)、37〜47、有斐閣
　　　2003「柏木B遺跡からカリンバ3遺跡—縄文時代後期後半〜晩期初頭の墓と副葬品の変遷」『カリンバ3遺跡(Ⅰ)』、331〜339、恵庭市教育委員会
木村英明1985『いわゆる北大式土器とその文化に関する基礎的研究(予報)』
木村英明・上屋真一1979『北海道恵庭市柏木B遺跡』、北海道恵庭市教育委員会
木村英明・藤田　登1977「北海道恵庭市柏木B遺跡の発掘調査」『考古学ジャーナル』142、15〜19、ニューサイエンス社
木村英明編1976『恵庭市城(しろ)遺跡調査資料』No.1、北海道の原始文化を解明する会
　　　　1981『柏木B遺跡』、恵庭市教育委員会
木村英明ゼミナール1984「カリンバ3遺跡における考古学的調査—第3次調査」『教養ゼミナール論集』10、369〜392、札幌大学教養部
木村英明ゼミナール1985「カリンバ3遺跡における考古学的調査—第4次調査」『教養ゼミナール論集』10、265〜304、札幌大学教養部
楠　正勝1983「木製品」『金沢市新保本町チカモリ遺跡』、193〜202、金沢市教育委員会
工藤　肇「柏原Ⅰ〜Ⅳ式土器について—柏原5遺跡の縄文後期後葉の土器を主体に」『苫小牧市埋蔵文化財調査センター所報』2、9〜28、苫小牧市埋蔵文化財調査センター
工藤利幸他1982『盛岡市科内遺跡』(岩手県埋文センター文化財調査報告書第32集)、岩手県埋蔵文化財センター
工藤泰博1993『土居Ⅰ号遺跡』、板柳町教育委員会
熊谷仁志2001「北海道の縄文土器」『新北海道の古代1旧石器・縄文文化』、138〜177、北海道新聞社
小井川和夫1980「宮戸島台囲貝塚出土の縄文後期末・晩期初頭の土器」『宮城史学』7、9〜21、宮城歴史教育研究会
河野常吉1899「北海道先史時代の遺跡遺物並に人種」『北海道教育雑誌』、78〜81
　　　1918「キウスの遺跡」『北海道史付録地図』、北海道庁
　　　1924「キウスのチャシ」『北海道史蹟名勝天然記念物調査報告書』、177〜179、北海道庁
河野広道1954「先史時代の遺跡朱円の環状土籬」『網走道立公園知床半島学術調査報告』、91〜98、網走道立公園審議会
　　　1955a「北海道ストーンサークルと環状土籬」『日本人類学会・日本民族学協会連合大会第9回記事』、174〜176
　　　1955b「斜里町先史時代史」『斜里町史』、1〜75、斜里町
　　　1959「北海道の土器」『郷土の科学』23別冊、郷土の科学編集委員会
河野広道・藤本英夫1961「御殿山墳墓群について」『考古学雑誌』46-4、15〜33、日本考古学会
小柴吉男他1990『荒屋敷遺跡Ⅱ』『三島町文化財報告書第10集』、三島町教育委員会
五条目町教育委員会1984『中山遺跡発掘調査報告書』、五条目町教育委員会
小杉　康2001「巨大記念物の謎を探る」『新北海道の古代』1(旧石器・縄文文化)、182〜201、北海道新聞社
後藤勝彦1981「縄文後期の土器—東北地方」『縄文土器大成』3、139〜143、講談社
古原敏弘編1984『御殿山遺跡とその周辺における考古学的調査』(静内町遺跡分布調査報告書その2)、静内町教育委員会

小林圭一1999「東北地方・後期(瘤付土器)」『縄文時代』10、149～177、縄文時代文化研究会
小林敬編1980『オクシベツ川遺跡・発掘調査報告』、斜里町教育委員会
小林　正2001「縄文時代の結歯式竪櫛について－新潟県を中心に－」『新潟考古学談話会会報』23、93～100、新潟考古学談話会
小林幸雄2003「カリンバ3遺跡出土漆製品の材質と技法」『カリンバ3遺跡(1)』、315～324、恵庭市教育委員会
小林幸雄・三野紀雄1979「美沢川遺跡群出土赤色漆塗櫛の製作について」『北海道開拓記念館研究年報』7、71～77、北海道開拓記念館
小林幸雄他1998『うるし文化―器が語る北海道の歴史』、北海道開拓記念館
駒井和愛1959『音江』、慶友社
斎藤良治1968「陸前地方縄文文化後期後半の土器編年について」『仙台湾周辺の考古学的研究』(宮城県の地理と歴史3)、54～67、宮城県教育大学歴史研究会
佐川俊一1998「成果と問題点―まとめ」『キウス4遺跡(2)』(北海道埋蔵文化財調査報告書124)、373～378、(財)北海道埋蔵文化財センター
　　　　1999「キウス4遺跡の盛土遺構調査」『北海道考古学』35、99～107、北海道考古学会
桜町遺跡発掘調査団2001『桜町遺跡調査概報』、学生社
佐々田友規2003「縄文時代の埋葬行為にかかわる知識―被葬者の身体と副葬品の空間的関係の分析から―」『認知考古学とは何か』(松本直子他編)、青木書店
佐藤一夫・宮夫靖夫編1996『柏原5遺跡』、苫小牧市教育委員会
佐藤　剛2000「X-10における墓壙の構築順について」『千歳市キウス4遺跡(5)』(北海道埋蔵文化財センター調査報告書144)、259～260、(財)北海道埋蔵文化財センター
佐藤　剛・長谷山隆博2002「野花南周堤墓群詳細測量調査の報告」『北海道考古学』38、99～107、北海道考古学会
重松和男1971「北海道の古墳墓について1　研究史」『北方文化研究』5、55～77、北方文化研究施設
　　　　1972「北海道の古墳墓について2　現在までの資料と今後の問題点」『北方文化研究』6、37～130、北方文化研究施設
静内町教育委員会1984『御殿山遺跡とその周辺における考古学的調査』
標津町教育委員会1979『標津の竪穴Ⅱ』
　　　　　　　　1982『標津の竪穴Ⅴ』
　　　　　　　　1984『標津の竪穴Ⅷ』
標津町史編纂委員会1968『標津町史』
椙田光明1996「標津町伊茶仁カリカリウス遺跡の調査」『しべつの自然　歴史　文化』5(標津町ポー川史跡自然公園紀要)
　　　　1997「環状土籬の調査」『しべつの自然　歴史　文化』7 (標津町ポー川史跡自然公園紀要)
鈴木克彦1996「亀ヶ岡式土器分布論序説」『青森県埋蔵文化財調査センター研究紀要』1、5～38、青森県埋蔵文化財調査センター
　　　　1997a「注口土器の研究」『青森県埋蔵文化財センター研究紀要』2、1～38、青森県埋蔵文化財調査センター
　　　　1997b「東北地方北部における十腰内式土器様式の編年学的研究・3」『北奥古代文化』26、1～60、北奥古代文化研究会
　　　　1998a「東北地方北部における十腰内式土器様式の編年学的研究・2(上)」『考古学雑誌』83-2、1～45日本考古学会
　　　　1998b「東北地方北部における十腰内式土器様式の編年学的研究・2(下)」『考古学雑誌』83-3、30～65、日本考古学会
　　　　1998c「注口土器の体系」『日本考古学協会64回総会研究発表要旨』、54～57、日本考古学協会
　　　　1999「北海道渡島・檜山地域の後期後半の編年」『古代』107、43～63、早稲田大学考古学会
　　　　2001『北日本の縄文後期土器編年の研究』、雄山閣出版
　　　　2005「北日本における硬玉の変遷と特質―特にヒスイ勾玉の起源と発展」『日本玉文化研究会第3回北海道大会研究発表要旨・資料集』、152～172、日本玉文化研究会
鈴木素行2005「彼岸の石棒―道南地方の周堤墓と関東地方の集落跡に見る完形の石棒」『地域と文化の考古学』Ⅰ(明治

　　　　　大学考古学研究室編)、637〜652、六一書房
　　　　2012「頭に皮を巻いた石棒－「有文石棒の磨減痕」と「成興野型石棒」を見直すために－」『筑波大学先史学・考
　　　　　古学研究室』23、43〜58、筑波大学人文社会科学研究科歴史・人類学専攻
瀬川拓郎1980「『環状土籠』の成立と解体」『考古学研究』107、55〜73、考古学研究会
　　　　1983「縄文後期〜続縄文期墓制論ノート」『北海道考古学』19、37〜49、北海道考古学会
セミョーノフ・ユ(中島寿雄・中村嘉男・井上紘一訳)1971『人類社会の形成』下巻、法政大学出版局
高杉博章・高橋　毅他2008『鷲ノ木遺跡』(森町埋蔵文化財調査報告書15)、森町教育委員会
鷹野光行1976「トコロチャシ南尾根遺跡出土の縄文時代後期の土器についての若干の考察」『トコロチャシ南尾根遺
　　　　　跡』、115〜120、東京大学文学部
　　　　1978「北海道における縄文時代後期中葉の土器編年について」『考古学雑誌』63-4、339〜354、日本考古学会
　　　　1981「後期の土器－北海道の土器」『縄文文化の研究』、114〜122、雄山閣出版
　　　　1984「縄文時代後期後半期」『北海道考古学』20、47〜57、北海道考古学会
　　　　1989「御殿山式土器様式」『縄文土器大観』4、295〜298、小学館
高橋　理1998「千歳市キウス4遺跡出土動物遺存体」『キウス4遺跡(2)』(北海道埋蔵文化財調査報告書124)、373〜378、
　　　　　(財)北海道埋蔵文化財センター
　　　　2001「千歳市キウス4遺跡R地区出土動物遺存体」『キウス4遺跡(6)』(北海道埋蔵文化財調査報告書148)、349
　　　　　〜352、(財)北海道埋蔵文化財センター
高橋　理・太子夕佳2001「千歳市キウス4遺跡D・F・G地区出土動物遺存体」『キウス4遺跡(8)』(北海道埋蔵文化財
　　　　　調査報告書157)、481〜501、(財)北海道埋蔵文化財センター
高橋　理・山﨑京美・太子夕佳2003「千歳市キウス4遺跡、R地区出土動物遺存体」『千歳市キウス4遺跡(9)』
　　　　　(北海道埋蔵文化財調査報告書180)、161〜192、(財)北海道埋蔵文化財センター
高橋和樹・藤原秀樹1999「北海道の墓制の成立―周堤墓から御殿山系墓」『日本考古学協会1999年度釧路大会研
　　　　　究発表要旨』、19〜21、日本考古学協会
高畑宣一1894「石狩川沿岸穴居人種遺跡」『東京人類学雑誌』103、2〜17、東京人類学会
滝沢規朗編2002『元屋敷遺跡Ⅱ(上段)』(奥三面ダム関連遺跡発掘調査報告書ⅩⅣ)、朝日村教育委員会
田鎖寿夫1986「「瘤付土器」から「晩期前葉」までの土器紋様の変遷過程」『岩手県埋蔵文化財センター紀要』Ⅵ、1〜56
田口　尚他編1989『小樽市忍路土場遺跡・忍路5遺跡』(北海道埋蔵文化財センター調査報告書53)、(財)北海道埋蔵
　　　　　文化財センター
谷口康浩2004「環状集落から探る縄文社会」『栃木県考古学会誌』25、17〜25、栃木県考古学会
　　　　2006「石棒と石皿―象徴的生殖行為のコンテクスト」『考古学』Ⅳ
田村俊之1994「北海道千歳市丸子山遺跡発掘調査の概要」『北奥古代文化』23、12〜19、北奥古代文化研究会
千歳市教育委員会1979『千歳市における埋蔵文化財(上)』
　　　　1981『末広遺跡における考古学的調査(上)』(文化財調査報告書Ⅶ)
　　　　1982『末広遺跡における考古学的調査(下)』(文化財調査報告書Ⅷ)
　　　　1994『丸子山遺跡における考古学的調査』(文化財調査報告書ⅩⅨ)
　　　　1996『末広遺跡における考古学的調査Ⅳ』(文化財調査報告書ⅩⅪ)
　　　　1997『キウス4遺跡における考古学的調査』(文化財調査報告書ⅩⅩⅢ)
千歳市史編纂委員会1983『増補千歳市史』、千歳市
千代　肇1982「縄文時代の墓制としての環状列石」『考古学ジャーナル』208、15〜20、ニューサイエンス社
千葉敏朗2013『下宅部遺跡Ⅳ』(漆工関連資料調査報告書)、東村山市教育委員会・東村山ふるさと歴史館
千葉英一他1985『知内町湯の里3遺跡』(北海道埋蔵文化財センター調査報告書32)、(財)北海道埋蔵文化財センター
塚原正典1987『配石遺構』、ニューサイエンス社
辻　惟雄1989「かざりの奇想」『奇想のからくり』、210〜262、平凡社
寺内敏郎編1987『史跡寺地遺跡』、青海町教育委員会
土肥　孝1997「縄文時代の装身具」『日本の美術2』、至文堂

富樫泰時1995「縄文時代における自然の社会化—秋田県大湯遺跡」『縄文時代における自然の社会化』(『季刊考古学』)別冊6、30～41、雄山閣出版.
戸沢充則・千葉敏朗2000『下宅部遺跡1999年度発掘調査概報』、東村山市遺跡調査会
土肥研晶2001「土器」『千歳市キウス4遺跡(8)』(北海道埋蔵文化財調査センター調査報告書157)、385～414、(財)北海道埋蔵文化財センター
　　　　　2003「恵庭市西島松5遺跡」『2003年度遺跡調査報告会資料集』、北海道考古学会
土肥研晶・柳瀬由佳編2009『恵庭市西島松5遺跡(6)』(北海道埋蔵文化財センター調査報告書260)、(財)北海道埋蔵文化財センター
中川正人1992「滋賀県内出土漆製品集成－前編－」『紀要(滋賀県文化財保護協会)5』、66～76、滋賀県文化財保護協会
　　　　　1997「粟津湖底遺跡出土漆製品の材質と技法」『粟津湖底第3遺跡』、424～443、滋賀県文化財保護協会
　　　　　1998「櫛の造形－縄文時代の竪櫛－」『紀要(滋賀県文化財保護協会)11、30～37、滋賀県文化財保護協会
中里壽克1987「籃胎櫛類の技法」『史跡寺地遺跡』、373～396、青海町教育委員会
　　　　　1989「米泉遺跡出土陶胎漆器及籃胎漆器」『金沢市米泉遺跡』、219～246、石川県立埋蔵文化財センター
永嶋正春1993「井手畔遺跡出土の漆資料について」『井手畔遺跡発掘調査報告書』(鳥取県教育文化財団調査報告書31)、348～353、鳥取県教育文化財団
　　　　　1998「寺町東遺跡出土漆関係資料－その漆工技術的検討－」『寺野東遺跡』(栃木県埋蔵文化財調査報告208)、95～121、栃木県教育委員会
長町章弘編2013『ユカンボシE1遺跡』、恵庭市教育委員会
夏目有彦1988「漆櫛を復元する」『縄文人の生活と文化』(古代史復元2)、22～23、講談社
成瀬正和・岡田文男1994「寿納泥炭層遺跡出土縄文漆器の研究(2)－櫛の塑形材など」『日本文化財科学会第11回大会研究発表要旨集』、113・114、日本文化財科学会
西川　徹1993「井手畔遺跡出土の櫛について」『井手畔遺跡発掘調査報告書』(鳥取県教育文化財団調査報告書第31集)、64～172、鳥取県教育文化財団
西田昌弘2006「石川県における縄文時代の装い」『縄文時代の装身具　平成18年度環日本海交流史研究集会発表要旨・資料集』17、27～30、(財)石川県埋蔵文化財センター
西野秀和編1989『金沢市米泉遺跡』、石川県立埋蔵文化財センター
中村　大1999「墓制から読む縄文社会の階層化」『最新　縄文学の世界』、48～60、朝日新聞社
ニセコ町教育委員会1981『昭和56年度ニセコ町内遺跡分布調査報告書』Ⅰ
ニセコ町百年史編纂委員会2002『ニセコ町百年史』上巻
野村　崇1962「長沼町幌内堂林遺跡調査概要」『郷土の文化財』1
　　　　　1974「芦別市の先史遺跡」『芦別市史』
野村　崇・宇田川洋1967『長沼町幌内堂林遺跡調査報告』、長沼町教育委員会
長谷山隆弘1994「各遺物と出土遺物」『新芦別市史』第1巻、97～119、芦別市
林　謙作1979「縄文期の村落をどうとらえるか」『考古学研究』103、1～16、考古学研究会
　　　　　1980「東日本縄文期墓制の変遷(予察)」『人類学雑誌』88-3、269～284頁、日本人類学会
　　　　　1983「柏木B第1号環状周堤墓の構成と変遷」『北海道考古学』19、19～36、北海道考古学会
　　　　　1983「美々4式の構成」『考古学論集』Ⅰ(芹沢長介先生還暦記念論文集)、273～307芹沢長介先生還暦記念論文集刊行会
　　　　　1985「葬制の変遷とその意味」『日高見国』(菊地啓次郎学兄還暦論集)、25～36、菊地啓次朗学兄還暦記念会
　　　　　1993「石狩低地帯南部の環状周堤基」『考古論集』(潮見浩先生退官記念論集)、243～282、潮見浩先生退官記念事業会
　　　　　1998「縄紋社会は階層社会か」『古代史の論点』4　権力と国家と戦争、87～110、小学館
原田二郎1937「北海道千歳村のチャシに就て」『軍事史研究』2-3、39～50
春成秀爾1980「縄紋文合葬論－縄文後・晩期の出自規定－」『信濃』32-4、1～35、信濃史学会
　　　　　1982「縄紋社会論」『縄文文化の研究』8、223～252、雄山閣出版

　　　　　　　　1983「竪穴式墓域論」『北海道考古学』19、1～18、北海道考古学会、北海道考古学会
　　　　　　　　1987「装身の歴史―採取の時代」『季刊考古学』5、18～21、雄山閣出版
　　　　　　　　1997『古代の装い』(歴史発掘4)、講談社
藤井　浩編2003『野田生1遺跡』(北海道埋蔵文化財センター調査報告書183)、(財)北海道埋蔵文化財センター
藤田　登2004「鷲ノ木5遺跡の環状列石と竪穴墓域」『考古学ジャーナル』515、25～29、ニューサイエンス社
藤本　強1983「墓制成立の背景」『縄文文化の研究』9、12～31、雄山閣出版
藤本英夫1961「御殿山ケールン群墳墓遺跡について」『民族学研究』26-1、47～57、民族学協会
　　　　　　　1964「北海道三石町ホロケ台地墳墓群遺跡－第二次調査－」『考古学雑誌』49-4、70～74、日本考古学会
藤本英夫編1963『GOTENYAMA－Plates』(第2分冊、写真編)、静内町教育委員会
藤原秀樹1999「北海道における後期後葉から晩期初頭にかけての集団墓地について」『日本考古学協会1999年度釧路大
　　　　　　　　会研究発表要旨』、3～36、日本考古学協会
　　　　　　　2000「キウス4遺跡・キウス周堤墓群における周堤墓の分類と新旧関係」『千歳市キウス4遺跡(5)』(北海道埋
　　　　　　　　蔵文化財調査センター調査報告書144)、245～258、(財)北海道埋蔵文化財センター
　　　　　　　2003「その後の周堤墓研究史、キウス4遺跡における周堤墓外の墓壙について」『千歳市キウス4遺跡(10)』、
　　　　　　　　69～90、(財)北海道埋蔵文化財センター
　　　　　　　2007「北海道後期の周堤墓」『死と弔い』(縄文時代の考古学9)、19～32、同成社
文化財保護委員会1953『大湯町環状列石』(埋蔵文化財発掘調査報告2)、吉川弘文館
北海道アート社1997『恵庭年代記』、恵庭市
北海道狩太町教育委員会1957『狩太遺跡』
北海道教育委員会1977『美沢川流域の遺跡群』
　　　　　　　　　　1978『美沢川流域の遺跡群Ⅱ』
　　　　　　　　　　1979『美沢川流域の遺跡群Ⅲ』
北海道埋蔵文化財センター1981『美沢川流域の遺跡群Ⅳ』(北海道埋蔵文化財センター調査報告書3)、(財)北海道埋蔵
　　　　　　　　文化財センター
　　　　　　　　　　1984『美沢川流域の遺跡群Ⅶ』(北海道埋蔵文化財センター調査報告書14)、(財)北海道埋蔵文化財センター
　　　　　　　　　　1985a『美沢川流域の遺跡群Ⅷ』(北海道埋蔵文化財センター調査報告書17)、(財)北海道埋蔵文化財センター
　　　　　　　　　　1985b『湯の里遺跡群』(北海道埋蔵文化財調査報告書18)、(財)北海道埋蔵文化財センター
　　　　　　　　　　1986『美沢川流域の遺跡群Ⅸ』、(財)北海道埋蔵文化財センター
　　　　　　　　　　1989『忍路土場遺跡・忍路5遺跡』(北海道埋蔵文化財調査報告書53)、(財)北海道埋蔵文化財センター
　　　　　　　　　　1997『キウス4遺跡』(北海道埋蔵文化財調査報告書119)、(財)北海道埋蔵文化財センター
　　　　　　　　　　1998『キウス4遺跡(2)』(北海道埋蔵文化財調査報告書124)、(財)北海道埋蔵文化財センター
　　　　　　　　　　1999a『キウス4遺跡(3)』(北海道埋蔵文化財調査報告書134)、(財)北海道埋蔵文化財センター
　　　　　　　　　　1999b『キウス4遺跡(4)』(北海道埋蔵文化財調査報告書135)、(財)北海道埋蔵文化財センター
　　　　　　　　　　2000a『キウス4遺跡(5)』(北海道埋蔵文化財調査報告書144)、(財)北海道埋蔵文化財センター
　　　　　　　　　　2000b『キウス4遺跡(6)』(北海道埋蔵文化財調査報告書148)、(財)北海道埋蔵文化財センター
　　　　　　　　　　2000c『キウス4遺跡(7)』(北海道埋蔵文化財調査報告書152)、(財)北海道埋蔵文化財センター
　　　　　　　　　　2001『キウス4遺跡(8)』(北海道埋蔵文化財調査報告書157)、(財)北海道埋蔵文化財センター
　　　　　　　　　　2002『西島松5遺跡』(北海道埋蔵文化財調査報告書178)、(財)北海道埋蔵文化財センター
　　　　　　　　　　2003a『キウス4遺跡(9)』(北海道埋蔵文化財調査報告書180)、(財)北海道埋蔵文化財センター
　　　　　　　　　　2003b『キウス4遺跡(10)』(北海道埋蔵文化財調査報告書187)、(財)北海道埋蔵文化財センター
　　　　　　　　　　2009『西島松5遺跡(6)』(北海道埋蔵文化財調査報告書260)、(財)北海道埋蔵文化財センター
増山仁・田村明美・南久和編1983『金沢市新保本町チカモリ遺跡』、金沢市教育委員会
松下　亘1965「北海道の土器に見られる突瘤文について」『物質文化』5、14～28、物質文化研究会
松田　功2001「斜里町の縄文時代衣食住とお墓」(特別展示第22回)、斜里町立知床博物館
三浦正人1990「北海道縄文～続縄文時代の漆工品」『考古学ジャーナル』314、4～10、ニューサイエンス社

　　　　　　　　1990「小樽市忍路土場遺跡－低湿地部の作業場跡」『考古学ジャーナル』317、ニューサイエンス社
宮　宏明1988『柏木川8遺跡・柏木川13遺跡』、恵庭市教育委員会
村木淳・小久保拓也・杉山陽亮2005『是川中居遺跡4』(八戸市発掘調査報告書20)、八戸市教育委員会
本吉恵理子・岡田文男2003「安芸遺跡から出土した漆製品の塗膜構造調査」、『余市町安芸遺跡』109～111、余市町教
　　　　育委員会
森川昌和・山田昌久他1979『鳥浜貝塚』、福井県教育委員会
森田知忠1981「縄文後期の土器—北海道」『縄文土器大成』3、136～138、講談社
八重柏　誠編2008『鷲ノ木5遺跡』(森町埋蔵文化財調査報告書14)、森町教育委員会
谷地　薫1993「家ノ後遺跡の晩期初頭土器—入組帯縄文と入組三叉文」『秋田県埋蔵文化財調査センター研究紀要』8
矢野　等1998「野花南環状土籬について」『郷土研究』19
矢吹俊男1982「周堤墓等」『美沢川流域の遺跡群発振調査の概要』、35～41、(財)北海道埋蔵文化センター
　　　　　　　1983「区画墓・土壙墓(上)」『史館』14、14～23、史館同人
　　　　　　　1984a「区画墓・土壙墓(中)」『史館』15、21～31、史館同人
　　　　　　　1984b「区画墓・土壙墓(下)」『史館』16、21～31、史館同人
　　　　　　　1984c「配石遺構」『北海道考古学』24、65～73、北海道考古学会
　　　　　　　1985「縄文時代の区画墓について(前編)」『北海道の文化』53、27～39、文化財保護協会
　　　　　　　1986a「縄文時代の区画墓について(後編)」『北海道の文化』55、52～66、文化財保護協会
　　　　　　　1986b「北海道の配石遺構」『北奥古代文化』17、27～38、北奥古代文化研究会
矢吹俊男・野中一宏1985「縄文時代の墓制—縄文時代後期の区画墓について」『続北海道5万年史』、162-186、郷土と
　　　　科学編集委員会
山内晴男1930「所謂亀ヶ岡式の分布と縄文式土器の終末」『考古学』1-3
山形県立うきたま風土記の丘考古資料館1996『縄文のタイムカプセル押出遺跡』、山形県立うきたま風土記の丘考古
　　　　資料館
山下孫継他1974『鎧田遺跡発掘調査報告書』(秋田県文化財調査報告書28)、秋田県教育委員会
山田昌久・山浦正恵1984「縄文時代の漆器」『寿能泥炭層遺跡発掘調査報告書』、529～554、埼玉県教育委員会
山田昌久編2000「漆器と木製品」『戸平川遺跡』(秋田県文化財調査報告書294)、167～178、秋田県教育委員会
山田康弘2010「縄文時代における階層性と社会構造」『考古学研究』57-2、6～21、考古学研究会
山本直人編1987『石川県石川郡河内村福岡遺跡』、河内村教育委員会
吉崎昌一1965「縄文文化の発展と地域性　1北海道」『日本の考古学』Ⅱ、30～63、河出書房
渡辺　仁2000『縄文式階層化社会』、六一書房
渡瀬荘三郎1986c「札幌近傍ピット其他古跡ノ事」『人類学会報告』1-1、8～10、日本人類学会
　　　　　　　1886b「北海道後志国に存する環状石籬の遺跡」『人類学会報告』2、30～33、日本人類学会
藁科哲男2003「千歳市キウス4遺跡R地区出土の黒曜石鮎器の原材産地分析」『キウス4遺跡(9)』(北海道埋蔵文化財調査
　　　　報告書180)、229～240、(財)北海道埋蔵文化財センター
Torii, R 1919 "Vestiguges Toungousses du Yezo. Etudes archeolgiques et Ethnologiques, Les Ainou des Iles
　　　　Kouriles"『東京帝国大学理科大学紀要』42－1、306-315,(鳥居龍蔵1976『鳥居龍蔵全集』5所収)
Sakaguchi, T. 2011; Mortuary Variability and Status Differentiation in the Late Jomon of Hokkaido Based on the
　　　　Analysis of Shuteibo (Communal Cemeteries). Journal of World Prehistory. 24, pp. 275-308
White,R.1993;Technological and social dimensions of Aurrignacian-age body ornaments across Europe. In Knechit,
　　　　H., Pike-Tay, A. and White, R.(eds) Before Lascaux: The complex Record of the Early Upper
　　　　Paleolithic, pp. 277-299. Boca-Raton: CRC Press.

Karinba Site as the Historic Site Designated by the National Government and Kashiwagi B Site.

—From the stone club group to the scarlet lacquered sash group during the late stage of the Jomon period—

Prologue
The Origin of "Prayer to the Dead" and "Adornment" ········· 005
  1) What makes human bury the dead? ········· 007
  2) Idea and adhesion of "ornament"–Adornment ········· 009

Chapter 1
The Scarlet Lacquered Sash Group of Karinba Site and the Stone Club Group of Kashiwagi B Site ········· 013

Ⅰ Location of Karinba site and Kashiwagi B site ········· 015

Ⅱ Discovery of Karinba site and excavations at Karinba site and Kashiwagi B site ········· 021

Ⅲ Stratigraphy at sites ········· 027

COLUMN "Ditch Like Feature" Found at Karinba Site ········· 030

Chapter 2
Mortuary and Adornment of the Scarlet Lacquered Sash Group–Excavation at Karinba Site 033

Ⅰ Unearthed burial graves–Procedure of journey to the next world and standard of burial graves ········· 035

  1 Formula–From the digging burial graves to the burying corpus ········· 035
  2 Standard of burial graves ········· 039
  3 Grave marker displayed on tomb ········· 040
  4 Offerings after burying the corpus ········· 045
  5 Burial graves decorated by red ocher and grave inclusions ········· 048

Ⅱ Grave inclusions from Karinba site–Accessories and ritual utensils ········· 054
  1 Accessories and ritual utensils left by the dead alone ········· 055
  2 Burial graves with stone club ········· 059

III Group burial graves with plural entombed and colorful accessories decorated them ·············· 060
　　1 The 30th group burial grave ··· 062
　　2 The 118th group burial grave ·· 066
　　3 The 119th group burial grave ·· 073
　　4 The 123rd group burial grave ·· 081

　IV Accessories decorated the dead ·· 092
　　1 Lacquered accessories ·· 093
　　　1) Comb ·· 093
　　　2) Head dress ··· 096
　　　3) Earring ·· 097
　　　4) Chest ornament ·· 097
　　　5) Bracelet ··· 097
　　　6) Sash ··· 100
　　2 Beads ··· 102
　　　1) Necklace ·· 102
　　　2) Type and material of beads ··· 102

　V Lacquer work and status differentiation at Karinba site ··· 107
　　1 Potteries as ritual utensils and their chronology ··· 107
　　2 "Karinba" type lacquered comb–Its manufacturing technique and distribution ·················· 114
　　　1) Manufacturing technique of lacquered comb ··· 114
　　　2) Distribution of lacquered comb in Japanese archipelago and "Karinba" type
　　　　 lacquered comb ·· 117
　　3 What is shown under distribution of burial graves ·· 122
　　4 The entombed at Karinba site and their organization ··· 123
　　5 Personal appearance of the entombed (supposed reconstruction) ································· 125
　　6 The entombed with glossy accessories–What suggest group burial graves ? ······················ 125
　　7 Accessories of the entombed from the 135th group burial grave ··································· 128
　　8 What suggests the simultaneous mortuary ? ··· 129

　COLUMN　Excavation at the End of Field Season
　　　　　　Cutting the Large Group Burial Graves with Plural Dead Off and Inner-excavation ··· 131

　Appendix　Basical principle of the management for the site and its unearthed remains at
Karinba 3 site in Eniwa city ·· 133

　COLUMN　Experimental Work of Perforation on Hidaka Jade Done by Wooden Drill ········ 136

　COLUMN　Lacquer Trees at Northern Limit ·· 141

Chapter 3
Mortuary and Ritual of the Stone Club Group-Excavation at Kashiwagi B Site 143

I Digging pit type communal cemetery and burial graves (Circular communal cemetery · Communal cemetery surrounded by bank) 146
  1 The 1st digging pit type communal cemetery 146
  2 The 2nd digging pit type communal cemetery 187
  3 The 3rd digging pit type communal cemetery 209
  4 The 4th/the 5th digging pit type communal cemetry 217
II Collective burial graves and other features at the II area 218
  1 Burial graves and stone placement 218
  2 Southern burial graves (the Linear collective graves) 224
  3 Northward distribution of the linear collective graves 240
  4 Structure at the II area-"Circular collective graves" and "Heap" 242

COLUMN Grave Marker at Kashiwagi B Site-When Was the Pillar Stone Taken Off? ... 248

Appendix Note from Tomezo Nakayama 250
Appendix Kyuzo Nakayama, who challenged Rice Crop at Cold District 251

III Transition of burial graves under unearthed potteries 252
  1 Offering potteries left at the digging pit type communal cemetery 252
  2 Potteries left at "Circular collective burial graves" and "Heap" 256
  3 Chronological position of the digging pit type communal cemetery and subsequent transition of mortuary system 262

IV Structure of communal cemetery at Kashiwagi B site 269
  1 Structure of the digging pit type communal cemetery 269
    1) Standard of burial graves and manner of mortuary 269
    <length of burial grave> 272
    <width of burial grave> 272
    <depth of burial grave> 274
    <orientation of major axis> 274
    <red ocher> 275
    <grave inclusions offered to the entombed> 276
    <grave marker> 279
  2 People who entombed into the digging pit type communal cemetery 283
    1) The crouched entombed 283
    2) Social connection among the entombed in single burial grave and group burial grave 284
    3) Building procedure of burial graves 286

  4) Burial area ·· 288
  5) Differences reflected in the grave marker and the digging pit ··························· 293
  6) Central burial grave and stone club, and the renewal of the digging pit ············· 296

COLUMN Use-ware Analysis on Stone Clubs from Kashiwagi B Site ························ 303

Chapter 4

Formation and Dissolution of the Digging Pit Type Communal Cemetery and Appearance of Burial Grave with Multi-corpse ·· 307

Ⅰ "Stone circle-Kanjyo sekiri" and "Circular mound-Kanjyo dori" ································· 309
 1 History of research ·· 309
  1) Discovery of "Kanjo sekiri" ··· 309
  2) Discovery of "Kanjo dori" ··· 318
  3) The "Chashi -Hillfort" at Kiusu ·· 321
Ⅱ Formation and dissolution of the digging pit type communal cemetry ····················· 326
 1 Distribution of the digging pit type communal cemetery ······································ 326
  1) Central part of Hokkaido ·· 326
  2) Eastern part of Hokkaido ··· 332
 2 Formation of the digging pit type communal cemetery ·· 334
 3 Upsizing of the digging pit type communal cemetery under topographic map and
  sedimentation of dumping soil ·· 343
 4 Burial area and burial style ·· 347
 5 Building the digging pit type communal cemetery and the entombed in the central burial
  grave ··· 349
 6 Transition from the extended burial to the crouched burial ·································· 352
 7 Grave marker and the end of the digging pit type communal cemetery ················· 354

Epilogue

Stone Club Owner, Who Unites the Shifting Society, and the Emergence of Female Shaman 359
Acknowledgement ··· 373

Appended table

List of digging pit type communal cemetries (included cemetry surrounded by ditch) and burial grave. ··· 379
Bibliography ——————————————————————————————— 389

上屋 眞一（うわや　しんいち）

略歴

　1952 年、鹿児島県出水市生まれ。1972 年、札幌大学外国語学部ロシア語学科卒業。その後、恵庭市柏木 B 遺跡発掘調査団の調査員として発掘に従事。1979 年、恵庭市教育委員会社会教育課に勤務し、文化財保護、発掘調査、郷土資料館の整備などの任に当たる。2013 年、同委員会を退職。

主な論文・著書

　「恵庭市カリンバ 3 遺跡の装身具」（『考古学ジャーナル 11、No. 466』所収、ニューサイエンス社）、「北海道カリンバ遺跡」（『季刊考古学 95』所収、雄山閣出版）、「北海道恵庭市カリンバ遺跡の大型合葬墓と埋葬様式（共著）」（『考古学研究 60-4』所収、考古学研究会）、『北海道恵庭市ユカンボシ E8 遺跡発掘調査報告書』（1989 年、恵庭市教育委員会）、『北海道恵庭市カリンバ 2 遺跡発掘調査報告書』（1998 年、前に同じ）、『北海道恵庭市カリンバ 3 遺跡発掘調査報告書』（2003・2004 年、前に同じ）ほか

木村 英明（きむら　ひであき）

略歴

　1943 年、札幌市生まれ。1967 年、明治大学大学院修士課程文学研究科修了。同年、札幌大学文化交流特別研究所助手として勤務、その後同大学教養部・文化学部教授、同大学大学院文化学研究科長などを歴任、2008 年に退職。

　日本国内をはじめ、イラク、ロシア（含む旧ソ連）などでの考古学調査に従事。現在、遠軽町白滝ジオパーク交流センター名誉館長、ロシア科学アカデミー考古学・民族学研究所特別研究員ほか。史学博士、ロシア科学アカデミー名誉博士。

主な著書

　『マンモスを追って』（1985 年、一光社）、『シベリアの旧石器文化』（1987 年、北海道大学図書刊行会）、『まんがでたどる日本人はるかな旅』（共同監修、2001 年、NHK 出版）、『北の黒曜石の道―白滝遺跡群』（2005 年、新泉社）、『黒曜石原産地遺跡―「白滝コード」を読み解く』（2012 年、六一書房）、『氷河期の極北に挑むホモ・サピエンス』（2013 年、雄山閣) ほか。

国指定史跡 カリンバ遺跡と柏木B遺跡
縄文時代の後期　石棒集団から赤い漆塗り帯集団へ

2016年9月30日発行

著　者：上屋　眞一
　　　　木村　英明
発行者：山脇　由紀子
印　刷：株式会社 北海道機関紙印刷所
　　　　〒006-0832 札幌市手稲区曙2条3丁目2-34
　　　　電話番号：011-686-6141
製　本：有限会社 晴山製本

発行所：株式会社 同成社
　　　　〒102-0072 東京都千代田区飯田橋4-4-8
　　　　電話番号：03-3239-1467

Uwaya Shinichi, Kimura Hideaki 2016, Printed in Japan
ISBN978-4-88621-743-1 C3021